terapia cognitivo-comportamental

# em grupo

para Populações e Problemas Específicos

# terapia cognitivo-comportamental em grupo para Populações e Problemas Específicos

John R. White
Arthur S. Freeman

ROCA

Traduzido do Original: Cognitive-Behavioral Group Therapy for Specific Problems and Populations.

ISBN: 1-55798-690-8

ISBN: 85-7241-411-8



**Tradução:**
Mônica Giglio Armando

**Revisão Científica:**
Dr. Cristiano Nabuco

**CIP-BRASIL CATALOGAÇÃO-NA-FONTE**
**SINDICATO NACIONAL DOS EDITORES DE LIVROS, RJ**

T293

Terapia cognitivo-comportamental em grupo para populações e problemas específicos
/ editado por John R. White e Arthur S. Freeman ; tradução Mônica Giglio Armando ; revisão científica Cristiano Nabuco. - São Paulo : Roca, 2003

Tradução de: Cognitive-behavioral group therapy for specific problems and populations
ISBN 85-7241-411-8

1. Terapia cognitiva. 2. Psicoterapia de grupo.
I. White, John R., 1953. II. Freeman, Arthur, 1942.

02-1276. CDD 616.89152
CDU 616.851.6

2003



EDITORA ROCA LTDA.
Rua Dr. Cesário Mota Jr., 73
CEP 01221-020 – São Paulo – SP
Tel.: (11) 3331-4478 – Fax: (11) 3331-8653
E-mail: edroca@uol.com.br – www.editoraroca.com.br

Impresso no Brasil
*Printed in Brazil*

*Para Ed Bourg, um líder nato de grupos.*

**J.R.W.**

# Os Autores

**John R. White, PhD,** é professor adjunto da California School of Professional Psychology – Alameda, onde ensina as avançadas técnicas clínicas de terapia cognitivo-comportamental (TCC) e atua como professor, assistente e consultor na Stanford University School of Education for Counseling Psychology. Depois de graduar-se pela California School of Professional Psychology e concluir uma bolsa de estudos da University of California San Francisco Medical Center, Dr. White passou dois anos em treinamento extramural na Cognitive Therapy Center of Philadelphia. É diretor de serviços psicológicos no Fremont Hospital, onde desenvolveu seu programa e manual de terapia cognitivo-comportamental para pacientes. White é também autor de *Overcoming Generalized Anxiety Disorder*, um registro de tratamento de terapia cognitivo-comportamental com base empírica.

**Arthur S. Freeman, EdD,** é professor e catedrático do departamento de psicologia e diretor do programa de doutorado em psicologia clínica na Philadelphia College of Osteopathic Medicine. É também professor e diretor do Programa de Terapia Cognitiva da Adler School of Professional Psychology, em Chicago. Dr. Freeman concluiu seu doutorado na Teachers College – Columbia University e o pós-doutorado no Center for Cognitive Therapy da University of Pennsylvania. É autor de vários livros, incluindo *Cognitive Therapy of Personality Disorders* (com Aaron T. Beck), *Clinical Applications of Cognitive Therapy* e *The Comprehensive Casebook of Cognitive Therapy* (com Frank Dattilio). Publicou ainda dois livros comerciais: *Woulda, Shoulda, Coulda: Overcoming Mistakes and Missed Opportunities* e *The Ten Dumbest Mistakes Smart People Make and How to Overcome Them* (ambos com Rose DeWolf).

# Colaboradores

**Aila Jesse McCutchen, PsyD.** Departamento de Psiquiatria, Hospital Geral de Massachusetts, Escola Médica de Harvard, Boston.

**Amy S. Witt-Browder, MA.** Hospital de Reading e Centro Médico, Reading, PA.

**Ariel J. Lang, PhD.** Departamento de Psiquiatria, Universidade da Califórnia, San Diego, e Sistema de Cuidado da Saúde, San Diego, VA.

**Arthur S. Freeman, EdD.** Departamento de Psicologia, Faculdade de Medicina Osteopática da Filadélfia.

**Brian F. Shaw, PhD.** Serviços de Saúde Comunitária, Saúde Mental e Profissionais, Hospital para Crianças Doentes e Faculdade de Medicina, Universidade de Toronto.

**Christine McKibbin, PhD.** Departamento de Psiquiatria, Centro Médico VA e Universidade da Califórnia, San Diego, CA.

**David V. Powers, PhD.** Departamento de Psicologia, Faculdade Loyola, Baltimore, MD.

**David W. Coon, PhD.** Instituto Goldman de Envelhecimento, San Francisco, CA.

**Dolores Gallagher-Thompson, PhD, ABPP.** Centro de Adultos mais Velhos, Sistema de Cuidado da Saúde Palo Alto VA, Menlo Park, CA, e Departamento de Psiquiatria, Escola de Medicina da Universidade de Stanford, Stanford, CA.

**Janet L. Wolfe, PhD.** Instituto para Terapia do Comportamento Racional-emocional Albert Ellis, Nova Iorque, NY.

**Joel Katz, PhD.** Faculdade de Medicina, Universidade de Toronto, Hospital Geral de Toronto e Hospital Monte Sinai.

**John R. White, PhD,** Escola de Psicologia Profissional da Califórnia – Alameda e Departamento de Educação, Universidade de Stanford, Stanford, CA.

**Jonathan Stern, PhD.** Serviços de Psicoterapia Cognitiva, Nova Iorque, NY.

**Kellie Takagi, PhD.** Centro de Adultos mais Velhos, Sistema de Cuidado à Saúde Palo Alto VA, e Departamento de Psiquiatria da Universidade de Stanford, Stanford, CA.

**Kurt C. Organista, PhD.** Escola de Bem-estar Social, Universidade da Califórnia, Berkeley.

**Larry W. Thompson, PhD.** Escola de Graduação de Psicologia do Pacífico e Sistema de Cuidado à Saúde Palo Alto VA, Palo Alto, CA.

**M. Jane Irvine, D. Phil.** Universidade de York, Faculdade de Medicina, Universidade de Toronto e Rede de Saúde Universitária.

**Michelle G. Craske, PhD.** Departamento de Psicologia, Universidade da Califórnia, Los Angeles.

**Paul G. Ritvo, PhD.** Instituto do Câncer de Ontário, Rede de Saúde Universitária e Faculdade de Medicina, Universidade de Toronto.

**Robert R. Radomile, M. Ed.** Jerry Kear, PhD e Associados, Filadélfia, PA.

**Sandra Siegel, MA, RN.** Escola de Psicologia Profissional de Adler, Escola Médica de Chicago, Chicago, IL.

**Susan Walen, PhD.** Consultório Particular e Departamento de Psiquiatria, Escola de Medicina Johns Hopkins, Baltimore, MD.

**Tom Greanias, LCSW, CADC.** Serviços de Saúde Mental e Comportamental, Departamento de Saúde do Condado de DuPage, Wheaton, IL.

**Wayne A. Bowers, PhD.** Departamento de Psiquiatria, Universidade de Iowa, Iowa City, Iowa.

**William D. Morgan, PsyD.** Serviços de Aconselhamento à Vida, Paoli, PA.

# Índice

## PARTE II

### Terapia Cognitivo-comportamental em Grupo para Populações ou Ambientes Específicos

# Prefácio

Como psicólogos trabalhando em ambientes universitários e hospitalares, notamos uma crescente busca por terapeutas qualificados e especializados na condução da terapia em grupo. Mergulhando na literatura sobre a terapia cognitivo-comportamental (TCC) em grupo, supervisionamos doutorandos e pós-doutorandos em vários programas de TCC em grupo. Essa abordagem parece ter produzido uma resposta positiva dos clientes atendidos, além de ter proporcionado vantagens especiais para a aplicação do modelo de TCC. Nesses ambientes de terapia em grupo, as crenças condicionais naturalmente vieram à tona, fornecendo várias oportunidades para identificar, testar e revisar aquelas regras subjacentes que norteiam o comportamento social. A ativação de pensamentos automáticos foi imediata, sem a necessidade de buscar "experiências do grupo" para descobrir material clinicamente relevante. A melhor vantagem da TCC, fornecida em ambientes de grupo, parece ser o fato fundamental de que é o próprio grupo que gera sua própria resposta adaptativa. Os membros, uns com os outros, ganham muito ao adquirir essa habilidade por meio do fornecimento de modelo social. Primeiro, eles aprendem, juntos, a criar uma resposta adaptativa, depois são preparados para aplicar o mesmo processo em si mesmos. Temos visto de maneira consistente que a capacidade de um grupo para a resposta adaptativa, normalmente, ultrapassa a habilidade daqueles mesmos indivíduos de assumir a adaptação por si mesmos.

Por meio de nosso contato com colegas em outros Centros de Treinamento, tomamos conhecimento de que vários deles também estavam desenvolvendo e implementando programas de terapia em grupo, baseados em princípios semelhantes aos nossos. O interessante foi o grande número de populações clínicas tratadas nesses vários ambientes, por meio de métodos TCC em grupo. A necessidade fez, então, esses colegas aperfeiçoarem técnicas especializadas para trabalhar com tal diversidade diagnóstica. Isto os levou para além da literatura existente sobre TCC, resultando em uma segunda geração de técnicas e métodos de grupo. Nosso conhecimento desses trabalhos, tornou-se a origem do presente volume, na tentativa de lançar luz a esse avanço à medida que ele ocorre. Como tais abordagens não são nem monolíticas nem monocromáticas, selecionamos o título *Terapia Cognitivo-comportamental em Grupo para Populações e Problemas Específicos*, de modo a refletir sua verdadeira pluralidade.

Procuramos produzir um texto prático para ajudar os clínicos a desenvolverem e colocarem em prática a TCC em grupo. Tivemos sorte em obter o apoio e a colaboração de muitos dos principais terapeutas envolvidos com a TCC em grupo em toda a América do Norte. Em virtude da ênfase prática deste texto, assim como da grandiosidade dos colaboradores, oferecemos esse conjunto de trabalhos como "as melhores práticas" contemporâneas da TCC em grupo. Obviamente, este livro não consiste em uma lista exaustiva dos proeminentes terapeutas cujos modelos de terapia em grupo estão sendo desenvolvidos. Um dos nossos objetivos com a publicação desse trabalho, é estender o diálogo clínico a outros terapeutas que estejam trabalhando com suas próprias populações específicas, ao mesmo tempo em que trazem inovações relevantes aos métodos de TCC em grupo. Um resultado inesperado desse processo foi o "grupo" formado pelos terapeutas que colaboraram. Gostaríamos, agora, de ampliar as fronteiras de participação.

Pedimos a cada um dos autores que preparassem uma descrição detalhada de seu trabalho, para servir a propósitos práticos, como um protocolo flexível, permitindo que um outro clínico implemente métodos semelhantes. O protocolo, neste sentido, é interpretado sob a luz de sua origem grega, *proto kollon*, cujo significado é "um índice feito de folhas de papiro coladas juntas". Estes capítulos fornecem essencialmente um índice do conteúdo e da seqüência das melhores práticas de TCC em grupo. Os protocolos resultantes são considerados flexíveis no reconhecimento das complexas demandas, quando oferece uma experiência simultânea de tratamento a uma variedade de seres humanos separados. Dessa maneira, cada protocolo deve ser capaz de ajustar-se às diferenças individuais dentro de uma síndrome em comum, incluindo diversos perfis de sintomas e listas de problemas ideográficos. A flexibilidade também implica que, ao lidar com populações clínicas, deve haver reconhecimento dos diferentes estágios de desenvolvimento, conforme cada indivíduo trabalha em sua adaptação à síndrome. Em um grupo de TCC para depressão, pode haver clientes passando por seu primeiro episódio, outros que já passaram por um longo período de depressão de baixo grau com recente exacerbação, e outros ainda que apresentam um histórico crônico de grandes episódios repetidos. Não haverá nenhum protocolo rígido ou fechado para acomodar as necessidades de tais indivíduos. É precisamente esse processo de pensamento clínico complexo que os autores tentaram elucidar neste livro, fornecendo essencialmente uma série de algoritmos clínicos detalhados quanto à maneira pela qual tomaram suas decisões nas várias fases da terapia em grupo.

Os capítulos são fornecidos ao leitor, obedecendo ao tempo de supervisão clínica. Todos nós reconhecemos em nosso treinamento terapêutico que um bom supervisor clínico transmite muitos conselhos práticos, especialmente ao prever aqueles problemas que mais comumente surgem na terapia e ao ajudar a encontrar as melhores saídas. Como o modelo é um dos métodos mais eficazes de aprendizado, um supervisor clínico normalmente ensinará por meio do exemplo e mostrará o que realmente faz no atendimento. No texto, por exemplo, vários autores descrevem o que verdadeiramente dizem e fazem ao lidar com possíveis desistentes, um assunto sempre espinhoso para os terapeutas de grupo. E um bom supervisor começa no nível de habilidade que o clínico possui e constrói a partir dele. Dessa maneira, os capítulos partem do pressuposto de que alguns leitores virão à presente discussão com alguma experiência em TCC, outros podem proceder de trabalhos em terapia de grupo, e ainda outros que estão iniciando seu conhecimento especializado na população clínica discutida em algum capítulo em particular. Reconhecendo essa variedade de experiências, os autores, como bons supervisores, procuram desenvolver o conhecimento e proficiência de cada leitor para conduzir a terapia de grupo de acordo com o estilo particular do indivíduo.

Ao compor os capítulos, foi pedido aos autores que se concentrassem naquilo que considerávamos as duas variáveis de definição da TCC em grupo. Não há nada mais importante em uma terapia de grupo em andamento que a *coesão*, definida como o grau de interesse pessoal entre os participantes. A coesão é alta quando as pessoas querem participar do grupo e buscam se relacionar com os outros. Eles pensam, espontaneamente, uns nos outros entre as sessões. Quando há compaixão e preocupação com o sofrimento dos outros participantes, o grupo atingiu a coesão. Essa é a força social dentro de um grupo, que permite aos participantes tolerarem diferenças e desentendimentos. Quando existe coesão suficiente, as diferenças não ameaçam a integridade básica do grupo. Há oportunidade para expressar a diversidade de experiências e opiniões com a confiança de que o grupo não se desfará e os indivíduos não sairão prejudicados. Por exemplo, normalmente os participantes não começarão a engajar-se em um processo de conflito construtivo até que exista, primeiro, um sentimento de segurança originada na coesão. Pedimos aos autores que se concentrassem nas muitas maneiras que facilitariam um senso de coesão no grupo e como eles intervêm quando forças inevitáveis dentro do grupo tentam reverter tal coesão.

A outra variável essencial na TCC em grupo é o *foco na tarefa*. A TCC é uma terapia focalizada, que tenta resolver problemas. Cada participante geralmente tem objetivos que desejam atingir durante o tratamento. Isso, com freqüência, envolve aprender e praticar habilidades específicas que ajudam o cliente a lidar melhor com os assuntos em questão. Se os clientes experienciassem esse foco na tarefa como controlada ou impessoal, a terapia certamente não funcionaria e provavelmente desapontaria todo o grupo. Todo o terapeuta de TCC deve determinar seus próprios métodos para atingir o foco na tarefa que transmita um senso completo de empatia e preocupação. Por exemplo, o processo de verificação da lição de casa é uma boa medida da capacidade do terapeuta no foco na tarefa. O terapeuta verifica a lição de casa sempre que marcado? Quando os clientes não fazem a lição de casa, há uma discussão que traga a tona fatores opostos (sem dissolver-se em uma luta de poder ou que traga vergonha)? Os clientes são capazes de pensar nos resultados inesperados não como fracassos, mas como oportunidades para aprender? A lição de casa de acompanhamento compõe-se de inserções de todos os participantes? Os clientes sentem que a lição de casa, que eles concordaram em fazer, pode realmente ajudá-los? Se houver suficiente foco na tarefa, o terapeuta facilitará que o grupo faça ótimo uso de sua energia construtiva.

Em alguns círculos clínicos, as variáveis de coesão e foco na tarefa são vistas como em desacordo. Esses críticos argumentariam que, quando mantém alta coesão, um grupo necessariamente diverge de um foco na tarefa específico. "O grupo é muito suave para trabalhar duro". Por outro lado, se funcionasse com um alto foco na tarefa, o grupo poderia fazê-lo somente às custas de fortes sentimentos positivos entre os participantes. Não existiria nenhuma coesão verdadeira. Infelizmente, não há como obter sucesso por parte dos clientes nesse dilema ou/ou. Supondo um relacionamento inverso, a coesão deve ser sacrificada em nome do foco na tarefa e vice-versa. Os capítulos apresentados, aqui, opõem-se à noção de sacrifício e discutem a premissa fundamental de que a coesão e o foco na tarefa são, na verdade, ortogonais (ver Fig. A.1). Considere a coesão como

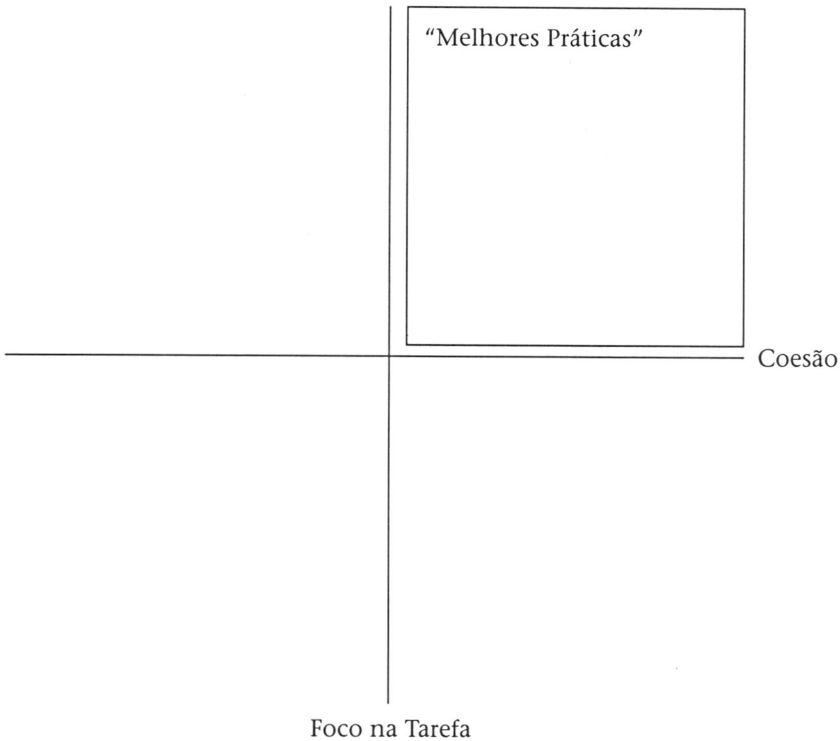


FIGURA A.1 – As melhores práticas na terapia cognitivo-comportamental em grupo.

representada no eixo *x* e o foco na tarefa no eixo *y*. As melhores práticas nesse texto defendem o trabalho clínico experienciado pelo grupo como altamente coesivo, assim como altamente focalizado na tarefa. De fato, se surge um problema no grupo, os autores propõem um algoritmo clínico que tenta reforçar tanto a coesão como o foco na tarefa. Por exemplo, a habilidade do terapeuta em conduzir o grupo para criar um diário significativo, não só identifica um tópico com o qual todos podem relacionar-se pessoalmente, mas também leva a uma suficiente resolução no curso da sessão para chegar a uma resposta adaptativa satisfatória para todos. Até que ponto esse processo é mais forte que um tópico fosse levantado pelo terapeuta ou se surgisse aleatoriamente do primeiro participante que por acaso falasse? Obviamente, essa abordagem é fundamentalmente diferente dos clínicos que supõem que a coesão e o foco na tarefa são diametralmente opostos, agindo então de tal maneira que substancie o pressuposto. Embora nem sempre seja fácil para um terapeuta conduzir a terapia de maneira a sustentar a coesão e o foco na tarefa, acreditamos ser injusto e desnecessário pedir aos clientes que busquem menos que isso.

Em virtude da ênfase prática desse projeto, pedimos especificamente aos autores que limitassem suas referências e discussões teóricas. Isso não significa que não haja um embasamento teórico para o trabalho ou implicações teóricas às idéias discutidas. Uma conseqüência natural do projeto foi o surgimento precoce de um novo pensamento quanto ao modelo de TCC em grupo. Em conseqüência da natureza prática, a teoria emergente nesse projeto é construída indutivamente com os dados de práticas clínicas rotineiras reais, em vez de derivar-se dedutivamente de um conjunto de princípios gerais. A partir das origens indutivas, parece haver implicações promissoras para uma teoria de TCC em grupo que surgiria nos campos férteis da psicologia cognitiva e dos sistemas gerais. Para dar nomes a alguns, tais características, dessa dupla cidadania, incluiriam as curvas de *feedback* e de *feed-forward*, causa e efeito recíprocos e não-lineares, e processos complexos de mudança e homeostases. O grupo, de uma perspectiva quase surreal, poderia ser visto como tendo a inteligência distribuída dos participantes – não diferente de um cérebro fora do crânio, com cada um dos participantes com um lobo distinto. Posteriormente, pode haver também aplicações teóricas interessantes de tal trabalho a grupos não-clínicos, como no desemprego, na família, na política e na comunidade.

Assim como o texto em si é deliberadamente integrativo, também especificamos aos colaboradores que a orientação clínica teria precedência sobre a perspectiva da pesquisa. Embora a maioria desses mesmos autores seja também pesquisadores clínicos, tal histórico coletivo está inequivocamente presente na maneira pela qual os capítulos são apresentados. Os autores incorporaram naturalmente um estilo de discurso significativamente influenciado por sua metodologia de pesquisa, geralmente incluindo medições de resultado, assim como condições de tratamento operacionalmente definidas. A orientação para a pesquisa desse projeto reforça a intenção clínica de uma modalidade de tratamento de TCC. Os clientes aprendem a testar suas hipóteses sobre si mesmos e o mundo, no mesmo tempo que fazem experimentos comportamentais para juntar dados novos de sua própria vida. Esperamos que o presente trabalho sirva como um catalisador para as pesquisas clínicas relacionadas. Esses protocolos flexíveis podem não só ser testados em vários ambientes clínicos, como também podem ser revisados com populações e métodos alternativos. Os métodos investigativos de uma tradição de grupos seriam bem-vindos, a fim de melhor capturar o complexo fenômeno de avaliação de uma experiência de tratamento com a TCC em grupo, compartilhada por várias pessoas simultaneamente em vez de uma pessoa de cada vez.

O interesse em terapias usando TCC em grupo, revelado pelos autores e leitores dos capítulos, reflete uma mudança de viés muito maior em direção ao campo do tratamento da saúde mental. Nick Cummings, uma fonte muito respeitada, prevendo as tendências emergentes de nossa profissão, observou:

> *"A terapia do futuro irá se caracterizar por protocolos de condições específicas e de tempo empiricamente limitados. Destes, apenas 25% envolverão os clientes em psicoterapia individual, outros 25% envolverão os clientes em terapia de grupo, ao passo que os 50% restantes dos clientes receberão terapia em grupo psicoeducacional" (Cummings, citado por White, 1995, p. 3).*

Se tais previsões forem tão precisas como as outras da longa e notável carreira de Cummings, os métodos terapêuticos discutidos neste livro estarão em consonância direta com metade ou até três quartos do tratamento de saúde mental do futuro. O terapeuta interessado e especializado na TCC em grupo, provavelmente, encontrará oportunidades de crescimento à medida que tais transições acontecem. Sentimo-nos honrados por podermos ajudar no desenvolvimento desses terapeutas e esperamos que todos eles nos ensinem nos anos que estão por vir.

## Referência Bibliográfica

White, J. *Overcoming depression and loss: a personal workbook for cognitive group therapy*. Palo Alto, CA: Mind Garden, 1995.

# Parte I

## Terapia Cognitivo-comportamental em Grupo para Populações e Problemas Específicos

# 1

# Introdução

John R. White

Esta introdução à terapia cognitivo-comportamental (TCC) em grupo apresenta ao leitor uma visão geral dos conceitos básicos inseridos neste modelo de prática, além dos termos normalmente usados por aqueles envolvidos com a TCC. Em meu capítulo sobre depressão (Capítulo 2), também descrevo algumas das características comuns do processo dos grupos de TCC, aplicáveis e congruentes com a descrição do processo em grupo em todos os capítulos subseqüentes. Durante os 40 anos de história dessa abordagem, desenvolveu-se naturalmente uma linguagem para descrever seus métodos clínicos. Esse capítulo traz um glossário funcional dos principais termos relacionados à terapia em grupo. Além das definições básicas, apresento descrições textuais de como transmito esses termos a meus pacientes. Também comento vários benefícios derivados dessas técnicas, assim como idéias específicas de como resolver problemas quando eles aparecem, acompanhando a orientação prática por todo o livro e demonstrando ao leitor como aplicar esses métodos na prática clínica do dia-a-dia. Sugiro, com as descrições de exemplos, que o leitor faça intervenções reais modificadas, de acordo com seu próprio estilo terapêutico de se relacionar com os pacientes.

A literatura sobre a TCC é vasta, não havendo uma fonte única que possa fornecer todos os termos importantes oficialmente. Este capítulo introdutório busca um objetivo mais modesto, o de ajudar o leitor a familiarizar-se com a linguagem clínica básica da TCC. Se alcançarmos esse objetivo, o leitor sentir-se-á apto para explorar os capítulos posteriores, aplicando a TCC no tratamento em grupo com diferentes populações. Caso haja maior interesse, encorajamos o leitor a se aprofundar na literatura sobre a TCC. Com este fim, cito a bibliografia que serviu de base para o nosso trabalho.

Os termos específicos da TCC, quando definidos, estarão em itálico. Se aparecerem novamente no capítulo, eles terão um asterisco, indicando que há uma definição mais completa anteriormente ou mais adiante no capítulo.

## UM MODELO COGNITIVO PARA A TERAPIA EM GRUPO

O fundamental para a abordagem da TCC é entender o *modelo cognitivo* (A.T. Beck, 1976), uma teoria cujo foco está na interação dos pensamentos, sentimentos e comportamentos. *Pensamentos*, em termos simples, são o conteúdo mental vivenciado, quadro a quadro, por um indivíduo, normalmente representado por palavras ou imagens. Por exemplo, os pensamentos comumente associados à depressão incluem "não sou bom" e "não consigo fazer nada para melhorar minha situação". O aspecto do *sentimento* no modelo cognitivo refere-se à experiência emocional contínua do indivíduo (como o sentimento de amor, tristeza, medo ou raiva). Os *comportamentos* são as ações desempenhadas pelo indivíduo, passíveis de observação, desde o micro (por exemplo, como o indivíduo respira) até o macro (digamos, pedalar uma bicicleta em uma corrida). O fluxo contínuo de pensamentos, sentimentos e comportamentos são essenciais para a vida.

A seguir, faço um comentário literal que uso para ajudar o grupo de terapia a começar a enxergar o valor do modelo cognitivo:

> "Para que entendam melhor a si mesmos, devemos ser capazes de identificar seus pensamentos, sentimentos e comportamentos contínuos. Isto é o que se chama usar o modelo

> cognitivo. Quanto mais capazes de reconhecer suas próprias reações imediatas, mais sua experiência fará sentido para vocês, e vocês serão capazes de determinar onde pretendem fazer mudanças."

O registro de pensamento automático* é um meio prático de ensinar os pacientes a apropriar-se de seus pensamentos, sentimentos e comportamentos.

Quando apresento o modelo cognitivo na terapia, enfatizo que os pensamentos, sentimentos e comportamentos são inter-relacionados e multidirecionais.

> "Às vezes, os pensamentos provocam sentimentos, os quais, por sua vez, provocam comportamentos. Outras vezes, podem ser os sentimentos que provocam comportamentos que, subseqüentemente, levam a pensamentos. Ou ainda, os comportamentos podem gerar uma série inteira de sentimentos e pensamentos, os quais, subseqüentemente, influenciam uns aos outros" (Lazarus, 1997).

Alguns terapeutas cognitivo-comportamentais preferem uma abordagem mais linear, concentrando-se primeiro nos pensamentos que, por sua vez, são vistos como provocadores de sentimentos e que, então, determinam os comportamentos. Tenho visto bons resultados clínicos obtidos das duas maneiras. O leitor é encorajado a explorar em sua própria experiência clínica qual abordagem (ou seja, multidirecional ou linear) funciona melhor e testá-la em várias situações terapêuticas para estabelecer sua preferência.

Uma implicação significativa do modelo cognitivo é que a TCC é uma abordagem fundamentalmente *fenomenológica* (Mahoney, 1991). Pacientes e terapeutas buscam identificar a experiência pessoal, momento a momento, de cada indivíduo. *Fenomenológico* refere-se ao que os fenômenos de uma experiência dizem ao indivíduo, mais exatamente uma abordagem que tentaria observar a natureza universal de um evento, de maneira concordante com a maioria ou todas as pessoas. Por meio do entendimento mútuo, há um foco estável no presente que se desdobra. Isso significa que passado e futuro são de alguma forma considerados sem importância? Dificilmente. Mas passado e futuro são vistos como sendo constantemente filtrados através do momento presente. Assim, com a escolha do momento clínico adequado, o terapeuta cognitivo-comportamental poderia dizer: "*Quais foram os pensamentos que imediatamente surgiram quando você entrou em contato com a lembrança de... (um antigo trauma)?*" ou "*Me conte todos os seus sentimentos ao tomar consciência neste momento sobre... (uma ameaça no futuro)*". A essência dessa abordagem fenomenológica do terapeuta cognitivo-comportamental é captada na pergunta clínica favorita de A.T. Beck (1976), a qual ele denominou *estimulação cognitiva*: "*O que está passando por sua cabeça agora?*".

Sob os pensamentos, sentimentos e comportamentos imediatos estão as *crenças condicionais* do indivíduo (J.S. Beck, 1995). Estas são as declarações de "se-então", pelas quais uma pessoa faz sentido às relações de causa-e-efeito no mundo. Algumas crenças condicionais são óbvias. "*Se atravessar a rua sem olhar, então posso ser atropelado*". São essas as condições básicas da vida das pessoas. Outras crenças condicionais são mais particulares de cada indivíduo. Por exemplo, uma pessoa pode ter aprendido que "*se eu me impuser, então minhas idéias serão ouvidas*". Outra pessoa pode ter desenvolvido a expectativa de "*se eu me manifestar sobre algo importante para mim, então serei criticado ou humilhado*". Obviamente, as crenças condicionais do primeiro indivíduo o levaria a ser assertivo e confiante; as da segunda pessoa a influenciariam a ser resignada e passiva. O modelo cognitivo sustenta que todo mundo tem um conjunto de crenças condicionais aprendidas e acumuladas durante a vida. Essas crenças constituem essencialmente um programa para a vida ou um conjunto de regras que tentam dar significado ao mundo.

A terapia em grupo é um ambiente ideal para explorar as crenças condicionais, pois são várias pessoas diferentes trabalhando juntas, para revelar as regras subjacentes à vida de cada pessoa. Então, explico aos pacientes:

> "Provavelmente vocês terão consciência de algumas de suas crenças condicionais e saberão onde elas foram aprendidas. Outras, provavelmente, funcionam fora da consciência. Vocês as tomam como verdadeiras, mas não têm realmente certeza de sua veracidade. Na terapia, procuramos os tipos de crenças condicionais que lhes trazem problemas. Talvez sejam afirmações negativas sobre si mesmos, as quais não são nem úteis nem verdadeiras. Ou talvez sejam suas regras de sobrevivência, derivadas de um passado difícil, que não se aplicam mais à vida atual. Ou ainda, talvez vocês não se permitam mudar ou crescer, pois presumem que coisas ruins acontecerão se não houver embasamento real para aquele tipo de suposição."

No decorrer da terapia em grupo, a TCC procura trazer à luz essas crenças condicionais e ajudar os pacientes a *testarem as hipóteses* para determinar quais são válidas e valem a pena manter, em contraposição àquelas hipóteses que devem ser modificadas ou completamente descartadas (Clark, 1989). Todas aquelas pequenas suposições que os pacientes fazem no dia-a-dia são chamadas de hipóteses pela TCC. A terapia em grupo procura ajudar os pacientes a tomar consciência das hipóteses que estão formando e, então, determinar quais são verdadeiras, de acordo com a exatidão com que antevêem os eventos futuros. Um paciente pode testar uma hipótese criando deliberadamente uma situação para comprovar se ela é válida. Por exemplo, um paciente tímido acreditava que se fosse mais expansivo ele seria ignorado pelas pessoas a sua volta. Com o apoio de outros pacientes, ele concordou em testar a validade dessa hipótese em grupo, expondo suas idéias e avaliando as reações recebidas. Ao contrário de suas expectativas, ele descobriu que as pessoas estavam interessadas naquilo que tinha a dizer, demonstrando simpatia e preocupação. Portanto, ao testar tal hipótese, ele foi capaz de criar uma alternativa na qual poderia esperar uma resposta positiva em determinados ambientes mais protegidos (como o grupo de terapia). Mas ainda havia a expectativa de não ser realmente ouvido fora do grupo de terapia. Este se tornou seu próximo campo de testes, no qual deveria escolher situações e relacionamentos da vida cotidiana onde poderia experimentar abrir-se como já havia feito no grupo. Ele então descobriu que tinha dois conhecidos mais interessados nele do que imaginava, e suas reações positivas abriram a possibilidade de desenvolver amizades verdadeiras com eles. Nesse processo gradativo, o paciente identificou suas velhas hipóteses, colocou-as à prova, reconheceu serem falsas e modificou suas previsões posteriores de acordo com as novas informações. As hipóteses resultantes levaram a experiências que lhe traziam mais satisfação e uma abordagem mais adaptativa a seu mundo interpessoal.

Sob tais crenças condicionais, o modelo cognitivo situa o que chamamos de *crenças centrais*, ou seja, as maneiras fundamentais pelas quais um indivíduo considera e avalia a si mesmo. Elas se agrupam, nesse caso, em duas áreas:

- Até que ponto o indivíduo é capaz de ser amado?;
- Em que medida o indivíduo é competente para enfrentar os desafios da vida?

As crenças centrais, de um modo geral, derivam-se do acúmulo de experiência de vida e do modo como cada indivíduo dá sentido aos acontecimentos. Por exemplo, as crenças centrais de um paciente deprimido podem indicar algo como: *"Não sou digno de ser amado, pois sempre sou abandonado"*. Naturalmente, essa crença obscureceria a experiência cotidiana do paciente, além de desgastar seus relacionamentos atuais. A crença central de um paciente ansioso pode ser: *"Não conseguirei lidar com as ameaças do futuro"*, reforçando o padrão evitativo comumente observado na ansiedade (Burns, 1980).

Os indivíduos em geral possuem uma combinação de crenças centrais positivas e negativas quanto a sua competência e sua capacidade de ser amado. Se consistente com o objetivo do tratamento, a TCC explora as crenças centrais na medida em que influenciem a vida atual de cada paciente, seguindo a técnica da flecha descendente, partindo dos pensamentos, sentimentos e comportamentos imediatos e chegando até as crenças condicionais e as crenças centrais (J.S. Beck, 1995). Ao seguir a técnica da flecha descendente, o terapeuta cognitivo-comportamental ajuda a explorar as premissas subjacentes a uma determinada crença. Por exemplo, uma paciente viu-se paralisada pela ansiedade ao ter que fazer uma apresentação no trabalho, a técnica da flecha descendente revelou sua crença condicional: *"Se cometer um erro na frente das pessoas, então elas pensarão que sou burra"*. Assim, explicitou-se a premissa de acreditar que, se uma pessoa na platéia tivesse uma única impressão de que ela pudesse ter dito algo errado, tal pensamento anularia completamente todas as reações positivas dos outros. Ao explorar ainda mais, suas crenças centrais sobre incompetência, as quais se desenvolveram na infância e ainda persistiam, apesar de sua brilhante carreira profissional, tornaram-se evidentes. Ao usar a técnica da flecha descendente para evidenciar as ligações entre essas crenças, o terapeuta pode integrar métodos para imediatamente ajudá-la a sentir-se mais confortável com sua apresentação, ao mesmo tempo em que aborda seus profundos sentimentos de incompetência. Normalmente, não é possível remover completamente as crenças negativas. Elas provavelmente tiveram suas origens nos eventos fundamentais da vida do indivíduo e revelam uma marca indelével em sua identidade atual. Por contribuírem significativamente com as qualidades características do indivíduo, essas crenças centrais não devem ser eliminadas, mesmo sendo possível.

Entretanto, a terapia pode auxiliar na *reestruturação cognitiva* (Meichenbaum, 1974), a qual envolve ajudar o paciente a modificar a constelação de crenças que o definem e a seu mundo para si mesmo. No processo, o indivíduo normalmente deixa para trás certas crenças antigas que demonstram não ser mais válidas ou úteis. Há mais flexibilidade em manter uma variedade de diferentes crenças sobre si mesmo em diferentes situações, em vez de aderir a certas crenças rígidas (e geralmente negativas) que definem estreitamente a pessoa. Por exemplo, uma crença rígida de que *"Eu nunca sei o que dizer às pessoas"* poderia ser reestruturada para *"Pode ser que eu fique quieta até conhecer alguém, mas quando me sinto confortável, tenho um senso de humor muito bom"*. O processo terapêutico de reestruturação de crenças confere ao paciente uma experiência dos resultados positivos e imediatos, de modo que aprende a sustentá-los por si mesmo depois do término da terapia. O processo de verificação e modificação de crenças é contínuo. Uma pessoa pode exercer seu direito de escolha sobre quais crenças são mais fortes e aquelas que apóiam os tipos de sentimentos e comportamentos desejados. A angústia e os sintomas psicológicos quase sempre significam que as crenças centrais negativas ganharam ascendência. A TCC em grupo ajuda seus participantes a reduzir o impacto das crenças negativas, ao mesmo tempo em que desenvolve as experiências mais recompensadoras da vida atual. No processo, pode-se criar crenças positivas, baseadas nas experiências reais de sentir-se competente e amado.

## DEZ MÉTODOS FREQÜENTEMENTE USADOS

A seguir, apresentamos 10 métodos usados com freqüência na TCC em grupo. A idéia não é apresentar uma extensa lista, mas oferecer uma introdução útil. Para aprofundar-se mais, recomendamos aos leitores consultarem o material* na literatura sobre TCC, assim como aprenderem com os profissionais que utilizam tais métodos regularmente.

### Registro de Pensamentos Automáticos

O *registro de pensamentos automáticos* refere-se ao exercício escrito que orienta os pacientes no processo de identificação de pensamentos, sentimentos e comportamentos* em um dado momento, normalmente quando estão passando por alguma angústia. Às vezes chamado de *registro de pensamentos disfuncionais* ou simplesmente *registro de pensamentos*, é uma das ferramentas clínicas mais usadas em TCC. Começa com o fornecimento ao paciente dos meios de conscientização, para verificar o que especificamente está sendo desencadeado em uma situação imediata. Como a consciência, adequadamente focalizada, tende a levar a uma resposta adaptativa*, o registro de pensamentos automáticos em si torna-se um método de intervenção clínica de *focalização e refocalização*. Ao desenvolver maior habilidade em focalizar e refocalizar, os pacientes, em geral, experimentam uma sensação acentuada de auto-regulação, em comparação com os momentos em que as situações problemáticas e os pensamentos perturbadores pareciam dominar seu foco, impedindo a influência pessoal sobre suas próprias mentes. Ao focalizar, os pacientes aprendem a desenvolver sua perspectiva, visualizando o que está acontecendo em sua experiência pessoal. A partir disso, ao refocalizar, eles conseguem enxergar melhor as respostas construtivas a situações disparadoras, assim como começam a modificar, eles mesmos, os pensamentos disfuncionais.

O terapeuta de grupo normalmente ensina aos pacientes a concluir o registro de pensamento automático durante o atendimento. Este é um exercício de construção de habilidades e reflete a natureza psicoeducacional da TCC. Explico aos pacientes o seguinte:

> "O registro de pensamento é como uma fotografia de sua mente em um dado momento. Ele nos ajuda a capturar seus pensamentos, sentimentos e comportamentos imediatos em relação a uma determinada situação. Não existe uma maneira certa ou errada de concluir um registro de pensamento. Mas quanto mais praticar, mais provavelmente terá maior entendimento de suas próprias reações e poderá enxergar como conduzir a experiência para uma direção favorável."

As pessoas no grupo normalmente utilizam os registros de pensamento para lidar com as questões do cotidiano, assim como para registrar novas experiências durante as lições de casa entre as sessões. Na terapia em grupo, os registros de pensamentos oferecem vantagens incomparáveis. Ao iniciar a sessão em grupo, as pessoas podem compartilhar seletivamente de seus registros de pensamentos, como um meio vívido de se referir a uma experiência fora do grupo. O registro de pensamentos também ensina aos participantes uma linguagem clínica em comum, que facilita o entendimento e a comunicação (especialmente quando o tempo é limitado).

O registro de pensamentos originou-se no trabalho de Aaron Beck (A.T. Beck, Rush, Shaw e Emery, 1979) e continua sendo uma marca registrada de sua abordagem. Uma das melhores fontes para ensinar um paciente como concluir um registro de pensamento é fornecido por Greenberger e Padesky (1995), que explicam o processo detalhadamente, com muitos exemplos clínicos. O manual do paciente, que acompanha a obra, pode ser usado como um livro de exercícios na terapia, para registrar os processos de pensamentos automáticos, trabalhando em prol da construção de um modo de pensar alternativo e equilibrado.

## Contestação dos Pensamentos

A TCC orienta os pacientes em um processo de contestação dos pensamentos, especialmente daqueles associados aos sintomas clínicos e comportamentos mal-adaptativos. Assim, digo o seguinte aos pacientes em um grupo:

> "Agora que já identificamos o que vocês pensam ou acreditam, precisamos verificar até que ponto isso é verdade. Quais são as evidências* contra e a favor? Há outras maneiras de olhar para a mesma situação? Essa é a única conclusão a que podemos chegar? Contestando seus pensamentos, vocês conseguirão enxergar quais podem estar desatualizados e que precisam ser substituídos. Vocês também perceberão quais pensamentos e crenças sustentam uma contestação, dando assim uma sensação mais forte e mais confiante de si mesmos."

Este método de contestar seu próprio modo de pensar remete ao questionamento socrático*, no qual a análise indutiva traz à tona as premissas subjacentes, testando-as em relação àquelas concorrentes.

O processo de contestar pensamentos, muitas vezes, traz à consciência várias *distorções cognitivas*, sustentadas por crenças mal-adaptativas. Tais distorções são padrões persistentes de pensamento com significados idiossincráticos e regras de lógica falhas. Por exemplo, o *pensamento dicotômico* produz uma estreita variação de conclusões, tipicamente desencontradas e expressadas apenas nos mais extremos termos, como "*independentemente de como ela tente explicar seus sentimentos por mim, sei que me ama completamente ou me odeia totalmente – essas são as únicas duas possibilidades*". A TCC contesta esses extremos para alterar a estrutura cognitiva e produzir uma perspectiva mais equilibrada de que a flexibilidade integra muitas opiniões fortes, com uma visão mais objetiva da evidência a favor (A.T. Beck, Freeman e Associados, 1990).

Obviamente, o terapeuta precisa ter um relacionamento suficientemente colaborativo* com os pacientes, de maneira que as contestações não sejam vistas por eles como críticas negativas ou invalidações. A empatia é crucial, tanto para saber quando contestar como quando não contestar. Nos primeiros estágios da terapia, o terapeuta toma a frente da contestação, mas no decorrer do tratamento os pacientes aprendem cada vez mais como fazê-lo de sua própria maneira – dentro e fora da sessão.

J.S. Beck (1995) fornece uma explicação detalhada desse processo no capítulo 8 (*Avaliação dos Pensamentos Automáticos*). Albert Ellis descreve um método semelhante chamado *controvérsia*, no qual ensina o paciente a contestar o pensamento irracional (Walen, DiGiuseppe e Dryden, 1992). Ao contrário de somente identificar pensamentos como bons ou ruins (e cair na armadilha do pensamento dicotômico), a TCC convida os participantes do grupo a refletir sobre as vantagens e desvantagens de determinadas premissas em comparação com outras.

## Monitoração do Humor

Este é um método comportamental simples, no qual pede-se aos pacientes para classificar seus estados de espírito regularmente (o que às vezes é chamado de *verificação de humor*). Seu uso é mais freqüente com pacientes em depressão, embora também possa ser utilizado com pacientes em estado de espírito ansioso e maníaco (McKay, Davis e Fanning, 1997). Digo aos pacientes o seguinte:

> "Gostaria que vocês classificassem seu humor todos os dias em uma escala de 0 a 100, onde 100 representa a mais profunda depressão e 0 representa a ausência total de depressão. Dêem a nota que representa sua impressão global do dia. Registrem todos os dias e tragam os resultados para a terapia."

Esse método confere tanto ao paciente quanto ao terapeuta uma visão geral do estado de espírito e das tendências do paciente em um prazo mais longo. Também ajuda a identificar eventos anômalos que se destacam do padrão geral. Como os pacientes com transtorno de humor tendem a ser tanto globais como negativos sobre seu estado de espírito, o ato formal de monitoração do humor pode ajudá-los a enxergar mudanças sutis e pequenos progressos que venham a existir. Pode-se notar pequenas melhoras. Os resultados da monitoração do humor podem contribuir para o processo dos estudos de resultados como medidas de pré e pós-funcionamento para determinar o efeito terapêutico. Os pacientes aprendem a avaliar seu *continuum de* *experiências*, percebendo leves modificações de humor no cotidiano em comparação com o pensamento dicotômico*, caracterizado apenas por uma sensação genérica de "me sinto bem" ou "me sinto mal". Após o término da terapia, a continuação da monitoração do humor proporciona sinais prévios de perigo potencial e reforça a prevenção da recaída.

O meio mais completo de monitoração do humor na TCC é o Inventário de Depressão de Beck (BDI; A.T. Beck e Steer, 1987)[1]. O BDI permite aos pacientes comparar suas notas com extensas amostragens normativas, assim como analisar a depressão por meio de várias avaliações no decorrer da terapia. Permitir o acesso direto dos pacientes às medidas reais de pesquisas do humor reforça a sensação de *empirismo colaborativo* no relacionamento terapêutico. Os pontos do BDI, revisados pelos participantes, motivam o grupo como um todo a calcular a evolução de todos os envolvidos na redução da depressão. Pensar empiricamente significa abordar a situação como se fosse um experimento. As pessoas no grupo aprendem a colaborar como se fossem cientistas interessados no estabelecimento de circunstâncias favoráveis para experimentar em seu próprio crescimento terapêutico.

## Hierarquia Emergente

Esse é o método central da TCC para tratar a ansiedade. Na minha opinião, o princípio de uma hierarquia emergente tem sido mais amplamente aplicado no trabalho terapêutico em geral que em qualquer outra técnica de TCC. Os pacientes são orientados a identificar os vários estímulos que os fazem sentir-se ansiosos e classificá-los do menos ao mais ameaçador. Digo aos pacientes o seguinte:

> "Pensem em todas as diferentes situações que lhes provocam ansiedade. Seja o mais específico possível. Faremos perguntas uns aos outros para esclarecer a natureza exata da ameaça."

Os pacientes no grupo escrevem suas descrições dos *ativadores* de ansiedade. Eles então lêem esse material em voz alta, não somente para compartilhar seus medos pessoais com os outros participantes, mas também para refinar e especificar exatamente a natureza de cada ativador. Quanto mais explícitos, melhor (Barlow, 1993).

---

[1] O BDI pode ser solicitado na Psychological Corporation, San Antonio, Texas.

Uma vez registrados os itens de ansiedade, lhes digo:

> "Agora, para cada item, escrevam a quantidade de ansiedade que vocês acreditam ter ao confrontar diretamente este ativador. Utilizem uma escala de 0 a 100. Sugiro que vocês se concentrem na sua primeira impressão. Não se preocupem em comparar com qualquer outra nota que vocês tenham dado."

Peço aos pacientes para ficarem atentos às suas reações físicas durante este exercício, como um meio adicional de aferir sua ansiedade. Se os pacientes começarem a ficar obcecados com este ou aquele número, digo-lhes que as classificações são meras impressões do momento, e que podem ser diferentes a cada 5 minutos. Se assim for, podemos então ajustar as classificações.

Ao concluírem os ativadores e as classificações de ansiedade, peço-lhes para escreverem uma lista decrescente dos itens, partindo do mais ameaçador ao menos ameaçador. Começa a emergir, de forma hierárquica, um quadro clínico rico em experiências da ameaça percebida de cada indivíduo. Sugiro aos pacientes, verificar o que eles podem observar do processo de ordenação. O que é surpreendente? O que eles prefeririam mudar? Isso pode constituir um pequeno avanço para os pacientes, especialmente aqueles que sofrem de ansiedade crônica. Pode realmente haver um "mais" ou "menos" para aquilo que os preocupa. Antes do início do tratamento, os pacientes provavelmente percebiam a ansiedade não só como completamente desconfortável, mas também caprichosa e imprevisível. Com a hierarquia, começamos a introduzir a ordem.

E juntamente com a ordem pode-se começar uma *exposição gradual*. É aí que os pacientes determinam quais os itens eles desejam confrontar nas áreas mais baixas da hierarquia, com o propósito de suprimir suas reações caracteristicamente ansiosas. O contato prolongado com o ativador traz uma atenuação gradual da reação ansiosa por *dessensibilização sistemática*. Os pacientes aprendem a tolerar estarem presentes na situação, para descondicionar a ansiedade aprendida. Conforme ganham confiança nos níveis mais baixos da hierarquia, eles podem utilizar as mesmas habilidades para subir um degrau. O próprio grupo pode ser um ambiente excelente para experimentar a exposição a situações geradoras de ansiedade. Por exemplo, os pacientes podem sentir forte ansiedade em resposta a falar o que pensam ou ao conflito entre as pessoas no grupo, ou ainda, ao ouvir sobre a ansiedade de outras pessoas. O sucesso ao lidar com esses estímulos dentro do ambiente do grupo prepara o palco para a *exposição in vivo* nas situações da vida real.

Ao se exporem conscientemente a esses ativadores de ansiedade e não se permitirem fugir ou ficarem acabrunhadas, as pessoas no grupo de terapia desenvolvem os primeiros estágios da maestria*. A adaptação aos níveis mais altos da hierarquia emergente no momento inclui *evitar comportamentos de segurança* e *interromper o pensamento disfuncional* (Barlow, 1988). A ansiedade é normalmente reforçada por vários comportamentos de segurança, os quais dão ao paciente a impressão de alívio da ansiedade, tal como verificar se as coisas estão bem ou esquivar-se de situações possivelmente ameaçadoras. Infelizmente, eles em geral servem para reforçar a ansiedade, pois, dependendo dos comportamentos de busca de segurança, o paciente faz manobras para evitar lidar com a ansiedade diretamente. A sensação de ameaça, portanto, permanece alta. A terapia instiga o paciente a evitar o comportamento de busca de segurança e utilizar meios mais produtivos de confrontar e reduzir a ansiedade. A TCC ensina a interromper os pensamentos repetitivos associados à ansiedade e redirecionar para um conteúdo de pensamento mais agradável.

## Monitoração de Atividades

Na monitoração ativa, os pacientes escrevem as atividades em um dado período, geralmente de uma semana. Para tal, digo-lhes o seguinte:

> "Queremos ter uma idéia de como o tempo é utilizado. Gostaria que vocês anotassem, em poucas palavras, suas principais atividades, hora após hora. É melhor fazer isso continuamente durante todo o dia, em vez de deixar para depois. Assim, as coisas ainda estarão frescas na cabeça."

Quase sempre há surpresas por parte dos pacientes em relação ao modo em que seu tempo é gasto (Bourne, 1995). Essa não é somente uma ferramenta para trazer maior consciência do cotidiano, mas serve como uma linha de base para se determinar onde e como mudar. A monitoração de atividades leva naturalmente ao *planejamento de atividades*, no qual o paciente pode traçar, para si mesmo, metas para utilizar seu tempo de forma mais benéfica. O progresso não é imediato, e normalmente envolve um processo de *modelação* e *aproximação sucessiva*. Quando se ajuda um paciente a desenvolver uma resposta terapêutica, a modelação refere-se ao perfil de resposta traçado em um gráfico, o qual toma, progressivamente, a forma do resultado desejado. Um paciente raramente aprende essa resposta de imediato, mas sim por aproximação sucessiva, na qual cada tentativa assenta mais um tijolo sobre o que funcionou anteriormente e acrescenta uma nova tentativa de resolver o que ainda não funcionou. Penso que o mais importante neste exercício vem do fato de pedir aos pacientes para avaliarem a *maestria* e o *prazer* nas atividades hora após hora durante o dia. Digo-lhes o seguinte:

> "Na mesma folha de papel em que vocês descreveram suas atividades, gostaria que fizessem um rápido julgamento da maestria experimentada durante aquela hora e do prazer sentido. Maestria é a sensação de que você sabia o que estava fazendo e sentia-se competente para lidar com a situação. Prazer é quanto você desfrutou de uma determinada atividade. Utilize uma escala de 0 a 10 para classificar a maestria e o prazer para cada hora do dia."

Pode ser fascinante examinar esse registro durante a terapia. Quais são exatamente as experiências muito prazerosas e exemplares dos pacientes? Qual é a capacidade das pessoas no grupo de planejar os tipos de atividades mais prováveis de gerar uma sensação de maestria e prazer?

Como extensão para esse exercício, às vezes sugiro que os pacientes comecem cada dia traçando um objetivo* para uma experiência de grande maestria e outra de muito prazer. Pode haver, inicialmente, decepção e frustração, na medida em que os pacientes falham em alcançar suas expectativas, mas o terapeuta pode ajudar continuando a dar apoio a objetivos menores e tangíveis. A terapia pode ser utilizada para entender melhor as interferências nesses objetivos (fatores internos e externos) e planejar como atingir bons resultados. O grupo fornece o aprendizado por meio da modelagem, na qual os participantes observam as experiências alheias para minimizar o processo de tentativa e erro de cada indivíduo ao fazer suas próprias descobertas.

Persons (1989) descreveu com maiores detalhes os métodos de monitoração de atividades. De especial interesse, ela aborda uma queixa, às vezes expressa por pacientes ou terapeutas, de que esse exercício pode parecer "trivial" demais. Se há a preocupação de as atividades diárias serem de alguma forma superficiais, acredito ser a compreensão da verdadeira experiência com tais atividades que serve de caminho para a verdadeira profundidade psicológica. Acredito que lidar com os eventos reais da vida dos pacientes, por meio da monitoração de atividades, traz uma riqueza e nuance não percebidas por eles quando simplesmente falam sobre seus problemas de maneira redundante ou estereotipada. Antes de efetivamente incentivar um paciente a tentar monitorar suas atividades, o terapeuta pode considerar comprometer-se a fazer o mesmo em sua vida cotidiana. Ficaria surpreso se não surgissem alguns resultados inesperados. Recomendaria aplicar um esforço extra para fazer avaliações de maestria e prazer de hora em hora. Isso leva à reavaliação de como esses julgamentos são feitos? Que tal modificar aquelas atividades menos prazerosas e menos exemplares de modo a obter melhores resultados? Se o terapeuta encontrar benefício pessoal com esses exercícios, ele sentir-se-á mais confortável ao persuadir seus pacientes a fazer o mesmo, pois eles somente têm a ganhar com isso.

## Resolução de Problemas

Seja verdade ou não, os pacientes provavelmente acreditam ser nula a sua capacidade de resolver problemas. Tal crença parece especialmente arraigada entre os indivíduos ansiosos. A TCC em grupo quer proporcionar aos pacientes uma experiência construtiva ao abordar os problemas da vida cotidiana e encontrar soluções para eles. Digo-lhes o seguinte:

> "Como parte do programa para hoje, sugiro identificarmos os tipos de problemas que vocês estejam enfrentando na experiência diária. Determinaremos quais são os problemas mais intensos para a maioria das pessoas e então começaremos por eles."

Nos estágios iniciais do grupo, os participantes tendem a tomar seus problemas como diferentes, de alguma forma, daqueles das outras pessoas do grupo. Com o desenvolvimento da coesão, as pessoas reconhecem que muitas das questões são as mesmas para todos.

O terapeuta facilita um processo por meio do qual o grupo gera *respostas adaptativas* aos problemas imediatos. *Adaptar* significa "encaixar-se melhor ao meio" (Bandura, 1997, p. 24). O grupo procura revisar os velhos comportamentos que não funcionam mais e determinar quais respostas se encaixariam melhor. Embora o objetivo* de resolver problemas também se aplique ao tratamento individual, acredito que a TCC em grupo seja bastante adequada para gerar respostas adaptativas. A interação dos participantes do grupo talvez desperte a consideração de alternativas, ao passo que o indivíduo sozinho, em um tratamento individual, provavelmente levará mais tempo para chegar a este estágio. As pessoas do grupo oferecem um modelo aos outros de como gerar possíveis soluções e agir para verificar o que funciona. Recorrendo ao *roleplay* e à narrativa, o grupo pode gerar um aprendizado baseado na experiência, em vez de simplesmente falar a respeito de idéias.

Normalmente faço uma observação para a monitoração do grupo ao iniciar o processo de resolução de problemas:

> "A questão aqui não é encontrar a resposta certa, pois os problemas humanos raramente têm uma única solução. Quando se tenta alguma coisa pela primeira vez, não se pode esperar que ela funcione perfeitamente. Em vez disso, veja o que pode aprender com essas novas experiências. Muitas vezes, ganha-se mais com aquilo que não funciona do jeito que imaginávamos. Comece pelo que você percebe, planeje uma solução a partir daí e veja o que acontece."

D'Zurilla e Goldfried (1971) desenvolveram uma abordagem à resolução de problemas fácil de ensinar aos pacientes de grupo. São fornecidos cinco passos, os quais os participantes podem praticar juntos. Acredito que um benefício secundário deriva da resolução de problemas em grupo. Com um pouco de prática, os pacientes normalmente se dão conta de que possuem uma habilidade natural para resolver problemas mais do que inicialmente acreditavam. Estes novos sucessos em terapia dão-lhes uma oportunidade de reexaminar suas velhas crenças centrais* sobre a incompetência. Agora, em vez de deixar sua ansiedade dominante ditar o sentimento um tanto inseguro quanto a cuidar de problemas, eles são mais capazes de aceitar a nova evidência* de que realmente lidam bastante bem com essas questões. Os participantes do grupo normalmente qualificam-se para além dos métodos estruturados de resolução de problemas e se empenham de maneira mais liberal em respostas adaptativas na situação de grupo. A terapia atinge seu propósito quando as pessoas generalizam* tais práticas em suas vidas para além do grupo.

## Relaxamento

Uma premissa básica da TCC é que a terapia ficaria excessivamente limitada se permanecesse apenas no âmbito da conversa. Como muitos pacientes experimentam tensão física, como um componente da angústia psicológica, os terapeutas de TCC ensinam o relaxamento como uma habilidade clínica. Em minha experiência com grupos, digo aos pacientes:

> "Como parte da terapia, você aprenderá a habilidade de relaxar e reduzir o estresse em seu corpo. Começaremos fazendo isto na sessão, e depois vocês poderão praticar sozinhos."

Muitos pacientes já têm idéias preconcebidas sobre o relaxamento, às vezes negativas por natureza, e que precisam ser redirecionadas. Eles podem pensar que relaxar é simplesmente "não fazer nada", mas é bom saber que é, na verdade, uma habilidade aprendida para sobrepor o estresse físico que tomou conta do corpo. Ou, como a tensão pode agir como uma barreira duradoura contra o mundo, precisa haver um desenvolvimento gradual da segurança no ambiente terapêutico, de modo que esses pacientes possam tolerar ficarem livres de suas tensões e experimentarem maior contato com outras pessoas. Por essa razão, antes de introduzir o relaxamento, normalmente espero várias sessões até que as pessoas sintam-se confortáveis no grupo e eu possa avaliar quem provavelmente apresentará forte resistência ao relaxamento.

Benson (1975) fez um trabalho clássico de relaxamento com o desenvolvimento de uma variedade de técnicas. Acredito no valor do relaxamento para meus pacientes como um meio direto de reduzir o estresse físico. É preciso prática, mas quase todos podem fazer progressos, se quiserem. O benefício mais sutil do relaxamento é seu efeito positivo na terapia em si. Vez por outra, tenho observado que os pacientes ficam mais abertos ao trabalho terapêutico quanto mais relaxados estiverem. Não parece ser uma noção radical dizer que a rigidez do corpo é acompanhada pela rigidez no âmbito psicológico, entretanto, penso que a parte verbal da terapia, geralmente, avança quando o indivíduo experimenta o relaxamento físico.

Reconhecer que o relaxamento é um aspecto integrante da TCC também estabelece um fundamento clínico lógico para as intervenções físicas relacionadas. Vários tratamentos de TCC em grupo utilizam meditação, hipnose, exercícios e *biofeedback*. De especial interesse, em minha opinião, é a aplicação desses princípios com *imagens mentais* (Lazarus, 1981). Apenas alguns dos processos mentais de um indivíduo são decodificados através de palavras. Muito do conteúdo de percepção e memória são armazenados em formato visual. A TCC traz esse material para a terapia por intermédio de perguntas, como "Que imagem está associada a esta memória?" ou "Você tem consciência de alguma imagem mental imediatamente antes de ter este sentimento de falta de esperança?" O uso terapêutico de imagens mentais permite ao paciente ter acesso à experiência mental relevante não disponível por palavras apenas.

## Avaliação do Risco

A qualquer momento, um indivíduo faz toda uma série de determinações sobre a ameaça ou segurança relativas que está enfrentando naquele momento. Durante a ansiedade ou o pânico, o indivíduo tem a tendência de catastrofizar e enxergar o perigo imediato de maneira extrema (A.T. Beck, 1976). Freqüentemente, essas avaliações de risco ocorrem fora da consciência do indivíduo. Digo aos participantes do grupo:

> "Às vezes vocês podem sentir-se ameaçados, mas não conseguem identificar a fonte de risco. Isso pode ser perturbador, principalmente ao sentirem-se ameaçados a maior parte do tempo, embora pareça não haver uma boa razão para tal reação. Na avaliação do risco, nossa intenção é fazer um trabalho investigativo para entender de onde vem a ameaça real."

O terapeuta pode tranqüilizar bastante os pacientes realizando essa avaliação do risco, com a certeza de que existe algum ativador possível de se definir. Sempre lhes foi dito que *"Ah, isso não é nada, não se preocupe"*, e eles provavelmente tentam acreditar nesta justificativa. Isso não funciona, claro, pois a fonte desconhecida de ameaça, com a qual não se lidou apropriadamente, continua a existir. Assim, os pacientes não se sentem melhor no processo, julgando-se desagradáveis por terem uma reação que não faz sentido nem para eles nem para ninguém.

A avaliação do risco ajuda clientes e terapeuta a enxergarem quais são realmente as origens da ameaça. Também fornece uma leitura dos recursos dos pacientes para lidar com os riscos, produzindo um *coeficiente de capacidade de risco* (A.T. Beck, Emery e Greenberg, 1985). O risco é definido como uma ameaça subjetivamente percebida pelo indivíduo. A seus próprios olhos, ele vive algum tipo de perigo, como, por exemplo, em relação a sua autoestima, seu bem-estar físico ou seus relacionamentos com as pessoas que ama. Outras pessoas podem avaliar o risco de maneira diferente, o que pode favorecer uma discussão útil em um grupo de terapia. Essencialmente, é com a sensação do risco subjetivo que estamos nos preocupando. Os *recursos* referem-se às qualidades psicológicas que uma pessoa utiliza para lidar com o risco, podendo incluir, por exemplo, sua autoconfiança, sua capacidade de se comunicar em situações conflitantes ou sua visão otimista. Em muitas situações clínicas, a sensação de risco dos pacientes é alta, ao passo que a avaliação de seus próprios recursos para lidar com ele é baixa. Essa fórmula de alto risco e baixo recurso é uma pedra fundamental do modelo cognitivo* de ansiedade. No decorrer da terapia, os pacientes examinam as evidências reais de suas vidas para obter uma sensação mais verdadeira de risco e de recursos. Eles ganham na sua avaliação dos recursos pessoais, ao mesmo tempo em que reduzem sua avaliação do risco atual. Depois disso, quando considerarem as chances de futuros desafios, terão maior probabilidade de chegar a um coeficiente de capacidade de risco favorável (e mais preciso). Por exemplo, uma paciente muito capaz e assertiva se sentia sempre intimidada na presença da mãe e não conseguia usar as habilidades assertivas que havia desenvolvido em outras áreas de sua vida. A terapia envolvia a reestruturação* de suas crenças, de modo que pudesse dizer não à mãe, quando necessário. Quando isto começou a acontecer, houve uma mudança positiva em seu coeficiente de capacidade de risco em direção a uma maior capacidade de lidar com as ameaças que ela sentia em relação à sua mãe.

A avaliação de riscos e recursos pode ser um método esclarecedor a ser aplicado na TCC em grupo. Quando pontos de vista autodestrutivos são expressos ao grupo por um indivíduo, os outros podem compartilhar visões alternativas dos riscos e recursos, com base em uma visão mais equilibrada do indivíduo. Fica evidente que há várias maneiras de enxergar uma determinada situação. Toma-se cuidado, obviamente, para que o paciente não se sinta invalidado ou anulado pelo grupo. Há uma realidade psicológica até mesmo para os mais negativos coeficientes de capacidade de risco, e isso precisa ser respeitosamente reconhecido. Portanto, um grupo de TCC apóia a exploração, com responsabilidade, de diferentes perspectivas sobre o risco e os recursos, ficando a cargo de cada indivíduo o que fazer sobre isso.

## Protocolo de Tratamento

Dada a base empírica da TCC, há um interesse contínuo em se descobrir métodos clínicos que produzam os melhores resultados. Os terapeutas estão testando suas abordagens para determinar o que é mais útil para os pacientes. Com o tempo, certos métodos revelaram-se consistentemente positivos ao lidar com problemas específicos. Este capítulo introdutório sobre TCC discute vários desses métodos empiricamente validados, incluindo os registros de pensamento automático*, hierarquia emergente* e relaxamento*.

A próxima etapa lógica desses métodos é uma abordagem terapêutica integrada, que inclua todos os elementos-chave comprovadamente úteis. Construindo das partes para o todo, essa abordagem é chamada de *proto-*

*colo de tratamento*. Tipicamente, aborda um conjunto básico de habilidades clínicas que orienta terapeuta e pacientes em seu desenvolvimento. Há, normalmente, uma progressão no tratamento, e o protocolo aborda questões separadas que estão associadas ao começo, meio e fim da terapia. Em reconhecimento à sua origem empírica, o protocolo normalmente oferece, continuamente, medidas dos pacientes para focalizar o trabalho, assim como determinar seu desenvolvimento. O protocolo pode ser um guia para o terapeuta ou um livro de exercícios para os pacientes usarem como lição de casa* e depois analisar em sessão.

Para um protocolo de tratamento ser genuinamente útil, ainda é preciso haver um relacionamento colaborativo* entre o paciente e o terapeuta – o qual é fundamental para qualquer trabalho de TCC. O protocolo não substitui o fato de os pacientes precisarem sentir empatia pelo terapeuta, assim como sentir que o terapeuta importa-se verdadeiramente com os resultados positivos para ele. Em alguns pontos, há a preocupação do desenvolvimento de uma terapia rígida ou impessoal demais. Obviamente, se isso for verdade, seria contraproducente e um mau uso do relacionamento terapêutico.

Um dos primeiros protocolos foi o trabalho pioneiro de Beck (A.T. Beck e cols., 1979) sobre o tratamento da depressão por meio da TCC. Foram realizados desenvolvimentos posteriores de técnicas especiais para diversas populações. Linehan (1993) desenvolveu um livro de exercícios e um protocolo para tratamento de pacientes com transtorno de personalidade *borderline*, o qual utiliza tanto o tratamento individual como em grupo. Para o tratamento da ansiedade, por exemplo, White (1999) tem disponíveis procedimentos que incorporam o *Inventário de Ansiedade Traço-estado* (Spielberger, 1983), além da contribuição de Craske, Barlow e O'Leary (1992). O uso de protocolos de tratamento deriva-se de uma tradição na recorrência da TCC em uma ampla variedade de trabalhos escritos, para auxiliar os pacientes fora da sessão na forma de *biblioterapia*, o qual integra o trabalho terapêutico combinado com a leitura feita pelo paciente. Essa prática pode aprofundar a experiência da terapia, ajudar o paciente a envolver-se mais com o processo terapêutico fora da sessão e trazer novas idéias vindas da leitura suplementar. Claro que nem todos os pacientes estão inclinados a se envolver em leituras como parte da terapia, o que deve ser avaliado caso a caso.

## Prevenção da Recaída

A TCC reconhece que muitos dos problemas tratados em terapia tendem a ocorrer novamente durante o decorrer da vida de uma pessoa. Com base parcialmente na predisposição fisiológica, assim como nos padrões profundamente arraigados de velhos aprendizados, os sintomas de ansiedade e depressão apresentam maior probabilidade de retornar – especialmente em tempos de crise. Da mesma forma, o terapeuta cognitivo-comportamental aborda esses problemas com a intenção de oferecer aos pacientes um conjunto sólido de habilidades para a vida, em vez de visar a cura (o que não me parece viável ou prático). Digo aos pacientes do grupo:

> "Ao aprender essas habilidades terapêuticas, vocês terão maior capacidade de lidar com os ativadores e os padrões que têm causado problemas. Parte do tratamento, especialmente nos estágios finais, é reforçar essas habilidades, de modo que as pessoas continuem a usá-las por si mesmas, ficando assim acima das velhas tendências."

Isto é chamado de *prevenção da recaída* e é uma parte essencial da finalização da terapia (J.S. Beck, 1995).

Pode-se observar que os pacientes que finalizam a TCC com sucesso alcançaram a resolução dos problemas que deram início ao tratamento. É do maior interesse dos pacientes, estabelecer um sólido programa para que possam levar adiante o que aprenderam durante a permanência no grupo. Assim, explico:

> "Quando o grupo terminar, vocês devem permanecer atentos aos velhos padrões ativadores que possam sinalizar uma tendência para a recaída. Se isso ocorrer, não pense nisso como um fracasso pessoal ou do tratamento. Ao contrário, concentrem seus esforços para fazer tudo o que for necessário para reconquistar o domínio sobre o problema. Vocês sempre poderão tomar o rumo de volta para uma resolução sólida dos problemas."

Ao iniciarem as intervenções pessoais logo no primeiro ciclo, os pacientes são capazes de evitar uma recaída total (A.T. Beck, Wright, Newman e Liese, 1993).

A prevenção da recaída pode ser reforçada com a programação de *sessões de reforço*, realizadas eventualmente com o grupo no futuro. Isso geralmente dá aos pacientes uma data limite para manter seu foco terapêutico, mesmo quando não estiverem se encontrando regularmente. Obviamente, a satisfação de reencontrar os participantes do grupo também é um reforço positivo para manter-se em curso.

## ELEMENTOS DE UM RELACIONAMENTO COLABORATIVO

Um *relacionamento colaborativo* significa que terapeuta e pacientes estão trabalhando juntos para alcançar os melhores resultados possíveis (J.S. Beck, 1995). A palavra *colaborar* é derivada da palavra em latim que significa *trabalhar junto*. Este é o meio de a TCC atingir uma aliança terapêutica. Os pacientes precisam sentir-se ouvidos e entendidos e devem poder acreditar que o terapeuta está genuinamente interessado em ajudá-los. Por ser uma parceria, os pacientes devem sentir-se livres para fazer todo o tipo de perguntas sobre o tratamento, uma vez que esses métodos serão úteis até o ponto no qual os pacientes entendem completamente sua finalidade. No caso das questões com as quais não concordam, é vital que se sintam confortáveis para falarem disso abertamente.

A seguir, estão descritos o que chamo de elementos de um relacionamento colaborativo, assim como algumas das práticas do terapeuta cognitivo-comportamental que promovem o desenvolvimento da colaboração. O terapeuta que se sente verdadeiramente confortável com a abordagem da TCC combina tais elementos de maneira flexível e criativa. A prática é necessária, como em qualquer outra coisa, mas recomendamos ao leitor observar esta como uma abordagem que transmite o interesse do terapeuta e sua capacidade de ajudar.

### Agenda

A maioria dos tratamentos de TCC, individual ou em grupo, envolve o estabelecimento de uma agenda para a sessão (Wright, Thase, Beck e Ludgate, 1993). Tipicamente, é um processo consensual que inclui paciente e terapeuta e, portanto, depende da colaboração de todos os envolvidos. Certos benefícios da agenda são óbvios. Permite um uso mais eficaz do tempo e ajuda a assegurar que todos no grupo receberão atenção adequada. Há outras vantagens decorrentes do processo de organização da agenda, pois os participantes, geralmente, nunca tiveram a experiência de cooperar com outros para planejar o uso do tempo compartilhado. Para tanto, em um grupo, é necessário ser assertivo, saber escutar, esperar sua vez e buscar o que é melhor para todos. Essas são qualidades valiosas para aprender e generalizar* para a vida cotidiana.

## *Feedback*

A TCC é uma abordagem terapêutica permeada por *feedback*. O terapeuta incentiva ativamente o *feedback* aberto e direto entre os participantes, por meio da comunicação verbal e, às vezes, também pela comunicação escrita. Isso possibilita ao terapeuta ajustar seus métodos e abordagem de acordo com o que estiver melhor funcionando para os pacientes, assim como maneiras de aceitar o *feedback* que tenha um resultado construtivo (J.S. Beck, 1995).

O *feedback* entre os pacientes é geralmente orientado por aquilo que é relevante aos objetivos do tratamento* de cada participante. Por exemplo, um indivíduo tímido em um grupo ansioso poderia beneficiar-se do *feedback* construtivo sobre como as outras pessoas vêem sua característica reservada, o qual seria especialmente importante se ele estiver planejando usar a experiência de grupo para tentar ser mais assertivo ou aberto. Como a maioria dos grupos de TCC tem objetivos específicos e tempo limitado, normalmente não se incentiva o *feedback* espontâneo de cunho pessoal entre os pacientes. Por exemplo, a maioria das culturas de grupos de TCC não promove *feedbacks* do tipo "odeio você", "você me faz lembrar minha mãe" ou "será que você está sexualmente atraído por mim?" – por questões evidentes.

## Estabelecimento de Objetivos

A maioria dos grupos de TCC envolve o estabelecimento de objetivos para determinar a direção do movimento terapêutico. A princípio, os pacientes freqüentemente sentem-se estagnados e têm dificuldades para determinar modos específicos que desejam mudar. Torna-se importante, portanto, planejar *contingências positivas* de mudança. Por exemplo, se uma pessoa no grupo estiver deprimida e estiver tendo problemas para chegar ao trabalho no horário, uma possibilidade seria estabelecer uma meta, pois a mudança tem maior probabilidade de ocorrer se envolver alguma forma de recompensa para o indivíduo, como ir a um concerto no fim de semana caso consiga atingi-la. Quando a mudança terapêutica envolve ajustes necessários, mas intrinsecamente recompensadores, como chegar ao trabalho no horário, é útil introduzir recompensas extrínsecas, como ir a um concerto. O paciente aprende a motivar-se estabelecendo seu próprio sistema de recompensas.

Um dos primeiros passos em direção a um relacionamento colaborativo dentro do grupo de terapia envolve o fato de os participantes expressarem suas expectativas com a experiência terapêutica. O estabelecimento desses objetivos individuais, então, servem como diretrizes para o grupo como um todo. Ter esses objetivos claros é crucial para, em sessões posteriores, determinar o que é relevante ou não para a discussão em grupo. No caso de algumas questões não apresentarem relação com os objetivos previamente estabelecidos, provavelmente haverá outras questões mais úteis para se enfocar. Naturalmente, os objetivos são reavaliados e modificados no decorrer da terapia. Um aspecto importante do fechamento do grupo é a avaliação de como os indivíduos se saíram perante seus objetivos e quais as questões que ainda permanecem pendentes com o término da terapia (A.T. Beck e cols., 1990).

O terapeuta orienta a discussão, mas os objetivos se originam nos participantes do grupo. O fato de o terapeuta respeitar aqueles objetivos, reforça a natureza e o vínculo do relacionamento terapêutico. Dependendo do ambiente, às vezes verbalizo meus próprios objetivos, em parte para deixar clara minha posição, além de moldar o processo de estabelecimento de objetivos para os participantes. Em vários grupos, identifiquei os seguintes objetivos para mim mesmo:

- Quero aprender algo novo a cada sessão.
- Gostaria que todos falassem pelo menos em algum momento de como se sentem a respeito de nossa terapia.
- Espero que todos se sintam melhores do que quando começaram.
- Quaisquer que sejam as diferenças existentes entre nós, espero podermos lidar com elas de modo que ninguém acredite precisar sair do grupo.

## Lição de Casa

A maioria das TCC envolve algum tipo de lição de casa. Embora haja uma variedade infinita de lições de casa, o que elas possuem em comum é uma noção de *experimentação comportamental*. Os pacientes, continuamente, geram novas hipóteses, testando-as nas experiências de vida e determinando o resultado daquilo que se revela útil e verdadeiro (Persons, 1989).

Acredito ser essa uma das razões para se obter resultados favoráveis no tratamento. Por exemplo, quanto mais se pratica um instrumento musical ou outra habilidade qualquer, maior será seu grau de maestria. Mas se os participantes sentirem-se forçados a fazer a lição de casa, esta não funcionará, contribuindo para a interrupção da terapia. Um dos diferenciais da TCC é orientar as pessoas a encontrar uma atividade que os faça sentir bem, ou seja, incentivá-los, mas não obrigá-los a fazer lição de casa.

Como todos podem aprender com as experiências tiradas das atividades realizadas pelos outros, quanto mais pessoas participarem, melhor. Muitas vezes, não há muita tolerância entre os participantes do grupo para repetidas desculpas, pois as outras pessoas conseguiram, de alguma forma, fazer o trabalho. O terapeuta do grupo precisa fazer o acompanhamento da lição com cada indivíduo, pois isso transmite sua importância dentro das prioridades do terapeuta. Se as pessoas não puderem ou não quiserem fazer a lição de casa, é importante explorar as verdadeiras razões para isso – sem tornar esta uma questão de vergonha ou culpa, ou seja, deixo claro que já tive pessoas em meus grupos que, por uma série de motivos, não fizeram suas lições e ainda assim beneficiaram-se com o grupo e deram sua contribuição. Mas de modo geral, reitero que as pessoas que tiram o maior proveito do grupo são aquelas que mais investem nele.

## Questionamento Socrático

O questionamento socrático busca revelar os pressupostos subjacentes de um indivíduo. Por exemplo, uma mulher com medo de sentir pânico no trabalho revela que sempre se sentiu deslocada, e um ataque de pânico seria a humilhação final. A terapia precisa abordar tanto o transtorno de pânico como seu sentimento de alienação no trabalho (e talvez em outros ambientes). Durante o decorrer da terapia, o paciente aprende como iniciar esse tipo de questionamento socrático por si mesmo e determinar os pressupostos e crenças latentes em sua experiência imediata. O terapeuta cognitivo-comportamental orienta os participantes do grupo em um processo de conscientização dos pressupostos subjacentes de cada um e das previsões implícitas de como os eventos futuros se revelarão. Por meio desse método indutivo, os pacientes começam a descobrir as origens de seu pensamento e como chegaram a uma conclusão. Com o tempo, os participantes do grupo aprendem a questionar uns aos outros com essas perguntas abertas e incitadoras. Se for para ser um benefício duradouro para o tratamento com a TCC em grupo, os indivíduos terão adquirido a prática de questionar a si mesmos para estarem atentos aos pressupostos que influenciam o humor e o comportamento (Young, 1990). É no contexto de um relacionamento terapêutico colaborativo que as técnicas e métodos de TCC examinadas neste capítulo podem ser eficazes.

# CONCLUSÃO

Ao conhecimento desses termos iniciais da TCC, ficará evidente que os autores basearam-se nos princípios e nas técnicas básicas da TCC para aplicá-las de diferentes maneiras. Os tópicos dos capítulos foram selecionados de modo a abordar uma variedade de problemas clínicos, tratados de maneira eficaz no ambiente de grupo. Especial atenção foi dada ao tratamento em vários ambientes, como o paciente externo, aquele que fica parte do tempo no hospital e o internado. O benefício da intervenção em grupo foi reconhecido como extensivo para além das categorias de diagnóstico tradicionais, para também incluir grupos de sexualidade da mulher e o treinamento de pais. A aplicação a diversas populações está refletida em determinadas abordagens para grupos de latinos e da terceira idade. No processo de pesquisa da variedade de TCC em grupo, este livro fornece descrições de algumas aplicações de tratamento freqüentemente não abordadas nos textos de TCC convencionais – como obesidade, paternidade ou mesmo hospitalização parcial. É a intenção dessa abordagem promover o uso eficaz da TCC em grupo e apoiar os clínicos em um processo de desenvolvimento e experimentação de outras aplicações da TCC em ambientes de grupo.

# REFERÊNCIAS BIBLIOGRÁFICAS

Bandura, A. (1997). Self-efficacy: The exercise of control. New York: Freeman.

Barlow, D. H. (1988). Anxiety and its disorders: The nature and treatment of anxiety and panic. New York: Guilford Press.

Barlow, D. H. (Ed.). (1993). Clinical handbook of psychological disorders: A step-by-step treatment manual (2nd ed.). New York: Guilford Press.

Beck, A. T. (1976). Cognitive therapy and the emotional disorders. New York: International Universities Press.

Beck, A. T., Emery, G., & Greenberg, R. (1985). Anxiety disorders and phobias. New York: Basic Books.

Beck, A. T., Freeman, A., & Associates. (1990). Cognitive therapy of personality disorders. New York: Guilford Press.

Beck, A. T., Rush, A. J., Shaw, B. F., & Emery, G. (1979). Cognitive therapy of depression. New York: Guilford Press.

Beck, A. T., & Steer, R. A. (1987). Manual for the Revised Beck Depression Inventory. San Antonio, TX: Psychological Corporation.

Beck, A. T., Wright, F. W., Newman, C. F., & Liese, B. (1993). Cognitive therapy of substance abuse. New York: Guilford Press.

Beck, J. S. (1995). Cognitive therapy: Basics and beyond. New York: Guilford Press.

Benson, H. (1975). The relaxation response. New York: Morrow.
Bourne, E. J. (1995). The anxiety and phobia workbook (2nd ed.). Oakland, CA: New Harbinger.
Burns, D. D. (1980). Feeling good: The new mood therapy. New York: William Morrow.
Clark, D. (1989). Anxiety states. In K. Hawton, P. M. Salkovskis, J. Kirk, & D. Clark (Eds.), Cognitive behavior therapy for psychiatric problems (pp. 52-96). Oxford, England: Oxford University Press.
Craske, M. G., Barlow, D. H., & O'Leary, T. A. (1992). Mastery of your anxiety and worry: Client workbook. San Antonio, TX: Graywind.
Cummings, N. (1995). Focused psychotherapy. New York: Brunner/Mazel.
D'Zurilla, T. J., & Goldfried, M. R. (1971). Problem solving and behavior modification. Journal of Abnormal Psychology, 78, 107-126.
Greenberger, D., & Padesky, C. (1995). Mind over mood: Change how you feel by changing the way you think. New York: Guilford Press.
Lazarus, A. A. (1981). The practice of multimodal therapy: Systematic, comprehensive, and effective therapy. New York: McGraw-Hill.
Lazarus, A. A. (1997). Brief but comprehensive psychotherapy: The multimodal way. New York: Springer.
Linehan, M. M. (1993). Skills training manual for treatment of borderline personality disorder. New York: Guilford Press.
Mahoney, M. (1991). Human change processes: The scientific foundations of psychotherapy. New York: Basic Books.
McKay, M., Davis, M., & Fanning, P. (1997). Thoughts and feelings: Taking control of your moods and your life. Oakland, CA: New Harbinger.
Meichenbaum, D. (1974). Cognitive-behavior modification: An integrative approach. New York: Plenum Press.
Persons, J. (1989). Cognitive therapy in practice: A case formulation approach. New York: Norton.
Spielberger, C. D. (1983). State-Trait Anxiety Inventory. Palo Alto, CA: Mind Garden.
Walen, S. R., DiGiuseppe, R., & Dryden, W. (1992). A practitioner's guide to rational-emotive therapy (2nd ed.). New York: Oxford University Press.
White, J. (1999). Overcoming generalized anxiety disorder: Therapist protocol. Oakland, CA: New Harbinger.
Wright, J. H., Thase, M. E., Beck, A. T., & Ludgate, J. W. (Eds.). (1993). Cognitive therapy with inpatients: Developing a cognitive milieu. New York: Guilford.
Young, J. (1990). Cognitive therapy for personality disorders: A schema-focused approach. Sarasota, FL: Professional Resource Exchange.

# 2

# Depressão

John R. White

A depressão psicológica é o problema predominante na abordagem do tratamento psicológico. A Pesquisa Nacional de Co-morbidade determinou uma estimativa de predominância de 17,1% para a depressão maior durante a vida (Blazer, Kessler, McConagle e Swartz, 1994). De acordo com o Instituto Nacional de Saúde Mental, estima-se que 17,4 milhões de adultos americanos experimentem alguma forma de depressão (depressão maior, transtorno bipolar ou distimia), no período de um ano em algum momento da vida (M. Strock, *comunicação pessoal*, 17 de abril de 1998; consulte também American Psychological Association, 1996).

Com base em sua pesquisa anterior que previu o risco de suicídio, Aaron Beck (1964) desenvolveu a terapia cognitiva para o tratamento da depressão, como um método estruturado, de curto prazo, orientado para o presente e dirigido para a resolução dos problemas atuais, por meio da modificação do pensamento e do comportamento disfuncional. A chave para Beck entender a depressão foi seu foco nas experiências prevalecentes de desamparo e falta de esperança – estruturas de crenças cognitivas bastante responsivas à terapia cognitiva, proposta por A. Beck, Rush, Shaw e Emery (1979). Estudos controlados demonstraram consistentemente sua eficácia no tratamento do transtorno depressivo maior (ver Dobson, 1989, para uma metaanálise). A terapia cognitiva, como desenvolvida por Beck, tornou-se uma das principais abordagens contemporâneas para a psicoterapia, a qual se ampliou e incluiu a terapia cognitivo-comportamental (TCC) com as contribuições da terapia racional emotiva de Albert Ellis (1962), a modificação cognitivo-comportamental de Donald Meichenbaum (1977) e a terapia multimodal de Arnold Lazarus (1976).

O primeiro relato publicado de dessensibilização em grupo surgiu em Lazarus (1961), que também assinou um capítulo sobre a terapia comportamental em grupo (Lazarus, 1968). A primeira descrição da terapia cognitiva em grupo foi fornecida por Hollon e Shaw (1979). Freeman (1983) editou o primeiro texto sobre TCC que abordava exclusivamente o tratamento de casais e grupos, uma extensão da teoria e prática da origem da TCC que funcionava na terapia individual. Lewinsohn, Muñoz, Youngren e Zeiss (1986) desenvolveram um protocolo específico para o tratamento em grupo da depressão que incluía ensinar habilidades específicas aos participantes, como o relaxamento, o planejamento de atividades agradáveis e a assertividade social. Miranda, Schreckengost e Heine (1992) criaram um tratamento em grupo semanal para pacientes externos com depressão no ambiente de um hospital. Freeman, Schrodt, Gilson e Ludgate (1993) forneceram uma visão geral da variedade de abordagens da terapia cognitivo-comportamental em grupo em ambientes com pacientes internos, enquanto Brabender e Fallon (1993) compararam um método de TCC em grupo com pacientes internos com outros modelos.

A literatura contemporânea demonstra a utilidade da terapia em grupo nos ambientes atuais de saúde mental (Cummings e Sayama, 1995). Ao abordar questões sobre o trabalho em grupo com tempo administrado (MacKenzie, 1997), MacKenzie descobriu que as bases comuns são maiores entre os tópicos tradicionalmente dentro do domínio da TCC, como a prevenção da recaída e estabelecimento de objetivos. Reconhece-se que, com certas populações, o papel do terapeuta e a estrutura do grupo são significativamente ajustados, sendo novamente consistente com a orientação empírica da TCC para modificar a técnica clínica, de acordo com as necessidades específicas das pessoas no grupo.

Uma contribuição seminal ao desenvolvimento desse método de TCC em grupo para o tratamento da depressão foi fornecida no trabalho de Yalom (1983), no qual aborda as necessidades exclusivas de fornecer a terapia em grupo em ambientes com pacientes internos. Dado o encurtamento da internação hospitalar que ocorria naquele momento, e que continua desde então, Yalom (1983) observou que a rotatividade de pacientes exigia uma mudança fundamental no tratamento em grupo.

> "Os terapeutas de pacientes internos em grupo não podem trabalhar dentro de um período de tempo longitudinal, ao contrário devem considerar que a vida do grupo dura uma única sessão. Essa necessidade sugere que eles devem tentar fazer o trabalho o mais eficazmente possível, para o maior número de pacientes, durante cada sessão em grupo. O tempo de uma única sessão dita que os terapeutas de pacientes internos em grupo buscam a eficiência. Eles não têm tempo para construir o grupo, nem para deixar que as coisas se desenvolvam, nem para trabalhar gradualmente. Seja lá o que vão fazer, eles o devem fazer em uma sessão, e devem fazer rápido. Essas considerações exigem um alto nível de atividade – muito mais alto do que o comum ou apropriado na psicoterapia de pacientes externos em grupo de longo prazo. Os terapeutas de pacientes internos em grupo devem estruturar e ativar o grupo; devem convocar os participantes, apoiar ativamente os participantes e interagir pessoalmente com os pacientes. Não há lugar para o terapeuta passivo e inativo na terapia com pacientes internos em grupo" (p. 84).

O que Yalom descrevia em ambientes com pacientes internos, em 1983, tornou-se endêmico no tratamento de saúde mental no século XXI, especialmente para a terapia em grupo. A maioria dos ambientes não fornece a oportunidade para um grupo de pessoas completamente intacto para trabalhar juntas por um tempo mais prolongado. É muito mais comum que haja tratamento de curta duração, com as pessoas se juntando ao grupo e deixando-o em uma base contínua. Portanto, essa abordagem à TCC em grupo endossa o princípio do tempo de sessão única de Yalom. Faça a sessão ser conclusiva, incluindo a resolução de problemas até onde for possível, pois não pode haver o pressuposto de que o mesmo grupo de pessoas se reunirá novamente. Obviamente, haverá benefício cumulativo de uma sessão para outra para certos participantes que seguem no grupo, mas isso não altera o fato de o terapeuta operar o máximo efeito na única sessão à mão. Com isso em mente, o presente método tem sido utilizado (e adaptado) efetivamente em ambientes no qual uma coorte de pacientes começa e termina a terapia juntos, normalmente com 8 a 16 sessões ao todo, ou no qual os pacientes juntam-se a um grupo em andamento com um mínimo de compromisso de presença, freqüentemente de oito sessões consecutivas.

Uma outra influência no desenvolvimento desse modelo de TCC em grupo deriva da literatura organizacional e do funcionamento saudável de uma equipe de trabalho. Da mesma forma que as pessoas se juntam para formar um grupo de terapia eficaz, elas também estão conseguindo formar uma equipe de trabalho, cujo objetivo é reduzir a depressão de todas as pessoas envolvidas. Senge (1990), em seu rico texto sobre o desenvolvimento organizacional, usou a teoria de sistemas gerais para desenvolver um modelo que ele chamou de *organização de aprendizado*, o qual equiparou os objetivos mais altos do grupo de terapia. É "*onde as pessoas continuamente expandem sua capacidade de criar os resultados verdadeiramente desejados, no qual são alimentados padrões novos e expandidos de pensamento, a aspiração coletiva é liberada e as pessoas continuamente aprendem a aprender juntas*" (Senge, 1990, p. 3). Bennis e Biederman (1997), esquivando-se da antiquada teoria do "grande homem" de liderança, forneceram um estudo de caso de seis "grandes grupos" que mudaram o curso da vida no século XX pela virtude de sua colaboração criativa. *Nenhum de nós é tão esperto como todos nós* (Bennis e Biederman, 1997, p. 1). Em um tratamento lírico de liderança, DePree (1989) descreveu o vínculo ideal entre as pessoas no trabalho, mas se poderia dizer o mesmo para aplicar dentro do grupo de terapia, quando ele diz: "*os relacionamentos compromissados preenchem necessidades profundas, permitem que o trabalho tenha significado e traga satisfação. Eles tornam possíveis os relacionamentos capazes de lidar com o conflito e a mudança*" (p. 15).

O presente modelo para a TCC em grupo da depressão foi desenvolvido em associação com o Dr. Aaron T. Beck. Eu estava envolvido no planejamento e implementação de um tratamento unificado em grupo para a depressão em pacientes internos, parcialmente internos e pacientes externos em um sistema hospitalar psiquiátrico nacional. Beck serviu de consultor para o projeto e forneceu treinamento no local. O método apresentado aqui é fundamentalmente consistente com a formulação de Beck da terapia cognitiva e não teria sido possível sem seu generoso apoio. Em nome da consistência neste capítulo, todas as aplicações e exemplos clínicos focalizam a terapia em grupo com pacientes externos para a depressão, embora a abordagem também possa ser usada com pacientes internos e parcialmente internos com leves modificações.

# PRINCÍPIOS DO GRUPO DE TCC

## Coesão

A coesão é um foco central na literatura sobre a terapia em grupo; ela reflete o grau de interesse pessoal dos participantes uns pelos outros. A coesão é alta quando as pessoas querem participar do grupo e desejam interagir com os outros participantes. Espontaneamente, eles pensam uns nos outros entre as sessões. É a força social em um grupo que permite aos participantes tolerar as diferenças e desacordos. Quando existe coesão suficiente, tais diferenças não ameaçam a integridade básica do grupo. Há a oportunidade de expressar a diversidade da experiência e opinião com a confiança de que o grupo não se desmanchará e os indivíduos não serão prejudicados. Quando existe compaixão e preocupação com o sofrimento dos outros participantes, o grupo atinge coesão. Se não houver coesão, não haverá um grupo formado, apenas um grupo de pessoas que por acaso ocupam o mesmo espaço ao mesmo tempo.

A tarefa fundamental do terapeuta de grupo é desenvolver a coesão no grupo de terapia, a qual serve para conduzir o terapeuta na seleção de participantes prospectivos capazes de desenvolver relações coesas com outras pessoas. O terapeuta descreverá explicitamente e reforçará a coesão como um componente vital do grupo de terapia, enquanto ele é formado. Quando surgem desafios e obstáculos à coesão, o terapeuta orientará o grupo de modo a poder trabalhar através dos problemas e desenvolver maior força de ligação entre os participantes. Como a coesão define um conjunto fluídico e complexo de relacionamentos entre várias pessoas, não existe em estado permanente ou perfeito. Mais exatamente, é uma questão de equilíbrio. O terapeuta tem consciência de quando um grupo indica que há coesão demais – reconhecível quando o grupo torna-se repressor, não tolera as diferenças individuais ou rebate a autonomia e a independência. Na mesma medida, o terapeuta toma consciência se há pouca coesão e os participantes sentem-se solitários, isolados ou frios. Não demora muito para a freqüência de comparecimento diminuir e as desistências começarem. Um terapeuta habilidoso, além de administrar todo o resto do trabalho terapêutico, sempre manterá um dedo no pulso da coesão do grupo e estará pronto para mudar o rumo delicadamente, conforme os ajustes se fazem necessários.

## Foco na Tarefa

A TCC é uma terapia focada, que busca a resolução de problemas. O terapeuta cognitivo-comportamental procura trazer à terapia em grupo uma estratégia que construa coesão e foco na tarefa. Na cabeça de algumas pessoas, estes poderiam parecer objetivos contraditórios. Elas argumentariam que, para os participantes, manter um bom sentimento de conexão com os outros afastaria a resolução dos problemas, ou que focalizar no trabalho da terapia cognitiva significaria não desenvolver sentimento de grupo. Presumir que a coesão e o foco na tarefa são antagônicos manifesta a distorção cognitiva de pensamento dicotômico, levando a uma abordagem incompleta e desequilibrada de conduzir um grupo de TCC.

De fato, a coesão e o foco na tarefa podem ser mutuamente intensificadores, e o terapeuta procura facilitar o movimento de um para outro. Quando, por exemplo, há uma experiência emocional no grupo que reforça a conexão empática entre os participantes, o terapeuta poderia dizer: "*Como esse sentimento mais íntimo ajuda as pessoas a fazer progressos no modo de lidar com sua depressão e ir em frente com seus objetivos terapêuticos?*". Ou ainda, quando o grupo desenvolve-se para um novo estágio do foco na tarefa, atingindo uma parte importante da resolução do problema, o terapeuta poderia perguntar antes de terminar a sessão: "*Se esse é um novo nível da maestria em grupo, ele leva a um sentimento mais íntimo entre os participantes?*". O terapeuta também estará monitorando quando o grupo se desviar e ficar empacado em problemas de coesão ou de foco na tarefa. Muitas vezes, o meio para ajudar o grupo a deslanchar é voltar a atenção para o objetivo subliminarmente representado. Por exemplo, um grupo que luta para desenvolver seu foco no grupo pode ser auxiliado pelo terapeuta quando este redireciona e pergunta: "*Quais os sentimentos que os participantes estão obtendo uns dos outros neste grupo?*". É provável que haja tarefas inexploradas que são eclipsadas pelo tom emocional expressado. O terapeuta permanece em sintonia quando certos participantes encontram-se em papéis rígidos, representando apenas o foco na tarefa ou apenas a coesão, procurando facilitar uma participação mais integrada para aquelas pessoas. Se um participante passa um tempo desproporcional tentando suavizar conflitos e fazer as pessoas felizes, esperando por absoluta coesão, o terapeuta poderia perguntar: "*Como vocês se sentem sobre seu progresso no grupo e o que vocês estão ganhando com ele?*".

# O PAPEL DO TERAPEUTA E A ESCOLHA DOS PARTICIPANTES

## O Papel do Terapeuta

Por intermédio de sua conduta no grupo, o terapeuta modela a participação e colaboração ativa. O terapeuta envolve-se com os participantes na construção da agenda, gerando respostas adaptativas, definindo as lições de casa e ensinando habilidades. Ele busca um alto nível de envolvimento com os participantes, sendo incomum a sessão em que ninguém fala abertamente de maneira significativa. O terapeuta ajuda a estabelecer uma atmosfera tolerante com as diferenças individuais e encoraja as pessoas a falar abertamente. Pelo exemplo pessoal, o terapeuta assume a responsabilidade por sua própria experiência e, desse modo, estimula os participantes a fazer o mesmo. O principal modo de comunicação do terapeuta é o questionamento socrático, o qual compele as pessoas à discussão em grupo por meio de perguntas investigativas que tentam estimular o pensamento em novas direções (ver Capítulo 1). Por exemplo, poder-se-ia perguntar a um homem que perdeu seu emprego recentemente e está deprimido: "*Que diferença você vê em si mesmo agora que foi demitido?*". Com mais freqüência do que se imagina, as respostas às perguntas socráticas levam a novos níveis de questionamento, um processo que se torna uma habilidade importante para os participantes adquirirem na sua exploração pessoal fora do grupo.

Conforme a exploração dos pensamentos automáticos (ver Capítulo 1) segue em direção a níveis mais profundos de crença, normalmente surgem temas em comum que abordam o escopo da experiência universal. Quem não poderia, por exemplo, reconhecer sentimentos relacionados a crenças centrais de ser mal amado ou identificar-se com a sensação de ser incompetente? Nesse processo, é mais provável que o terapeuta cognitivo-comportamental se refira a "nós" e "nossas questões" que a "vocês", participantes com "seus" problemas. Embora obviamente o terapeuta não revele sua história pessoal inadequadamente, ele está desejando transmitir sua familiaridade com o esforço terapêutico e o conhecimento pessoal de lidar com a depressão. Tal é a verdadeira natureza do relacionamento colaborativo que ele é central na TCC. Não é difícil ver os participantes se perguntarem se o terapeuta utiliza métodos de TCC em sua vida pessoal. Afinal de contas, como o terapeuta está estimulando os participantes a fazer registros de pensamentos (discutidos no Capítulo 1) regularmente para lidar com os eventos ativadores, não seria sensato que ele também fizesse uso do mesmo? Qualquer terapeuta alcança credibilidade sólida quando fica evidente que ele faz o que diz.

Escolhi pensar no papel do terapeuta cognitivo-comportamental como semelhante ao diretor de cinema ou ao maestro de uma orquestra. Assim como eles, o terapeuta conduz um processo criativo produzido por outras pessoas. Em tais papéis, o terapeuta busca extrair dos atores ou dos músicos o melhor desempenho, mas com o notável paradoxo de que o diretor de cinema fica exclusivamente atrás das câmaras e o maestro é o único no palco que não toca uma nota. A melhor contribuição do terapeuta ocorre quando os participantes estão criando sua própria terapia. Normalmente, não são as palavras do terapeuta as mais memoráveis no decorrer do tratamento em grupo.

O papel de diretor pode ser realçado no grupo de terapia se o terapeuta escolher conduzir o grupo em pé. Embora totalmente opcional, há o benefício óbvio ao terapeuta de poder fazer anotações sobre o grupo em um quadro na parede (a piada sobre o terapeuta cognitivo que não podia falar se não pudesse escrever parece ser verdadeira). Há uma vantagem mais sutil que se deve ao fato de que a energia em uma sala cheia de pessoas com depressão tende a ser baixa. O terapeuta que fica em pé e se mexe pode trazer atividade física ao ambiente de grupo que encoraja os participantes a expandir seu próprio nível de energia. Como o terapeuta segue em frente para extrair uma manifestação de um indivíduo no grupo, depois se vira para escrever aqueles comentários no quadro e vira-se de lado para conversar com outro indivíduo, ele pode conduzir melhor o ritmo e direção do diálogo (novamente, como um diretor faria). Nem todos os terapeutas ficariam confortáveis ficando em pé e mexendo-se durante a sessão, mas poderia valer a pena tentar com este aspecto limitado de liderança carismática.

## Seleção

Ao selecionar as pessoas para juntar-se ao grupo de terapia cognitivo-comportamental, a intenção do terapeuta é trazer aqueles que se beneficiariam com esse modo de tratamento e contribuiriam para a experiência dos outros participantes no grupo. Recomenda-se que haja, pelo menos, uma sessão de avaliação, na qual o possível participante encontra-se individualmente com o clínico para determinar se a terapia em grupo seria adequada. Essa avaliação analisará a extensão da depressão clínica e, mais importante, determinará se há ideação suicida ativa. Se houver, tal indivíduo precisa ser tratado em regime de urgência, com avaliação para intervenção na crise, medicação ou hospitalização psiquiátrica. Seria obviamente inadequado indicar um suicida em potencial para uma terapia em grupo com pacientes externos. Essa é uma determinação crucial para a segurança de todos os indivíduos envolvidos e, portanto, requer uma avaliação individual com um clínico antes da indicação para um grupo. Os sistemas clínicos que realizam apenas um escrutínio por telefone para encaminhar um paciente para um grupo de depressão ou simplesmente anunciar o início de um grupo e pedir para que as pessoas se apresentem traem essa responsabilidade clínica e legal. É discutível se tais práticas alternativas de encaminhamento seriam adequadas para as categorias de diagnóstico que não seja a depressão, mas certamente não é para essa determinada população que o potencial suicida é um perigo constante.

A ideação suicida ativa é o principal critério de exclusão da terapia cognitivo-comportamental em grupo com pacientes externos. Outros critérios são a dependência química presente e não-tratada ou a psicose atual. Dada a natureza desses problemas clínicos, eles requerem atenção imediata, antes do início do tratamento da depressão. Seria um desserviço para o indivíduo confundir seu tratamento ao começar pela terapia em grupo para a depressão sem antes abordar as necessidades mais urgentes. Seria igualmente um desserviço aos participantes do grupo de depressão admitir um participante cuja dependência química ativa ou psicose ativa rompesse a coesão ou o foco na tarefa do grupo. Dependendo da capacidade do terapeuta e do modo no qual o grupo é composto, é possível considerar a inclusão de participantes que tenham ideação suicida, dependência química ou psicose no passado, desde que as questões tenham sido devidamente tratadas e não constituam um problema atual. Pode haver valor e influência mútua positiva, por exemplo, para um participante que também seja ativo em sua recuperação de abuso de substâncias. Há vários paralelos entre a TCC e o tratamento de viciados, como a identificação de ativadores, determinando a cadeia de pensamentos que permita a ação impulsiva e dando passos ativos em direção à prevenção da recaída (Beck, Wright, Newman e Liese, 1993).

O processo de determinação de quem terá a oportunidade de se juntar ao grupo de terapia para a depressão compreende apenas a metade do processo de seleção. Não menos importante é se os indivíduos adequados aceitam juntar-se ao tratamento em grupo, uma vez que lhes tenha sido oferecido. Quando o clínico decide que um indivíduo é adequado para o grupo, um fator primordial que determina se aquela pessoa escolherá o grupo ou não depende da influência do clínico. O clínico consegue falar com conhecimento de causa sobre a eficácia da terapia em grupo? O clínico consegue responder com sabedoria perguntas que um participante em potencial pode fazer sobre o tratamento em grupo? O clínico conduz grupos pessoalmente e transmite uma crença positiva neste trabalho? Todos esses são fatores que influenciam a escolha de determinada pessoa. É obviamente preferível que um participante em potencial não seja forçado a entrar na terapia em grupo por ser o único tratamento disponível. Senão haveria encaminhamento de casos inadequados (como suicidas ativos, dependentes químicos ou psicóticos), fazendo com que as pessoas que seriam adequadas se ressentissem, com razão, por não lhes ser dada nenhuma chance quanto ao tipo de tratamento que recebem, portanto, reduzindo o benefício que aceitariam da terapia. Embora o clínico possa recomendar o tratamento em grupo (talvez até incisivamente), a decisão final deve permanecer com o indivíduo. É com base nisso que um programa sólido de terapia em grupo pode ser construído ao trabalhar duro para manter a participação voluntária de todos os indivíduos envolvidos.

Quando os participantes desistem do grupo, normalmente é em decorrência de uma falha na seleção, no tratamento ou em ambos. Essa abordagem à TCC em grupo para a depressão busca reduzir as desistências ao mínimo. Quando mesmo um participante desiste do grupo, tal indivíduo mais provavelmente teve uma experiência terapêutica negativa e menos provavelmente buscará um tratamento alternativo para sua depressão. O grupo também é afetado quando a coesão é rompida com a partida do participante e não há chance de resolver a ruptura.

É por isso que uma regra básica da TCC em grupo é pedir aos participantes para falar abertamente quando estiverem insatisfeitos ou pensando em desistir do grupo. Espera-se que tal discussão possa resolver as dificuldades do indivíduo com o grupo, o que provavelmente reflete as insatisfações experimentadas por outros participantes que ainda não foram traduzidas em palavras.

Se um participante perde uma sessão sem prévio aviso, o terapeuta tem como política entrar em contato com o indivíduo. Embora seja uma opção do paciente continuar ou desistir, o terapeuta prefere discutir as questões para ver se estas podem ser estabelecidas no grupo ou, ao menos, determinar se os tratamentos alternativos seriam mais apropriados. Se a decisão for desistir, e tendo a permissão daquele indivíduo, o terapeuta transmite ao grupo as razões da desistência na próxima sessão, pois esta é certamente uma questão do grupo e deve estar aberta a discussões, que são normalmente breves. Os participantes tipicamente querem saber se a pessoa que desistiu está bem e se está fazendo algum outro tipo de terapia. Responder a essas perguntas os ajuda a encerrar o debate sobre o indivíduo que deixou o grupo e restabelecer uma sensação de coesão.

## ESTRUTURA E CONTEÚDO DAS SESSÕES EM GRUPO

### Primeira Parte da Sessão: Registro

No início de cada sessão, os participantes do grupo registram-se, compartilhando desenvolvimentos significativos da semana, relatando mudanças na depressão e recuperação e indicando o que foi interessante em suas experiências com a lição de casa (ver Capítulo 1). Os participantes normalmente ficam felizes em se ver novamente, servindo para restabelecer a coesão do grupo, dando seqüência à semana anterior. A lição de casa será descrita em detalhes mais adiante, mas esse registro é essencial para garantir que a experiência com a lição de casa seja trazida de volta ao grupo e torne-se parte da discussão. O registro toma cerca de 20 minutos, monitorados pelo terapeuta para garantir que todos tenham oportunidade de falar.

### Segunda Parte da Sessão: Agenda

A prática da TCC reconhece que utilizar o tempo com sabedoria é vital para a terapia, assim como para a vida. A maioria dos protocolos de tratamento individual com a TCC envolve a colaboração do paciente e do terapeuta para estabelecer uma agenda flexível para cada sessão (ver Capítulo 1). Isso também é verdade para o tratamento da depressão com a TCC em grupo, na medida em que o terapeuta conduz os participantes para determinar a si mesmos como utilizar o tempo disponível da melhor maneira. A habilidade no desenvolvimento da agenda facilita o sentimento de coesão, já que os participantes colaboram para determinar sobre o que é mais importante falar. Tanto quanto possível, essas decisões são tomadas em consenso. Os participantes ganham um sentido de poder à medida que determinam o conteúdo de seu grupo e aprendem as habilidades para definir uma agenda para suas vidas e juntar-se a outras pessoas para fazer o mesmo. O processo de agenda, como detalhado no exemplo abaixo, toma aproximadamente 20 minutos, mas normalmente leva menos tempo no decorrer do tratamento, já que os participantes se familiarizam com os outros e com o processo em si.

## *Esboço Clínico: Definição da Agenda*

Em uma sessão anterior da terapia em grupo, os participantes foram orientados em sua primeira experiência de desenvolver uma agenda para determinar com o que eles iriam trabalhar neste dia. O terapeuta explica o seguinte: "*Gostaria de começar tendo uma idéia dos tipos de pensamentos automáticos que são problemáticos para as pessoas aqui. Vamos fazer uma lista de pelo menos um pensamento automático para cada pessoa, e depois determinaremos qual é o mais marcante para o maior número de pessoas e este será o foco de nossa terapia hoje*". O terapeuta então pediu aos participantes que analisassem em voz alta o que haviam aprendido sobre pensamentos automáticos. Diversos participantes responderam: "*São afirmações que fazemos a nós mesmos sobre nós mesmos, nosso mundo e nosso futuro*". "*Pensamentos automáticos fortes combinam-se com sentimentos fortes*". "*Tendem a ser inconscientes, como se estivessem escondidos nas sombras ou atrás da cortina*". "*Os pensamentos automáticos parecem simplesmente pipocar na minha cabeça*". "*Eles são muito rápidos, mais de 180 km/h*". "*Quando você o reconhece, você percebe que já teve aquele pensamento 10 mil vezes*". A revisão periódica dos termos da TCC ajuda a reforçar essas idéias nas mentes dos participantes e coloca o material no domínio da experiência e linguagem do grupo de maneira mais eficaz que uma palestra do terapeuta sobre o mesmo tópico.

O terapeuta iniciou o processo de agenda dizendo: "*Vamos usar o voto democrático para determinar com qual desses pensamentos vamos trabalhar hoje. Daqui a pouco, vamos verificar cada pensamento automático e vou pedir para as pessoas levantarem a mão quando sentir alguma relação com ele. Você pode votar para um dos pensamentos, alguns deles ou até todos eles*". O terapeuta marcou os votos ao lado de cada pensamento. A contagem mínima foi de dois votos (na verdade, é raro um pensamento ter menos de dois votos). A maior contagem foi um item endossado por todos no grupo: "*Nunca serei normal*". Este se tornou o pensamento-alvo do foco da terapia para o resto da sessão. Cada participante tinha um interesse pessoal muito forte no trabalho com esse pensamento; não havia ninguém que não tivesse esse pensamento. Uma agenda devidamente definida pelos participantes transcende um modelo de grupo de terapia individual serial com espectadores, que não é terapia de grupo no verdadeiro sentido da expressão. Desse ponto da sessão em diante, houve um aumento perceptível na coesão, pois os participantes estavam unidos por aquilo que experimentavam em comum. Embora cada indivíduo obviamente carregasse histórico e significado pessoais em relação a "nunca serei normal", o grupo podia agora concentrar-se em um pensamento-alvo que pertencia a todos. O próximo estágio da narrativa clínica é apresentado a seguir, após a discussão da resposta adaptativa.

## Terceira Parte da Sessão: Resposta Adaptativa

Gerar uma resposta adaptativa é o principal mecanismo terapêutico da TCC (ver Capítulo 1). É um processo psicológico pelo qual um indivíduo, que se viu preso de seus próprios pensamentos e sentimentos, começa a perceber que há outras escolhas e oportunidades reais. O indivíduo começa a sentir-se capaz de agir quando nada parecia possível antes. Esse processo terapêutico é particularmente importante na depressão por ser uma condição que parece ditar, não haver nenhuma opção. A combinação de desamparo e falta de esperança, que caracterizam a depressão, paralisa a pessoa, não deixando que ela dê uma resposta adaptativa. Quanto mais protelado o fracasso da resposta adaptativa, pior a sensação de desamparo e falta de esperança. É a experiência imediata da resposta adaptativa em dar pequenos passos tangíveis que dá início ao processo de recuperação da depressão. Há uma tendência natural no indivíduo deprimido de dizer: "*Se eu conseguisse me sentir menos deprimido, então eu conseguiria dar uma resposta adaptativa*". Um terapeuta cognitivo-comportamental responderia: "*Enquanto não conseguir dar uma resposta adaptativa, provavelmente você vai continuar se sentindo deprimido. É responsabilidade dessa terapia ajudá-lo a fazer as primeiras mudanças no modo de agir e adaptar, com a expectativa razoável de que você então começará a se sentir melhor*".

Parece haver menos tendência de os participantes confiarem que o terapeuta é o responsável por fazer com que a resposta adaptativa aconteça em um ambiente de grupo de TCC. Tem sido repetidamente observado que, ao participar de um grupo de TCC para a depressão, os mesmos indivíduos que se sentiam incapazes de gerar uma resposta adaptativa e assumirem um papel passivo no tratamento individual tornarem-se mais ativos e envolvidos na geração de tal resposta. Parece haver menor tendência no grupo de TCC para a ilusão de que uma figura de autoridade entrará em ação para operar as mudanças necessárias.

Dada a ênfase da TCC na resposta adaptativa, reconhece-se então que pedir ou dar conselhos em um ambiente de grupo é em geral contra-terapêutico. Assim fazendo, minaria a responsabilidade individual, predispondo a pessoa a um papel no grupo de "queixoso que rejeita ajuda" (Frank, 1992). O terapeuta cognitivo-comportamental modela a prática de não dar conselhos e aborda o tema quando ele surge entre os participantes da seguinte maneira: *"Não estamos aqui para dar conselhos uns aos outros. Para nós, é muito mais importante apoiar uns aos outros para determinar o que o outro precisa fazer. Afinal de contas, somos todos adultos, e não vai ser muito útil para as pessoas tentar dizer aos outros como viver suas vidas, mesmo com a melhor das intenções"*. Geralmente, a razão pela qual a responsabilidade individual é preferível ao conselho dos outros faz sentido para os participantes, embora em determinados momentos de estresse no grupo, quando os sentimentos de desamparo foram recentemente ativados, o terapeuta talvez seja mais eficaz na identificação de pensamentos negativos que estão vindo para à tona na forma de pedir e dar conselhos. O terapeuta pode manter o grupo no controle ao ajudar os participantes a gerar respostas adaptativas àquela sensação imediata de desamparo. "O que os indivíduos precisam fazer agora nesta sessão para abordar sua própria sensação de estar desamparado?" "O que está atrapalhando as pessoas que as impede de se responsabilizar por si mesmas?" "De que modo o que está sendo ativado agora está relacionado com a sensação geral de depressão?" A capacidade de gerar uma resposta adaptativa na sessão é a melhor maneira de ganhar confiança na capacidade pessoal de fazer o mesmo em sua vida cotidiana.

## *Esboço Clínico: Progredindo em Direção à Resposta Adaptativa*

Após desenvolver a agenda, como descrito anteriormente, o terapeuta perguntou ao grupo quais eram as conseqüências de acreditar no pensamento-alvo, "nunca serei normal". Os participantes responderam de forma variada, dizendo coisas como *"às vezes desisto de tentar me sentir melhor"*, *"me sinto sem esperanças"*, *"não conto às pessoas nada íntimo sobre mim"*, *"procuro pelos outros para tomarem conta de mim"*, *"lamento por mim mesmo"*, *"me comparo a outras pessoas"*, *"me torno o crítico de mim mesmo"*. Os participantes logo perceberam que o pensamento alvo que todos eles tinham em comum levou a uma variedade de pensamentos, sentimentos e ações. Reconhecer a existência de múltiplos caminhos, partindo de um único pensamento-alvo, sugere a possibilidade de não serem obrigados a ficar presos ao caminho a que estão acostumados, mas que poderiam talvez seguir um caminho alternativo. A TCC em grupo tenta mostrar que, praticamente, qualquer pensamento tem conseqüências, e conscientizar-se desse processo contínuo também significa adquirir a capacidade de influenciá-lo.

O terapeuta então perguntou ao grupo qual seria a utilidade de sentir-se menos perturbado por um pensamento automático. Esse foi o começo silencioso da geração da resposta adaptativa. As observações terapêuticas foram deliberadamente tímidas, à medida que conduzia os participantes a recorrer às suas experiências anteriores. Há um pressuposto implícito na TCC de que os participantes possuem em seu repertório muitos comportamentos que precisam conhecer para ajudarem a si mesmos. A terapia capacita o indivíduo a conectar a resposta certa à situação certa, ao mesmo tempo em que se sente pronto para fazer uma tentativa justa. Se o terapeuta de grupo fosse abordar a resposta adaptativa como uma grande coisa, ele provavelmente intimidaria os participantes e os levaria a pensar que o processo era mais complicado do que realmente precisa ser.

O terapeuta deixou claro que não esperava que os participantes desempenhassem os itens sugeridos, nem que o grupo julgasse se a resposta funcionaria ou não. Ninguém pediu ou recebeu conselhos. Pelo contrário, foi um processo que gerou possibilidades, sendo, portanto, responsabilidade de cada indivíduo determinar qual delas aplicar em uma situação pessoal. Na presente narrativa clínica, o grupo gerou as seguintes respostas adaptativas, as quais o terapeuta escreveu literalmente no quadro: *"Lembro a mim mesmo que há muitas outras pessoas lutando contra a depressão. Não estou só"*, *"Sentir-se melhor é muitíssimo mais importante do que ser normal"*, *"Minha preocupação sobre se algum dia serei normal tem origem em meu medo de cair novamente em depressão. Embora não me deixe feliz, posso lidar com isso. Recaída não quer dizer fracasso"*, *"Quem quer ser normal? Nunca fui muito certo da cabeça mesmo"*, *"Já encontrei pessoas das quais me senti próximo. Elas provavelmente também não são normais"*. Quando há um clima apropriado para os participantes esperarem que possam começar coletivamente a dar uma resposta adaptativa em face à depressão, seus esforços são geralmente marcados pela simplicidade e bom senso.

Para concluir essa sessão de terapia pelo padrão colaborativo de lição de casa pessoal, o terapeuta perguntou se os participantes gostariam de escolher uma dessas respostas adaptativas e praticá-la durante a semana. Quando o pensamento – "nunca serei normal" – ocorresse, o participante colocaria em ação a resposta adaptativa escolhida. O terapeuta explicou que o propósito dessa lição de casa era aprender o que funciona e o que não funciona quando se está no processo de reagir aos pensamentos automáticos. Não se espera que ninguém atinja uma resolução completa. Para o grupo, o benefício da experiência é gerar várias das possibilidades, testá-las em situações da vida real e compartilhar os resultados com os outros na próxima sessão. A partir dessa discussão, os participantes podem entender melhor as respostas adaptativas e refinar seus métodos para as semanas subseqüentes. Quando os participantes tiverem passado da geração de respostas adaptativas para a definição da lição de casa, o estado de espírito do grupo terá mudado de sombrio para esperançoso, uma vez que aceitaram um desafio que parecia agora viável.

## Quarta Parte da Sessão: Lição de Casa

A lição de casa terapêutica procura colocar em prática o que foi discutido na sessão. Busca integrar a terapia e a vida cotidiana, tornando assim a terapia mais prática e a vida da pessoa mais receptiva às influências positivas do tratamento. A TCC reconhece que o progresso terapêutico requer tanto falar como fazer. Cada participante no grupo define a lição de casa que será relevante para seu progresso em terapia e o que precisa ser praticado e aprendido. Mais freqüentemente, a lição de casa surge da escolha individual de algum aspecto da resposta adaptativa gerada pelo grupo, e da decisão de como aplicá-la em sua vida pessoal na semana seguinte. O terapeuta e os outros participantes podem fornecer *feedback* quando a lição de casa é inicialmente discutida, mas a definição final e o cumprimento da lição de casa estão fundamentalmente nas mãos do indivíduo. O grupo é um bom lugar para explorar os "pontos negativos" que possam surgir na lição de casa e resolver problemas antecipadamente durante a sessão, de modo que esses fatores não destruam ou deturpem o trabalho.

A lição de casa é especialmente valiosa em um ambiente de grupo por causa da oportunidade de aprender com a experiência de várias pessoas. Às vezes parece que os participantes aprendem tanto, se não mais, com a experiência dos outros do que com sua própria. Se a lição de casa for usada na TCC, é crucial verificá-la na próxima sessão. Com esse método, os resultados da lição de casa são integrados novamente na experiência do grupo, sinalizando para cada indivíduo que ela é suficientemente importante para ser realizada. A discussão da lição de casa normalmente envolve o que funciona, o que não funciona, o que pode ser aprendido da experiência e o que pode ser feito a seguir. A proposta é aprender com a nova experiência, e não desempenhar uma determinada tarefa "corretamente". Pode-se aprender mais com o inesperado. Se toda a lição de casa sair como o planejado, provavelmente, significará que ela foi muito fácil ou muito segura.

A lição de casa na TCC em grupo para a depressão é incentivada, mas não exigida. Como o sucesso da lição de casa é determinado pela extensão que ela é projetada e realizada pelo indivíduo, torná-la uma questão de controle ou obediência violaria o princípio de autonomia. A lição de casa é estimulada com base no fato de que ela ajuda as pessoas a melhorar mais rapidamente e porque os participantes, geralmente, aprendem muito com as experiências das outras pessoas. Um certo momento positivo se desenvolve no grupo quando os participantes geram a lição de casa no final de cada sessão, estimulam uns aos outros a segui-la durante a semana, e depois registram sua experiência na sessão seguinte. Ela modela uma disciplina saudável baseada na iniciativa, o que geralmente falta no meio de uma depressão clínica. Uma das razões para a obtenção de medidas favoráveis de resultados com a TCC pode ser o simples fato de que ao fazer as lições de casa, os indivíduos se comprometem mais com a terapia e, como na maioria das atividades, quanto mais duro o trabalho, melhores serão os resultados.

Praticamente, todas as terapias em TCC ensinam os indivíduos a concluir um registro de pensamento automático, uma pesquisa estruturada em uma página, para determinar os elementos-chave dos pensamentos, sentimentos e ações em um dado momento no tempo. É o equivalente escrito do que Beck chamou de *investigação cognitiva* (Beck, 1976): *"O que está passando pela sua cabeça agora?"* (ver Capítulo 1). Essa abordagem ensina o registro de pensamento automático aos participantes na segunda sessão e utiliza-o regularmente na lição de casa durante todo o tempo do tratamento. Ela prova ser útil quando os participantes estão enfrentando pensamentos ou sentimentos problemáticos durante a semana e querem entender melhor o que foi ativado. Torna-se um registro escrito que pode ser útil na reconstrução de detalhes internos do que aconteceu, tal como durante o registro da próxima sessão. A outra aplicação do registro de pensamento na terapia em grupo é sua utilização, enquanto experimentam novas respostas adaptativas para prestarem bastante atenção ao processo cognitivo, ao mesmo tempo em que colocam em prática essa experiência diferente. Praticar a reflexão pessoal durante o processo de mudança aprofunda o que se pode aprender sobre a resposta adaptativa.

Essa abordagem também sugere, como parte da lição de casa, que os participantes utilizem um registro de maestria e prazer (ver Capítulo 1). Em uma página, pede-se ao indivíduo que gere um objetivo de maestria e um de prazer para um dia e depois avaliar quais foram as experiências altas e baixas de maestria e prazer durante aquele dia. Há valor óbvio no planejamento diário de tais atividades e depois na atenção que se dá ao que aconteceu com sua experiência de maestria e prazer. Não é de surpreender que a depressão mine a sensação de maestria, prazer ou ambas, independentemente do que o indivíduo faça. Quanto mais essa tendência de destruir-se vier à tona, como registrado nos registros diários de maestria e prazer, mais os efeitos negativos da depressão podem começar a ser contestados e desviados. Dificilmente poderia haver um melhor indicativo da saúde mental em longo prazo que uma rica experiência contínua de maestria e prazer, como definido nos próprios termos da pessoa.

## *Esboço Clínico: "Resistindo" à Lição de Casa*

Na quarta sessão do grupo, enquanto registravam a lição de casa concluída na semana anterior, dois participantes indicaram não terem feito a lição de casa. Eles queriam discutir e explorar as razões, entendendo que eles não seriam colocados na berlinda. O terapeuta perguntou: "*Nas vezes que você pensou em fazer a lição de casa e decidiu não fazer, quais eram seus pensamentos subjacentes naquele momento?*". O primeiro, Mike, respondeu: "*Não achei que fosse trazer nada de bom*". Quando perguntado sobre sua definição de bom, ele respondeu: "*Sentir-me bem, muito melhor do que quando comecei*". O terapeuta então pediu a Mike que explorasse as conseqüências subliminares em seus pensamentos e ações para o padrão que ele havia descrito. "*Bom, eu não fiz a lição de casa, e me senti do mesmo jeito, nem melhor nem pior. Estar na sessão agora ouvindo as pessoas falarem sobre o que aprenderam me dá a sensação de estar ficando para trás. Todos estão avançando e eu não. Me sinto um pouco de fora*". Foi perguntado a Mike o que aconteceria se essa tendência continuasse. "*Eu desistiria do grupo. Sentiria que fracassei e que perdi a oportunidade*".

O terapeuta dirigiu-se aos outros participantes do grupo para determinar quem mais poderia estabelecer uma relação com o pensamento automático de "a lição de casa não traria nada de bom". A maioria dos participantes indicou haver também tido o mesmo pensamento em algum momento durante a semana. Perguntados sobre como reagiram a isso, eles deram várias respostas: "*Cheguei à conclusão que tentaria de qualquer forma, não tinha nada a perder*", "*Como o terapeuta me disse que isso me ajudaria, decidi fazer e ver como ia me sentir depois*", "*Sei que minha depressão me deixa negativo em relação a praticamente tudo. Se não fizer alguma coisa diferente, vou continuar deprimido*". Uma vez que o tópico se tornou público, a maioria dos participantes demonstrou dúvidas, pelo menos passageiras, se a lição de casa os faria sentir melhor. Aqueles que conseguiram concluir a lição de casa descobriram maneiras de não ficar imobilizados por suas dúvidas. As dúvidas em si não eram o problema, mas como a pessoa reagiria a elas. Mike concluiu: "*Não sou tão esquisito como achei que era. Outras pessoas conseguem estabelecer uma relação com meus pensamentos negativos, e já não me sinto deixado para trás como antes*".

Pediu-se ao grupo que gerasse respostas adaptativas para ocasiões em que os participantes do grupo pudessem ter dúvidas significativas sobre futuras lições de casa. "*Tentarei fazer um registro de pensamentos quando me pegar acreditando que a lição de casa não vai trazer nada de bom*", "*Vou me concentrar em crenças alternativas de que posso conseguir algo valioso com a lição de casa. Isso ajuda se eu analisar as evidências daquilo que aprendi no passado*", "*Vou ajustar minha lição de casa a tarefas menores e mais fáceis de lidar. Não tenho que realizar tudo de uma vez*", "*Vou diminuir minhas expectativas sobre a melhora que posso ter. Vai levar algum tempo até que eu me sinta bem*", "*Vou ligar para outras pessoas do grupo durante a semana em busca de apoio e incentivo quando tiver dúvidas*". Os participantes do grupo escreveram essas respostas adaptativas e concordaram em testá-las quando tivessem dúvidas sobre a lição de casa. Eles também concordaram em ser sinceros sobre suas dúvidas, em vez de ficar quietos e dar a falsa impressão de que não tinha tais perguntas. Mike respondeu que se sentia mais positivo sobre a lição de casa e novamente conectado com as pessoas no grupo.

Perguntou-se ao segundo participante que não havia concluído a lição de casa, Diane, sobre seus pensamentos subjacentes em um dos momentos em que pensou em fazê-la. Ela respondeu: "*Não gosto que o terapeuta me diga o que fazer. O terapeuta está tentando fazer com que eu faça a lição de casa. Parece humilhante, me ressinto disso. Não sou criança*". Ela disse que as conseqüências dessas crenças foram não tentar fazer a lição de casa e que estava temerosa de vir à sessão. "*O terapeuta vai chamar minha atenção e tentar me criticar e vou me sentir culpada*". Outras conseqüências seriam: "*Eu provavel-*

*mente desistiria do grupo e evitaria outras terapias. Ainda não cheguei a esse ponto, mas posso sentir que vou chegar lá se as coisas não mudarem".*

Nenhum participante teve exatamente aqueles pensamentos sobre a lição de casa nesse grupo, mas concordaram que tinham reações parecidas em situações nas quais se sentiam forçados a fazer coisas contra sua vontade. O terapeuta respondeu a Diane: *"Desculpe se dei a impressão de estar forçando você a fazer a lição de casa, ou qualquer coisa assim. Com certeza não gostaria de ser tratado assim. Minha abordagem é que todos somos fundamentalmente responsáveis por nós mesmos aqui, e as pessoas precisam decidir por si mesmas o que farão e o que não farão. Como seu terapeuta, acredito ser meu trabalho tentar trabalhar com cada um de vocês para ajudar a criar uma lição de casa que lhes seja útil e que vocês queiram fazer. Mas a decisão, em última instância, é de vocês. Por favor, me digam quando eu parecer estar forçando ou controlando, está bem?"* Diane disse que se sentia melhor sobre a questão e diria ao terapeuta caso se sentisse forçada. Foi perguntado ao grupo quais seriam as respostas adaptativas nessa situação. *"No futuro, não farei a lição de casa que não quiser fazer", "Vou enfrentar a situação se me sentir controlado", "Vou verificar com os outros participantes como eles se sentiriam se eu não fizesse a lição de casa", "Lembrarei a mim mesmo que não há respostas certas quando se trata de lição de casa e que ninguém a faz perfeitamente", "Tenho vontade de dizer o que aprendo com as lições de casa das outras pessoas e ouviria de bom grado o que elas aprendem com a minha".*

Diane parecia ter questões mais profundas sobre sentir-se controlada e expressou uma sensação nítida de ressentimento ao declarar que não era criança. Durante a sessão, não tomou a iniciativa de discutir a natureza pessoal de suas reações à lição de casa e o terapeuta preferiu não explorar tais questões naquele momento. Precisaria haver primeiro um esclarecimento de que as preocupações de Diane eram legítimas e ninguém seria forçado a fazer a lição de casa. Tentar colocar de lado essa questão e entrar em discussão sobre sua história individual seria doloroso e talvez visto como manipulador. A coesão é afetada quando uma preocupação válida do grupo é negligenciada. Desde que a prioridade principal da cultura apropriada do grupo é desenvolvida e mantida, os indivíduos trarão suas questões pessoais e se beneficiarão com a influência terapêutica do grupo. O terapeuta fez uma observação mental silenciosa das questões de controle e sentimentos de ressentimento de Diane e buscou oportunidades para avançar esse trabalho em sessões posteriores.

## Em Todas as Fases da Terapia: Definindo os Objetivos

As pessoas em depressão normalmente não sentem que o estabelecimento de objetivos seja uma atividade prazerosa ou produtiva. Ou não conseguem traçar objetivos e, portanto, têm dificuldades para iniciar uma ação ou tendem a criar objetivos tão confusos que não há como satisfazê-los. Eles sempre carecem de um dos aspectos fundamentais da saúde psicológica – a capacidade de traçar objetivos e construir esperança. Esse grupo de TCC para tratamento da depressão procura orientar os participantes na experiência de estabelecer objetivos bem-sucedidos. Esta é uma capacidade deficiente na maioria das pessoas com depressão e o grupo é um ponto de encontro especialmente bom para praticar e colocar em prática a nova abordagem. Nos primeiros estágios de formação de um grupo, o terapeuta explica como cada indivíduo pode desenvolver objetivos específicos, observáveis e que conduzam à conclusão de uma ação. Os participantes que se sentem mais confiantes para discutir objetivos fornecem um bom modelo para outros que estejam amedrontados. Na discussão em grupo sobre objetivos, há uma combinação de incentivo e sugestões construtivas sobre como tornar os objetivos mais alcançáveis. Conforme a coesão do grupo cresce, os objetivos individuais de cada participante desenvolvem-se para objetivos do grupo. Na metade da terapia é importante que cada participante avalie seu progresso em relação aos objetivos. A terapia está se encaminhando de maneira a atingir seus objetivos? Não está se encaminhando nessa direção? Os objetivos precisam ser ajustados ou incrementados? Os participantes podem fornecer uma perspectiva útil na observação de como cada um se posiciona em relação aos objetivos uns dos outros. Essa visão é um dos benefícios do tratamento em grupo, especialmente para indivíduos que podem ter distorções ou pontos cegos no modo de avaliar a si mesmos. Quando se chega à finalização da terapia, é importante determinar quais objetivos foram alcançados e quais os novos sentimentos e comportamentos que se desenvolveram como resultado. É igualmente importante determinar quais objetivos não foram alcançados e contar com os sentimentos de decepção e desmotivação. De que modo os participantes, o terapeuta e o grupo não alcançaram os objetivos e o que pode ser aprendido? Quais os objetivos que os participantes deveriam continuar tentando e quais deveriam descartar?

Quando os participantes do grupo têm uma boa noção de seus objetivos, mais provavelmente as sessões permanecerão focalizadas no trabalho terapêutico necessário para alcançar os objetivos. Há menos probabilidade de conflito incidental ou desnecessário que não ajudam diretamente os participantes a alcançar seus objetivos. Há menos conversinhas ou discurso social, pois isso seria uma distração. Quando há uma noção clara dos objetivos individuais no grupo, há uma base mais forte para o terapeuta abordar e confrontar um indivíduo que insiste em dominar as sessões. Todos os participantes precisam da oportunidade de participar em cada sessão. Esse método de confrontar não precisa ser usado freqüentemente, mas é geralmente eficaz, pois os objetivos foram estabelecidos como uma forte prioridade no grupo de TCC. O uso habilidoso de objetivos feito pelo grupo reforça não só o foco na tarefa, mas também a coesão.

## Semanalmente: Medidas de Resultados

Por ser um método empírico (ver Capítulo 1), a TCC envolve medição clínica regular na forma de medidas de resultado terapêutico. Esse modelo de terapia utiliza o Inventário de Depressão de Beck ou BDI (Beck e Steer, 1987), como descrito no Capítulo 1, embora haja outras ferramentas disponíveis de avaliação. Pede-se aos participantes que preencham um BDI a cada semana, antes de participar da sessão. O BDI é geralmente fornecido na sala de espera. Na reunião inicial do grupo, o terapeuta discute os resultados do BDI detalhadamente, de modo que os participantes sabem o que significam suas pontuações e entendem os vários sintomas que compõem um diagnóstico de depressão. Nas semanas subseqüentes, os participantes podem escolher mencionar as respostas marcantes do BDI, especialmente se tiver ocorrido mudanças significativas desde a última sessão. É dado aos participantes um gráfico para mapear suas pontuações semanais a fim de mostrar as tendências durante a terapia. Em virtude de sua amostragem normativa, o BDI fornece uma medida objetiva da severidade da depressão que o indivíduo pode comparar com a sensação subjetiva de sua condição. A avaliação semanal pode revelar melhoras sutis, que podem ser um incentivo para essa população, pois as pessoas com depressão tendem a subestimar seu progresso em terapia, a menos que tenham uma comparação objetiva do ponto inicial. Um item do BDI questiona especificamente sobre a intenção suicida e outro, a respeito da falta de esperança, também correlaciona positivamente com o risco de suicídio. Essas fontes de dados, além de declarações verbais no grupo, fornecem outros meios para avaliar o risco de suicídio (sempre uma questão em uma população com depressão) e dá ao terapeuta alguma tranqüilidade de que cada participante respondeu essa pergunta vital a cada semana. Os resultados do BDI, com a permissão dos participantes, fornecem um bom meio de resumir a situação do tratamento para fontes de encaminhamento, para avaliar a eficácia contínua do grupo e para conduzir a pesquisa de resultados.

# TEMAS COMUNS NO TRATAMENTO EM GRUPO DA DEPRESSÃO

Certos temas surgem regularmente no tratamento da depressão no grupo de TCC, como perda, raiva, ideação suicida e culpa. A seguir, apresentamos uma discussão sobre como a TCC conceitua cada problema e fornece métodos para tratamento em grupo, como ilustrado pelas narrativas selecionadas de casos.

## Perda

A perda pessoal é uma característica proeminente da depressão. Há, claro, inúmeras perdas experimentadas por uma pessoa com depressão, incluindo perda de energia, de apetite, de contato social, de interesse sexual e de concentração. Essas perdas são vistas como conseqüência da depressão e constituem vários dos itens no BDI.

Igualmente importantes são os tipos de perdas pessoais que provocam ou levam ao desenvolvimento da depressão. Elas são fontes vitais do *self* que está perdido e, nessa linha de pensamento, parece não haver nenhuma maneira de reparar tal perda. É um estado de luto prolongado, no qual o indivíduo não é capaz de prantear apropriadamente ou de se recuperar. O primeiro passo no processo terapêutico é determinar especificamente para cada indivíduo o que exatamente foi perdido. Por exemplo, três pessoas podem ter experimentado a morte do cônjuge, mas o significado preciso dessa perda seria diferente para cada indivíduo. Para um, pode ser a perda de amor e não se sentir mais profundamente ligado a alguém; para outro, pode ser a perda de apoio pessoal e o sentimento de não haver ninguém a quem recorrer em tempos de crise; para o terceiro, a morte significaria a perda de companheirismo e de dividir experiências de prazer. Obviamente, essas categorias não são mutuamente exclusivas, mas as perdas assumirão qualidades distintas e separadas para cada indivíduo. Considere que, com a perda do emprego, uma pessoa experimente a perda da segurança financeira; outra, a perda de amizades no trabalho; e para a terceira pode ser a perda da oportunidade de aprender coisas novas. Quando uma pessoa deprimida adquire clareza suficiente para saber exatamente o que foi perdido segundo seus próprios termos, a depressão torna-se menos confusa e mais compreensível. Um terapeuta de TCC diria: "*Agora sabemos o que a perda significou para você e como suas reações fazem sentido*". A partir do momento que os aspectos cognitivos da perda estão claros, eles tornam-se o ponto de partida para a mudança.

Quando a experiência de perda se desenvolve para a depressão, há normalmente uma supressão de sentimentos. As pessoas com depressão geralmente descrevem suas reações emocionais à perda como sendo caracterizadas por um vazio, torpor, morte ou sentimento de não ser nada. Se a depressão é considerada uma ausência de sentimentos, a recuperação envolve o retorno dos sentimentos. A terapia em grupo para a depressão fornece um ótimo meio de trazer a restauração do afeto. Considere que os costumes funerais, na maioria das culturas, envolvem um grupo de pessoas que se reúnem para velar, lembrar, compartilhar sentimentos e preparar-se para seguir em frente. Parece haver uma passagem emocional semelhante para as pessoas com depressão em um grupo de terapia. No processo de ficar de luto, lembrar e compartilhar, eles estão representando um ritual social que se dirige à perda. Os participantes fazem aquisições pessoais quando oferecem empatia a outros participantes do grupo em relação a várias perdas. A recuperação da depressão significa se importar novamente, não raramente dirigido a outros participantes do grupo, antes de se estar pronto para importar-se consigo mesmo novamente. Se o grupo não introduz a perda espontaneamente como um item da agenda até a metade do tratamento em grupo, é recomendável levantar a questão para discussão. Esperar, provavelmente confundiria o trabalho sobre a perda com a finalização do grupo (ver Capítulo 1), esta mesma seria uma perda significativa.

## *Esboço Clínico: Perda*

Após uma sessão na qual os participantes discutiram longamente os vários tipos de perda, o terapeuta fez a seguinte pergunta: "*Quais os pensamentos automáticos que vêm à tona quando você se sente deprimido e incapaz de ir em frente com a sua vida para além da perda?"* Os participantes geraram uma lista dos seguintes pensamentos:

- "Meus sentimentos são confusos para mim".
- "Aquele relacionamento foi a melhor chance que tive de ser feliz; agora, acabou tudo".
- "Estou velho demais".
- "As circunstâncias estão fora do meu controle".
- "As pessoas não entendem o que perdi".
- "Não sei mais o que fazer".
- "Estou com medo de tentar de novo".
- "Parece que uma parte de mim se foi".

A falta de esperança foi um tema penetrante, demonstrando porque os efeitos compostos de perda acabam por levar à perda de esperança.

Os participantes foram então orientados em um processo democrático de agenda para determinar quais dos pensamentos negativos sobre perda foi o mais forte para o grupo. Havia o mesmo número de votos para "as pessoas não entendem o que perdi" e "parece que uma parte de mim se foi", portanto foi tomada uma decisão consensual de trabalhar com os dois. O terapeuta pediu para o grupo analisar as vantagens e desvantagens em manter tais crenças. As desvantagens apareceram logo:

- "Ficarei deprimido e sozinho".
- "Sou incapaz de fazer qualquer coisa".

As vantagens precisaram de mais exploração:

- "Não preciso tentar melhorar".
- "Não vou ter de lembrar as pessoas do que eu perdi".
- "Se eu esperasse mais, eu poderia fracassar ou ficar decepcionado; não suportaria isso".
- "Eu poderia parecer um bobo".

Se as pessoas estão passando por dificuldades para superar a perda, é evidente que há fortes crenças e previsões subjacentes que os compelem a não mudar. Pediu-se aos participantes que identificassem quais dessas crenças subjacentes eles desejavam mudar e eles escolheram "ser mais capaz de lidar com a decepção". O terapeuta explicou que uma das razões para uma pessoa com depressão ter problemas para gerar esperança é que a pessoa teme não conseguir lidar com os sentimentos de decepção se não conseguir obter o que é esperado.

O terapeuta instigou o grupo a gerar respostas adaptativas à decepção e registrou os seguintes pensamentos:

- "Se eu tentar várias coisas pequenas, uma decepção vai ser menos desconcertante para mim".
- "Sou mais capaz de superar a decepção se dividi-la com outras pessoas".
- "Tento entender porque minha tentativa foi válida, mesmo não tendo o que eu esperava".
- "Se puder aprender com uma decepção, parece menos provável que tenha de repeti-la".
- "Sentimentos de decepção são naturais. Eles não duram para sempre".

Para a lição de casa da semana seguinte, os participantes foram solicitados a planejar uma nova atividade que estivesse relacionada com sua recuperação da perda. Por exemplo, uma participante cuja depressão tinha a ver com a perda de emprego, sentindo-se desmoralizada demais para começar a procurar uma nova posição declarou que tentaria passar uma hora lendo uma revista de sua área. Como para os outros participantes, foi pedido a ela que escolhesse, da lista gerada pelo grupo, a resposta adaptativa que usaria para lidar com os sentimentos de decepção que poderiam surgir nessa exposição a sua área de trabalho. Ela escolheu "sou mais capaz de superar a decepção se dividi-la com outras pessoas", e planejou entrar em contato com sua melhor amiga se seus sentimentos ficassem confusos. Quando os participantes sentem-se mais confiantes quanto a sua capacidade de lidar com a decepção, ficam mais dispostos a correr o risco de fazer mudanças na vida após a perda. Cada participante descreveu seu plano de correr um risco alcançável, dando uns aos outros um *feedback* construtivo e preparou-se uma lista-mestre com a qual os resultados da lição de casa seriam verificados na sessão seguinte.

## Raiva

A maioria das pessoas deprimidas tem problemas ao lidar com a raiva. Elas podem ser fóbicas à raiva e sentir medo ou culpa de que as pessoas ficarão magoadas; elas podem perder o controle e se enfurecer, seguindo-se a isso a contrição; ou elas podem sentir irritabilidade de baixo grau a maior parte do tempo. A TCC procura ajudar as pessoas com depressão a distinguir entre a raiva construtiva e a destrutiva. A maioria dos problemas da raiva é manifestação do que seria considerada raiva destrutiva: lutar para magoar um ao outro, ser mais forte, culpar, ter rancor e nunca resolver a questão realmente. Em contraposição, a raiva construtiva é definida como aquela que dá força para manter sua posição às pessoas e princípios importantes e espera-se que isso inclua a si mesmo.

A raiva construtiva é uma característica-chave de muitas respostas adaptativas quando o indivíduo se recusa a aceitar o *status quo* e resolve fazer sérias mudanças nos velhos padrões. O terapeuta poderia perguntar quando o grupo estiver estagnado: "*Como você reagiria a essa situação se tivesse capacidade e confiança para utilizar sua raiva construtiva para o bem da pessoa envolvida?*". Essas estratégias poderiam incluir aumentar seu poder, fincar pé com alguém que foi repressor ou verbalizar sua resistência ao uso inadequado da força. É o meio pelo qual as pessoas estabelecem e mantêm limites, se afastam de relacionamentos destrutivos e os retomam quando eles melhoram. Conforme a raiva construtiva começa a emergir, é recomendável que o terapeuta explore entre os participantes qualquer reação negativa. Geralmente, há uma ponta de culpa ou ansiedade que pode ser explorada e contestada por meio de métodos de TCC.

Esse modelo de TCC em grupo para a depressão destina-se a manter, a um grau mínimo, o conflito interpessoal dentro do grupo. Por ser um tratamento com limite de tempo, não há, geralmente, oportunidade para trabalhar com os conflitos que possam surgir entre os participantes. Uma atmosfera abundante em conflito provavelmente parecerá insegura a indivíduos fragilizados pela depressão. O conflito, especialmente em um grupo de depressão, em geral não leva adiante os objetivos que primeiramente conduziram as pessoas à terapia. Trabalhar em um modelo de consenso reduz a incidência de conflito. Os participantes determinam a agenda por voto democrático, conduzido por meio de um processo de decisão, compreendido e apoiado por todos. Como não se incentiva dar e receber conselhos, é menos provável que os participantes se sintam controlados ou criticados – dois dos maiores ativadores de conflito dentro de um grupo de terapia.

Nesse modelo de tratamento em grupo, um dos conflitos pode dirigir-se ao terapeuta. Os participantes às vezes fazem objeção à TCC por utilizar uma agenda (em vez de fluir livremente), desenvolver-se em respostas adaptativas que mudam a cada sessão (em vez de esperar que os problemas estejam fixados) e estimular a lição de casa (em vez de não esperar nada do participante fora do grupo). É justo discutir tais questões no grupo. E o terapeuta pode demonstrar bons métodos de resolução de conflito para resolver a questão no grupo e oferecer um modelo para lidar com o conflito fora do grupo, na vida cotidiana. Quando a raiva significativa se mistura à depressão, é preciso avaliar o risco de suicídio. A raiva pode trazer energia psicológica suficiente para agir com tendências autodestrutivas. O risco aumenta a tal ponto que o indivíduo utiliza meios suicidas para expressar sua raiva ou fica com tanta raiva que não se importa com as conseqüências de seus atos destrutivos. Quando essas evoluções são evidentes, o terapeuta tem de determinar a segurança e o perigo relativos ao indivíduo e pensar nos passos para reduzir a intensidade da raiva.

### *Esboço Clínico: Ideação Suicida*

O surgimento de pensamentos suicidas, em algum momento na terapia em grupo, parece inevitável para pessoas que lidam com a depressão. Uma indicação do grau de segurança e honestidade, percebidos em um grupo, é se os participantes aproveitam a oportunidade para discutir o suicídio. Uma troca clínica típica ocorreu quando uma participante disse que seu pensamento automático problemático era: *"Não há razão para viver. Me dá vontade de terminar tudo"*. Ela entendeu a regra básica quanto ao não prejuízo pessoal e trazia esse pensamento para a atenção do grupo e do terapeuta, como se para não agir assim. Uma vez quebrado o gelo com sua declaração franca, um número suficiente de participantes pôde estabelecer uma relação com pensamentos suicidas, determinando que este seria o tópico da agenda para aquela sessão.

O terapeuta invocou o princípio subjacente da terapia cognitiva de que há, virtualmente, pelo menos dois lados para qualquer questão, inclusive para o suicídio. Foi proposto então que os participantes analisassem as vantagens e desvantagens do suicídio e as reações pessoais dos participantes foram incentivadas (ver Capítulo 1). Vários expressaram estar bastante chocados e consternados com o fato de o grupo explorar as aparentes vantagens. *"Isso não aumentaria a probabilidade de as pessoas tentarem o suicídio?"*. Outros responderam que simplesmente discutir o assunto não levaria a atitudes suicidas. O terapeuta acrescentou que, se precisassem, eles poderiam dar um tempo para a discussão, o que provou ser desnecessário. Quanto às vantagens do suicídio, os participantes declararam o seguinte, de maneira variável:

- "É um fim para a dor".
- "Às vezes parece não valer a pena viver por esse mundo".

- "Se as coisas nunca vão melhorar, por que não acabar com isso agora?".
- "Isso vai dar uma lição em todos aqueles na minha vida que não acreditaram como eu estava mal".
- "Não mereço viver".
- "Tenho sido um fardo para as pessoas que amo".

Havia uma energia nervosa no grupo enquanto os participantes dividiam suas opiniões. Eles tinham permissão para dar voz a um tabu, transpondo a vergonha tradicional e a evitação fóbica sobre o suicídio. As desvantagens também foram registradas, mas tiveram menos força emocional (como "*Não ia querer magoar minha família*", a qual não é uma razão para viver, mas simplesmente uma razão para não morrer).

Foi pedido a cada participante que escolhesse uma das vantagens do suicídio e explorasse outra maneira de satisfazê-la sem se matar. Por exemplo, um participante abordou o pensamento "*Se as coisas nunca vão melhorar, por que não acabar com isso agora?*" da seguinte maneira: "*Como é possível prever que as coisas não vão melhorar nunca? Quando fui tão preciso em minhas previsões? Além disso, sei que, quando estou deprimido, tenho uma visão negativa do futuro, ignorando ou distorcendo qualquer coisa positiva. Por não ser capaz de ter certeza que as coisas não vão melhorar, faz sentido para mim continuar tentando e ver o que acontece*". À medida que esse tipo de respostas se acumulava, a energia negativa mudou para um sentimento menos tenso e mais confiante no grupo. Eles não só transpuseram um tabu significativo, mas também estavam descobrindo maneiras eficazes de reagir, revelando que os pensamentos de suicídio não eram tão poderosos nem tão contagiosos no grupo. Uma abertura empática a esses tópicos vulneráveis fortalece a coesão do grupo e sua confiança na capacidade de lidar com o desafio.

Foi significativo o fato de o terapeuta não ter tomado uma posição de tentar afastar os participantes dos pensamentos ou atitudes suicidas, o que seria contraproducente, pois teria comunicado suas dúvidas sobre a capacidade do grupo em lidar com esse material como grupo e acabar por dar uma resposta adaptativa. Em vez disso, ele foi mais eficaz ao usar o questionamento socrático, a fim de revelar as forças ocultas do grupo para abordar tópicos difíceis e trabalhar com eles. Sua abordagem investigativa ativa não deve ser confundida com um estilo passivo ou *laissez-faire* (neutralidade), o qual não teria servido ao grupo para chegar a uma boa resolução. Assim, foi preciso avaliar ativamente se todos estavam preparados para manter uma discussão sobre esse tópico. Ele pressionou para obter uma resposta adaptativa na mesma sessão na qual as questões surgiram e atingiu o fechamento, em vez de deixar o assunto vagar inacabado. O terapeuta terá uma confiança mais forte para resultados favoráveis quando os participantes prospectivos forem inicialmente selecionados pelo potencial suicida e serem considerados seguros, além de apoiarem a regra básica do não prejuízo pessoal.

## Culpa

A culpa origina-se de padrões e crenças que os indivíduos guardam para si mesmos quanto ao que são responsáveis, o que deveriam alcançar, o que merecem e o que devem fazer. Quando os indivíduos concluem que carecem desses padrões, há comumente uma experiência emocional de culpa. Esse estado de sentimento é acompanhado por autocondenações por terem errado, serem maus, sujos ou por terem fracassado. Quando o ciclo de culpa continua inabalável conduz a um círculo ampliado de depressão clínica.

A TCC, que pode ser vista como uma psicologia das crenças, fornece um alicerce a partir do qual é possível analisar os padrões e crenças que se encontram sob a culpa. Esses padrões têm o poder, assim como a capacidade de perpetuar a depressão, permanecendo nas sombras cognitivas. Estão disfarçados na forma de autoridade e tradição, resistindo assim ao exame direto por aqueles identificados como culpa. No ambiente de grupo, há tanto reconhecimento como alívio em ouvir outros participantes expondo suas próprias expectativas, e como eles sentem que estão carentes. O indivíduo deprimido, normalmente, acha que está sozinho em seu sentimento de culpa, mas na verdade este é um sentimento muito comum entre os participantes. O simples fato de trazer à luz esses modos de ver deixa-os menos confusos, e dividi-los com outras pessoas rompe a solidão.

Os modos de ver a culpa, associados à depressão, normalmente derivam de visões distorcidas das evidências da própria vida. O negativo ganha magnitude inadvertidamente, considerando que qualquer coisa de positivo é diminuída, muitas vezes colorida por culpa não-resolvida e punição do passado. Outros participantes podem ajudar o indivíduo a começar a contestar os modos de ver a culpa (para determinar o que é distorcido e o que não é), assim como contribuir com suas próprias visões sobre o indivíduo, as quais devem ser mais equilibradas e completas (contestação e distorções estão descritas no Capítulo 1). A recuperação mais demorada da depressão envolve uma reestruturação para padrões e crenças mais congruentes com o que tem significado atualmente e é realizador na vida dessa pessoa.

## *Esboço Clínico: Culpa*

Quando os participantes registravam a lição de casa e discutiam as experiências de maestria e prazer, o terapeuta perguntou se alguém havia sentido culpa naquelas situações. A maioria dos participantes respondeu que sim, embora estivessem um tanto que embaraçados e confusos por sua reação. Um participante disse: *"Não fiz nada de errado. Porque deveria me sentir culpado?"*. Outros acrescentaram que a culpa parecia esfriar a experiência de maestria e prazer, às vezes eliminando-a completamente. O terapeuta sugeriu falar mais sobre essa questão durante parte da sessão.

O grupo identificou os sentimentos de culpa como uma experiência em comum, compartilhada por todos os participantes, e começou a identificar os pensamentos automáticos que os acompanhavam. A princípio, eles sentiram-se em uma situação difícil, mas houve concordância quando um indivíduo disse: *"Sinto que não mereço maestria ou prazer"*. Outros pensamentos automáticos se seguiram:

- "Fazer outras pessoas sofrerem, como poderia me sentir feliz?".
- "Só estou sendo egocêntrico, e isso é mau".
- "Ser feliz não é coisa para mim".
- "Eu deveria ser punido".
- "É minha culpa".

Esses julgamentos são tipicamente severos, não comprometem e são bastante eficazes em fazer o indivíduo sofrer.

O terapeuta conduziu o grupo para respostas adaptativas ao perguntar que tipo de contestação eles poderiam fazer a essas velhas vozes de culpa. *"É possível manter os pés no chão e não mergulhar em visões negativas?"*. O terapeuta sugeriu que, para facilitar o diálogo, o grupo se dividisse em dois. Pediu a um lado que falasse com igual força em nome da resposta adaptativa de contestação e manter os pés no chão. O terapeuta solicitou um voluntário para uma experiência pessoal de prazer e a culpa resultante, como foco para um diálogo interno entre a voz da culpa e a resposta adaptativa. A troca foi animada, com uma boa dose de risadas e zombaria, antídotos favoráveis à influência carregada de culpa experimentada no início da sessão. Aqueles que argumentavam a favor da resposta adaptativa afirmaram:

- "Não estarei magoando os outros por me sentir feliz".
- "Eu *realmente* mereço que coisas boas aconteçam comigo".
- "A punição não faz bem algum a coisa alguma".
- "Sim, aceitarei parte da responsabilidade por aquilo que der errado. Mas não vou me sentir culpado pela coisa toda".
- "Meu prazer é bom para as pessoas com quem me importo".
- "Pode parecer estranho, mas dei duro para ter esse prazer, e não vou deixar ninguém tirá-lo de mim".

Após dez minutos de discussão, o terapeuta inverteu os papéis dos dois grupos e sugeriu um diálogo sobre um exemplo de experiência de maestria pessoal e a culpa resultante.

Na discussão que se seguiu a esse exercício, os participantes compartilharam as impressões de como foi bom ouvir uma forte contestação aos modos de ver a culpa. Foi um contraste e tanto sentir-se sem forças e desamparado perante os modos de ver negativos. E quando os modos de ver a culpa são trazidos à tona para discussão, sua dureza e suas distorções tornam-se mais visíveis. Um participante levantou a preocupação de que essa abordagem tinha sido *"Uma nova maneira de eliminar qualquer sentimento de culpa e deixar as pessoas livres, não importa o que fizeram. Isso seria perigoso e ilusório"*. O terapeuta perguntou aos outros participantes se concordavam. Um participante respondeu: *"Tem a ver com contestar a culpa e dizer a diferença entre a culpa razoável e a não-razoável"*. Seguiu-se uma discussão sobre o fato de as pessoas precisarem aprender com a culpa razoável para parar de fazer o que estão fazendo. Mas a culpa que impede as pessoas de sentir maestria ou prazer não é razoável, levando à depressão. O participante que levantou a objeção inicial concordou com essa diferença.

O terapeuta sugeriu que analisassem os registros de pensamentos cumulativos e os registros de maestria e prazer para determinar até que ponto a culpa estava presente. A maioria das pessoas com depressão parecem encontrar uma boa quantidade de culpa nesses registros escritos. Foi-lhes então pedido que determinassem como seus padrões tinham influenciado o desenvolvimento de culpa. *"Ao contestar seus próprios modos de ver a culpa, você reavalia suas crenças sobre si mesmo? Quando você tem uma visão mais equilibrada das evidências, você se sente menos culpado?"*. Os participantes foram incentivados a compartilhar seus *insights* na sessão seguinte. Um dos benefícios diferenciais de um tratamento em grupo é a oportunidade de pesar as evidências (ver Capítulo 1) do que eles percebem, acreditam e sentem. Quando várias pessoas compartilham do esforço para analisar os pressupostos sob o modo pelo qual se relacionam com o mundo, pode haver uma discussão multifacetada. Os participantes ganham maior capacidade de incorporar variados pontos de vista e desenvolvem uma perspectiva mais sofisticada que constrói outras maneiras de olhar. Ser capaz de incorporar variados pontos de vantagem é em geral uma habilidade importante, mas especialmente ao dar respostas adaptativas à culpa. Com o apoio dado pelo grupo, os participantes conseguem ir além da atitude de culpa e de punição.

## CONCLUINDO O TRATAMENTO

Conduzir uma terapia em grupo com limite de tempo a uma boa conclusão é sem dúvida a capacidade mais multifacetada do terapeuta. Na metáfora do terapeuta, como um diretor ou maestro, isso constitui o ato final da terapia. O terapeuta busca auxiliar os participantes a consolidar seu aprendizado e ganhos no grupo. Os temas recorrentes são apresentados para uma análise final, especialmente desamparo e falta de esperança – pilares gêmeos da depressão (Beck, Rush, Shaw e Emery, 1979), como abordaremos adiante. Os participantes fazem uma auto-avaliação a respeito do estado de sua depressão e determinam em que ponto estão em relação a seus objetivos e expectativas do começo da terapia. Para a maioria dos participantes, essa será a conclusão do tratamento e eles estarão se despedindo dos outros participantes, do terapeuta e desse ponto de encontro regular. Há a esperança de que a coesão desenvolvida no grupo possa ser transferida e desenvolvida em outras áreas da vida. Alguns participantes podem preferir buscar tratamento adicional após a conclusão do grupo de terapia para a depressão, e o terapeuta também precisa orquestrar esse processo.

Por vezes, a conclusão da terapia em grupo para a depressão significa que, embora a depressão esteja resolvida, outras áreas de angústia psicológica parecem emergir de maneira mais incisiva. A depressão, com sua diminuição de energia, inibição de sentimentos e retiro do convívio social, pode mascarar a presença de outros tipos de problemas. Em tais casos, o tratamento bem-sucedido da depressão traz uma retomada de energia e sentimentos e o retorno do engajamento social em relacionamentos que podem desenterrar problemas, antes mascarados, em uma visão clara. A ansiedade é a condição mais freqüente que coexiste co-morbidamente com a depressão e, uma vez tratada a depressão, a ansiedade pode emergir como uma questão mais proeminente (Clark, 1989). Por exemplo, uma participante que concluiu com sucesso o grupo de depressão, sentindo-se mais ativa e esperançosa, se viu mais uma vez preocupada com as recentes oportunidades que estavam surgindo. Como a depressão havia restringido o que ela sentia ser capaz de assumir, não havia muito sobre o que se sentir ansiosa. Ela reconheceu sua tendência à ansiedade e preferiu juntar-se a um grupo de TCC para ansiedade depois de concluir seu trabalho com a depressão.

Do mesmo modo, provavelmente haverá um subgrupo de participantes que concluem o tratamento para a depressão e se beneficiariam com uma terapia em grupo para a ansiedade co-mórbida. Pelo fato de conhecerem a metodologia da TCC e já terem ganhos terapêuticos na depressão, tais participantes são bons candidatos para assumir um papel forte e bem-sucedido em um grupo de ansiedade. É recomendável que o terapeuta facilite a discussão sobre o surgimento dessas outras questões psicológicas durante a terapia em grupo para a depressão, de modo que os participantes não se sintam completamente estranhos, caso isso aconteça com eles. Se ocorrer avaliação e encaminhamento para uma outra terapia em grupo, o terapeuta deve providenciar um contato individual com o participante fora do grupo.

Um outro tipo de terapia em grupo de acompanhamento é para o tratamento de questões de esquema (Young, 1990). Esses são os padrões mais profundos na vida de uma pessoa, integrando o histórico, a família de origem, as crenças sobre si mesmo e as emoções mais fortes (tanto expressadas como veladas) de uma pessoa. O trabalho de Young identificou aproximadamente 18 esquemas, como o sacrifício pessoal ou padrões inexoráveis, e desenvolveu modalidades de tratamento com TCC que abordam a natureza recorrente e disfuncional de tais padrões. Relacionado com o desenvolvimento da TCC em grupo para a depressão, métodos comparáveis foram adaptados para o tratamento em grupo de questões de esquema, incluindo a identificação por parte dos participantes de seus próprios esquemas e dos esquemas dos outros, determinando os ativadores de esquemas e as respostas alternativas, entendendo a intenção adaptativa na experiência do esquema anterior, reduzindo o dano e a duração da ativação do esquema, e descobrindo as circunstâncias e relacionamentos da vida que cultivam os aspectos mais funcionais. Os participantes que concluíram o grupo de TCC para a depressão e se sentem melhor podem utilizar esses ganhos psicológicos para abordar os padrões mais profundos de suas vidas em um grupo de TCC para esquemas. Tais possibilidades podem ser mencionadas no grupo de depressão, mas se os participantes se envolverem em uma avaliação e encaminhamento sérios, isso deve acontecer fora do horário do grupo.

## Desamparo

A sensação penetrante de desamparo foi provavelmente uma das principais motivações dos participantes para buscar tratamento para a depressão. Como suas tentativas de melhorar sua situação por si mesmos, provavelmente, falharam, eles decidiram que era hora de buscar ajuda profissional. O tratamento em grupo com a TCC é, em geral, considerado uma abordagem prática que oferece ajuda tangível. A discussão nesse capítulo demonstra que a ajuda vem na forma de geração da agenda pelos próprios participantes, desenvolvendo sua própria resposta adaptativa e determinando e registrando sua própria lição de casa. Em outras palavras, a ajuda é produzida pelas próprias pessoas que se sentem desamparadas. A explicação para esse paradoxo está na natureza do processo de grupo em si. Ao estabelecer uma coesão genuína entre as pessoas no grupo e ao manter um foco na tarefa confiável, os participantes criam o que poderia ser chamado de "mente grupal". Essa mente é o produto cumulativo de todas as agendas, respostas adaptativas e experiências com a lição de casa, desenvolvidas durante a vida do grupo. Os participantes às vezes verbalizam a capacidade de encontrar recursos internos para enfrentar, durante a vida cotidiana, "ouvindo" a voz do grupo que eles carregam dentro de si. Chegar a uma boa conclusão do grupo significa consolidar os ganhos experimentados por cada indivíduo. Quando a confiança de poder adaptar as mudanças de maneira razoável à vida futura pesar mais que a sensação de desamparo, a depressão terá sido em grande parte resolvida.

## Falta de Esperança

Se a TCC realmente ajudou durante o tratamento em grupo, os participantes estarão deixando o grupo com uma sensação maior de esperança que quando entraram. Isso sugeriria que eles resolveram suficientemente as questões de perda e podem gerar uma sensação de expectativa positiva para suas vidas. Os ganhos no tratamento alcançaram resultado quando os participantes se apoiaram mutuamente na geração de objetivos, avaliação do progresso e redirecionamento, quando necessário. Ao se prepararem para a vida após a terapia, os participantes são instigados a continuar praticando o traçar objetivos. Esse é um dos meios primordiais para afastar a falta de esperança, pois a formação de objetivos e de esperança está profundamente ligada. Um plano otimizado para a prevenção de recaída incluiria a consolidação do aprendizado terapêutico (como descrito anteriormente), ao mesmo tempo em que o indivíduo se dirige a objetivos contínuos de sua escolha. O grupo de TCC, o qual buscou organizar ao máximo os esforços adaptativos dos participantes, satisfaz aquela proposta quando as pessoas aprenderam como fazer o mesmo por si mesmas.

## *Esboço Clínico: Encerramento*

Da próxima até a sessão final, o terapeuta sugeriu a discussão sobre as reações dos participantes à finalização da terapia. A maioria dos comentários foi favorável e as pessoas sentiam que tiveram bons ganhos. Tais comentários foram consistentes com as pontuações do BDI, que refletiram uma redução geral nos sintomas depressivos no decorrer do tratamento. O terapeuta queria dar a oportunidade de discutir as reações negativas que os indivíduos poderiam experimentar, mas talvez encontrasse dificuldades para verbalizar em decorrência das declarações dos outros participantes. Ele perguntou: *"Alguém se pega com alguma reação negativa porque a terapia está terminando? Existe alguma dúvida ou preocupação que precisa ser abordada antes de terminarmos?"*. O questionamento socrático fornece um bom método para explorar o que pode estar não expresso e sob a superfície de um grupo. Como a TCC reconhece ser possível ter simultaneamente uma variedade de pensamentos, cada um possuindo alguma verdade parcial, pode haver maior liberdade para explorar o negativo, pois ele não anula automaticamente o positivo.

Tomando as perguntas do terapeuta como permissão para fornecer *feedback* (ver Capítulo 1) sobre reações menos favoráveis ao encerramento, os participantes expuseram os seguintes pensamentos automáticos:

- "Parte de mim se preocupa se estou realmente melhor".
- "As outras pessoas no grupo parecem ter melhorado mais do que eu".

- "Me preocupo se vou ter uma recaída e ficar deprimido de novo".
- "Às vezes acho que não aprendi nada".
- "A terapia cognitiva não ajuda".
- "Não vou lembrar de nada que aprendi".
- "O grupo está terminando antes de eu estar pronto".
- "Não fiz mudanças profundas em mim mesmo".
- "Gostaria de ter feito terapia individual".

O estado de espírito do grupo mudou durante a discussão e tornou-se visivelmente sombrio e ansioso. O terapeuta discutiu essas preocupações como uma parte natural da conclusão da terapia em grupo e expressou confiança de que esse processo teria um resultado favorável. Ainda mais significativo que o conteúdo de suas palavras foi sua conduta e afeto positivos, transmitindo que ele não estava pessoalmente atemorizado por discutir essas dúvidas.

O terapeuta usou um processo de agenda democrático para determinar qual dessas reações negativas era a mais forte para a maioria das pessoas no grupo. O voto revelou que todos poderiam se relacionar pessoalmente com o medo da recaída. Foi proposto explorar esse pensamento para evocar as vantagens e desvantagens de acreditar nisso. As desvantagens surgiram primeiro:

- "Me faz sentir um fracasso".
- "Eu pararia de pensar sobre o que tinha aprendido".
- "Minha visão do futuro seria pessimista".
- "Eu desistiria e deixaria a recaída acontecer, talvez até a ajudasse".

Levou mais tempo para que as vantagens viessem à tona:

- "Manter algum ceticismo protege contra a complacência".
- "É mais provável que eu continue usando o que aprendi nesse grupo".
- "É mais realista. Realmente tenho mais chances de cair novamente em depressão. Como sou inteligente, posso manter o controle".

Novamente, o diálogo sobre os dois lados de uma questão difícil rendeu um sentimento mais confortável no grupo.

Como lição de casa para a próxima sessão, que seria a última, o terapeuta sugeriu que os participantes determinassem pelo menos uma coisa que haviam aprendido no decorrer do grupo. Foi pedido a eles que pensassem especialmente como aquela descoberta os havia ajudado a lidar com sua sensação pessoal de depressão. A discussão seguinte passou a ser uma análise das melhores partes do grupo e deu aos participantes uma maneira tangível de consolidar o que haviam aprendido. A terapeuta sugeriu que os participantes considerassem tomar notas, o que a maioria das pessoas fez. Na conclusão dessa análise, o terapeuta novamente levantou a preocupação do grupo sobre a recaída. Essa preocupação parecia menos forte nessa sessão e a discussão sobre as vantagens e desvantagens teve menos carga emocional. Além disso, a consolidação do que foi aprendido durante o grupo ajudou os participantes a se prepararem para a prevenção da recaída.

O tratamento com TCC em grupo para a depressão procura intensificar a sensação de coesão entre os participantes do grupo, assim como aumentar o foco na tarefa nas maneiras práticas de superar seus problemas. Ao desenvolver a coesão, os participantes experimentam um ambiente terapêutico no qual podem compartilhar e identificar-se uns com os outros, desfrutar dos efeitos favoráveis de se sentir importante e desenvolver uma sensação global de pertencer a um grupo. O terapeuta reforça os comportamentos do grupo que favorecem a coesão, como encontrar temas e agenda com os quais a maioria dos participantes pode estabelecer uma relação e incentivar a participação regular de todos. O foco na tarefa envolve os participantes ao dar passos específicos para os ganhos terapêuticos, como usar os registros de pensamento para identificar ativadores de reações depressivas e definição de objetivos para iniciar a atividade regular. Este capítulo demonstrou que a TCC eficaz precisa ser flexível ao desenvolver coesão e foco na tarefa. Nesse processo terapêutico, as pessoas deprimidas aprendem como é trabalhar juntos para a melhora mútua de cada um.

## REFERÊNCIAS BIBLIOGRÁFICAS

American Psychological Association. (1996). How therapy helps people recover from depression. Available: http://www.helping.apa.org/depress.html

Beck, A. (1964). Thinking and depression: II. Theory and therapy. Archives of General Psychiatry, 10, 561-571.

Beck, A. T. (1976). Cognitive therapy and the emotional disorders. New York: International Universities Press.

Beck, A., Rush, A., Shaw, B., & Emery, G. (1979). Cognitive therapy of depression. New York: Guiliord Press.

Beck, A., & Steer, R. (1987). Manual for the Revised Beck Depression Inventory. San Antonio, TX: Psychological Corporation.

Beck, A., Wright, Ed, Newman, C., & Liese, B. (1993). Cognitive therapy of substance abuse. New York: Guilford Press.

Bennis, W., & Biederman, P. (1997). Organizing genius: The secrets of creative collaboration. Reading, MA: Addison-Wesley.

Blazer, D., Kessler, R., McConagle, K., & Swartz, M. (1994). The prevalence and distribution of major depression in a national community sample: The National Comorbidity Survey. American Journal of Psychiatry, 151, 979-986.

Brabender, V., & Fallon, A. (1993). Models of inpatient group psychotherapy. Washington, DC: American Psychological Association.

Clark, D. (1989). Anxiety states: Panic and generalized anxiety. In K. Hawton, P. Salkovskis, J. Kirk, & D. Clark (Eds.), Cognitive-behavior therapy for psychiatric problems: A practical guide (pp. 52-96). New York: Oxford University Press.

Cummings, N., & Sayama, M. (1995). Focused psychotherapy: A casebook of brief intermittent psychotherapy throughout the life cycle. New York: Bmnner/Mazel.

DePree, M. (1989). Leadership is an art. New York: Dell.

Dobson, K. (1989). A meta-analysis of the efficacy of cognitive therapy for depression. Journal of Consulting and Clinical Psychology, 57, 414-419.

Ellis, A. (1962). Reason and emotion in psychotherapy New York: Lyle Stuart.

Hollon, S., & Shaw, B. (1979). Group cognitive therapy for depressed patients. In A. Beck, A. Rush, B. Shaw, & G. Emery (Eds.), Cognitive therapy of de Cession (pp. 328-353 ). New York: Guilford Press.

Frank, J. (1992). Some determinants, manifestations, and effects of cohesiveness in therapy groups. In R. MacKenzie (Ed.), Classics in group psychotherapy (pp. 154-165). New York: Guilford Press.

Freeman, A. (1983). (Ed.). Cognitive therapy with couples and groups. New York: Plenum Press.

Freeman, A., Schrodt, R., Gilson, M., & Ludgate, J. (1993). Group cognitive therapy with inpatients. In J. Wright, M. Thase, A. Beck, & J. Ludgate (Eds.), Cognitive therapy with inpatients (pp. 121-153). New York: Guilford Press.

Lazarus, A. (1961). Group therapy of phobic disorders by systematic densensitization. Journal of Abnormal and Social Psychology, 63, 505-510.

Lazarus, A. (1968). Behavioral group therapy. In G. Gazda (Ed.), Basic approaches to group psychotherapy and group counseling (pp. 124-155). New York: Charles C. Thomas.

Lazarus, A. (1976). Multimodal behavioral therapy. New York. Springer.

Lewinsohn, P., Munoz, R., Youngren, M., & Zeiss, A. (1986). Control your depression. New York: Simon & Schuster.

MacKenzie, R. (Ed.). (1995). Effective use of group therapy in managed care. Washington, DC: American Psychiatric Press.

MacKenzie, R. (1997). Time-managed group psychotherapy: Effective clinical applications. Washington, DC: American Psychiatric Press.

Meichenbaumt D. (1977). Cognitive-behavioral modification: An integrative approach. New York: Plenum Press.

Miranda, J., Schreckengost, J., & Heine, L. (1992). Cognitive-behavioral group treatment for depression. In M. McKay & K. Peleg (Eds.), Focal group psychotherapy (pp. 135-162). Oakland, CA: New Harbinger.

Senge, P. (1990). The fifth discipline: The art and practice of the learning organization. New York: Doubleday.

Yalom, I. (1983). Inpatient group psychotherapy. New York: Basic Books.

Young, J. (1990). Cognitive therapy for personality disorders: A schema focused approach. Sarasota, FL: Professional Resources Exchange.

# 3

# Pânico e Fobia

ARIEL J. LANG E MICHELLE G. CRASKE

Foram realizados avanços significativos nos últimos anos com respeito ao tratamento cognitivo-comportamental dos transtornos de ansiedade, incluindo o transtorno de pânico com ou sem agorafobia. Vinte estudos controlados e independentemente conduzidos do tratamento para o pânico, os quais registraram taxas zero de ataques de pânico, sugerem que, após 11 sessões de tratamento, uma média de 76% de pessoas que concluiu o tratamento ficou livre do pânico, assim como 78% daqueles em acompanhamento (até dois anos)[1]. Os critérios mais estritos para se considerar livre do pânico e da ansiedade excessiva foram satisfeitos por 52% no pós-tratamento e 66% no acompanhamento. Há dois pontos dig-

[1] Esses 20 estudos são os seguintes: Arntz e van den Hout (1996); Barlow, Craske, Cerny e Klosko (1989); Beck, Sokol, Clark, Berchick e Wright (1992); Beck, Stanley, Baldwin, Deagle e Averill (1994); Black, Wesner, Bowers e Gabel (1993); Bouchard e cols. (1996); Clark e cols. (1994); Cote, Gauthier, Laberge, Cormier e Plamondon (1994); Craske, Maidenberg e Bystritsky (1995); Gould e Clum (1995); Gould, Clum e Shapiro (1993); Hecker, Losee, Fritzler e Fink (1996); Klosko, Barlow, Tassinari e Cerny (1990); Laberge, Gauthier, Cote, Plamondon e Cormier (1993); Lidren e cols. (1994); Margraf, Gobel e Schneider (1989); Öst (1988); Öst e Westling (1995); Shear, Pilkonis, Cloitre e Leon (1994); Williams e Falbo (1996).

nos de nota nesses dados. Primeiro atinge-se mais sucesso inicialmente em termos de pânico que de ansiedade em relação ao pânico. Segundo, a situação se mantém ou continua a melhorar no intervalo de acompanhamento, após o tratamento ativo ter sido encerrado. Treze estudos cujo alvo era a agorafobia e o pânico com agorafobia, os quais registraram taxas de responsividade, indicaram que após 12 sessões, 50% apresentaram melhora substancial (ou seja, atingiram níveis normativos de função ou angústia no máximo leve em uma variedade de medidas), assim como 59% no acompanhamento[2]. A comparação com o conjunto anterior de dados sugere que os ataques de pânico são aliviados antes, ao passo que a agorafobia e seus efeitos difusos podem exigir tratamento mais prolongado. A pesquisa em andamento está abordando a melhor maneira de combinar os tratamentos de controle do pânico e da agorafobia.

Tais desenvolvimentos nos tratamentos são especialmente importantes em virtude da freqüência com que a ansiedade e as fobias são experimentadas. Os dados epidemiológicos mais recentes revelam que quase 17% da população americana está atualmente sofrendo de algum tipo de transtorno de ansiedade, e este número exclui o transtorno compulsivo-obsessivo e o transtorno de estresse pós-traumático (Kessler e cols., 1994). Além disso, os transtornos de ansiedade não-tratados tendem a se tornar crônicos, com taxas relativamente baixas de remissão (por exemplo, Goisman e cols., 1994; Wittchen, 1988). A ansiedade não-tratada traz sérias repercussões médicas, sociais e financeiras, estando associada a outros transtornos psiquiátricos, como o abuso de substância, depressão e potencial para o suicídio (por exemplo, Markowitz, Weissman, Ouellette, Lish e Klerman, 1989; Rice e Miller, 1993; Wittchen, 1988; Zaubler e Katon, 1996).

Apesar das sérias conseqüências da ansiedade não-tratada, entre 60% e 92% dos indivíduos afetados (Angst e Dobler-Mikola, 1985; Pollard, Henderson, Frank e Margolis, 1989; Thompson e cols., 1988) não recebem tratamento, talvez em conseqüência do alto custo da intervenção psicológica. Além disso, o tratamento obtido não é necessariamente eficaz. Por exemplo, de 562 pacientes com pânico ou agorafobia, ou ambos, acompanhados por um ano, apenas 15% recebeu terapia comportamental, enquanto 16% recebeu terapia cognitiva (ambas das quais demonstraram eficácia para

---

[2] Esses 13 estudos são os seguintes: Cerny, Barlow, Craske e Himadi (1987); Craske, Rowe, Lewin e Noriega-Dimitri (1997); Craske, Street e Barlow (1989); Evans, Holt e Oei (1991); Feigenbaum (1988); Hoffart (1995); Jansson, Jerremalm e Öst (1986); Marks e cols. (1993); Mavissakalian e Michelson (1986); Michelson, Mavissakalian e Marchione (1985); Michelson, Marchione, Testa e Mavissakalian (1988); Schulte, Kuenzel, Pepping e Schulte-Bahrenberg (1992); Telch e cols. (1993).

o transtorno de pânico), e 33% recebeu terapia psicodinâmica (uma terapia que demonstrou ser pouco eficaz para o transtorno de pânico; Goisman e cols., 1994). Isso pode refletir a disponibilidade limitada de profissionais de saúde mental, treinados especificamente para tratamentos psicológicos comprovadamente eficazes nos transtornos de ansiedade, como a terapia cognitivo-comportamental (TCC). Os grupos são geralmente menos dispendiosos, possibilitando a disseminação de tratamentos empiricamente sustentados a um maior número de pacientes. Este capítulo descreve a abordagem cognitivo-comportamental ao tratamento em grupo de ansiedade e fobias, com ênfase no transtorno de pânico e de agorafobia.

## MODELO COGNITIVO-COMPORTAMENTAL DE TRANSTORNO DE PÂNICO E AGORAFOBIA

Originalmente, os ataques de pânico eram vistos como uma ocorrência sem motivos ativadores específicos. Conseqüentemente, dava-se mais atenção à teoria e ao tratamento de sintomas agorafóbicos. Entretanto, existe agora uma conceituação específica para os ataques de pânico e o transtorno de pânico que realçam os medos de sensações corporais (Barlow, 1988; Clark e cols., 1988; Ehlers e Margraf, 1989). O tratamento descrito neste capítulo baseia-se nessa conceituação e, portanto, começaremos com uma breve descrição dessa teoria.

Acredita-se que o transtorno de pânico é conduzido por um ciclo de "medo de ter medo", cuja hipótese é a de que se desenvolve em indivíduos psicológica e biologicamente vulneráveis (Barlow, 1988). A vulnerabilidade psicológica parece incluir crenças carregadas de perigo sobre as sensações corporais, como "me sinto fora de controle quando meu coração se ativa" (Reiss, Peterson, Gursky e McNally, 1986), e sobre a falta de controle sobre eventos e emoções em geral (Barlow, 1988). A vulnerabilidade biológica é tema de muitas pesquisas e, provavelmente, é responsável pela forte conformidade da família ao transtorno de pânico (Moran e Andrews, 1985).

O ciclo começa com um evento inicial, no qual a reação de medo autonômico do corpo é ativada em uma situação que não representa perigo real para o indivíduo. Muitas vezes, tal evento pode ocorrer em um momento de estresse ou sob circunstâncias que intensificam o estímulo ou que são percebidas como ameaçadoras (Craske e Rowe, 1997). Como resultado desse episódio inicial, o indivíduo desenvolve medo das sensações corporais associadas (por exemplo, coração disparado, tontura e parestesia). Acredita-se que o medo de sensações desenvolve-se como conseqüência de avaliações malfeitas de sensações corporais, como se fossem sinais de morte iminente, perda de controle e assim por diante, e de condicionamento interoceptivo (Barlow, 1988; Clark e cols., 1988; Ehlers e Margraf, 1989). O *condicionamento interoceptivo* (Razran, 1961) refere-se ao medo aprendido de estados internos, como conseqüência de associações adversas. Nesse caso, os ataques de pânico criam uma associação adversa entre certas sensações ou sentimentos corporais de terror, resultando em medo subseqüente de sensações que sinalizem a possibilidade de outro ataque de pânico. Por essa razão, as atividades que produzem sensações corporais semelhantes às sensações de pânico, às vezes, ativam os ataques de pânico. Tais atividades incluem exercícios, estímulo sexual, raiva, umidade e ingestão de cafeína.

Várias características distinguem o medo de sensações corporais dos medos de estímulos externos. Primeiro, o estímulo autonômico gerado pelo medo de sensações, por sua vez, intensifica as sensações temidas, criando assim um círculo vicioso. O ciclo é sustentado até que o estímulo fisiológico seja exaurido ou as percepções de segurança sejam alcançadas. Em contrapartida, os medos de estímulos externos não intensificam o objeto do medo. O medo de cães, por exemplo, não faz os cães ficarem maiores. Segundo, as deixas que ativam os ataques de pânico (ou seja, sensações corporais internas) nem sempre são imediatamente óbvias para o indivíduo, gerando assim a percepção de ser inesperadas ou "virem do nada" (Barlow, 1988). Neste modelo, todos os ataques de pânico são ativados por estímulos específicos, embora às vezes sutis, apesar de sua aparente natureza espontânea na ocasião.

Uma terceira característica que distingue o medo de ter medo de estímulos externos é a tendência de as sensações corporais, que dão a deixa para os ataques de pânico, serem menos previsíveis que os estímulos externos. Em quarto lugar, é geralmente mais difícil controlar as sensações corporais que os objetos externos; isto é, as sensações são relativamente incontroláveis. A falta de previsibilidade e de controle demonstrou elevar a ansiedade geral sobre os eventos adversos que surgem (DeCola e Rosellini, 1990; Maier, Laudenslager e Ryan, 1985; Weinberg e Levine, 1980) e os ataques de pânico (Craske, Glover e DeCola, 1994). Conseqüentemente, acredita-se que a natureza imprevisível ou incontrolável do pânico contribua com os altos níveis de apreensão ansiosa crônica (Barlow, 1988) e para manter a ansiedade preventiva sobre a recorrência do pânico (Rachman e Levitt, 1985). Em troca, a apreensão ansiosa aumenta a probabilidade de pânico, aumentando a tensão física e, portanto, a disponibilidade para sensações que se tornaram ativadoras do pânico; e também aumentando a atenção para essas deixas corporais. Desenvolve-se, assim, um ciclo contínuo de pânico e apreensão ansiosa.

Finalmente, a evitação agorafóbica é vista como um método de lidar com a antecipação do pânico. Os indivíduos com agorafobia que buscam tratamento, quase sempre relatam um histórico de pânico precedendo o desenvolvimento da evitação (Noyes e cols., 1986; Pollard, Bronson e Kenney, 1989). Nem todos aqueles que sofrem de pânico, porém, desenvolvem evitação agorafóbica, e a extensão da evitação que se apresenta é altamente variável. As razões para essas diferenças individuais não estão claras. A evitação agorafóbica não está relacionada à idade de início, aos perfis de sintomas de pânico, aos diferentes tipos de ataque ou à freqüência do pânico (Craske e Barlow, 1988). O sexo, contudo, está significativamente relacionado à agorafobia, predominando cada vez mais a ocorrência em mulheres à medida que a evitação se torna mais severa (Thyer, Himle, Curtis, Cameron e Nesse, 1985). Os baixos índices de agorafobia em homens são ainda mais previsíveis (Chambless e Mason, 1986). Em contrapartida, os homens apresentam maior probabilidade de utilizar álcool ou drogas na antecipação do pânico (Barlow, 1988). Desse modo, a evitação agorafóbica é vista como um estilo de lidar com a antecipação do pânico, que pode ser influenciado pelos papéis e expectativas em relação aos sexos. O modelo cognitivo-comportamental de tratamento do transtorno do pânico está ilustrado na Figura 3.1.

A evidência para esse modelo é aparente. Os indivíduos com transtorno de pânico, por exemplo, têm fortes crenças e medos de dano físico ou mental advindos de sensações corporais, associadas com os ataques de pânico (Chambless, Caputo, Bright e Gallagher, 1984; Clark e cols., 1988; van den Hout, Van der Molen, Griez e Lousberg, 1987). Além disso, tais indivíduos temem os procedimentos que induzem sensações corporais semelhantes àquelas experimentadas durante os ataques de pânico (Barlow, 1988), incluindo exercícios cardiovasculares, respiratórios e audiovestibulares benignos (Zarate, Rapee, Craske e Barlow, 1988). Não somente a avaliação errônea está associada ao temor, mas descobriu-se que a reavaliação atenua o medo. As pessoas com transtorno de pânico relatam bem menos medo e pânico durante os procedimentos de pânico conduzidos em laboratório ao perceberem que o procedimento é seguro e controlável (Craske, 1998; Rapee, Mattick e Murrell, 1986; Sanderson, Rapee e Barlow, 1989). Além disso, há algumas evidências de consciência mais elevada ou capacidade de detectar sensações corporais nesses indivíduos (Ehlers e Breuer, 1995; Ehlers e Margraf, 1989).

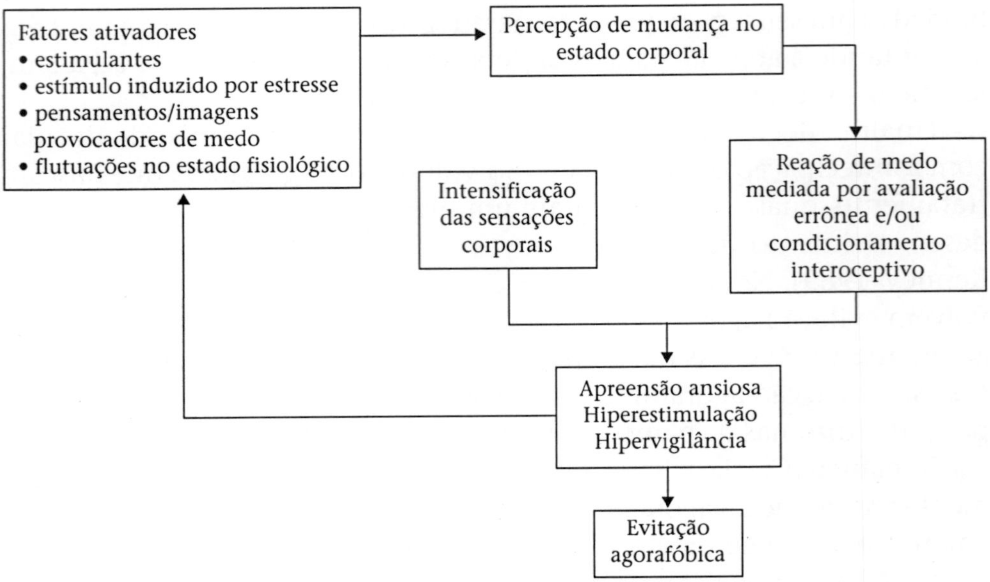


FIGURA 3.1. Modelo cognitivo-comportamental de transtorno de pânico.
Reeditado de *An Integrated Treatment Approach to Panic Disorder* de M.G. Craske, 1996, in *Bulletin of the Menninger Clinic, 60* (Suppl. A), A87 – A104. Copyright 1996. Reedição autorizada.

Em virtude de tal conceituação, o tratamento cognitivo-comportamental objetiva tratar o medo de sensações corporais, a apreensão ansiosa sobre a recorrência do pânico e a evitação agorafóbica, em oposição aos tratamentos comportamentais anteriores, os quais visavam a evitação de situações agorafóbicas, ignorando o pânico ou presumindo sua atenuação à medida que a agorafobia fosse reduzida. Antes de detalhar os procedimentos do tratamento, vamos revisar rapidamente sua eficácia.

## EFICÁCIA DOS TRATAMENTOS EM GRUPO PARA TRANSTORNO DO PÂNICO E AGORAFOBIA

Vários dos estudos descritos na introdução deste capítulo utilizaram tratamentos em grupo (Cerny e cols., 1987; Craske e cols., 1989, 1997; Evans e cols., 1991; Feigenbaum, 1988; Hoffart, 1995; Lidren e cols., 1994; Telch e cols., 1993). O fato de seus resultados terem sido em geral consistentes com as estatísticas resumidas, obtidas principalmente de tratamentos individuais, sugere que o tratamento em grupo é tão eficaz quanto a terapia individual. Apenas um estudo comparou de maneira direta a eficácia do grupo com a dos tratamentos de transtorno de pânico e agorafobia individuais. Neron, Lacroix e Chaput (1995) compararam 12 a 14 sessões semanais de TCC individual ou em grupo (N = 20); o grupo teve mais duas sessões individuais de uma hora. As duas formas foram igualmente eficazes para as medidas de pânico e agorafobia no pós-tratamento e no acompanhamento de seis meses, mas o formato individual resultou em maior alívio da ansiedade generalizada e dos sintomas depressivos no acompanhamento. Outro estudo (Lidren e cols., 1994) descobriu que o tratamento em grupo e o de auto-ajuda conduzido individualmente foram igualmente eficazes. Obviamente, pesquisas mais profundas da eficácia dos tratamentos em grupo em relação ao tratamento individual serão necessárias, mas os dados existentes sugerem que os grupos são geralmente eficazes para os sintomas de pânico e agorafobia.

Foram estudadas várias outras características dos tratamentos em grupo. Barlow, O'Brian e Last (1984) compararam os tratamentos em grupo para agorafobia que incorporavam os cônjuges em cada sessão de tratamento ou os excluíam do tratamento. Embora seja óbvio que tais descobertas limitem-se aos pacientes com cônjuges dispostos a se envolver no tratamento, os grupos que incorporaram cônjuges alcançaram resultados superiores. Tal descoberta foi ainda mais marcante, dois anos depois do encerramento do tratamento (Cerny e cols., 1987). Carter, Turovsky, Sbrocco e Meadows (1995) examinaram indicadores de desgaste no tratamento em grupo para o transtorno do pânico e agorafobia que incluíam cônjuges. Os que concluíram e os que não concluíram o tratamento não diferiram em termos de severidade antes do tratamento, embora seja interessante notar que os cônjuges dos que não concluíram o tratamento classificaram-se como menos comunicativos quanto a assuntos relacionados ao pânico. Isso sugere que a comunicação facilita o tratamento de casais em grupo. Finalmente, Bowen, South, Fischer e Looman (1994) descobriram que a depressão e a maestria assim como a freqüência de comparecimento nas sessões em grupo, indicavam o resultado do tratamento em grupo que combinou abordagens comportamentais e medicação dentro de um ambiente de tratamento comunitário.

## TRATAMENTO EM GRUPO PARA PÂNICO E AGORAFOBIA

Descrevemos aqui nossa abordagem de tratamento em grupo mais recente para transtorno de pânico e agorafobia (Craske e Lewin, 1994). O tratamento abrange o controle do pânico e um componente adicional, visando especificamente a evitação agorafóbica. Eles estão disponíveis em manuais detalhados para pacientes e terapeutas, incluindo o *Mastery of Your Anxiety and Panic* (3. ed.; Barlow e Craske, 1999), *Agoraphobia Supplement to Mastery of Your Anxiety and Panic* (3 ed.; Barlow e Craske, 1999a) e *Therapists Guide to Mastery of Your Anxiety and Panic* (3 ed.; Barlow e Craske, 1999b). O tratamento normalmente ocorre em 16 sessões, cada uma com duração de uma hora e meia a duas horas por semana. O tratamento está todo descrito em manual, para garantir a adesão do terapeuta e o melhor serviço prestado aos pacientes. Apresentamos um breve esboço do conteúdo de cada sessão na Tabela 3.1. As questões específicas quanto aos formatos de grupo estão mencionadas por toda a descrição a seguir, e revisadas após a descrição do tratamento.

A primeira fase do tratamento ou as primeiras oito semanas, visa os ataques de pânico. O objetivo é influenciar diretamente o aspecto cognitivo e mal-interpretado dos ataques de pânico e ansiedade, a resposta hiperventilatória e as reações condicionadas a deixas físicas. O controle do pânico compreende quatro componentes:

- educação sobre a reação de medo;
- reestruturação cognitiva;
- reeducação da respiração;
- exposição interoceptiva (isto é, exposição a sensações internas).

Tabela 3.1. Breve esboço do conteúdo da sessão

| Sessão | Tópico |
|---|---|
| 1 | Educação sobre ansiedade. |
| 2 | Modelo de pânico, hiperventilação e reeducação de respiração. |
| 3 | Reeducação de respiração, reestruturação cognitiva I – superestimação do perigo. |
| 4 | Reeducação de respiração, reestruturação cognitiva II – avaliação das conseqüências. |
| 5 | Teste de indução de sintomas, exposição interoceptiva. |
| 6 | Teste de hipóteses, exposição interoceptiva. |
| 7 | Análise causal, exposição interoceptiva a atividades. |
| 8 | Tratamento de ansiedade intensa, processamento do pior pânico, exposição interoceptiva a atividades. |
| 9 | Introdução – conceito de agorafobia. |
| 10 | Identificação e contestação de pensamentos em situações agorafóbicas. |
| 11 | Introdução à exposição *in vivo*. |
| 12 | Revisão de exposição *in vivo* e dificuldades procedurais comuns. |
| 13 | Revisão de práticas *in vivo*, padrão de novas práticas I. |
| 14 | Revisão de práticas *in vivo*, padrão de novas práticas II. |
| 15 | Revisão de práticas *in vivo*, padrão de novas práticas III. |
| 16 | Revisão de práticas *in vivo*, manutenção de ganhos de tratamento. |

Nota: De *Panic Disorder and Agoraphobia Treatment*, por M.G. Craske e M. Lewin, 1994 (manual de tratamento não publicado).

## Educação

As duas primeiras sessões de tratamento são dedicadas à educação sobre ansiedade, medo e pânico. Como descrito anteriormente, o transtorno de pânico é conceituado como o medo de ter medo, especialmente das sensações corporais características do pânico, como freqüência cardíaca acelerada, respiração curta, dor ou desconforto no peito, sensação de sufocamento, suor, tremedeira, sonolência, angústia abdominal, tontura e sensação de irrealidade.

*Steve, 43 anos, desenvolveu transtorno de pânico logo depois de um amigo ter morrido de um ataque do coração. A morte do amigo, que tinha a mesma idade de Steve, o fez pensar que qualquer um poderia morrer de repente. Steve começou a ir constantemente ao pronto-socorro e marcar consultas com especialistas ao notar acelerações inexplicáveis na freqüência cardíaca. Não foi detectado nenhum problema em seu coração, mas ele continuava a ter medo de um ataque do coração sempre que notava sintomas, como coração disparado, aperto no peito e formigamento nas mãos.*

Steve estava claramente focado nas mudanças cardiovasculares que experimentava durante o pânico. Embora seja uma apresentação comum, os indivíduos diferem quanto ao sintoma mais perceptível ou angustiante.

*Stephanie, uma estudante de 20 anos, disse que seu primeiro ataque de pânico ocorreu na sala de aula. Ela havia se atrasado naquele dia, e tinha corrido para chegar à aula em tempo. Era o primeiro encontro da turma, portanto os alunos deveriam se apresentar. Stephanie ainda estava ofegante quando o instrutor lhe pediu que se apresentasse. Ela sentiu corar, ficou preocupada com o modo que as pessoas a estavam olhando e teve um ataque de pânico. Depois disso, ela começou a se preocupar se estava quente ou corada, a evitar situações com muita gente e vestir-se com várias camadas de roupa, de modo a poder removê-las para evitar as sensações de calor e enrubescimento.*

Como Steve, Stephanie ficou muito amedrontada com a experiência que teve com as sensações corporais. Seu medo, entretanto, concentrava-se na sensação de calor e enrubescimento.

## A Natureza do Medo

O medo é descrito como uma emoção natural e protetora, suscitada pelas percepções de ameaça iminente. A ansiedade é conceituada como um estado preparatório quando o perigo é esperado para qualquer momento, ao passo que o medo ou pânico representa o estado de fuga ou alarme quando o perigo parece iminente. Observada em uma ampla variedade de espécies, de humanos a lesmas do mar, a reação de medo ativa o organismo para lidar com a ameaça. Como tal, o objetivo do tratamento não é remover todo o medo e ansiedade, mas controlar sua expressão inadequada. Enfatizamos que o medo e o pânico são reações a estímulos percebidos como ameaçadores, apesar da percepção enganosa de que o pânico surge do nada. Primeiro, os pacientes são instruídos a descrever suas emoções em termos de três componentes principais: fisiologia, cognições e comportamentos. Em outras palavras, cada ataque de pânico e episódio de ansiedade aumentados são descritos em termos do que a pessoa pensa, faz e sente. O exemplo seguinte ilustra o papel do terapeuta nessa tarefa.

*Terapeuta:* Me fale sobre seu ataque de pânico mais recente e veja se você consegue identificar o que pensou, sentiu e fez.

*Paciente:* Bem, aconteceu muito de repente, quando estava indo de carro para o trabalho essa manhã.

*Terapeuta:* Como foi o ataque de pânico?

*Paciente:* Senti como se eu fosse sair de dentro de mim mesma. Meu coração estava disparado e eu transpirava. Senti como se tivesse que sair de lá.

*Terapeuta:* Está bem, então vamos colocar isso em termos de "pensar, sentir e fazer". Você descreveu duas sensações físicas, coração disparado e suor. Também houve o pensamento de que você tinha de sair de lá. O que você fez?

*Paciente:* Eu não podia fazer nada. Tinha de ficar lá, sentada, porque estava presa no trânsito. Mas lembro de abaixar o vidro do carro e aumentar o volume do rádio, tentando me distrair. Também fiquei procurando brechas no trânsito para sair daquela rua.

*Terapeuta:* Então, você realmente fez alguma coisa. Você tentou se distrair e começou a procurar saídas. Nesse exemplo, então, podemos isolar todos os três sistemas.

Essa abordagem não só começa a engendrar um modelo científico pessoal, mas também se encaixa muito bem com a lógica do tratamento, uma vez que este incorpora estratégias para lidar com cada componente: os pensamentos, os sentimentos físicos e os comportamentos. Em seguida, damos ênfase especial à maneira pela qual esses três sistemas interagem. Por exemplo, quando as sensações são cognitivamente mal-interpretadas como perigosas, elas podem se intensificar (porque o estímulo de medo traz à tona sensações mais fortes), fornecendo a confirmação para a percepção de perigo e uma urgência de escapar da situação, provavelmente contribuindo para o estímulo da aceleração e assim por diante.

Além disso, ajudamos os pacientes a identificar os vários ativadores de pânico e ansiedade. A isso chamamos de *análise causal*. A análise causal é útil, pois entender os precipitantes remove a ansiedade associada à incerteza e ajuda a diminuir a tendência de buscar razões irracionais (por exemplo: "*Eu devo estar prestes a ter um enfarto*"). Ela também contribui para uma sensação de controle pessoal. Sua aplicação é ilustrada no exemplo:

*Paciente:* Eu estava indo muito bem em minha viagem. Consegui pegar o vôo e estava me divertindo. E então, de repente, no terceiro dia, tive um ataque de pânico sem razão alguma. Depois disso, entrei em pânico mais duas vezes. Sinto que, no final das contas, não melhorei nada.

*Terapeuta:* Então, você sentiu que o pânico veio sem nenhuma razão. Vamos ver se conseguimos entender o que pode ter levado a um sentimento de pânico nessa situação. Diga-me o que estava acontecendo naquele momento.

*Paciente:* Aí é que está, eu só estava passeando pelo museu e olhando os quadros.

*Terapeuta:* Em que você está pensando?

*Paciente:* Em nada, só estava conversando sobre arte.

*Terapeuta:* Há quanto tempo vocês estavam lá?

*Paciente:* Há poucos minutos, tínhamos acabado de entrar.

*Terapeuta:* O que vocês fizeram antes de entrar no museu?

*Paciente:* Tínhamos pegado um ônibus no hotel. Descemos em frente ao museu, subimos a escada e entramos no museu.

*Terapeuta:* Quantos degraus tinha essa escada?

*Paciente:* Sei lá, era uma escada grande, tanto fora como dentro do museu.

*Terapeuta:* Bom, acho que encontramos o ativador. O que você acha disso? Você subiu todos aqueles degraus sem realmente pensar neles, porque você e seu amigo estavam conversando. E então, você já estava dentro do museu e percebeu algumas sensações da subida. Sem pensar na escada, você não chegou a uma boa explicação para os sentimentos, associando imediatamente ao pânico.

## *Fisiologia*

O segundo segmento do componente educacional é explicar a fisiologia do medo e da ansiedade. Os objetivos são normalizar o medo e a ansiedade, fornecer uma explicação realista para as sensações de pânico e reconhecer a natureza efêmera da resposta. O medo ativa a reação do tipo "lute ou corra", que é a reação do corpo para impedir a ameaça. As mudanças que ocorrem durante a resposta servem ao objetivo de evitar se machucar. O corpo se prepara para se mover rapidamente, usar os recursos do cérebro e minimizar o impacto imediato de ferimentos. Uma lista de mudanças somáticas relacionadas ao medo é apresentada na Tabela 3.2. A resposta de medo é controlada pelo sistema nervoso autonômico (SNA). O SNA tem dois ramos: o simpático (SNS) e o parassimpático (SNP). O SNS é um sistema catabólico, ou seja, é responsável pelo gasto de energia. O SNP, por outro lado, é anabólico, responsável pelo armazenamento de energia (por exemplo, digestão e descanso). A resposta de medo é primordialmente controlada pelo SNS e libera adrenalina e noradrenalina (também conhecida como epinefrina e norepinefrina) através da glândula adrenal (Gray, 1988). Como a ameaça (por exemplo, ser atacado por um predador) tem normalmente vida curta, a ativação do SNS também tem vida curta. A adrenalina e a noradrenalina decompõem-se com o tempo, e o corpo retorna ao estado controlado parassimpaticamente, armazenando energia e descansando. Assim, embora os pacientes em geral sintam que o pânico poderia continuar para sempre, realmente não é o caso. Uma premissa central desse componente educacional é que as sensações sentidas durante os ataques de pânico baseiam-se nos mecanismos fisiológicos de proteção. Ou seja, todas as mudanças fisiológicas que ocorrem durante os ataques de pânico têm um valor adaptativo (um conceito obviamente em contraste direto com as más interpretações feitas pelo paciente dos sintomas como perigosos). Por exemplo, a freqüência cardíaca e a aceleração da respiração aumentam o fluxo de oxigênio para os músculos que estão se preparando para correr ou lutar. O fluxo sangüíneo é redirecionado para fora

TABELA 3.2. Mudanças fisiológicas durante a resposta de medo

| Mudança | Resultado |
|---|---|
| Freqüência cardíaca acelerada e mais forte. | Rápida mobilização de oxigênio. |
| Contração do baço. | Liberação de glóbulos vermelhos para carregar o oxigênio. |
| Liberação de açúcar armazenado no fígado. | Fornece energia para os músculos. |
| Redistribuição de sangue para o cérebro e músculos da pele e vísceras. | Deixa o organismo pronto para a ação. |
| Respiração mais profunda e dilatação dos brônquios. | Aumenta a entrada de oxigênio. |
| Dilatação das pupilas. | Aumenta a eficiência visual. |
| Liberação de coagulantes e linfócitos. | Deixa o organismo pronto para selar ferimentos e consertar danos aos tecidos. |

Nota: De *The Psychology of Fear and Stress*, por J.A. Gray, 1988, p. 55-56, 1988, Cambridge University Press. Adaptado com permissão.

da periferia e em direção aos órgãos centrais, resultando em resfriamento da temperatura nas extremidades. O sistema digestivo é suprimido, geralmente resultando em diarréia, já que o corpo tenta se livrar de toda matéria que possa absorver energia. As pupilas se dilatam para permitir maior sensibilidade da visão (isto é, para detectar os sinais de perigo), resultando em vários sintomas visuais. Portanto, os sintomas do ataque de pânico representam os "efeitos colaterais" dessas mudanças fisiológicas de proteção.

## *Modelo de Pânico*

O modelo teórico do pânico, como descrito anteriormente, é apresentado aos pacientes. O modelo tem duas partes: (a) medo das sensações e (b) consciência ou ocorrência das sensações. O pânico tem suas raízes no medo das sensações físicas, causado por más interpretações de sensações como perigosas, e medo condicionado de pares repetidos entre as sensações e os sentimentos de pânico. A Figura 3.2 apresenta dois cenários possíveis para os ataques de pânico de Steve. Como demonstrado, o ativador inicial pode ser uma sensação ou um pensamento. Uma vez iniciado o ciclo do pânico, entretanto, os pensamentos e as sensações interagem, aumentando o medo e o estímulo. Vários fatores aumentam a probabilidade da ocorrência de tais sen-

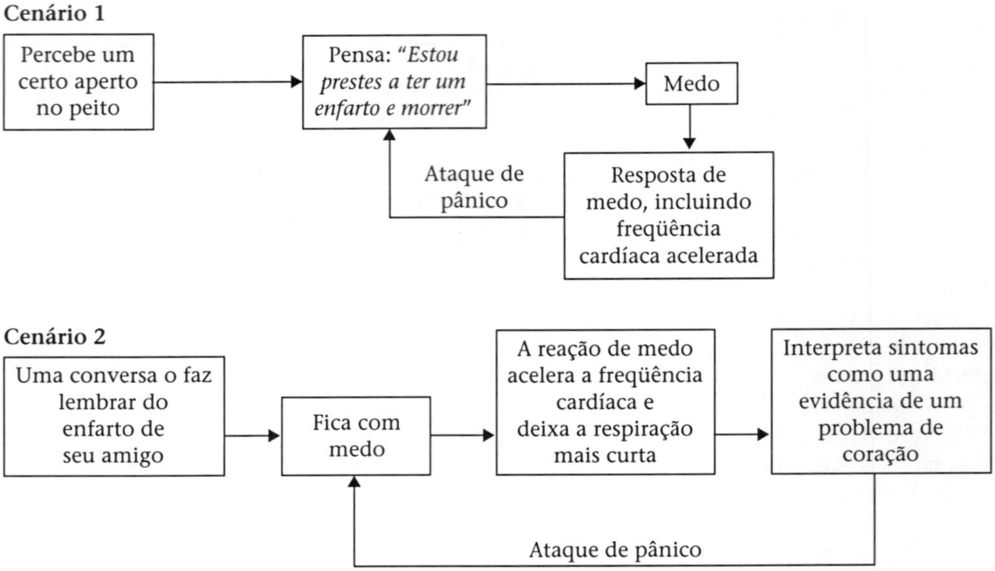


FIGURA 3.2. Ciclo do ataque de pânico de Steve.

sações corporais. Primeiro, os pacientes tendem a ficar extremamente vigilantes para as sensações corporais, o que aumenta a probabilidade de perceber as mudanças. Além disso, muitas sensações ocorrem por causa de flutuações naturais na fisiologia. E também, as sensações podem ser acentuadas pela atividade (por exemplo, exercitar-se e mexer-se rapidamente), fatores ambientais (por exemplo, umidade e luzes brilhantes), substâncias (por exemplo, cafeína, álcool e medicamentos) e padrões irregulares de respiração.

## *Mitos*

O objetivo final do componente educacional é abordar alguns mitos comumente mantidos sobre o pânico. Aqui temos alguns exemplos:

*Mito 1:* "Estes ataques de pânico significam que estou louco". *Muitos pacientes temem que o ataque de pânico seja um sinal prematuro de um transtorno mental maior, como a esquizofrenia. Explicamos as diferenças de sintomas e padrões de início associados aos dois.*

*Mito 2:* "Vou perder o controle de mim mesmo quando tiver um ataque de pânico". *Embora o pânico produza sentimentos muito fortes, é bastante improvável que alguém não consiga se controlar ou que fique totalmente paralisado pelo pânico. O propósito da reação "lutar ou correr" é de autoproteção e perder o controle vai contra esse objetivo. Pedimos às pessoas no grupo para pensar sobre sua experiência com os ataques de pânico. Mesmo temendo perder o controle e podendo até interpretar os comportamentos passados como indicativos da perda de controle, um exame mais minucioso, normalmente, revela que eles mantiveram o funcionamento e direcionamento dos objetivos.*

*Mito 3:* "Os ataques de pânico me fazem mal" *ou* "posso ter um esgotamento nervoso". *A resposta ao medo não é prejudicial e tem um sistema de desligamento para proteger o corpo. Enquanto o estresse constante demonstrou ter conseqüências negativas em longo prazo, o mesmo não ficou demonstrado para os ataques de pânico.*

*Mito 4:* "Vou ter um ataque cardíaco". *Os sintomas mais comuns de doença do coração são as dores no peito e a falta de ar, estando, na maioria das vezes, diretamente relacionadas ao esforço. Os ataques de pânico, por outro lado, podem ocorrer durante um exercício ou em repouso e normalmente incluem muitos sintomas. As doenças do coração em geral também produzem mudanças cardíacas, detectáveis por um eletrocardiograma. Nós certamente incentivamos uma consulta ao médico se o paciente estiver preocupado e não tiver passado por uma avaliação médica recentemente. Contudo, na maioria das vezes, os pacientes já foram a um posto de saúde, a especialistas ou ambos, incapazes de detectar qualquer problema. Se esse for o caso, pedimos aos pacientes para levarem em consideração a possibilidade de seus problemas cardíacos estarem relacionados à ansiedade e para experimentarem essa possibilidade durante o curso do tratamento.*

*Mito 5:* "Vou morrer". *O desmaio é altamente improvável durante um ataque, pois o pânico está associado à atividade acelerada do sistema nervoso simpático, o qual é psicologicamente incompatível com o desmaio. Já ter desmaiado tende a ser um bom indicador para desmaios futuros.*

Como já foi dito, esse componente educacional, geralmente, dura duas sessões, envolvendo muita apresentação didática pelos terapeutas, assim como o incentivo dos participantes do grupo para estabelecer uma relação de informações de suas próprias experiências. Dessa forma, lhes é pedido exemplos pessoais para cada ponto de discussão. O formato do grupo possibilita a comparação independente entre os participantes do grupo de seus pensamentos, sensações e comportamentos. Na maioria das vezes, a consciência de semelhanças serve ao propósito de oferecer reafirmação e reduzir o medo de ser diferente. Às vezes, o grupo é o primeiro lugar em que o paciente aprende que os outros experimentam os mesmos sentimentos. Além disso, compartilhar informações durante as primeiras sessões ajuda a construir um grupo coeso.

Ocasionalmente, eles expressam o medo de "contágio" – que adquirirão medos específicos expressados por outros participantes do grupo. Em nossa experiência, esse tipo de efeito de contágio é raro e, quando ocorre, dura pouco, dissipando-se assim que se inicia uma instrução de habilidade ativa. Notavelmente, o mesmo efeito às vezes ocorre com a automonitoração. Ou seja, pede-se aos pacientes para registrar suas experiências diárias com o pânico, ansiedade e outras variáveis relevantes durante todo o tratamento. (Os exemplos dessas formas de monitoração são fornecidos nos Quadros 3.1 e 3.2). Às vezes, tal monitoração inicialmente evoca mais ansiedade, em especial para indivíduos cuja principal estratégia de enfrentamento é distrair-se. Com o tempo, a automonitoração torna-se menos provocadora de ansiedade, como no caso dos procedimentos de exposição em geral.

Quadro **3.1.** Registro de ataque de pânico

**Registro de Ataque de Pânico**

Data: ____________ Hora: ____________ Duração: ____________ (minutos)

Com: Cônjuge________ Amigo________ Estranho________ Sozinho________

Situação estressante: Sim/Não Esperada: Sim/Não

Ansiedade máxima (círculo): 0——1——2——3——4——5——6——7——8

nenhuma moderada Extrema

Sensação (Classifique de 0 a 8)

Coração batendo forte______ Peito apertado/dolorido______ Falta de ar______

Tontura_______ Tremedeira______ Suor_______ Garganta fechada________

Náusea________ Irrealidade________ Formigamento/ardência________

Ondas de calor/frio________ Medo de morrer_______ Medo de ficar louco______

Medo de perder o controle________

Nota: De *Mastery of Your Anxiety and Panic II*, por M.G. Craske; E. Meadows e D.H. Barlow, 1994, Figura 6.3. Copyright 1994 por Graywind Publications, Inc. Reprodução autorizada pelo editor, The Psychological Corporation.

QUADRO 3.2. Registro semanal de ansiedade e depressão

Toda noite, antes de dormir, classifique seu nível médio de ansiedade (levando todas as coisas em consideração) durante o dia, o nível máximo de ansiedade que você sentiu nesse dia, o nível médio de depressão durante o dia e o sentimento médio de prazer durante o dia. Utilize a escala abaixo. Depois, registre as doses e quantias de qualquer medicação que tenha tomado. Finalmente, classifique, com a escala abaixo, quanto você ficou preocupado(a) ou com medo, em média, sobre a possibilidade de ter um ataque de pânico durante o dia.

0———1———2———3———4———5———6———7———8
nenhuma leve moderada muita extrema

| Data | Ansiedade média | Ansiedade máxima | Depressão média | Prazer médio | Medicação de um ataque | Medo de pânico |
|---|---|---|---|---|---|---|
| | | | | | | |
| | | | | | | |
| | | | | | | |
| | | | | | | |
| | | | | | | |
| | | | | | | |
| | | | | | | |

Nota: De *Mastery of Your Anxiety and Panic II*, por M.G. Craske; E. Meadows e D.H. Barlow, 1994, Figura 6.3. Copyright 1994 por Graywind Publications, Inc. Reprodução autorizada pelo editor, The Psychological Corporation. Todos os direitos reservados.

Dada a quantidade de informações a ser apresentada nas duas primeiras sessões, é importante manter o foco das discussões em grupo. Na verdade, o foco do grupo é essencial durante todo o tratamento. Quando são levantadas questões que não sejam diretamente relevantes para a discussão em andamento, sugere-se ao participante falar sobre tais questões com o terapeuta fora do horário do grupo. Os terapeutas procuram redirecionar uma discussão que dê início à tarefa na sessão, especialmente à luz de evidências para uma maior eficácia dos tratamentos focados *versus* os não-focados (Schulte e cols., 1992). Além disso, os terapeutas buscam nivelar a participação do grupo, solicitando o envolvimento dos participantes mais reticentes.

## Reestruturação Cognitiva

Apresentamos, na terceira sessão, a reestruturação cognitiva, começando por uma descrição dos princípios cognitivos, segundo as palavras de Beck e Emery (1985). O ponto principal é que o modo pelo qual os eventos são interpretados determina a natureza das reações emocionais resultantes. Freqüentemente, indivíduos ansiosos atribuem de maneira enganosa sua ansiedade a fatores externos, como por exemplo "o *shopping center* me deixou ansioso" ou "o tempo úmido me deixa em pânico". Enfatizamos essas interpretações dizendo "sua interpretação de estar preso e sufocando no *shopping center* o leva a sentir-se ansioso" ou "seu medo de sentir-se quente e sufocado o leva ao pânico". Segundo Beck e Emery, as cognições mal-adaptativas são automáticas e envolvem previsões ou interpretações específicas de uma determinada situação. Assim, o primeiro passo é ajudar os pacientes a identificarem tais cognições mal-adaptativas específicas.

Os erros no pensamento dividem-se em: superestimação da probabilidade e estimação catastrófica da conseqüência. Os indivíduos ansiosos tendem a superestimar a probabilidade de um evento adverso, especialmente consigo mesmo (Butler e Mathews, 1983). Os pacientes são instruídos a questionar e contestar suas suposições e crenças, concentrando-se nas probabilidades realísticas, reunindo evidências, explorando interpretações alternativas e considerando as conseqüências realísticas e as maneiras de lidar com os eventos se eles ocorrerem. O formulário de lição de casa de monitoração cognitiva, demonstrado no Quadro 3.3, é utilizado para praticar em casa a identificação e contestação de cognições falhas. O exemplo a seguir demonstra uma discussão que ocorreu em grupo após um paciente reportar ter sentido pânico no trânsito na semana anterior:

*Paciente:* ... e se eu não tivesse tomado minha medicação, não sei o que teria acontecido.

*Terapeuta:* Quais as possibilidades que você imaginou?

*Paciente:* Não sei. Acho que teria perdido o controle do carro. Poderia ter causado um acidente.

Quadro 3.3. Exemplo de lição de casa de monitoração cognitiva

| Situação disparadora | Pensamento inicial | Probabilidade realística | Pensamento alternativo |
|---|---|---|---|
| Indo para o trabalho, dirigindo na avenida. | Achei que podia ter um ataque de pânico e fiquei preocupado que não conseguiria respirar. | 80/1 | Já me senti assim, e já entrei em pânico antes, mas nunca fiquei sem conseguir respirar. |
| Voltei para casa e não havia ninguém lá. | Eu poderia perder o controle e não tinha ninguém para ajudar. | 0 | Nunca perdi o controle, realmente, e mesmo que isso acontecesse, alguém iria provavelmente me ajudar. |
| Em um cinema. | Vai haver um incêndio ou algo assim e não vou conseguir sair no meio dessa multidão. | 2 | Já fui ao cinema várias vezes e não aconteceu nada comigo. É raro ter um incêndio em cinemas. |
| | | | |
| | | | |
| | | | |
| | | | |

*Terapeuta:* Quais as chances você acha que teria de perder o controle e causar um acidente?
*Paciente:* Não sei. Na hora achei que era bem provável. Talvez 50%.
*Terapeuta:* Então você acha que tinha 50% de chance de perder o controle do carro e causar um acidente. Vamos pensar nisso. Quantas vezes você teve ataques de pânico dentro do carro?
*Paciente:* Ah, centenas de vezes, com certeza.
*Terapeuta:* E desses, digamos, 200 ataques de pânico, quantas vezes você sentiu que perderia o controle do carro?
*Paciente:* Todas as vezes.
*Terapeuta:* E quantas vezes você realmente perdeu o controle do carro?
*Paciente:* Bem, nunca.
*Terapeuta:* Mas com base em sua estimativa, você deveria ter perdido o controle do carro e causado um acidente 100 vezes. Bom, parece que sua estimativa está superestimada. Na verdade, você provavelmente é mais cuidadoso e presta mais atenção ao dirigir quando está ansioso do que quando está relaxado.

Como se pode ver neste exemplo, é importante diferenciar a probabilidade de alguma coisa acontecer naquele momento de um ponto de vista realístico. É de natureza do pânico fazer com que o juízo final quase sempre pareça iminente.

O segundo tipo de engano, a catastrofização (Craske, Meadows e Barlow, 1994), envolve a expectativa do pior resultado possível para um evento. Para descatastrofizar, os pacientes aprendem que os piores resultados são normalmente relativamente improváveis, a ansiedade e seus efeitos são limitados pelo tempo e controláveis, e mesmo os piores resultados são controláveis.

*Paciente 1:* Não gosto de multidões porque se entrar em pânico, posso desmaiar e então não sei o que poderia acontecer comigo.
*Terapeuta:* O que você imagina?
*Paciente 1:* Eu desmaiaria e cairia no chão. Posso ver meu corpo caído e ninguém me ajudando.
*Terapeuta:* Puxa, isso parece realmente ruim. *(Para os outros no grupo:* Alguém já viu uma pessoa desmaiar e cair no meio da multidão?*)*.
*Paciente 2:* Eu vi, uma vez.
*Terapeuta:* O que as pessoas em volta fizeram?
*Paciente 2:* Alguém telefonou para os bombeiros, os paramédicos vieram e levaram o rapaz para o hospital.

*Terapeuta:* Então, não é muito catastrófico imaginar que você cairia e as pessoas passariam por cima de você e deixariam você lá, caído?

As técnicas de questionamento e contestação são estendidas por intermédio do teste de hipóteses, o qual se refere aos experimentos comportamentais destinados a testar as previsões e reunir dados para invalidar as previsões temerosas. Por exemplo, um indivíduo pode prever que, ao se sentir ansioso, cairá no vazio quando tentar se recostar em uma parede. O experimento de teste de hipóteses envolveria ficar longe das paredes da próxima vez que se sentir ansioso para testar se a queda é um resultado verdadeiro. Semelhantemente, para o medo de ser ridicularizado, os pacientes podem testar as reações de outros ao revelar seus sentimentos de pânico e ansiedade.

As dúvidas normalmente surgem quando os pressupostos temíveis são contestados, e cada dúvida baseia-se em outra distorção cognitiva. Por exemplo, "mesmo que nunca tenha desmaiado antes, isso pode acontecer" (o que reflete possibilidades distorcidas) ou "mesmo que nunca tenha desmaiado antes, é só porque consegui segurança a tempo" (o que reflete falsa atribuição à segurança para um comportamento de fuga) ou ainda, "mesmo que nunca tenha desmaiado antes, na próxima vez as sensações poderiam piorar e eu acabaria desmaiando" (o que reflete falsa associação entre a intensidade das sensações e o nível de risco). Além disso, as dúvidas surgem da confiança nas informações seletivas para apoiar as avaliações temíveis. Um exemplo típico é o histórico de psicose de um parente distânte (como um primo de segundo grau), o qual é utilizado como evidência para a probabilidade de ficar louco se os ataques de pânico continuarem. Às vezes, o medo se esconde dentro do contexto de conseqüências percebidas de comportamento evitativo. Por exemplo: *"meu maior medo é ficar tão ansioso que sairia da sala de aula e não voltaria mais"*. Neste caso, é útil identificar e contestar pensamentos que gerem a motivação para sair (por exemplo, *"vou ficar louco e começar a gritar se não sair daqui"*). Finalmente, os indivíduos em geral relatam não ter pensamentos específicos, mas que "não conseguem suportar os sentimentos" de pânico. Na maioria dos casos, o questionamento cuidadoso identifica os pensamentos específicos, como "não funciono se não tiver esses sentimentos" ou "esse sentimento vai piorar cada vez mais". A reestruturação cognitiva é continuada durante todo o resto do programa de tratamento. Há várias questões relevantes na implementação do grupo de reestruturação cognitiva. Primeiro, embora é pedido às pessoas para manterem registros de todos os episódios de pânico, normalmente pegamos apenas um exemplo dos formulários de monitoração cognitiva de cada participante, com o propósito de revisar seus esforços na reestruturação cognitiva na semana anterior. Em contrapartida, é possível revisar todo o formulário na terapia individual. Segundo, observar os outros identificando e reestruturando as cognições fornece, obviamente, excelentes oportunidades para aprender por meio do outro. Depois de estarem totalmente familiarizados com a abordagem cognitiva (talvez por volta da sexta sessão), incentivamos as pessoas a se ajudarem na identificação e contestação das cognições ansiosas. Às vezes, a contestação e a reestruturação oferecidas por outros participantes do grupo é mais eficaz que do terapeuta, dada a tendência das pessoas de aliarem-se àqueles que já tiveram sentimentos semelhantes. Além disso, ajudar as outras pessoas no grupo na reestruturação contribui para o desenvolvimento de uma perspectiva objetiva, ou um modelo científico pessoal. Finalmente, o grupo pode ser um grande recurso para testar hipóteses ou reunir evidências. Por exemplo, o grupo recorre à experiência coletiva ou a *roleplays* de cenários temíveis, como, por exemplo, um paciente deitar-se no chão como se tivesse desmaiado e os outros participantes do grupo reagirem ao evento do mesmo modo que fariam em uma situação real. Isso se torna válido para fins de descatastrofização, pois, ao representar um evento temido, os pacientes aprendem que ele não é tão ruim como pensavam e que há maneiras de lidar com ele.

## Reeducação da Respiração

Introduzimos, também na terceira sessão, a reeducação da respiração. Vários pesquisadores já estudaram a eficácia da reeducação da respiração para o transtorno de pânico, uma vez que entre 50% e 60% dos pacientes descrevem sintomas de hiperventilação como muito semelhante aos sintomas de ataque de pânico (Holt e Andrews, 1989). Entretanto, vale a pena notar que as pesquisas recentes indicam que os sintomas de hiperventilação não representam necessariamente a fisiologia hiperventilatória real (Holt e Andrews, 1989). Todavia, a reeducação de respiração demonstrou ser útil, mesmo não corrigindo os padrões de respiração habitual. Seu propósito é reduzir os sintomas de hiperventilação aguda, os quais às vezes ocorrem durante o pânico, reduzir a vulnerabilidade a tais sintomas e desenvolver uma técnica de autocontrole.

Começamos com a demonstração de um exercício de hiperventilação, no qual se pede aos pacientes para levantar e respirar profundamente e rapidamente por até 90 segundos. Normalmente, todos do grupo, inclusive o terapeuta, fazem o exercício juntos. Enfatizamos que as pessoas diferem em suas respostas ao exercício, de modo a minimizar a pressão no grupo e assim todos os participantes fazem o exercício no mesmo espaço de tempo. Obviamente, tal exercício requer liberação médica de condições como gravidez, transtorno neurológico e distúrbios cardiovasculares. Mais freqüentemente, os pacientes não agüentam fazê-lo por 90 segundos, pois ficam com medo das sensações produzidas pela hiperventilação. Após a demonstração e uma avaliação do grau de semelhança entre as sensações induzidas e as experimentadas durante o ataque de pânico, ensina-se a natureza da hiperventilação. As informações educativas servem para corrigir as interpretações baseadas no medo (por exemplo, "não consigo respirar" ou "vou sufocar").

Os principais pontos transmitidos são os seguintes:

- É natural respirar excessivamente quando se está ansioso ou em pânico, já que o corpo busca mais energia na forma de oxigênio de modo a preparar-se para lidar com o perigo.
- Se o oxigênio não é usado na mesma proporção em que é consumido, pode resultar em um estado de hiperventilação.
- A hiperventilação refere-se a uma queda da proporção de dióxido de carbono para oxigênio no sangue, o qual, por sua vez, aumenta a alcalinidade do sangue, fixação do oxigênio da hemoglobina e constrição dos vasos sangüíneos.
- Todas essas mudanças levam a ligeiramente menos oxigênio que chega aos tecidos e as sensações resultantes de tontura, despersonalização e parestesia.
- Tais efeitos não são perigosos.

O próximo passo é ensinar a respirar "corretamente". Os pacientes são instruídos a respirar com o diafragma, em oposição ao peito, pois a respiração pelo peito, acredita-se, contribui para a hiperventilação. Além disso, são instruídos a concentrar-se, contando durante a inspiração (por exemplo, "um, dois,...") e pensando na palavra *relaxe* durante a expiração, contando até 10 e de trás para frente até 1, em um ciclo contínuo. O grupo pratica essa forma de respiração em sessão e, depois, pratica pelo menos duas vezes ao dia, por aproximadamente 10 minutos cada vez na semana seguinte. Não se tenta baixar a respiração nesse ponto. Às vezes, os indivíduos encontram dificuldades para respirar com o diafragma. Para ajudar a respiração diafragmática, deita-se de costas no chão com uma mão sobre o esterno e a outra embaixo do osso do quadril. A mão abaixo do osso do quadril se mexerá mais se a pessoa estiver respirando com o diafragma. Uma vez que a respiração diafragmática é percebida nessa posição, pode-se continuar praticando sentado, concentrando-se no preenchimento da parte mais baixa dos pulmões, como se estivesse enchendo lentamente um balão.

Após uma semana de prática, aproxima-se da respiração diminuída, alcançando um ciclo de 6 segundos (3 segundos inspirando e 3 segundos expirando). Depois de mais uma semana de respiração diafragmática lenta, a prática ocorre em ambientes atordoadores, como no trabalho ou no carro. O último passo é aplicar a respiração lenta como uma estratégia de enfrentamento em momentos de ansiedade ou pânico, o que geralmente se consegue por volta da sexta sessão.

Uma dificuldade que pode surgir com a reeducação da respiração é a confiança excessiva nos exercícios de respiração. O fornecimento de um exercício concreto, especialmente um que desacelere os sintomas de incitamento, é especialmente atraente. Frustração e "desespero" podem surgir de tentativas drásticas de usar o exercício de respiração "a todo custo" para o medo que se a respiração não for desacelerada, então, na verdade, ocorreriam os eventos temerosos, como o desmaio ou a morte. O uso mais eficaz da respiração controlada está na combinação dos princípios da reestruturação cognitiva. Outro problema é sentir tontura ou outros sintomas de medo durante os exercícios lentos de respiração.

> *Diane bipou para sua terapeuta dois dias depois do exercício da respiração controlada ter sido apresentado. Ela afirmou ter tentado o exercício e que agora estava apta a respirar normalmente. Ela sentiu que não estava respirando o suficiente. Ela disse que seu peito doía do esforço de respirar e que estava exausta por não conseguir dormir.*

*Terapeuta:* Parece que você está despendendo muito esforço ao respirar. Além disso, você parece estar se sentindo muito ansiosa com isso.

*Diane:* Bem, sim. Não estou respirando o suficiente.

*Terapeuta:* É um pensamento assustador. Vamos analisar como uma hipótese. Qual evidência você tem para pensar isso?

*Diane:* Eu não sei, realmente sinto que não estou respirando o suficiente. E meu peito realmente dói.

*Terapeuta:* Então, essas são algumas sensações que você tem. E as evidências objetivas? Por exemplo, um bom sinal de que você não está, na verdade, respirando o suficiente é que você está desmaiando ou ficando triste. Alguma dessas coisas aconteceu?

*Diane:* Não.
*Terapeuta:* Então, você consegue pensar em outra possível explicação para aquelas sensações?
*Diane:* Bem, ansiedade, eu acho.

Dessa forma, os sintomas podem surgir do medo causado pela avaliação malfeita do medo. Além disso, a hiperventilação crônica pode tornar os indivíduos vulneráveis à exacerbação da sintomatologia quando os padrões da respiração são rompidos, mesmo quando a ruptura é na forma de exercícios de respiração controlada. Contudo, os sintomas devem amenizar com a prática.

Outros aplicaram o relaxamento no lugar da respiração controlada, o que envolve treinamento no relaxamento progressivo do músculo e relaxamento controlado por deixas, que é aplicado para praticar os itens de uma hierarquia das tarefas provocadoras de ansiedade (Öst,1988).

## Exposição Interoceptiva

O propósito da exposição interoceptiva (como no caso de exposição a estímulos fóbicos externos) é romper ou enfraquecer as associações entre as deixas corporais específicas e as reações de pânico. A base teórica para a exposição interoceptiva é a extinção do medo, dada a conceituação de ataques de pânico, como reações condicionadas e aprendidas para salientar as deixas corporais. A exposição interoceptiva é conduzida por meio de procedimentos que induzem sensações, como as do pânico, de maneira confiável, tal como o exercício cardiovascular. A exposição é conduzida utilizando-se um formato e procedimentos graduados de exercícios estimulados no ambiente clínico, para atividades mais naturais no ambiente do lar. O fornecimento de uma linha de raciocínio crível para a exposição interoceptiva é essencial, dado o aparente conflito entre as primeiras estratégias que enfatizavam as sensações decrescentes (por meio da reestruturação cognitiva e do controle da respiração) e esse procedimento é mais de confronto. Além disso, é importante para os pacientes que temem a indução de sensações de pânico ter uma linha de raciocínio. Enfatizamos o valor da exposição, dando exemplos de situações ou objetos que os pacientes aprenderam, por si mesmos, a tornar menos temíveis, resultados da prática e da experiência (por exemplo, andar de bicicleta, esquiar e falar em público). Os pacientes às vezes expressam dúvidas, pois o medo das sensações não diminuiu, apesar da ocorrência diária. Enfatizamos que, ao contrário de sua experiência atual das sensações, essa exposição implica exposição a sensações sistemáticas e controladas e, ao contrário de suas tentativas atuais de eliminar as sensações tão logo elas surjam, essa exposição acarreta tolerância progressiva.

Começamos esse segmento de tratamento na quinta sessão com uma série de exercícios que produzem sensações semelhantes àquelas que ocorrem durante o pânico (relacionadas na Tabela 3.3). Nas próximas sessões, a exposição a exercícios de indução de sensações individualmente relevantes é repetida, de modo que os pacientes aprendem que as conseqüências adversas temidas não ocorrem. Estabelece-se uma hierarquia de grau de ansiedade, associada a cada exercício. A exposição repetida começa com os itens de grau de ansiedade mais baixos. Cada item é praticado quantas vezes for necessário até a quantidade máxima de ansiedade durante o exercício não ser mais do que leve.

TABELA 3.3. Exercícios de indução para a exposição interoceptiva

| Exercícios | Sensações | Intensidade da sensação (0 a 8) | Intensidade da ansiedade (0 a 8) | Semelhança com o pânico (0 a 8) |
|---|---|---|---|---|
| Virar a cabeça de um lado para outro (30 segundos) | | | | |
| Cabeça entre as pernas (30 segundos), levantar rapidamente | | | | |
| Correr no lugar (1 minuto) | | | | |
| Segurar a respiração (1 minuto) | | | | |
| Tensão muscular (1 minuto) | | | | |
| Girar (1 minuto) | | | | |
| Hiperventilação (1 minuto) | | | | |
| Soprar em um canudinho (2 minutos) | | | | |
| Olhar fixo para uma luz (1 minuto) e depois ler | | | | |

Com cada prática, os pacientes são instruídos a experimentar as sensações tão completamente quanto possível, e tolerá-las por um certo período antes de terminar o exercício. Por exemplo, pode-se pedir para hiperventilar até se sentirem zonzos ou tontos e depois continuar a hiperventilar por, pelo menos, 30 segundos. Assim fazendo, eles têm a oportunidade de corrigir suas tendências naturais para evitar as sensações tão logo seja possível e também aprender que os resultados temidos não ocorrem. Com cada repetição, os pacientes são incentivados a aplicar as estratégias cognitivas e de respiração após induzir e tolerar as sensações.

Além de na sessão, os exercícios são praticados também entre as sessões. A prática da lição de casa não somente consolida o aprendizado, como também facilita generalizações a condições em que o terapeuta não está presente como um sinal de segurança. Após concluir os exercícios estimulados, os pacientes identificam as atividades de exposição natural, relacionadas em uma hierarquia e praticadas da mesma maneira. Os exercícios interoceptivos naturais incluem atividades, como o exercício aeróbico ou subir lances de escada correndo, tomar banhos de vapor ou saunas, assistir a filmes de suspense e tomar cafeína. Estas são atividades que geram sensações inerentes. Embora seja o principal foco de tratamento para as sessões de 5 a 8, a exposição interoceptiva é continuada, quando necessário, durante o restante do tratamento.

A exposição interoceptiva funciona bem dentro de um ambiente de grupo, parcialmente por causa da camaradagem e apoio do grupo, oferecidos a cada participante para confrontar suas sensações mais temidas. Conduzimos os exercícios de indução de sintomas no grupo como um todo, mas como na demonstração de hiperventilação, enfatizamos as diferenças individuais de tolerabilidade de cada exercício. Os participantes utilizam suas próprias classificações de cada exercício para gerar uma hierarquia pessoal. Para fins de exposição repetida a cada exercício interoceptivo, as pessoas no grupo dividem-se em pares. Um deles conclui o exercício, enquanto o outro classifica os níveis de ansiedade, informa a primeira pessoa quando parar o exercício e estimula o uso de estratégias cognitivas e de respiração quando a indução termina. Eles então trocam de lugar. Os terapeutas ficam algum tempo com cada par, dando *feedback* quando necessário. Descobrimos que esse modelo é muito eficaz. Além disso, muitas vezes incorporamos exercícios de exposição interoceptiva naturalista para todo o grupo, como dar café e chocolate (isto é, estimulantes que produzem sensações) para todas as pessoas no grupo participarem durante toda a sessão.

## Exposição *In Vivo*

A segunda parte do tratamento, consistindo em oito semanas, incorpora o controle do pânico na exposição *in vivo* ou confrontação com situações agorafóbicas. Começamos pedindo a cada participante para relacionar várias situações temidas ou evitadas, as quais são classificadas da menos a mais provocadora de estresse. Explicamos que a agorafobia é mantida pelo medo de entrar em pânico ou pela experiência de certas sensações corporais. Portanto, o aprendizado ocorrido na primeira fase do tratamento – que as sensações corporais de pânico não são realmente perigosas – é primordial para superar a agorafobia. O confronto direto com situações agorafóbicas, porém, é igualmente importante. Primeiro consegue-se isso pela identificação e contestação de pensamentos que mantêm o medo de certas situações. Segundo pelo confronto repetido com cada item de sua hierarquia, os pacientes aprendem que as situações são controláveis e as conseqüências catastróficas esperadas não ocorrem.

Durante a segunda fase do tratamento, pede-se aos pacientes para praticar a exposição *in vivo* pelo menos três vezes por semana, começando com o item menos provocador de ansiedade em sua hierarquia. Entre os itens mais desafiadores, devem constar situações associadas ao primeiro, ou pior, ataque de pânico. A dificuldade da exposição pode ser depois aumentada e incluir exercícios para evocar as sensações temidas. Geralmente, incentivamos os pacientes a combinar os exercícios interoceptivos com exposição *in vivo* às situações agorafóbicas temidas. Um exemplo disso é:

> *Christie teve seu primeiro ataque de pânico na pista de corrida de sua escola. Respaldada por sua capacidade de lidar com outras situações, ela decidiu retornar à pista, onde não havia estado durante um ano. Ela começou por ir simplesmente até lá e observar as pessoas. O próximo passo foi começar a andar e depois a correr. Finalmente, ela deu a volta na pista olhando para baixo, de propósito, a fim de incitar uma sensação de tontura, semelhante àquelas experimentadas durante seu primeiro ataque de pânico.*

Durante cada exercício de exposição, os pacientes são solicitados a identificar e contestar cognições negativas e aplicar a reeducação da respiração quando apropriado. Além disso, tentamos corrigir métodos de enfrentamento de situações agorafóbicas comumente utilizados, mas mal-adaptados. O primeiro é o uso de sinais de segurança, como outras pessoas (que ajudariam no caso de um pânico) ou objetos (por exemplo, telefone e números de telefone, dinheiro, medicações). Os sinais de segurança resultam em manutenção da crença errônea de perigo (por exemplo, "*teria enlouquecido se meu marido não estivesse lá para me ajudar*" ou "*poderia ter desmaiado se não soubesse que minha medicação estava no meu bolso*"). Assim, os sinais de segurança são gradualmente suprimidos. Uma segunda estratégia negativa de enfrentamento é "agarrar-se para enfrentar a vida", que se refere a tomar precauções desnecessárias (por exemplo, sentar no corredor em um cinema para poder fugir mais rapidamente, segurar com força a direção do carro para evitar perder o controle do carro). O comportamento de maestria é incentivado em lugar dessas precauções desnecessárias (por exemplo, sentar no meio da fila de cadeiras no cinema, deixar a direção do carro mais solta). Uma terceira estratégia é distrair-se (por exemplo, fingir que está em outro lugar, ouvir música ou jogar algum jogo para manter a mente ocupada), o que tende a aliviar a ansiedade em curto prazo, mas pode não ser eficaz em longo prazo. Assim, os pacientes são incentivados a manter um foco objetivo na situação e nos sentimentos (por exemplo, "*bom, estou no elevador, as portas estão fechadas e posso sentir que estamos subindo, minhas mãos estão transpirando e acho que minha ansiedade está mais ou menos em 3 em uma escala de 0 a 8*"). Observe que um foco objetivo é muito diferente de um foco subjetivo, o qual tende a ser negativo e provocador de medo (por exemplo, "*bom, estou no elevador e me sinto como se não conseguisse respirar – a porta pode emperrar e posso ficar preso aqui para sempre*").

A exposição *in vivo* pode ser desafiadora. Para maximizar os benefícios da exposição, planejamos e ensaiamos práticas dentro do ambiente de grupo. Ou seja, cada sessão é dedicada a revisar as práticas de exposição da semana anterior para cada pessoa no grupo. Os participantes do grupo são incentivados a se envolverem totalmente na avaliação da exposição anterior e planejamento da exposição futura para si mesmos, assim como para outros no grupo. Por exemplo, planejar envolve pensar sobre os fatores situacionais (por exemplo, quantas pessoas podem estar lá, qual será o tamanho do congestionamento no trânsito), as possíveis sensações e como lidar com elas. Também se faz um ensaio das possíveis cognições negativas e como combatê-las. O ambiente de grupo oferece uma excelente oportunidade a todos para lidar com a ansiedade em uma tarefa de exposição futura. Além disso, o grupo fornece reforço para as realizações uns dos outros, compensando as tendências dos pacientes de minimizar o sucesso e maximizar os fracassos. Incentivamos o reforço de realizações comportamentais, independentemente do grau de ansiedade experimentado.

Além disso, o grupo pode ser incorporado diretamente em exposições *in vivo* ao conduzir exercícios durante a sessão, os quais podem incluir a dramatização de situações, como descrito anteriormente para o teste de hipóteses. Por exemplo, o grupo pode ser organizado em posição sentada como em um avião, com um dos participantes expressando e lidando com o medo e os outros reagindo como se estivessem em uma situação real, além de reagir dando exemplos de reestruturação cognitiva para a pessoa receosa. Além disso, certas exposições *in vivo* podem ser praticadas em grupo, como a exposição a elevadores, altura, lojas, caminhar e outras situações que estejam bem próximas do ambiente clínico. Obviamente, ao conduzir exposições em grupo, algumas pessoas ficarão mais ansiosas que outras. Aqueles menos receosos fornecem excelentes modelos para os mais receosos.

Os problemas com a adesão à exposição *in vivo* são abordados diretamente no grupo. Desde o começo, tentamos evitá-los, selecionando os exercícios viáveis (por exemplo, que não tenha um custo elevado, que não exijam muita viagem). Às vezes, há queixas sobre encontrar tempo para fazer a lição de casa. Durante todo o tratamento, enfatizamos a importância da lição de casa. Quanto às exposições *in vivo*, lembramos aos participantes do grupo que o tratamento tem um limite de tempo e como é importante praticar enquanto eles têm a oportunidade de discutir em grupo qualquer dificuldade que encontrem. Em muitos casos, a não conclusão dos exercícios de exposição é uma função do medo. Assim, terapeutas e outros participantes de grupo estimulam pensamentos sobre a tarefa evitada e ajudam o paciente por meio da reestruturação cognitiva. Finalmente, pode ser necessário trabalhar uma determinada tarefa gradualmente, como descrito abaixo:

> *Jéssica queria tingir os cílios. Ela começou por cobrir os olhos e sentar no escuro por 30 segundos, trabalhando até os cinco minutos necessários para o processo de tingimento. Ela marcou hora, mas não conseguiu ficar. Depois de alguma discussão, chegou-se à conclusão que ela sentia que quando cobria os próprios olhos, poderia descobri-los quando quisesse, mas se sentia embaraçada de pedir para outra pessoa descobrir seus olhos, o que significava estar em um beco sem saída. Concluímos a reestruturação cognitiva sobre os sentimentos de embaraço e de estar em um beco sem saída. Também acrescentamos novos exercícios envolvendo sua colega de quarto, que deveria vendá-la e trancá-la em um quarto escuro para praticar estar sob o controle de outra pessoa.*

# ESTRUTURA E SELEÇÃO DO GRUPO

Nossos grupos normalmente consistem em três a cinco pessoas. O tamanho do grupo é pequeno de modo a permitir suficiente atenção individual. Acreditamos que, enquanto a apresentação didática é viável em grandes grupos (por exemplo, 10 a 12 pacientes), os exercícios de reestruturação cognitiva e exposição são mais eficazes quando são feitos sob medida para cada indivíduo e, neste caso, um grupo menor se faz necessário. Isso é consistente com uma descoberta na área de tratamento de fobia social: os resultados de um estudo que não atingiu a taxa normal de eficácia de TCC (Gelernter e cols., 1991) foram atribuídos a grandes grupos (Hope, Heimberg e Bruch, 1995). Além disso, temos dois terapeutas por grupo sendo, idealmente, um homem e uma mulher. A disponibilidade de dois terapeutas intensifica as dramatizações de situações, os exercícios de demonstração e a divisão de responsabilidades para diferentes componentes do tratamento.

Pedimos que os participantes do grupo tenham um diagnóstico principal de transtorno de pânico, ou seja, os transtornos de pânico são atualmente a condição mais perturbadora e mais debilitante. O diagnóstico é estabelecido por intermédio de uma entrevista semi-estruturada (Programa de Entrevista de Transtornos de Ansiedade para a edição do *Manual Estatístico e Diagnóstico de Transtornos Mentais* (DSM-IV); Brown, Di Nardo e Barlow, 1994). Para aumentar a objetividade na avaliação, a entrevista não deve ser conduzida pelo clínico do tratamento, mas isso nem sempre é viável em ambientes clínicos. Esse é um tratamento exigente. Além de participar de reuniões semanais, espera-se que os participantes do grupo façam a lição de casa diariamente. A motivação para aderir ao tratamento é, portanto, importante, podendo diminuir se o transtorno de pânico não for a principal preocupação. Além disso, como visto na descrição anterior, o tratamento não é um programa de manejo da ansiedade geral, mas concentra-se nos medos de sensações corporais e situações agorafóbicas. Assim, poderia não abordar adequadamente as preocupações principais de indivíduos para quem o transtorno de pânico não é o principal diagnóstico. É interessante, porém, o fato de nossa pesquisa indicar que os diagnósticos adicionais tendem a diminuir substancialmente após o tratamento para o transtorno de pânico. Além de um diagnóstico principal de transtorno de pânico, por exemplo, a maioria dos pacientes tem diagnósticos adicionais de ansiedade generalizada, fobia social, fobia específica e depressão. Após o tratamento, a intensidade dos diagnósticos adicionais, em geral, diminuem, até mesmo em ponto de não ser mais diagnosticável (Tsao, Lewin e Craske, 1998).

Embora a maioria dos pacientes tenha outros diagnósticos que não os excluem da participação no grupo, há alguns diagnósticos adicionais que motivam a exclusão, incluindo psicose atual, propensão ao suicídio e abuso ou dependência de substâncias, dada a probabilidade de interrupção do processo de grupo e da adesão ao tratamento. Além disso, solicitamos um exame médico antes de começar o tratamento para garantir que não haja contra-indicação médica para a indução de sintomas interoceptivos e estimulações temíveis em geral (por exemplo, doença cardiovascular, condições respiratórias e gravidez). No caso de co-morbidade médica, o tratamento pode ser conduzido com a supervisão de um médico e com modificações para atenuar a intensidade da indução de sintomas e estímulo de medo, talvez em combinação com a monitoração contínua de certos parâmetros fisiológicos (como medir a pressão sangüínea).

A situação com medicações é outra questão importante. Até 50% de nossos pacientes tomam medicação ansiolítica, antidepressiva ou ambas quando chegam à nossa clínica. A interação entre as medicações e a TCC para pânico e agorafobia é uma questão complicada que carece de investigação mais profunda (consulte Craske, 1996, para uma revisão). Para aqueles que chegam a nós medicados, trabalhamos com eles e com seus médicos para estabilizar as medicações em uma dose regular durante o tratamento ou mesmo suprimi-las. Geralmente, não incentivamos o uso de medicação quando necessário (mais comumente as benzodiazepinas). Acreditamos que isso vai contra os princípios do tratamento. Ensinamos que a resposta de medo é inofensiva, controlável e passageira, além de as sensações corporais virem e irem, sem que precisem ser evitadas. Tomar medicação quando necessário priva o indivíduo de aprender tais princípios. Além disso, atribui valor de controle e segurança às medicações, em detrimento de si mesmo. As atribuições de melhora a medicações prevêem a recaída (Basoglu, Marks, Kilic, Brewin e Swinson, 1994). Por outro lado, os tratamentos cognitivo-comportamentais para o pânico melhoram a taxa de sucesso na supressão de medicações (Otto, Pollack, Meltzer-Brody e Rosenbaum, 1992) e, portanto, os pacientes que utilizam medicação durante nosso tratamento freqüentemente a suprimem com sucesso quando o tratamento é concluído.

## RESUMO

Em resumo, parece que os tratamentos em grupo para transtornos de ansiedade são fortemente justificados por várias razões. Primeiro, os resultados relacionados a custo/benefício pela maior disponibilidade de tratamento a indivíduos com transtornos de ansiedade que de outra forma não receberiam tratamento devido a limitações financeiras ou disponibilidade de terapeutas. Segundo, os formatos de grupos podem levar ao desenvolvimento de habilidades para lidar com a ansiedade e superar medos de situações específicas, dado o modelo, reforço e oportunidades para a exposição estimulada ou *in vivo*, fornecidas pelos participantes do grupo. Terceiro, os dados, embora limitados, sugerem que os tratamentos em grupo, em média, são tão eficazes quanto as terapias individuais no caso de abordagens cognitivo-comportamentais para os transtornos de ansiedade. Espera-se que investigações futuras elucidem os parâmetros ideais sob os quais o tratamento em grupo deveria ocorrer (por exemplo, freqüência e programação de encontros, número de participantes), assim como as características individuais mais adequadas para o trabalho em grupo, em oposição ao tratamento individual.

## REFERÊNCIAS BIBLIOGRÁFICAS


Angst, J., & Dobler-Mikola, A. (1985). The Zurich Study: V. Anxiety and phobia in young adults. European Archives of Psychiatry and Neurological Sciences, 235, 171-178.

Amtz, A., & van den Hout, M. (1996). Psychological treatments of panic disorder without agoraphobia: Cognitive therapy versus applied relaxation. Behaviour Research and Therapy, 34, 113- 121.

Barlow, D. H. (1988). Anxiety and its disorders: The nature and treatment of anxiety and panic. New York: Guilford Press.

Barlow, D. H., & Craske, M. G. (1999). Mastery of your anxiety and panic (3rd ed.). San Antonio, TX: Harcourt Brace.

Barlow, D. H., Craske, M. G., Cerny, J. A., & Klosko, J. S. (1989). Behavioral treatment of panic disorder. Behavior Therapy, 20, 261-282.

Barlow, D. H., O'Brien, G. T., & Last, C. G. (1984). Couples treatment of agoraphobia. Behavior Therapy, 15, 41-58.

Basoglu, M., Marks, I. M., Kilic, C., Brewin, C. R., & Swinson, R. P. (1994). Alprazolam and exposure for panic disorder with agoraphobia attribution of improvement to medication predicts subsequent relapse. British Journal of Psychiatry, 164, 652-659.

Beck, A. T., & Emery, G. (1985). Anxiety disorders and phobias: A cognitive perspective. New York: Basic Books.

Beck, A. T., Sokol, L., Clark, D. A., Berchick, R., & Wright, F. (1992). A crossover study of focused cognitive therapy for panic disorder. American Journal of Psychiatry, 149, 778-783.

Beck, J. G., Stanley, M. A., Baldwin, L. E., Deagle, E. A., & Averill, P. M. (1994). Comparison of cognitive therapy and relaxation training for panic disorder. Joumal of Consulting and Clinical Psychology, 62, 818-826.

Black, D. W., Wesner, R., Bowers, W., & Gabel, J. (1993). A comparison of fluvoxamine, cognitive therapy, and placebo in the treatment of panic disorder. Archives of General Psychiatry, 50, 44-50.

Bouchard, S., Gauthier, J., Laberge, B., French, D., Pelletier, M.-H., & Godbout, C. (1996). Exposure versus cognitive restructuring in the treatment of panic disorder with agoraphobia. Behaviour Research and Therapy, 34, 213-224.

Bowen, R., South, M., Fischer, D., & Looman, T. (1994). Depression, mastery, and number of group sessions attended predict outcome of patients with panic and agoraphobia in a behavioral/medication program. Canadian Journal of Psychiatry, 39, 283-288.

Brown, T. A., Di Nardo, P. A., & Barlows D. H. (1994). Anxiety Disorders Interview Schedule for DSM-IV. San Antonio, TX: Psychological Corporation.

Butler, G.; & Mathews, A. (1983). Cognitive processes in anxiety. Advances in Behaviour Research and Therapy, 5, 51-62.

Carter, M. M., Turovsky, J., Sbrocco, T., & Meadows, E. A. (1995). Patient dropout from a couples' group treatment for panic disorder with agoraphobia. Professional Psychology: Research and Practice, 26, 626-628.

Cerny, J. A., Barlow, D. H., Craske, M. G., & Himadi, W. G. (1987). Couples treatment of agoraphobia: A two-year follow-up. Behavior Therapy, 18, 401–415.

Chambless, D. L., Caputo, G., Bright, P., & Gallagher, R. (1984). Assessment of fear in agoraphobics: The- Body Sensations Questionnaire and the Agoraphobic Cognitions Questionnaire. Journal of Consulting and Clinical Psychology, 52, 1090-1097.

Chambless, D. L., & Mason, J. (1986). Sex, sex-role stereotyping and agoraphobia. Behaviour Research and Therapy, 24, 231-235.

Clark, D. M., Salkovskis, P., Gelder, M., Koehler, C., Martin, M., Anastasiades, P., Hackmann, A., Middleton, H., & Jeavons, A. (1988). Tests of a cognitive theory of panic. In I. Hand & H. Wittchen (Eds.), Pomic and phobias: Treatments and variables affecting course and outcome (pp. 71-90). Berlin: Springer-Verlag.

Clark, D. M., Salkovskis, P. M., Hackmann, A., Middleton, H., Anastasiades, P., & Gelder, M. (1994). A comparison of cognitive therapy, applied relaxation and imipramine in the treatment of panic disorder. Briiish Journal of Psychiatry, 164, 759–769.

Cote, G., Gauthier, J. G., Laberge, B., Cormier, H., & Plamondon, J. (1994). Reduced therapist contact in the cognitive-behavioral treatment of panic disorder. Behavior Therapy, 25, 123-145.

Craske, M. G. (1996) . An integrated treatment approach to panic disorder. Bulletin of the Menninger Clinic, 60(Suppl. A), A87-A104.

Craske, M. G. (1998). Anxiety disorders: Psychological approaches to theory and treatment. Boulder, CO: Westview Press/Harper Collins.

Craske, M. G., & Barlow, D. H. (1988). A review of the relationship between panic and avoidance. Clinical Psychology Review, 8, 667-685.

Craske, M. G., & Barlow, D. H. (1999a). Agoraphobia supplement to mastery of your anxiety and panic (3rd ed.). New York: Graywind.

Craske, M. G., & Barlow, D. H. (1999b). Therapists guide to mastery of your anxiety and panic. (3rd ed.). New York: Graywind.

Craske, M. G., Glover, D., & DeCola, J. (1994). Predicted versus unpredicted panic attacks: Acute versus general distress. Journal of Abnormal Psychology, 104, 214-223.

Craske, M. G., & Lewin, M. (1994). Panic disorder and agoraphobia treatment. Unpublished treatment manual.

Craske, M. G., Maidenberg, E., & Bystritsky, A. (1995). Brief cognitive-behavioral versus nondirective therapy for panic disorder. Journal of Behavior Therapy and Experimental Psychiatry, 26, 113-120.

Craske, M. G., Meadows, E., & Barlow, D. H. (1994). Mastery of your anxiety and panic (11): Therapist guide. New York: Graywind.

Craske, M. G., & Rowe, M. (1997). Nocturnal panic. Clinical Psychology: Science and Practice, 4, 153-174.
Craske, M. G., Rowe, M., Lewin, M., & Noriega-Dimitri, R. (1997). Interoceptive exposure versus breathing retraining within cognitive-behavioural therapy for panic disorder with agoraphobia. British Journal of Clinical Psychology, 36, 85-99.
Craske, M. G., Street, L., & Barlow, D. H. (1989). Instructions to focus upon or distract from internal cues during exposure treatment for agoraphobic avoidance. Behaviour Research and Therapy, 27, 663-672.
DeCola, J. P., & Rosellini, R. A. (1990). Unpredictable/uncontrollable stress proactively interferes with appetitive Pavlovian conditioning. Learning and Motivation, 21, 137-152.
Ehlers, A., & Breuer, P. (1995). Selective attention to physical threat in subjects with panic attacks and specific phobias. Journal of Anxiety Disorders, 9, 11-31.
Ehlers, A., & Margraf, J. (1989). The psychophysiological model of panic attacks. In P. M. G. Emmelkamp, W. T. Everaerd, F. W. Kraaimaat, & M. J. Van Son (Eds.), Fresh perspectives on anxiety disorders (pp. 1-29). Lisse, The Netherlands: Swets & Zeitlinger.
Evans, L., Holt, C., & Oei, T. ( 1991). Long term follow-up of agoraphobics treated by brief intensive group cognitive behavioural therapy. Australian and New Zealand Journal of Psychiatry, 25, 343-349.
Feigenbaum, W. (1988). Long-term efficacy of ungraded versus graded massed exposure in agoraphobics. In I. Hand & H. Wittchen (Eds.), Panic and phobias: Treatments and variables affecting course and outcome (pp. 149-158). Berlin: Springer-Verlag.
Gelernter, C. S., Uhde, T. W., Cimbolic, P., Arnkoff, D. B., Vittone, B. J., Tancer, M. E., & Bartko, J. J. (1991). Cognitive-behavioral and pharmacological treatments of social phobia: A controlled study. Archives of General Psychiatry, 48, 938-945.
Goisman, R. M., Warshaw, M. G., Peterson, L. G., Rogers, M. P., Cuneo, P., Hunt, M. F., Tomlin-Albanese, J. M., Kazim, A., Gollan, J. K., Epstein-Kaye, T., Reich, J. H., & Keller, M. B. (1994). Panic, agoraphobia, and panic disorder with agoraphobia: Data from a 4 percent multicenter anxiety disorders study. Journal of Nervous and Mental Disease, 182, 72-79.
Gould, R. A., & Clum, G. A. (1995). Self-help plus minimal therapist contact in the treatment of panic disorder: A replication and extension. Behavior Therapy, 26, 533-546.
Gould, R. A., Clum, G. A., & Shapiro, D. (1993). The use of bibliotherapy in the treatment of panic: A preliminary investigation. Behavior Therapy, 24, 241-252.
Gray, J. A. (1988). The psychology of fear and stress. New York: Cambridge University Press.
Hecker, J. E., Losee, M. C., Friztler, B. K., & Fink, C. M. (1996). Self-directed versus therapist-directed cognitive behavioral treatment for panic disorder. Journal of Anxiety Disorders, 10, 253-265.
Hoffart, A. (1995). A comparison of cognitive and guided mastery therapy of agoraphobia. Behaviour Research and Therapy, 33, 423-434.
Holt, P., & Andrews, G. (1989). Hyperventilation and anxiety in panic disorder, agoraphobia, and generalized anxiety disorder. Behaviour Research and Therapy, 27, 453-460.
Hope, D. A., Heimberg, R. G., & Bruch, M. A. (1995). Dismantling cognitive-behavioral group therapy for social phobia. Behaviour Research and Therapy, 33, 637-650.
Jansson, L., Jerremalm, A., & Öst, L.-G. (1986). Follow-up of agoraphobic patients treated with exposure in vivo or applied relaxation. British Journal of Psychiatry, 149, 486-490.
Kessler, R. C., McGonagle, K. A., Zhao, S., Nelson, C. B., Hughes, M., Eshleman, S., Wittchen, H.-U., & Kendler, K. S. (1994). Lifetime and 12-month prevalence of DSM-II1-R psychiatric disorders in the United States: Results from the National Comorbidity Survey. Archives of General Psychiatry, 51, 8-19.

Klosko, J. S., Barlow, D. H., Tassinari, R., & Cerny, J. A. (1990). A comparison of alprazolam and behavior therapy in treatment of panic disorder. Journal of Consulting and Clinical Psychology, 58, 77-84.

Laberge, B., Gauthier, J. G., Cote, G., Plamondon, J., & Cormier, H. J. (1993). Cognitive-behavioral therapy of panic disorder with secondary major depression: A preliminary investigation. Journal of Consulting and Clinical Psychology, 61, 1028-1037.

Lidren, D., Watkins, P., Gould, R., Clum, G., Asterino, M., & Tulloch, H. L. (1994). A comparison of bibliotherapy and group therapy in the treatment of panic disorder. Journal of Consulting and Clinical Psychology, 62, 865-869.

Maier, S. F., Laudenslager, M. L., & Ryan, S. M. (1985). Stressor controllability, immune function and endogenous opiates. In F. R. Brush & J. B. Overmeier (Eds.), Affect, conditioning and cognition: Essays on the determinants of behavior (pp. 183-201). Hillsdale, NJ: Erlbaum.

Margraf, J., Gobel, M., & Schneider, S. (1989). Cognitive-behavioral treatments for panic disorder. In H. Zapotoczsky & T. Wenzel (Eds.), The scientific dialogue: From basic research to clinical intervention. Annual series of European research in behavior therapy (Vol. 5, pp. 149-155). Lisse, The Netherlands: Swets & Zeitlinger.

Markowitz, J. S., Weissman, M. M., Ouellette, R., Lish, J. D., & Klerman, G. L. (1989). Quality of life in panic disorder. Archives of General Psychiatry, 46, 984-992.

Marks, I. M., Swinson, R. P., Basoglu, M., Kuch, K., Noshirvani, H., O'Sullivan, G., Lelliot, P. T., Kirby, M., McNamee, G., Sengun, S., & Wickwire, K. (1993). Alprazolam and exposure alone and combined in panic disorder with agoraphobia: A controlled study in London and Toronto. British Journal of Psychiatry, 162, 776-787.

Mavissakalian, M., & Michelson,-L. (1986). Two-year follow-up of exposure and imipramine treatment of agoraphobia. American Jourrlal of Psychiatry, 143, 1106-1112.

Michelson, L., Marchione, K., Marchione, N., Testa, S., & Mavissakalian, M. (1988). Cognitive correlates and outcome of cognitive, behavioral and physiological treatments of agoraphobia. Psychological Reports, 63, 999-1004.

Michelson, L., Mavissakalian, M. Y., & Marchione, K. (1985). Cognitive and behavioral treatments of agoraphobia: Clinical, behavioral, and psychophysiological outcomes. Journal of Consulting and Clinical Psychology, 53, 913-925.

Moran, C., & Andrews, G. (1985). The familial occurrence of agoraphobia. British Journal of Psychiatry, 146, 262-267.

Neron, S., Lacroix, D., & Chaput, Y. (1995). Group vs. individual cognitive behavior therapy in panic disorder: An open clinical trial with a six month follow-up. Canadian Journal of Behavioural Science, 27, 379-392.

Noyes, R., Crowe, R. R., Harris, E. L., Hamra, B. J., McChesney, C. M., & Chaudry, D. R. (1986). Relationship between panic disorder and agoraphobia: A family study. Archives of General Psychiatry, 43, 227-232.

Öst, L.-G. (1988). Applied relaxation vs. progressive relaxation in the treatment of panic disorder. Behaviour Research and Therapy, 26, 13-22.

Öst, L.-G., & Westling, B. E. (1995). Applied relaxation vs. cognitive-behavior therapy in the treatment of panic disorder. Behaviour Research and Therapy, 33, 145-158.

Otto, M. W., Pollack, M. H., Meltzer-Brody, S., & Rosenbaum, J. (1992). Cognitive-behavioral therapy for benzodiazepine discontinuation in panic disorder patients. Psychopharmacology Bulletin, 28, 123 - 130.

Pollard, C. A., Bronson, S. S., & Kenney, M. R. (1989). Prevalence of agoraphobia without panic in clinical settings. American Journal of Psychiatry, 146, 559.

Pollard, C. A., Henderson, J. G., Frank, M., & Margolis, R. B. (1989). Helpseeking patterns of anxiety-disordered individuals in the general population. Journal of Anxiety Disorders, 3, 131-138.

Rachman, S., & Levitt, K. (1985). Panics and their consequences. Behaviour Research and Therapy, 23, 585-600.

Rapee, R. M., Mattick, R., & Murrell, E. (1986). Cognitive mediation in the affective component of spontaneous panic attacks. Journal of Behavior Therapy and Experimental Psychiatry, 17, 245-253.

Razran, G. (1961). The observable unconscious and the inferable conscious in current soviet psychophysiology: Interoceptive conditioning, semantic conditioning, and the orienting reflex. Psychological Review, 68, 81-147.

Reiss, S., Peterson, R., Gursky, D., & McNally, R. (1986). Anxiety sensitivity, anxiety frequency, and the prediction of fearfulness. Behaviour Research and Therapy, 24, 1-8.

Rice, D. P., & Miller, L. S. (1993). The economic burden of mental disorders. Advances in Health Economics anti Health Services Research, 14, 37-53.

Sanderson, W. S., Rapee, R. M., & Barlow, D. H. (1989). The influence of an illusion of control on panic attacks induced via inhalation of 5.5 percent carbon dioxide enriched air. Archives of General Psychiatry, 48, 157-162.

Schulte, D., Kuenzel, R., Pepping, G., & Schulte-Bahrenberg, T. (1992). Tailormade versus standardized therapy of phobic patients. Advances in Behaviour Research and Therapy, 14(2),67-92.

Shear, M. K., Pilkonis, P. A., Cloitre, M., & Leon, A. C. (1994). Cognitive-behavioral treatment compared with nonprescriptive treatment of panic disorder. Archives of General Psychiatry, 51, 395-401.

Telch, M. J., Lucas, J. A., Schmidt, N. B., Hanna, H. H., LaNae Jaimez, T., & Lucas, R. A. (1993). Group cognitive-behavioral treatment of panic disorder. Behaviour Research anal Therapy, 31, 279-287.

Thompson, J. W., Burns, B. J., Bartko, J. J., Boyd, J. H., Taube, C. A., & Bourdon, K. H. (1988). The use of ambulatory services by persons with and without phobia. Medical Care, 26, 183-198.

Thyer, B. A., Himle, J., Curtis, G. C., Cameron, O., & Nesse, R. M. (1985). A comparison of panic disorder and agoraphobia with panic attacks. Comprehensive Psychiatry, 26, 208-214.

Tsao, J. C. I., Lewin, M. R., & Craske, M. G. (1998). The effects of cognitive-behavior therapy for panic disorder on comorbid conditions. Journal of Anxiety Disorders, 12, 357-371.

Van den Hout, M., Van der Molen, G. M., Griez, E., & Lousberg, G. (1987). Specificity of interoceptive fear to panic disorders. Journal of Psychopathology anti Behavioral Assessment, 9, 99-109.

Weinberg, J., & Levine, S. (1980). Psychobiology of coping in animals: The effect of predictability. In S. Levine & H. Ursin (Eds.), Coping and health (pp. 39-59). New York: Plenum Press.

Williams, S. L., & Falbo, J. (1996) Cognitive and performance-based treatments for panic attacks in people with varying degrees of agoraphobic disability. Behaviour Research Therapy, 34, 253-264.

Wittchen, H.-U. (1988). Natural course and spontaneous remissions of untreated anxiety disorder: Results of the Munich Follow-Up Study (MFS). In H. Hand & H. Wittchen (Eds.), Panic anal phobias: Treatments and variables affecting course anal outcome (pp. 3-17). Berlin: Springer-Verlag.

Zarate, R., Rapee, R. M., Craske, M. G., & Barlow, D. H. (1988, November). Response norms for symptom intluction procedures. Poster presented at 22nd Annual Convention of the Association for the Advancement of Behavior Therapy, New York, NY.

Zaubler, T. S., & Katon, W. (1996). Panic disorder and medical comorbidity: A review of the medical and psychiatric literature. Bulletin of the Menninger Clinic, 60(2, Suppl. A), A12-A38.

# 4

# Obesidade

Robert R. Radomile

Os americanos atualmente estão obcecados por emagrecer. As abordagens comerciais e médicas são onipresentes, muitos prometendo emagrecimento fácil, rápido e permanente que mudará a vida da pessoa. Mas apesar dessa preocupação com a perda de peso e a predominância de programas de emagrecimento, 24% dos homens e 27% das mulheres são obesos, ou seja, mais de 20% da população está acima do peso ideal (Kuczmarski, 1992). Além disso, apesar de todos as dietas e programas de emagrecimento, a incidência de obesidade permanece alta, tendo dobrado desde o início do século XX, embora a ingestão calórica tenha se mantido estável ou mesmo diminuído (Marston e Raper, 1987). Atividade física reduzida, dietas com alto teor de gordura e padrões de alimentação constantemente em mudança (especificamente comer mais fora de casa e fazer mais lanches) parecem explicar o aumento drástico.

Embora muitos pareçam motivados a perder peso por razões estéticas, não se pode negar as sérias implicações para a saúde do obeso. O maior risco de hipertensão, diabetes e doenças cardiovasculares está associado à obesidade (Bray, 1986; Pi-Snyder, 1991) e os altos níveis de ingestão de gordura têm sido relacionados ao maior risco de doenças cardiovasculares e câncer (Academia Nacional de Ciências, 1989; Departamento Americano de Saúde e Serviços Humanos, 1988).

Apesar da contribuição das mudanças na dieta e no estilo de vida para o aumento da incidência de obesidade, não se deve supor que toda obesidade é provocada pela alimentação ou falta de exercícios nem que a mudança no estilo de vida sempre pode corrigir a obesidade. Os pesquisadores determinaram de maneira conclusiva que a genética tem um papel substancial na obesidade (Bouchard e cols., 1990; Price, 1987; Stunkard e cols., 1986), e inúmeros estudos não encontraram diferença significativa na ingestão de calorias de participantes obesos e não-obesos (Garrow, 1974; Kleges, Hanson, Eck e Duff, 1988; Liebel e Hirsch, 1984; Wooley, Wooley e Dyrenforth, 1979). Deve-se notar, entretanto, que a precisão destes e de outros estudos semelhantes foi questionada, uma vez que estudos mais recentes demonstraram que os participantes obesos relatam uma quantidade de calorias significativamente menor do que realmente ingerem nos estudos comparativos com os participantes não-obesos (Mertz e cols., 1991; Schoeller, 1988). As implicações de tais descobertas são significativas para os programas de emagrecimento, especialmente quando se relacionam à automonitoração de ingestão de alimentos.

A busca por um "corpo ideal" ou "peso ideal" no tratamento da obesidade tem sido amplamente condenada tanto por pesquisadores como por profissionais clínicos. Além do papel significativo da genética tanto no peso como na forma do corpo, há também várias evidências de que fazer regime para atingir o peso ideal simplesmente não funciona. De fato, uma porcentagem tão elevada quanto 95% das pessoas que conseguem emagrecer significativamente fracassam em manter o peso e retornam ao peso inicial ou quase a ele (Garner e Wooley, 1991). Não se sabe realmente, em outras palavras, se há de fato benefícios psicológicos e à saúde significativos em longo prazo, provenientes da perda de peso ou da manutenção da perda.

Também não se conhece, e talvez seja impossível isolar, o efeito psicológico negativo do fracasso repetido em emagrecer e manter a perda de peso sobre indivíduos obesos. Os programas de emagrecimento, por natureza, reforçam o estereótipo de que o peso de um indivíduo está de fato sob seu controle. Os fracassos em conseguir manter o "peso pretendido" carregam consigo todo o peso da vergonha e da culpa, associado aos supostos traços de preguiça, falta de orgulho e falta de disciplina, em geral atribuídos às pessoas obesas. É crucial, entretanto, que qualquer programa de emagrecimento seja especialmente sensível aos efeitos potencialmente prejudiciais que o fracasso pode ter sobre a pessoa e ser especialmente cauteloso ao estabelecer o tratamento e os objetivos da perda de peso.

Embora haja evidências significativas de que a busca por um peso ideal é fadada ao fracasso quando se trabalha com pessoas obesas, há muitas evidências que sustentam a viabilidade e benefícios de um emagrecimento mais moderado. Descobriu-se, por exemplo, que a pressão sangüínea das pessoas com obesidade e hipertensão poderia ser normalizada com perdas de 10% do peso corporal (Blackburn e Kanders, 1987). Descobriu-se que as perdas de peso mais acentuadas trazem benefícios em longo prazo para pessoas com diabetes tipo II (Wing, Marcus, Epstein e Jawad, 1991). Outros estudos também sustentam os efeitos positivos significativos de emagrecimento moderado sobre a pressão sangüínea e os fatores de risco cardiovascular (Brownell e Wadden, 1991).

Os benefícios psicológicos do emagrecimento moderado foram menos estudados até agora, mas as pesquisas existentes sugerem uma associação da melhora na imagem pessoal, imagem corporal e menor depressão ao emagrecimento moderado (Prochaska, DiClemente e Norcross, 1992; Wadden e Stunkard, 1985).

Este capítulo descreve um tratamento cognitivo-comportamental em grupo, com tempo limitado para obesidade que funciona por meio da educação, mudança comportamental pretendida e reestruturação cognitiva, com o objetivo de emagrecimento moderado, atingível e sustentável. Cada um desses componentes está presente durante todas as vinte semanas de tratamento, com ênfase na educação nas primeiras sessões e na mudança comportamental e cognitiva a partir da metade do tratamento. As pesquisas revelaram haver várias características comuns aos programas eficazes de emagrecimento, as quais são enfatizadas durante as sessões em grupo. O capítulo começa com uma revisão de tais características e depois prossegue descrevendo a estrutura e o processo do grupo e as técnicas cognitivo-comportamentais utilizadas.

## DEZ CARACTERÍSTICAS DE UM PROGRAMA DE EMAGRECIMENTO EFICAZ

### 1. Estabelecer Objetivos Modestos

Como dito anteriormente, os pacientes devem ser incentivados a estabelecer objetivos modestos de emagrecimento (por volta de 10% do peso corporal). A princípio, os pacientes podem ficar resistentes a um objetivo baixo, especialmente por causa da grande ênfase na sociedade americana colocada na magreza e no peso ideal. Entretanto, por meio da educação e da reestruturação cognitiva, os pacientes devem ser capazes de aceitar um objetivo mais modesto de emagrecimento como sendo positivo, em vez de negativo, que seja benéfico tanto fisicamente como psicologicamente, com possibilidades reais de se atingir e potencialmente um primeiro passo em direção a um emagrecimento maior, se desejado.

## 2. Entender o Comportamento Alimentar

O paciente deve ter maior consciência e capacidade de entender seu comportamento alimentar (Kirschenbaum, 1987). Como observado anteriormente, indivíduos obesos tendem a subestimar e relatar uma ingestão significativamente menor de alimentos, indubitavelmente um resultado da vergonha que sentem de si mesmos, de seu peso e seu comportamento alimentar. Essa vergonha pode ser identificada e seus efeitos trazidos à luz através da descoberta e do questionamento socrático dirigidos. Por meio da reestruturação cognitiva, os pacientes podem se conscientizar de que a manutenção de um registro preciso é a pedra fundamental para o sucesso da mudança de comportamento, o ponto de partida, em vez de um motivo de vergonha.

## 3. Usar o Controle de Estímulos

O *controle de estímulos* (Schacter e Rodin, 1974) refere-se a minimizar ou eliminar as deixas que podem levar a comer em excesso e à alimentação não saudável, incluindo práticas, como fazer apenas lanches de baixas calorias em casa ou, se não for possível, certificar-se que não há nenhum lanche de altas calorias à vista e que toda a comida é embrulhada e jogada fora. Pode ser necessário algum treinamento de assertividade para ajudar os pacientes a comunicar à família e aos amigos de maneira eficaz sua necessidade de colaboração nessa área.

## 4. Exercícios

Vários estudos já demonstraram que o exercício aeróbico regular contribui para a perda de peso inicial e para a manutenção de peso bem-sucedida

(Pavlou, Krey e Steffee, 1989; Racette, Schoeller, Kushner e Neil, 1995). Esses e outros estudos descobriram que o exercício regular sustentado contribui com a perda de peso em longo prazo de várias maneiras. O exercício aeróbico de longo prazo aumenta a taxa do metabolismo, um elemento essencial da perda de peso. Além disso, estimula o organismo a queimar gordura, aumentar a massa muscular e reduzir o apetite. Os participantes compromissados com o exercício aeróbico regular durante o emagrecimento tendem a ter mais sucesso na perda de peso inicialmente, têm maior probabilidade de manter o peso em longo prazo e aderir mais estritamente ao treinamento do que aqueles que não fazem.

Também se observaram efeitos psicológicos positivos quando o nível de exercícios está abaixo daquele que teria um impacto fisiológico (Brownell e Wadden, 1992), apontando o valor não somente do exercício programado (por exemplo, aeróbica, tênis e esteira), mas também exercícios de estilo de vida (por exemplo, cuidar do jardim e levar o cachorro para passear) em um programa de emagrecimento.

## 5. Praticar a Reestruturação Cognitiva

Indivíduos obesos apresentam distorções cognitivas, incluindo a generalização excessiva e a inferência arbitrária (Kramer e Stalker, 1989). A *generalização excessiva* refere-se à extrapolação de uma regra para toda a vida de um ou alguns incidentes. Por exemplo, um participante que não conseguiu emagrecer após uma semana seguindo um programa de emagrecimento pode concluir que *"nunca vou emagrecer. Meu destino é ser gordo"*. A *inferência arbitrária* refere-se a chegar a uma conclusão – normalmente uma conclusão extrema e negativa –, apesar da falta de qualquer evidência para apoiá-la. Apesar de ser recebido com entusiasmo em uma reunião social, por exemplo, uma pessoa com muito peso pode concluir que *"eles me acham preguiçoso, gordo e detestável e não me querem aqui realmente"*.

Outras distorções cognitivas incluem a catastrofização e o pensamento dicotômico. Na *catastrofização*, um acontecimento negativo é projetado em uma determinada situação, cujo impacto danoso se acredita ser intransponível. Um indivíduo que está tentando emagrecer, por exemplo, pensa na refeição de um feriado que está chegando, imagina-se não sendo capaz de exercer nenhum controle sobre si mesmo e conclui que seus esforços para emagrecer serão irreversivelmente destruídos, em vez de temporariamente desviados. O *pensamento dicotômico* é o pensamento do tudo ou nada no qual há apenas sucesso absoluto ou fracasso total, sem meio termo. O participante de um programa, por exemplo, pode considerar a perda de peso um desejo impossível de se realizar e, ele mesmo, um completo fracasso após uma "escorregada" no programa.

Identificar e corrigir tais distorções cognitivas autodestrutivas é crucial para o sucesso do tratamento. A capacidade de reestruturar os reveses passados e presentes, como uma parte normal do processo de mudança, e vê-los como oportunidades válidas de aprendizado podem fazer a diferença entre persistir no emagrecimento ou desistir em frustração e desgosto. A terapia cognitivo-comportamental (TCC) provou ser eficaz no tratamento de todos os aspectos dos transtornos alimentares, incluindo corrigir atitudes anormais em relação ao peso e forma física e promover habilidades cognitivas e comportamentais de enfrentamento para resistir ao impulso de comer (Wilson e Fairburn, 1993).

## 6. Reduzir ou Eliminar a Compulsão

A *compulsão*, como definido no *Manual Estatístico e Diagnóstico de Transtornos Mentais* (4ª edição, da Associação Psiquiátrica Americana, 1994) – DSM IV –, envolve o consumo de uma grande quantidade de comida em um período distinto (por exemplo, uma hora, duas horas) e um sentimento de não ter controle sobre o que é ingerido durante o episódio. Descobriu-se que a compulsão é um problema para quase metade das pessoas estudadas em programas de controle de peso em hospitais e universidades (Marcus, Wing e Hopkins, 1988; Marcus, Wing e Lamparski, 1985; Spitzer e cols., 1991; Telch, Agras e Rossiter, 1988). Comer compulsivamente e o sentimento de falta de controle, experimentados durante a compulsão, reforçam para o indivíduo os sentimentos conhecidos de não haver esperanças e que é inútil tentar. Comer compulsivamente pode inspirar as pessoas a purgar, tentar passar fome ou desistir totalmente. A redução da compulsão provou ter correlação tanto com a diminuição de depressão (Telch, Agras, Rossiter, Wilfley e Kenardy, 1990) como com um maior grau de emagrecimento (Agras e cols., 1994; Smith, Marcus e Kaye, 1992). A TCC provou ser eficaz na redução da freqüência da compulsão (Smith, Marcus e Kaye, 1992; Telch e cols., 1990).

## 7. Adotar uma Dieta de Baixas Calorias

Vários estudos revelaram que a ingestão reduzida de gordura promove a perda de peso (Kendall, Levitsky, Strupp e Lissner, 1991; Prewitt e cols., 1991). Vários estudos também demonstraram que se ganha mais gordura corporal ao comer gorduras que ao comer o mesmo número de calorias em carboidratos e proteínas.

## 8. Traçar Objetivos Atingíveis em Curto Prazo

Pode-se ensinar os pacientes a traçar objetivos atingíveis de curto prazo (Racette e cols., 1995), os quais podem ser diários ou mesmo para a parte da manhã, da tarde e da noite (Dubbert e Wilson, 1984). Tais objetivos devem ser definidos em termos de novos comportamentos e cognições, e não em termos de perda de peso. Devem ser específicos, como substituir um lanche de conteúdo calórico maior por outro com menos calorias ou acrescentar um período de exercícios à rotina semanal. Tais objetivos são atingíveis, podem ser repetidos e, quando somados, levam à mudança substancial e sustentável em longo prazo.

## 9. Promover a Mudança no Comportamento Alimentar

Promover a mudança no comportamento alimentar inclui comer mais devagar, nunca comer enquanto está fazendo alguma coisa (por exemplo, assistindo à televisão) e desenvolver alternativas prazerosas e produtivas (por exemplo, fazer uma caminhada ou telefonar para um amigo). Interromper as rotinas alimentares habituais e compulsivas pode ser benéfico. Até mesmo habituar-se a fazer alguma coisa, não importa se é algo muito mundano (como arrumar a sala de estar, pagar as contas ou ler o jornal), antes de começar a comer compulsiva e improdutivamente, às vezes pode ser o suficiente para permitir que a vontade passe ou dar tempo suficiente ao indivíduo para pensar em uma alternativa menos calórica e mais nutritiva.

## 10. Desenvolver o Apoio Social

O apoio social provou ter um impacto poderoso sobre a mudança de comportamento e a saúde (Cohen e Syme, 1985) e sobre a manutenção do emagrecimento (Kayman, Bruvold e Stern, 1990; Wing e cols., 1991). Tanto a família como o grupo de terapia podem ser sistemas de apoio inestimáveis e, por outro lado, desastrosos para o processo de tratamento se transmitirem sentimentos de vergonha ou de crítica. Um programa de emagrecimento bem-sucedido maximizará o potencial de apoio do grupo e da família, promoverá um ambiente sensível e de apoio no grupo de terapia e desenvolverá respostas adaptativas a amigos e familiares por meio do treinamento da assertividade e da reestruturação cognitiva.

Descobriu-se que o tratamento mais prolongado é mais eficaz que o tratamento de duração mais curta. Observou-se que o tratamento de 20 a 25 semanas produz resultados melhores e mais duradouros que o tratamento com a duração mais tradicional de 8 a 12 semanas (Brownell e Wadden, 1992).

## PROTOCOLOS E FORMATOS DOS GRUPOS

O grupo de TCC para o tratamento da obesidade deve ser relativamente pequeno (de seis a oito participantes), durar de uma hora a uma hora e meia e estender-se por aproximadamente 20 sessões semanais. Os participantes devem ser de leve a moderadamente obesos (20% a 60% acima do peso ideal), selecionados por psicopatologia mais séria (discutido na seção de avaliação abaixo), liberados por um médico para participar de algum tipo de exercício aeróbico, e capazes de realizar as lições de casa solicitadas.

Embora o objetivo do grupo seja a perda de peso, será dada maior ênfase às mudanças cognitivas e comportamentais que conduzam ao emagrecimento, e a vida e a alimentação mais saudáveis. O propósito dessa abordagem é desviar-se da mentalidade de "dieta" e "rápido emagrecimento" e enfatizar as mudanças cognitivas e de estilo de vida substanciais. Como é o caso em toda TCC, o objetivo não é meramente o alívio dos sintomas em curto prazo (isto é, a perda de peso), mas a modificação fundamental de comportamentos, pensamentos automáticos e esquemas subjacentes que provaram ser problemáticos para o indivíduo. Assim, o objetivo é identificar as cognições e comportamentos disfuncionais e substituí-los por outros mais adaptativos.

O processo pelo qual tais cognições e comportamentos são identificados e modificados não é essencialmente diferente de qualquer outro processo da TCC. A definição da agenda, a manutenção de registros, a lição de casa e o estabelecimento de objetivos são os elementos principais do processo de terapia em grupo, juntamente ao uso do questionamento socrático e descoberta dirigida.

Uma sessão típica de terapia começa com a definição da agenda, momento em que o grupo e o terapeuta:

- Identificam as questões e tópicos a serem discutidos na sessão.
- Abordam as reações ou *feedback*, relacionados à última sessão.
- Examinam como os pacientes estão e como foi a semana anterior.
- Concentram-se nos principais itens da agenda.
- Desenvolvem outras lições de casa.
- Solicitam *feedback* quanto à sessão atual.

Como o foco está na mudança de comportamento e na reestruturação cognitiva, os pacientes concordarão em se pesar apenas uma vez por semana e sempre no mesmo horário. Isso serve para desestimular a obsessão com o emagrecimento e evitar a promoção de experiências de vergonha e fracasso ainda mais fortes, caso o peso não diminua como o esperado. Aqueles que assim escolherem, podem simplesmente não se pesar.

Espera-se a participação ativa de todas as pessoas no grupo, assim como a presença, pontualidade e adesão consistentes para manter a confidencialidade. Espera-se dos pacientes um *feedback* construtivo, auxílio na implementação de técnicas cognitivas e participação no desenvolvimento de listas úteis a serem utilizadas pelo grupo. A interação dos participantes fora das sessões de terapia pode ser inclusa como parte do processo de tratamento, mas somente se não impuser uma ameaça à confidencialidade ou, de alguma outra maneira, abalar o processo de tratamento, o qual deve durar de acordo com o julgamento do terapeuta. Esse item será discutido mais adiante em *Processo de Tratamento.*

## AVALIAÇÃO

O primeiro passo para formar um grupo de terapia é conversar individualmente com cada participante prospectivo. O propósito das sessões individuais é avaliar se os objetivos de emagrecimento do paciente são compatíveis com àqueles do grupo de terapia (isto é, perda de peso moderada e compassada em contraposição à perda de peso rápida e significativa), obter um histórico de peso (pode-se utilizar o Questionário Stanford de Transtornos Alimentares [Agras e cols., 1976]), determinar se há presença de psicopatologia que deve ser tratada concomitantemente com a participação no grupo de terapia e avaliar a capacidade e a vontade do paciente de fazer o que será solicitado no processo de tratamento (por exemplo, manutenção de registro e exercícios). Se o candidato está atualmente em psicoterapia, é importante obter a permissão para conversar com seu terapeuta de modo a determinar se sua participação no grupo é adequada. Um indivíduo com uma psicopatologia mais importante, como depressão maior, transtorno de ansiedade, patologia de personalidade ou qualquer forma de psicose, não se encaixa no grupo e dever ser indicado para tratamento apropriado. O Inventário de Depressão de Beck (BDI; Beck, Ward, Mendelson, Mock e Erbaugh, 1961) pode ser utilizado para determinar a presença e o grau de depressão.

Também é útil determinar, tanto quanto possível, a probabilidade de o participante prospectivo comparecer de maneira confiável e consistente das sessões em grupo. Um bom indicador pode ser o comparecimento atual ou anterior em terapia individual ou em grupo. Também é quando os pacientes entram em contato com os instrumentos de manutenção de registro, o processo de tratamento, os honorários e normas do grupo (por exemplo, confidencialidade, participação ativa e apoio mútuo). O processo de avaliação pode levar de uma a três sessões, dependendo da familiaridade com o paciente e do nível de adequação do paciente ao grupo.

A avaliação não termina com o processo inicial. O BDI pode ser utilizado como uma ferramenta de avaliação contínua tanto para os ganhos relacionados ao tratamento com redução de sintomas depressivos e aqueles emergentes ou crescentes que podem de outra forma continuar não detectados.

## O PROCESSO DE TRATAMENTO

Como discutido no Capítulo 1, a TCC é, antes de mais nada, um esforço colaborativo entre terapeuta e paciente. Como tal, o processo de tratamento não toma a forma de uma apresentação didática pelo terapeuta ou um regime de tratamento predeterminado. Ao invés disso, é um processo dinâmico modelado pelas prioridades, necessidades e personalidade exclusivas de cada grupo específico e as decisões em relação ao tratamento feitas pelo terapeuta.

A direção e o foco de cada sessão são estabelecidos durante a definição da agenda, a qual deve estar relacionada, pelo menos em parte, aos registros contínuos mantidos pelo grupo. Ela é determinada pelo grupo como um todo (incluindo o terapeuta) nos primeiros 10 minutos de cada sessão. Os itens para a agenda são sugeridos pelos participantes e discutidos. Idealmente, terapeuta e grupo entram em um acordo. Pode haver ocasiões, entretanto, em que o terapeuta tem de incluir ou omitir itens unilateralmente, com base nas necessidades do grupo, como percebido pelo terapeuta naquele momento, podendo incluir introduzir um dos 10 aspectos mais eficazes e essenciais para o tratamento de emagrecimento mencionados anteriormente, como o exercício ou a importância de uma dieta de baixo teor calórico.

Para o terapeuta, um dos principais objetivos da terapia é facilitar o desenvolvimento do grupo para um agente de mudança eficaz e sustentado em si mesmo. Como tal, o terapeuta está sempre procurando oportunidades de permitir ao grupo orientar os participantes em direção a comportamentos, cognições e adaptações funcionais. No início do tratamento, quando a ênfase é educacional, são desenvolvidas listas essenciais de lanches saudáveis, alimentos saudáveis, atividades alternativas e assim por diante, com a participação do paciente. Conforme o processo de tratamento progride e as pessoas no grupo se tornam mais sintonizadas para comportamentos e cognições disfuncionais, mais atentas para alternativas mais adaptativas e mais adeptos às técnicas cognitivas, eles podem ser mais freqüentemente requisitados a fazer o "papel do terapeuta". Ao orientar uma outra pessoa no grupo por meio das técnicas cognitivas, como descatastrofização ou reatribuição, os pacientes experimentam um reforço poderoso do que aprenderam. Dessa forma, todos os participantes se beneficiam da oportunidade de exercitar sua especialização recentemente adquirida, e cada um investe no sucesso de todos e do grupo como um todo, assim construindo o apoio e a coesão do grupo.

Uma vez abordados todos os itens da agenda, pode-se estabelecer a lição de casa para a próxima sessão. A lição de casa pode ser simplesmente continuar a manutenção de registros, que é uma parte contínua do tratamento (discutido detalhadamente abaixo na 'Primeira Sessão'). A lição de casa pode incluir também tarefas específicas a serem realizadas durante a semana seguinte. Como na definição da agenda, a lição de casa é decidida em colaboração com o terapeuta e todos os participantes do grupo. Finalmente, dá-se atenção para amarrar qualquer ponta solta da sessão.

Embora o formato seja basicamente o mesmo, o foco e os objetivos de cada sessão serão muitas vezes diferentes durante o processo de tratamento. O processo de tratamento de 20 semanas pode conter cinco fases: Primeira Sessão, Sessões Iniciais, Sessões Intermediárias, Últimas Sessões e Sessão Final. Cada fase tem um conjunto específico de prioridades, embora deva ser lembrado que qualquer questão pode surgir e exigir a atenção a qualquer momento. Os objetivos e o foco no conteúdo de cada fase do tratamento estão resumidos a seguir e serão desenvolvidos detalhadamente um pouco mais adiante neste mesmo capítulo.

## Primeira Sessão

Nesta sessão, os pacientes se conhecem e ficam sabendo um pouco mais sobre os outros. Eles são apresentados ao formato do tratamento e a pelo menos um dos dois instrumentos de manutenção de registros a ser feita diariamente.

## Sessões Iniciais

O foco nas sessões iniciais é primordialmente educacional. Os participantes aprendem os princípios e as técnicas básicos da TCC. São desenvolvidas listas úteis de alimentos, lanches e atividades saudáveis. Também se dá bastante atenção ao refinamento da auto-observação e manutenção de registros durante essa fase.

## Sessões Intermediárias

Durante esse período, áreas problemáticas cognitivas e comportamentais específicas são abordadas. Com a maioria, se não todas, das peças educacionais estabelecidas, o trabalho de terapia começa de verdade. A difícil, mas importante, tarefa de eliminar a compulsão de comer começa nessa fase, assim como a identificação e modificação dos esquemas.

## Últimas Sessões

Nesse ponto, a ênfase é colocada no trabalho dos esquemas. As estratégias de mudança são expandidas, as recaídas (ligadas ao que ocorreu até esse ponto) são abordadas, futuras recaídas são antecipadas e dá-se atenção à prevenção de futuras recaídas.

## Sessão Final

Na sessão final, são amarradas as pontas soltas, a eficácia do grupo é discutida e as preocupações quanto a enfrentar o futuro sem o grupo são abordadas. Nessa sessão, discute-se também as possibilidades de um tratamento de acompanhamento.

# DINÂMICA DE GRUPO

Durante todo o processo de tratamento, prestamos atenção à dinâmica do grupo. Fornecer um ambiente seguro para todos os participantes e promover interações saudáveis entre eles é tão crucial aqui como em qualquer forma de terapia em grupo. Como tal, a importância da confidencialidade deve ser ressaltada no início e sempre reiterada. Os pacientes devem também ser instruídos a dar *feedback* construtivo, o que inclui perguntar antes se o *feedback* é desejado, ser específico ao dar um *feedback* e fazer declarações na primeira pessoa ("eu") sempre que possível.

O terapeuta deve estar atento para declarações que possam significar vergonha ou culpa e ajudar o paciente que a faz e aquele que a recebe a reestruturar a mensagem quando necessário. A seguir, um exemplo ilustrativo:

| | |
|---|---|
| *Paciente:* | Nossa, parece que você realmente comeu feito um porco ontem à noite. |
| *Terapeuta:* | "Comer feito um porco" é uma outra maneira de dizer "comer compulsivamente"? |
| *Paciente:* | Sim. |
| *Terapeuta:* | É assim que você fala para si mesmo quando você come compulsivamente? |
| *Paciente:* | Sim. |
| *Terapeuta:* | Você acha esse tipo de conversa consigo mesmo útil? |
| *Paciente:* | Não, só me faz sentir pior. |
| *Terapeuta:* | O que você poderia dizer a si mesmo depois de comer compulsivamente e que seria mais útil? |
| *Paciente:* | Sei lá, algo como "deve ter acontecido alguma coisa emocionalmente ou fisicamente que me levou a comer compulsivamente". |
| *Terapeuta:* | Bom. Agora, você pode dizer algo assim para ____________ (outra pessoa no grupo)? |

*Paciente:* Acho que sim. O que você acha que aconteceu emocionalmente ou fisicamente que o levou a comer compulsivamente?

*Terapeuta:* Muito bem.

Aqui, o questionamento socrático ajudou a modificar tanto a conversa interna do paciente como o fornecimento de *feedback*. No processo, uma declaração de vergonha foi trabalhada novamente para se tornar útil. Esse é apenas um exemplo de como o terapeuta deve estar atento para tornar o grupo seguro e as interações saudáveis. Tais preocupações devem continuar uma questão permanente no topo da lista de prioridades do terapeuta.

O grupo também pode dar apoio aos participantes e reforçar o aprendizado além dos domínios da sessão de terapia em si. Telefonemas entre as sessões e reunir-se para sessões planejadas de exercícios, refeições e coisas assim podem contribuir muito para a promoção da mudança e para atingir os objetivos do tratamento. Entretanto, o terapeuta deve estar atento para o nível de confiança, coesão e conforto interpessoal antes de dar tais passos. Nem todos os indivíduos ou grupos se sentirão confortáveis com níveis mais elevados de contato e intimidade. Se tal interação extraterapia for desejada pelo grupo, sua natureza deve ser claramente definida e circunscrita pelo terapeuta e pelo grupo, de modo a manter a interação de apoio e ser terapeuticamente produtiva. As regras de confidencialidade devem ser estritamente obedecidas em tais casos, significando que não é permitida a discussão fora do grupo.

## PRIMEIRA SESSÃO

Na primeira sessão, é solicitado aos pacientes que eles se apresentem, discutam seus objetivos de perda de peso, compartilhem com o grupo quais e como têm sido suas tentativas anteriores para perder peso, e comece a identificar algumas áreas de problema individual com as quais eles têm lutado (por exemplo, lanches tarde da noite, mantendo um regime com exercício, e falta de apoio). É aqui que pode começar o trabalho inicial de identificação e classificação dos pensamentos negativos autodestrutivos. Afirmações, como "Neste momento eu penso que se eu comi um biscoito, posso bem comer o resto", podem ser apontadas, classificadas (pensamento ou supergeneralização dicotômicos) e examinadas pela eficácia, por exemplo, "É verdade que não existe diferença entre comer um biscoito e comer o pacote todo?"

O Registro Diário de Ingestão de Alimentos (DFIR), adaptado de Kramer e Stalker (1989), é apresentado na primeira sessão, e os pacientes são instruídos em sua conclusão (ver Quadro 4.1). (Uma pasta é fornecida para reunir as várias folhas de informação e registro.) Esteja atento ao identificar sentimentos e pensamentos associados a cada refeição ou lanche. Por exemplo, após comer mais do que o planejado, o indivíduo pode registrar o seguinte pensamento: "Eu nunca serei capaz de perder peso." E o paciente pode registrar sentimento de depressão e desâmino. Na evolução do tratamento será demonstrado como os pensamentos influenciam os sentimentos e o comportamento, e a maneira de refutar e mudar esses pensamentos será desenvolvida. Neste momento, entretanto, enfoca-se a manutenção do registro preciso e adequado como um dos elementos-chave fundamentais do processo de tratamento. Para promover a manutenção do registro em conformidade e confiável, o terapeuta assegura ao grupo de que ninguém, mas os próprios membros individuais verão seu DFIR e que eles são convidados a compartilhar muitas ou poucas informações desse registro conforme eles escolham. Manter o DFIR é a primeira indicação do processo de tratamento e será mantida por meio da evolução do tratamento.

**Quadro 4.1.** Registro diário de ingestão de alimentos

| Dia/Hora | Alimento | Local | Sentimentos | Pensamentos |
|---|---|---|---|---|
| | | | | |
| | | | | |
| | | | | |
| | | | | |
| | | | | |
| | | | | |
| | | | | |
| | | | | |
| | | | | |
| | | | | |
| | | | | |
| | | | | |
| | | | | |

Finalmente, o grupo é apresentado ao plano que será seguido em cada sessão: o plano do tratamento básico da TCC, conforme mencionado anteriormente. A sessão termina após um resumo de conclusão da sessão, feito pelo terapeuta, e questões e comentários finais do grupo.

## SESSÕES INICIAIS

Com o DFIR como base de dados, ajudam-se os indivíduos a identificar as cognições disfuncionais e os comportamentos e situações alimentares problemáticos. O DFIR, com os itens da agenda estabelecida, serve como pontos de partida para o processo de tratamento. Aqui o terapeuta deve selecionar as áreas mais importantes e relevantes a focalizar naquele momento. Tais decisões são tomadas com base na consciência do terapeuta do que é essencial focalizar no início do tratamento e as prioridades da agenda do grupo. Por exemplo, é necessário introduzir a importância dos exercícios e de uma dieta de baixo teor calórico logo no início do tratamento. Entretanto, para o tratamento ser verdadeiramente colaborativo, eles não podem ser discutidos para excluir o que os pacientes acham importante. Para a maioria, pode-se chegar a esses aspectos cruciais da perda de peso por meio da descoberta dirigida, baseada no DFIR. Por exemplo:

*Terapeuta:* Bem, o que fica para você, se ficar alguma coisa, quando você revisa seu DFIR?

*Paciente:* Que 90% do meu problema é fazer um lanche tarde da noite.

*Terapeuta:* Você se importa em compartilhar com o grupo os tipos de lanche que você se pega comendo à noite?

*Paciente:* Biscoitos doces, sorvete, batata frita, enfim, essas guloseimas.

*Terapeuta:* Só esse tipo de coisas que você comeu? Em outras palavras, já houve alguma vez em que você comeu alguma coisa que considerasse menos calórica?

*Paciente:* Bem, uma noite comi alguns salgadinhos, que não são muito calóricos.

*Terapeuta:* Comer salgadinhos no seu lanche noturno seria um problema tão grande quanto comer outros tipos de coisas?

*Paciente:* Bom, não, mas ainda assim vejo como um problema.

*Terapeuta:* Existe algum tipo de lanche que você não consideraria um problema?

*Paciente:* Bom, sim, se eu conseguisse comer uma quantidade razoável de lanches de baixo teor calórico.

*Terapeuta:* Como o quê?

*Paciente:* Bem, salgadinhos, como eu disse. Talvez cereais, iogurte.

*Terapeuta:* Alguma outra coisa?

*Paciente:* Não que eu me lembre agora.

*Terapeuta:* Você acha que ajudaria se você tivesse, digamos, 10 a 20 opções, em vez de apenas três?

*Paciente:* Acho que sim.

*Terapeuta:* Está bem. *(Para o grupo)* Que tal fazermos uma lista de opções para lanche de baixo teor calórico, para ajudar a todos no grupo que enfrentam a necessidade de fazer um lanche tarde da noite?

A essa altura, o grupo ofereceria sugestões para a lista, a qual seria verificada por um consultor de dietas (se necessário), digitada e anexada ao fichário de cada pessoa.

Observe que nesse estágio da terapia, o terapeuta preferiu voltar-se para o desenvolvimento de uma lista de lanches de baixo teor calórico, em vez de, digamos, explorar possíveis alternativas ao lanche. Essa direção é tanto apropriada para a situação como preferível no início do tratamento, de modo a começar a gerar algumas opções de alimentos com baixo teor calórico para o grupo. Esse é um exemplo de como o terapeuta, utilizando a descoberta dirigida, pode sutilmente voltar o tratamento para a direção necessária, sem diminuir a qualidade da colaboração ao processo.

As listas a serem desenvolvidas no início do tratamento incluem o seguinte:

- Lanches saudáveis.
- Alimentos saudáveis.
- Exercícios programados (caminhadas, corridas, musculação, etc.).
- Exercícios de estilo de vida (cuidar do jardim, caminhar com o cachorro, arrumar a casa, etc.).
- Atividades alternativas ao comer.
- Mudanças úteis no comportamento alimentar.
- Maneiras de reduzir as oportunidades de alimentação.

As listas são digitadas e anexadas ao fichário de cada pessoa.

Com o DFIR, os pacientes manterão um segundo registro, o Registro Diário de Atividade Física (Quadro 4.2). Esse instrumento deve ser introduzido até a terceira sessão. Novamente, a ênfase está nos pensamentos e

Quadro 4.2. Registro diário de atividade física

| Dia/Hora | Exercício programado | Exercício de estilo de vida | Sentimentos | Pensamentos |
|---|---|---|---|---|
| | | | | |
| | | | | |
| | | | | |
| | | | | |
| | | | | |
| | | | | |
| | | | | |
| | | | | |
| | | | | |
| | | | | |
| | | | | |
| | | | | |
| | | | | |

sentimentos automáticos associados a cada atividade. Deve-se dar especial atenção à modificação dos pensamentos automáticos. Por exemplo:

*Paciente:* Saí para caminhar duas vezes na semana passada.
*Terapeuta:* Por quanto tempo você caminhou?
*Paciente:* Mais ou menos meia hora cada vez.
*Terapeuta:* Você examinou seus pensamentos e sentimentos sobre o exercício?
*Paciente:* Sim. E nas duas vezes, meus pensamentos foram realmente positivos. Escrevi: "isso é mais fácil do que pensava. Estou realmente conseguindo alguma coisa. Posso fazer isso quatro ou cinco vezes por semana". Fiquei realmente feliz comigo mesmo.
*Terapeuta:* Algum outro pensamento sobre o exercício?
*Paciente:* Sim. Agora estou pensando que fracassei novamente, porque não caminhei quatro ou cinco vezes. Só caminhei aquelas duas vezes.

*Terapeuta:* É verdade que você fracassou porque caminhou somente duas vezes?

*Paciente:* É o que parece.

*Terapeuta:* Você consegue ver alguma coisa positiva em ter caminhado duas vezes na semana passada?

*Paciente:* Bem, sim. Sempre tentei caminhar, e finalmente consegui.

*Terapeuta:* Mais alguma coisa?

*Paciente:* Bem, sim. Descobri que o melhor horário para eu caminhar era depois do trabalho. Até agora sempre pensei que deveria acordar mais cedo e caminhar antes do trabalho, mas nunca consegui.

*Terapeuta:* E pelos pensamentos e sentimentos que você anotou, parece que você gostou de caminhar e se sentiu bem consigo mesmo quando o fez.

*Paciente:* Sim, é verdade. Acho que, se colocar na balança, foi mais positivo do que negativo.

Contestar o pensamento dicotômico, como nesse caso, e outras intervenções cognitivas são utilizadas durante toda a terapia e se tornam, cada vez mais, o foco, à medida que a terapia avança. Nas primeiras sessões, a ênfase está em estabelecer o formato do tratamento, manter registros precisos, desenvolver listas informativas, focalizar comportamentos problemáticos e identificar comportamentos novos e desejáveis.

## SESSÕES INTERMEDIÁRIAS

As sessões intermediárias são amplamente dedicadas a precisar os comportamentos e cognições disfuncionais específicos e a utilizar todo o arsenal de técnicas de TCC para suscitar a mudança substancial. A compulsão, situações e alimentos problemáticos e partes difíceis do dia, semana, mês e ano são os alvos. O trabalho com os esquemas também começa nessa fase e continuam pelo resto do processo de tratamento. A maioria, se não todas, das informações necessárias foram dadas, os pacientes estão capacitados para realizar a manutenção de registros e têm conhecimento funcional das técnicas de TCC. Nesse momento, os problemas há muito instalados nas áreas de hábitos alimentares, estilo de vida, técnicas de enfrentamento mal-adaptativas, pensamentos automáticos e crenças subjacentes são identificados e modificados. O objetivo do tratamento é a mudança permanente, e é aí que esse processo realmente começa. A abordagem consiste em focalizar e mudar áreas problemáticas específicas e substituí-las por cognições e comportamentos novos, mais saudáveis e mais adaptativos. É por meio da integração estável de pequenas mudanças específicas e positivas na vida diária da pessoa que a perda de peso sustentada e duradoura e uma vida mais saudável é alcançada.

O DFIR e o Registro Diário de Atividade Física revelarão muitas das áreas problemáticas que precisam ser abordadas. Tais áreas incluem o seguinte:

- Alimentos problemáticos ou comer compulsivamente, como bolos, pães e sorvete.
- Horas problemáticas do dia.
- Pensamentos, sentimentos e situações que levem a desistir.
- Pensamentos, sentimentos e situações que levem ao impulso de comer.
- A falta de alternativas viáveis a comer.
- A falta de atividade física.

Certas técnicas cognitivas e comportamentais serão mais aplicáveis a tais problemas e a essa população em geral. Exemplos dessas técnicas estão apresentadas abaixo.

## Técnicas Cognitivas

### *Contestar os Absolutos*

*Paciente:* Nunca vou conseguir parar de comer compulsivamente. Quando penso nisso, é difícil lembrar de algum momento em que não estava comendo compulsivamente. Eu simplesmente não consigo resistir ao apelo.

*Terapeuta:* Seu DFIR mostra que você come compulsivamente todos os dias?

*Paciente:* Bem, não.

*Terapeuta:* Com que freqüência, mais ou mesmo, você come por impulso de acordo com seu DFIR?

*Paciente:* Mais ou menos duas vezes por semana.

*Terapeuta:* Você diria que você está comendo compulsivamente mais ou menos no mesmo ritmo de quando começou o tratamento?

*Paciente:* Não, não chega nem perto.

*Terapeuta:* Como você conseguiu reduzir?

*Paciente:* Bom, usando o que estivemos conversando aqui, como fazer somente lanches de baixo teor calórico em casa, fazer alguma outra coisa quando sinto vontade de comer compulsivamente, pensar sobre como vou me sentir se realmente comer e como vou me sentir se não o fizer. Você sabe, esse tipo de coisas.

*Terapeuta:* Não parece estar tudo perdido realmente, você não acha?

*Paciente:* Não, acho que não. Só que é assim que parece toda vez que estrago tudo.

## *Reatribuição*

*Paciente:* Bom, eu não acredito que estraguei tudo outra vez. Ontem à noite, sentei e comi metade de um bolo de chocolate. Eu simplesmente não tenho nenhuma força de vontade.

*Terapeuta:* Pensei que você estivesse conseguindo ficar longe de bolos e massas.

*Paciente:* É, até a noite passada.

*Terapeuta:* De onde veio o bolo?

*Paciente:* Minha esposa fez. Ela disse que eu estava indo tão bem que merecia uma recompensa.

*Terapeuta:* Você quer uma recompensa?

*Paciente:* De jeito nenhum. Sabia que ia dar problema. Mas ela estava tentando me agradar, e eu queria mostrar que estava gostando. Eu pretendia comer apenas um pedaço, que foi o que fiz a princípio. Mas claro, tudo que consegui pensar pelo resto da noite foi naquele bolo bem ali na minha frente até que finalmente tive de cair de boca nele. Credo, sou patético...

*Terapeuta:* Parece que você se responsabiliza totalmente por essa escorregada.

*Paciente:* Não é culpa de ninguém, a não ser minha mesmo.

*Terapeuta:* E a sua esposa? Ela tem alguma culpa? Nem mesmo um pouquinho?

*Paciente:* Bem, acho que um pouco. Eu tinha lhe pedido para não fazer mais bolos.

*Terapeuta:* Tem alguma outra maneira que sua esposa poderia recompensá-lo e que você gostaria?

*Paciente:* Sim, muitas maneiras.

## *Transformar a Adversidade em Vantagem*

*Paciente:* Estou totalmente desgostoso. Não acredito que, com todo o trabalho que tenho feito, eu na verdade engordei um quilo.

*Terapeuta:* Isso é muito desanimador. Você tem feito alguma coisa diferente nas últimas duas semanas?

*Paciente:* Quanto à comida, estou indo muito bem. A única coisa que não tenho feito do mesmo jeito é me exercitar. Tenho estado muito ocupado.

*Terapeuta:* Você achou que não se exercitar faria toda essa diferença?

*Paciente:* Não, na verdade não. Mas tenho certeza disso agora.

*Terapeuta:* Parece que você realmente aprendeu algo importante com isso.

*Paciente:* Com certeza. Eu não posso me dar ao luxo de não me exercitar.

## *Externalização de Vozes*

Aqui, terapeuta e paciente dramatizam o esforço externo do paciente. O terapeuta pode ter de fazer a voz positiva primeiro para dar o modelo para as respostas eficazes do paciente à voz negativa. À medida que os participantes se tornam mais adeptos a tais intervenções cognitivas, um deles pode fazer o papel do terapeuta.

*Terapeuta:* *[como a voz negativa]* Nossa, você estragou tudo de novo. Você nunca vai conseguir mudar e emagrecer.

*Paciente:* Posso ter escorregado dessa vez, mas isso não significa que não vou conseguir. Já tive muitos sucessos e terei mais. Ninguém é perfeito.

*Terapeuta:* Está bem, mas você sempre começa bem e antes mesmo de perceber, você está de volta aos velhos hábitos e ainda mais gordo.

*Paciente:* Isso aconteceu porque havia coisas que eu não sabia e que estou aprendendo agora. Vai levar tempo, e terei reveses, mas vou conseguir mudar meu estilo de vida para manter a perda de peso mesmo que eu nunca seja perfeito.

## *Descatastrofização*

*Paciente:* Eu nem posso pensar em ir à casa de minha sogra no dia de Ação de Graças e comer moderadamente como gostaria. Esta não sou eu.

*Terapeuta:* E o que aconteceria se você fosse?

*Paciente:* A família do meu marido ficaria me provocando o tempo todo, provavelmente dizendo coisas do tipo que vão ligar para o médico, porque eu devo estar doente.

*Terapeuta:* E quais sentimentos você teria se isso acontecesse?

*Paciente:* Chateada, sem graça.

*Terapeuta:* Seria o momento em que você se sentiu mais chateada e sem graça?

*Paciente:* Não, mas seria incômodo.

*Terapeuta:* Ainda seria possível curtir o dia de alguma forma?

*Paciente:* Bem, sim, acho que sim, quando a provocação parasse.

*Terapeuta:* Quando você acha que isso aconteceria?

*Paciente:* Provavelmente no final do jantar.

*Terapeuta:* E como você se sentiria depois do jantar quando tivesse comido de maneira sensata como você queria?

*Paciente:* Eu ficaria extasiada. Seria uma realização inacreditável.

## Técnicas Comportamentais

### *Atribuições de Tarefas Graduadas*

Essa é uma técnica comportamental inestimável no tratamento para emagrecimento. Os pacientes ficam freqüentemente perplexos com a enormidade percebida da tarefa de emagrecer e podem se desmotivar facilmente. Ao dividir o processo em pequenas tarefas tangíveis, o paciente experimenta tanto o sucesso como a percepção de que o objetivo avassalador de perder peso é na verdade composto de vários pequenos passos. Um indivíduo, por exemplo, pode achar praticamente impossível passar 20 minutos em um aparelho de exercícios, mas passar cinco minutos pode não parecer um problema. As seqüências de cinco minutos podem ser feitas várias vezes por dia, ou podem ser expandidas gradualmente até chegar aos 20 minutos.

### *Programação de Atividades*

Essa é outra técnica inestimável no tratamento da obesidade. Para aquele que come demais e compulsivamente, o tempo livre é normalmente preenchido com comida. A programação de atividades tem duas utilidades aqui:

planejar atividades sem comer (como escrever cartas, fazer telefonemas, caminhar e fazer a limpeza); e planejar as refeições. O planejamento de refeições está entre as modificações de estilo de vida mais úteis e necessárias para o indivíduo obeso. Ao planejar as refeições um dia antes, o indivíduo toma decisões sobre a alimentação de maneira racional, em vez de basear-se em impulsos, sentimentos e coisas assim, no auge do momento. O planejamento de refeições é melhor utilizado primeiramente para horários específicos, em vez de o dia todo (isto é, como uma atribuição de tarefa gradual). A hora de uma determinada refeição ou lanche é isolada e planejada. Uma vez dominada, a técnica pode ser expandida para as outras.

## *Treinamento Assertivo*

O treinamento assertivo pode ser importante para os pacientes, uma vez que é pertinente ao ambiente que envolve alimentos. Dizer, sem parecer malvado ou sórdido será uma habilidade crucial, especialmente para alguém demasiadamente preocupado em ofender os outros. O treinamento de assertividade também tem seu papel quando torna as necessidades ou sentimentos conhecidos pelos outros. Pode ser necessário, por exemplo, dizer aos membros da família de maneira assertiva para não deixar alimentos à vista, comprar determinados alimentos ou dizer coisas sobre o peso do paciente que magoem. Outras técnicas comportamentais úteis incluem o ensaio comportamental, exercícios de relaxamento e respiração, experimentos comportamentais, terapia do papel fixo e ensaio de papel. Juntas, as técnicas comportamentais e cognitivas apresentadas aqui serão as intervenções dominantes do tratamento nessa fase.

A identificação e modificação de esquemas também começam nas sessões intermediárias. As distorções cognitivas reveladas no DFIR são manifestações de crenças, ou esquemas, subjacentes defeituosos mantidos pela maioria das pessoas com excesso de peso. Tais crenças disfuncionais são acessadas por meio do questionamento socrático e da descoberta dirigida. Sob a distorção cognitiva de "não tem jeito, nunca vou emagrecer", por exemplo, pode estar a crença disfuncional de "sempre fui gordo(a), sempre vou ser gordo(a) e nada pode mudar isso". Tais esquemas disfuncionais e autodestrutivos devem ser reconhecidos, refutados e modificados para que os pacientes mantenham a esperança e o progresso, em vez de sucumbirem ao pesado poder da recaída e do desespero.

As crenças subjacentes negativas de pessoas com excesso de peso podem estar extremamente sedimentadas e resistentes. Elas não serão transformadas facilmente e o terapeuta pode prever o trabalho contínuo e freqüentemente repetitivo nessa área. A importância desse trabalho, entretanto, não pode ser superestimado. Os esquemas inválidos e autodestrutivos estão no cerne das distorções cognitivas que levam a tentativas de emagrecimento rápido a qualquer custo (pílulas, dietas de fome, etc.), a identificação do valor de uma pessoa pelo seu peso e a obsessão com o peso e emagrecimento que dominam a vida de tantas pessoas obesas.

Os novos esquemas mais adaptativos a serem desenvolvidos incluem a crença de que a mudança expressiva surgirá como resultado de inúmeras e pequenas mudanças no estilo de vida, desenvolvidas e sustentadas durante a vida, a crença de que com o tempo outras fontes de gratificação podem ser desenvolvidas para substituir o uso mal-adaptativo dos alimentos e de que a maior parte da obesidade é o resultado de um aprendizado falho e hábitos disfuncionais, em vez de resultado da preguiça, inutilidade, falta de caráter e assim por diante. Novos esquemas positivos, precisos, produtores de progresso como esses servirão ao paciente em uma vida de mais saúde mental e física.

Nas sessões intermediárias, o trabalho crucial de eliminar ou reduzir o ato de comer por impulso é iniciado. As respostas a três perguntas fundamentais quanto ao impulso de comer são fornecidas pelo DFIR:

1. *O que comeu?*
2. *Quando comeu?*
3. *Que pensamentos e sentimentos precederam o impulso?*

Tipicamente, os padrões do ato de comer por impulso virão à tona, e tais padrões poderão ser antecipados e modificados. Os alimentos comidos por impulso podem ser evitados, os horários nos quais se costuma comer por impulso ser preenchidos com outras atividades e novas respostas aos pensamentos e sentimentos geradores do impulso serem desenvolvidas. É quando a criação de novas formas alternativas de gratificação é fundamental. Aprender a responder de maneira diferente a sentimentos de solidão, tédio, ansiedade e vazio e a pensamentos de inutilidade e desesperança será essencial para superar esse problema desmoralizante. Assim como o trabalho com os esquemas, a eliminação ou a redução do impulso levam tempo. Estabelecer um repertório de formas saudáveis e adaptativas de gratificação para substituir a comida leva todo o tempo do tratamento e depois dele. Atividades alternativas (ler, caminhar, falar ao telefone, escrever cartas e assim por diante) serão alternativas viáveis a comer por impulso apenas após terem se tornado uma parte estabelecida e confiável da vida cotidiana.

## ÚLTIMAS SESSÕES

Nas últimas sessões, o tratamento concentra-se mais na modificação de esquemas. Um esquema crucial para identificar e modificar é "*Se eu parar de me censurar e me envergonhar por comer demais e ser gordo, eu simplesmente vou comer tudo que ver na minha frente e ficar uma baleia*". A crença subjacente aqui é que se envergonhar é bom – é necessário para manter os impulsos sob controle.

São geralmente suficientes duas perguntas para revelar a imprecisão desta crença:

1. Por quanto tempo você vem se envergonhando por comer demais e ser gordo? *A resposta será tipicamente algo como* "desde que me conheço por gente".
2. Tem funcionado? *A resposta, claro, é não. As pessoas não são obesas porque são preguiçosas, burras ou não têm amor próprio. Como temos observado, algumas pessoas são geneticamente predispostas à obesidade. Para outras, é uma questão de ter uma quantidade muito grande de ingestão de gordura e calorias para a quantidade de gasto calórico. A adaptação do corpo a uma dieta com muita gordura, o sedentarismo e as distorções cognitivas que levam os indivíduos a desistir quando enfrentam alguma decepção e fracasso são as razões para as pessoas terem excesso de peso.*

Comer também proporciona gratificação rápida e fácil. Haverá ocasiões em que comer será a única opção de prazer na vida de praticamente todo mundo. Os problemas surgem quando outras opções para o prazer não são desenvolvidas, e comer é muito freqüentemente visto como a única opção.

Um esquema mais adaptativo é "*sou gordo demais porque me acostumei a comer muitas vezes por outras razões que não a de me alimentar, e eu preciso desenvolver uma gama maior de opções interpessoais, de exercícios, atividades para atender minhas necessidades*". Com esse esquema substituindo o esquema disfuncional baseado na vergonha, o indivíduo pode vislumbrar lapsos como oportunidades para o aprendizado e a percepção de um problema de excesso de peso, em vez de uma ocasião para a autodepreciação. Esse esquema mais adaptativo promove o trabalho e a mudança construtivos, em vez de a abominação pessoal destrutiva e o pensamento dicotômico.

As áreas problemáticas que provaram ser intratáveis são focalizadas nessa fase. Podem ser questões individuais ou do grupo e envolvem qualquer aspecto de mudança e perda de peso.

A aplicação de estratégias de mudança, como o planejamento de refeições, é expandida nessa fase, abrangendo dias inteiros e semanas inteiras, em vez de apenas uma refeição ou horário. É uma extensão das habilidades de tarefas graduadas já desenvolvidas. Os fracassos nessa área indicariam que o paciente ainda não está pronto para estender tais habilidades para áreas novas, mas pode muito bem ser capaz no futuro.

Finalmente, em direção ao fim da terapia, a atenção deve ser voltada para as recaídas e a prevenção da recaída. A conversa interna em relação à recaída deve ser monitorada para certificar-se que não está relacionada à vergonha e que a recaída não é catastrofizada. As recaídas são esperadas. As situações que poderiam ser produtoras de estresse e ativadoras da recaída (como os feriados) devem ser antecipadas e discutidas, assim como as flutuações esperadas na dieta e exercícios que devem acontecer. As habilidades de enfrentamento desenvolvidas em terapia servirão ao propósito de prevenção de recaída e devem ser reforçadas. Incluiriam a programação de atividades, treinamento de assertividade, ensaio comportamental, pensar sobre isso e outras coisas. Novamente, as escorregadas ou recaídas devem ser vistas como uma parte normal do processo de mudança.

## SESSÃO FINAL

Na sessão final, o progresso geral feito pelo grupo e pelos indivíduos é revisado e a eficácia do tratamento, discutida. A terapia satisfez as expectativas? Os objetivos individuais foram atingidos? Os participantes se sentem preparados para enfrentar o futuro? Certos indivíduos podem sentir a necessidade de alguma forma de continuação ou acompanhamento. Há algum interesse em sessões individuais posteriormente? Ou o grupo gostaria de marcar sessões de acompanhamento em grupo, digamos, a cada três meses? O terapeuta também deve estar disponível para futuras verificações quando necessário. Deve-se realizar estudos de acompanhamento utilizando questionários para avaliar os efeitos do tratamento em longo prazo.

Este é o momento para reforçar tanto os ganhos individuais quanto os do grupo. Também vale a pena reiterar que o processo de tratamento de 20 semanas representa o começo, e não o fim, do processo de mudança. Com mais prática, os ganhos do tratamento se tornarão mais generalizados e solidificados, e as habilidades e conhecimento adquiridos servirão para toda a vida.

Finalmente, deve-se abordar todas as dúvidas, problemas ou perguntas e discutir as preocupações com o futuro.

## RESUMO

O problema da obesidade tornou-se muito comum nos últimos anos. Isso causa ou contribui para as condições graves e até ameaçadoras da vida, psicopatologias e sofrimento emocional intenso. As causas da obesidade são complexas e, para a maioria, a luta contra a obesidade dura a vida toda. A TCC provou ser eficaz tanto em curto como em longo prazo no tratamento da obesidade. Quando combinada com o poder terapêutico e o apoio inestimável do grupo, a TCC pode efetuar mudanças positivas e duradouras no indivíduo obeso. A TCC pode ser planejada para suscitar a mudança comportamental e cognitiva no curto e longo prazo e adaptada às necessidades do indivíduo para fornecer o tipo de apoio que provou ser benéfico, se não essencial para o sucesso final.

## REFERÊNCIAS BIBLIOGRÁFICAS

Agras, W. S., Fergususon, J. M., Greaves, C., Qualls, B., Rand, C. S. W., Ruby, J., Stunkard, A. J., Taylor, C. B., Werne, J., & Wright, C. (1976). A clinical and research questionnaire for obese patients. In B. J. Williams, S. Martin, & J. P. Foreyt (Eds.), Obesity: Behavioral approaches to dietary management (pp. 168-176). New York: Brunner/Mazel.

Agras, W. S., Telch, C. F., Arnow, B., Eldredge, K., Wilfley, D. E., Raeburn, S. D., Henderson, J., & Marnell, M. (1994). Weight loss, cognitive-behavioral, and desippramine treatments in binge eating disorder, an additive design. Behavior Therapy, 25, 225-238.

American Psychiatric Association. (1994). Diagnostic and statistical manual of mental disorders (4th ed.). Washington, DC: Author.

Beck, A. T., Ward, C. M., Mendelson, M., Mock, J., & Erbaugh, J. (1961). An inventory for measuring depression. Archives of General Psychiatry, 4, 561-571.

Blackburn, G. F., & Kanders, B. S. (1987). Medical evaluation of treatment of the obese patient with cardiovascular disease. American Journal of Cardiology, 60, 55-58.

Bouchard, C., Tremblay, A., Despres, J., Nadeau, A., Lupien, P., Theriault, G., Dussault, J., Moorjani, S., Pinault, S., & Fournier, G. (1990). The response to long-term overfeeding in identical twins. New England Journal of Medicine, 322, 1477-1482.

Bray, G. A. (1986). Effects of obesity on health and happiness. In K. D. Brownell & J. P. Foreyt (Eds.), Handbook of eating disorders: Physiology, psychology, and treatment of obesity, anorexia, and bulimia (pp. 3-44). New York: Basic Books.

Brownell, K. D., & Wadden, T. A. (1991). The heterogeneity of obesity: Fitting treatment to individuals. Behavior Therapy, 22, 153-177.

Brownell, K. D., & Wadden, T. A. (1992). Etiology and treatment of obesity: Understanding a serious, prevalent, and refractory disorder. Journal of Consulting and Clinical Psychology, 60(4), 505-517.

Cohen, S., & Syme, S. F. (1985). Social support and health. New York: Academic Press.

Dubbert, P. M., & Wilson, G. T. (1984). Goal setting and spouse involvement in the treatment of obesity. Behaviour Therapy and Research, 22, 227-242.

Garner, D. M., & Wooley, S. C. (1991). Confronting the failure of behavioral and dietary treatment for obesity. Clinical Psychology Review, 11, 729-780.

Garrow, J. S. (1974). Energy balance and obesity in man. New York: Elsevier Science.

Kayman, S., Bruvold, W., & Stern, J. S. (1990). Maintenance and relapse after weight loss in women: Behavioral aspects. American Journal of Clinical Nutrition, 52, 800-807.

Kendall, A., Levitsky, D. A., Strupp, B. J., & Lissner, L. (1991). Weight loss on a low-fat diet: Consequence of the imprecision of the control of food intake in humans. American Journal of Clinical Nutrition, 53, 1124- 1129.

Kirschenbaum, D. S. (1987). Self-regulatory failure: A review with clinical implications. Clinical Psychology Review, 7, 77-104.

Klesges, R. C., Hanson, C. F., Eck, L. H., & Duff, A. C. (1988). Accuracy of self-reports of food intake in obese and normal-weight individuals: Ejects of parental obesity on reports of children's dietary intake. American Journal of Clinical Nutrition, 48, 1252-1256.

Kramer, F. M., & Stalker, L. A. (1989). Treatment of obesity. In A. Freeman, K. Simon, L. E. Beutler, & H. Arkowitz (Eds.), Comprehensive handbook of cognitive therapy (pp. 385-401). New York: Plenum Press.

Kuczmarski, R. J. (1992). Prevalence of overweight and weight gain in the U.S. American Journal of Clinical Nutrition, 55(Suppl.), 495S-502S.

Leibel, R. L., & Hirsch, J. (1984). Diminished energy requirements in reduced obese patients. Metabolism, 33, 164- 170.

Marcus, M. D., Wing, R. R., & Hopkins, J. (1988). Obese binge eaters: Affect, cognitions, and response to behavioral weight control. Journal of Consulting and Clinical Psychology, 56, 433-439.

Marcus, M. D., Wing, R. R., & Lamparski, D. M. (1985). Binge eating and dietary restraint in obese patients. Addictive Behaviors, 10, 163-168.

Marston, R., & Raper, N. (1987, Winter/Spring). Nutrient content of the U.S. food supply. National Food Review, 36, 1392-1398.

Mertz, W., Tsui, J. C., Judd, J. T., Reiser, S., Hallfrisch, J., Morris, E. R., Steele, P. D., & Lashley, E. (1991). What are people really eating? American Journal of Clinical Nutrition, 54, 291-295.

National Academy of Sciences, National Research Council. (1989). Diet and health: Implications for reducing chronic disease risk. Washington, DC: National Academy Press.
Pavlou, K. N., Krey, S., & Steiee, W. P. (1989). Exercise as an adjunct to weight loss and maintenance in moderately obese subjects. American Journal of Clinical Nutrition, 49, 1115-1123.
Pi-Snyder, F. X. (1991). Health implications of obesity. American Journal of Clinical Nutrition, 53(Suppl.), 1595S-1603S.
Prewitt, T. E., Schmeisser, D., Bowen, P. E., Aye, P., Dolecek, T. A., Langenberg, P., Cole, T., & Brace, L. (1991). Changes in body weight, body composition, and energy intake in women fed high- and low-fat diets. American Journal of Clinical Nutrition, 54, 304-310.
Price, R. A. (1987). Genetics of human obesity. Arrivals of Behavioral Medicine, 9, 9-14.
Prochaska, J. O., DiClemente, C. C., & Norcross, J. C. (1992). In search of how people change. American Psychologist, 47, 1102- 1114.
Racette, S. B., Schoeller, D. A., Kushner, R., & Neil, K. M. (1995). Exercise enhances dietary compliance during moderate energy restriction in obese women. American Journal of Clinical Nutrition, 62, 345-349.
Schacter, S., & Rodin, J. (1974). Obese humans and rats. Washington, DC: Erlbaum/Wiley.
Schoeller, D. A. (1988). Measurement of energy expenditure in free-living humans by using doubly labeled water. Journal of Nutrition, 118, 1278-1289.
Smith, D. E., Marcus, M. D., & Kaye, W. (1992). Cognitive-behavioral treatment of obese binge eaters. International Journal of Eating Disorders, 12, 257-262.
Spitzer, R. L., Devlin, M., Walsh, B. T., Hasin, D., Wing, R., Marcus, M., Stunkard, A. J., Wadden, T., Yanovski, S., Agras, W. S., Mitchell, J., & Nonas, C. (1991). Binge eating disorder: To be or not to be in DSM-IV. International Journal of Eating Disorders, 10, 627-630.
Stunkard, A. J., Sorenson, T. I. A., Hanis, C., Teasdale, T. W., Chakraborty, R., Schull, W. J., & Schulsinger, F. (1986). An adoption study of human obesity. New England Journal of Medicines 314, 193-198.
Telch, C. F., Agras, W. S., & Rossiter, E. M. (1988). Binge eating increases with increasing adiposity. International Journal of Eating Disorders, 7, 115-119.
Telch, C. F., Agras, W. S., Rossiter, E. M., Wilfley, D., & Kenardy, J. (1990). Group cognitive behavioral treatment for the nonpurging bulimic: An initial evaluation. Journal of Consulting and Clinical Psychology, 58, 629-635.
U.S. Department of Health and Human Services. (1988). The Surgeon General's report on nutrition and health (DHHS Publication No. 88-50210). Washington, DC: U.S. Government Printing Office.
Wadden, T. A., & Stunkard, A. J. (1985). Social and psychological consequences of obesity. Annals of Internal Medicine, 103, 1062-1067.
Wilson, G. T., & Fairburn, G. C. (1993). Cognitive treatments for eating disorders. Journal of Consulting and Clinical Psychology, 61, 261-269.
Wing, R. R., Marcus, M. D., Epstein, L. H., & Jawad, A. (1991). A "family-based" approach to the treatment of obese Type II diabetic patients. Journal of Consulting and Clinical Psychology, 59, 156-162.
Wooley, S. C., Wooley, O. W., & Dyrenforth, S. R. (1979). Theoretical, practical and social issues in behavioral treatment of obesity. Journal of Applied Behavior Analysis, 12, 3-25.

# 5

# Transtornos Alimentares

WAYNE A. BOWERS

O tratamento para os transtornos alimentares tem utilizado, tipicamente, três modalidades de tratamento – terapia familiar, individual e em grupo, seja exclusivamente ou em combinação. Antes, o tratamento dos transtornos alimentares confiava na terapia individual que se concentrava no tratamento em longo prazo de uma perspectiva psicodinâmica. Na década de 1970, o tratamento para os transtornos alimentares concentrava-se principalmente na anorexia nervosa. Nessa época, a bulimia era vista como uma variante da anorexia nervosa em vez de um transtorno diferente. Na década de 1980, a ênfase no tratamento começou a mudar. A bulimia nervosa tornou-se um diagnóstico distinto que deu origem a um maior interesse na pesquisa e tratamento dos dois transtornos. Na mesma década, a ênfase maior estava no tratamento da bulimia em detrimento da anorexia nervosa. Ao mesmo tempo, deu-se maior ênfase ao uso de intervenções em grupo, com pesquisas mais específicas e organizadas que se seguiram (Hall, 1985; Johnson, Connor e Stucky, 1983; Kirkley,

Schneider, Agras e Bachman, 1985; Mitchell e cols., 1985; Polivy e Federoff, 1997; Roy-Byrne, Lee-Benner e Yager, 1984; Schneider e Agras, 1985; Stevens e Salisbury, 1984; White e Boskind-White, 1981). Nos anos seguintes, o maior foco das pesquisas foi o tratamento da bulimia nervosa, deixando a anorexia nervosa nas sombras (Bowers e Andersen, 1994).

Com a psicoterapia em grupo ganhando terreno como intervenção primordial no tratamento dos transtornos alimentares, os pesquisadores descobriram que o grupo oferece a oportunidade de incorporar uma variedade de técnicas terapêuticas dentro de um único formato. Fairburn (1981), por exemplo, usou métodos de aprendizado experimentais e sociais, assim como uma orientação sociocultural para ajudar a aliviar os sintomas da bulimia e efetuar mudanças na auto-aceitação, presença social, autocontrole e imagem corporal. Além de visar a redução de sintomas, Fairburn examinou mudanças mais adaptativas nas atitudes em relação à alimentação, à forma física e ao peso.

A capacidade de o grupo terapêutico fornecer um fórum para discussão, troca e apoio tem sido utilizada por profissionais de diferentes orientações teóricas, incluindo a psicodinâmica (Bruch, 1982; Goodsitt, 1997; Harper-Guiffre, MacKenzie e Sivitilli, 1992; Polivy e Federoff, 1997), comportamental (Laessle e Pirke, 1987; Rosen e Leitenberg, 1982, 1985) e cognitivo-comportamental (Garfinkel e Garner, 1982; Garner, 1985; Garner e Bemis, 1982; Garner, Vitousek e Pike, 1997; Wilson, Fairburn e Agras, 1997). Esses grupos foram conduzidos em ambientes intensivos de pacientes externos, incluindo ambientes de horas extensivas e de maratona em grupo (Johnson e cols., 1983; Lee e Rush, 1986; Schneider e Agras, 1985; Wilson e Fairburn, 1993; Wooley e Kearney-Cooke, 1986), ambientes de tratamento como os de 'hospital-dia' (Piran, Langdon, Kaplan e Garfinkel, 1987), e ambientes de pacientes hospitalizados (Bowers, Evans e Andersen, 1997).

Recomendou-se o uso da terapia cognitiva-comportamental (TCC) como parte do tratamento geral dos transtornos alimentares, nos manuais de prática da Associação Psiquiátrica Americana (2000). Como na maioria dos recentes textos sobre o tratamento de transtornos alimentares, esses manuais são primordialmente dirigidos à bulimia nervosa. A terapia em grupo também foi recomendada para a bulimia nervosa (Kirkley e cols., 1985; Lee e Rush, 1986; Merrial, Mines e Starkey, 1987), uma vez que se mostrou valiosa na redução do comportamento de comer compulsivamente e purgar, assim como em modificar as crenças disfuncionais sobre peso, forma, tamanho e padrões de alimentação. O trabalho de Fairburn (Fairburn, 1985; Wilson e cols., 1997) preparou o terreno para as intervenções manuais, demonstrando resultados consistentes no tratamento da bulimia.

O acompanhamento em longo prazo com a TCC em grupo indica boa manutenção da mudança em um acompanhamento de 6 a 12 meses (Fairburn, Jones, Peveler, Hope e O'Conner, 1993). Além disso, no tratamento da bulimia nervosa, os resultados mostram que a taxa de abstinência 5,8 anos após o tratamento mantém-se em 48% (Fairburn e cols., 1995; Wilson e cols., 1997). O foco neste capítulo é o uso de um formato de terapia cognitiva para tratar transtornos alimentares. Essa abordagem não faz distinção entre os grupos de diagnóstico e é adequada para todos os transtornos alimentares.

## MODELO COGNITIVO DOS TRANSTORNOS ALIMENTARES

Os terapeutas cognitivos que trabalham com transtornos alimentares, geralmente, vêem o transtorno como "determinado por vários fatores" (Garfinkel e Garner, 1982, 1985; Garner e Garfinkel, 1980). Desse ponto de vista, os sintomas dos transtornos alimentares se baseiam na interação de fatores socioculturais, individuais e familiares (Garner, 1997). A interação desses fatores leva ao desenvolvimento do transtorno alimentar, ainda que a natureza específica dessa interação não seja totalmente compreendida. O que é certo, contudo, é que os efeitos da fome, alimentação caótica e cognições distorcidas têm um papel proeminente na manutenção de um transtorno alimentar, ao mesmo tempo em que traz conseqüências psicológicas emocionais e físicas profundas.

O modelo cognitivo-comportamental conceitua os transtornos alimentares em uma estrutura de desenvolvimento, com a primazia na cognição, mediando a emoção angustiante e resultando em comportamento anormal (Garfinkel e Garner, 1982; Garner, 1985, Garner e Bemis, 1982; Garner e cols., 1997; Wilson e cols., 1997). O modelo também vê a biologia como parte importante do transtorno, semelhante a outros transtornos, como a depressão.

Um modelo cognitivo conceitua os transtornos alimentares envolvendo certas características de personalidade de indivíduos vulneráveis, como a introversão, sensibilidade e tendência ao isolamento interpessoal. Essa vulnerabilidade combina-se com certas experiências de vida para produzir idéias disfuncionais específicas (conhecidas como esquemas) em relação a si mesmo, ao mundo e ao futuro. A anorexia nervosa, por exemplo, imagina-se que se desenvolva a partir dessas características vulneráveis em combinação com esquemas de que a perda de peso, como que por encanto, aliviará a angústia e a inquietação da adolescência (Bowers e Andersen, 1994; Garfinkel e Garner, 1982; Garner e Bemis, 1982, 1985). Brunch (1982) observou que fatores cognitivos negativos influenciavam o desenvolvimento e a manutenção da anorexia nervosa.

A maioria dos pesquisadores aceitaria isso em algum momento, fatores causais convergem ao ponto em que essa crença central sensível do indivíduo é a de que *"é absolutamente essencial que eu seja magro"*. Essa idéia fixa pode resultar em um conjunto de crenças centrais, atitudes e pressupostos sobre o significado do peso, forma física, competência pessoal, assim como outros aspectos da vida do indivíduo. Essas variáveis estão postuladas tanto à causa como à manutenção do transtorno alimentar.

Com o tempo, fazer regime, perder peso e ficar magro tornam-se fatores que esses indivíduos manipulam, na tentativa de exercer controle sobre os ambientes interno e externo (Garner e Bemis 1982, 1985). Além disso, ser magro é muitas vezes reforçado por elogios positivos dos outros e uma agradável sensação de sucesso dentro do indivíduo. A princípio, o indivíduo diminui a ingestão de alimentos e é reforçado pela perda de peso. A perda constante de peso, entretanto, pode levar à crítica social, a qual reforça a propensão de a pessoa se isolar do convívio social com a família e os amigos. Esse isolamento, por sua vez, priva o indivíduo do *feedback* que contrariaria as cognições já distorcidas e comportamentos mal-adaptativos relacionados ao transtorno alimentar.

A expressão afetiva reduzida ou a completa negação de sentimentos muitas vezes acompanha e mantém a anorexia nervosa. Os indivíduos podem não conseguir identificar o que estão sentindo em uma determinada situação e serem altamente resistentes em admitir que estão tendo reações emocionais em qualquer situação dada. Mesmo com a consciência do estímulo afetivo, podem ser incapazes de diferenciar emoções, como ansiedade e raiva, ou identificar suas fontes (por exemplo, uma interação interpessoal recente).

A TCC dos transtornos alimentares, portanto, tem grande valor no trabalho com os estados afetivos do paciente. A maior consciência das emoções é geralmente alcançada por meio de terapia, ao ajudar o paciente a observar as inconsistências, incongruências e reações emocionais inadequadas nos eventos diários dele. É essencial confirmar e reforçar as emoções que são uma parte genuína da experiência do passado e do presente do paciente. Pode-se utilizar várias estratégias específicas para atingir esse objetivo. Pode-se utilizar analogias, situações hipotéticas e o questionamento socrático para ajudar o paciente a perceber que as reações em situações específicas são distorcidas. O paciente pode reconhecer que, em um sentido hipotético, a emoção é aceitável, mas somente para as outras pessoas, e não para eles mesmos. O paciente é incentivado a expressar todas as emoções, especialmente as emoções "inaceitáveis". Com o terapeuta servindo de modelo para a expressão da emoção, o paciente pode aprender que expressar abertamente as emoções não leva à rejeição (Garfinkel e Garner, 1982) ou ao comportamento descontrolado.

A terapia cognitiva pode abordar a falta de confiança e o medo de sentimentos ou de expressar emoções (Garfinkel e Garner, 1982). A TCC individual pode facilitar a identificação das experiências internas pelo paciente e ajudar a superar as crenças distorcidas que inibem sua expressão de maneira adequada. Para conseguir isso, o terapeuta deve confirmar as expressões genuínas de sentimentos internos, ao mesmo tempo em que rotula as percepções errôneas e os erros no pensamento do paciente. A negação ou ausência de afeto, aparentemente adequado, deve ser explorada mais detalhadamente. É fundamental progredir lentamente e deixar que os pacientes aprendam a identificar suas emoções. Outro componente fundamental da TCC é ajudar o paciente a identificar seus estados afetivos, assim como promover uma sensação de aceitação de tais sentimentos como reais.

Em resumo, a TCC de transtornos alimentares confia nas técnicas para mudar esquemas e crenças centrais (Beck, 1995; Freeman, 1993). Também valoriza a identificação, compreensão e denominação adequada das emoções. Esse trabalho terá cada vez mais sucesso à medida que o peso é gradualmente recuperado para 85% a 90% da meta de peso saudável.

A terapia cognitiva também se concentra em ajudar o paciente a reconhecer e mudar os padrões rígidos utilizados para determinar o valor pessoal. A TCC reforça a descoberta gradual dos interesses pessoais e discretamente contesta o desempenho baseado nas expectativas dos outros. Uma mensagem que precisa ser passada é que a auto-avaliação positiva pode desenvolver-se do sucesso em pequenas atividades pessoais, e não simplesmente vindo de desempenhos excepcionais ou perfeitos. A competência por meio de padrões razoáveis (enfatizando a adequação, e não a perfeição), assim como aprender e aceitar o "meio-termo" é muito importante. O paciente pode aprender que a excelência uniforme não é o requisito para a auto-aceitação. Apesar das falhas pessoais provenientes de padrões irrealistas, a auto-aceitação é uma meta fundamental para o terapeuta que trabalha com um paciente com um transtorno alimentar.

O desamparo e a incompetência podem ser reduzidos ao incentivar os esforços para dominar áreas que têm sido evitadas por medo do fracasso (Garfinkel e Garner, 1982).

Por terem se mostrado eficazes no tratamento da bulimia nervosa (Wilson e Fairburn, 1993); Wilson e cols., 1997), muitas das estratégias da TCC podem ser aplicadas ao tratamento da anorexia nervosa. As metas comuns a ambos os transtornos incluem a diminuição dos padrões de alimentação, comandados pela doença, e a substituição por comportamento saudável. Como a anorexia nervosa e a bulimia nervosa apresentam sintomas em comum (ênfase excessiva sobre a forma física e o peso e hábitos alimentares rígidos), a TCC parece bastante adequada ao tratamento dos dois tipos de transtorno alimentar (Bowers, 1993; Eckert e Mitchell, 1989; Fairburn e Cooper, 1989; Wilson e Fairburn, 1993).

Um modelo cognitivo reconhece existir diferenças clínicas entre as duas categorias de diagnóstico (anorexia nervosa e bulimia nervosa) e procura abordar o tratamento com isso em mente. Com base na experiência clínica, as diferenças entre os dois transtornos giram, principalmente, em torno das questões de controle. Por um lado, os indivíduos com anorexia desenvolvem sintomas (perda extrema de peso, dietas limitadas, exercício compulsivo, etc.) como um modo de exercer controle sobre a vida que, de outra forma, seria caótica. Eles também parecem estar preocupados com os relacionamentos familiares intensos. Por outro lado, os indivíduos com bulimia estão muito preocupados em serem aceitos socialmente e com seus relacionamentos com as pessoas importantes para eles e com as pessoas em geral. As pessoas com bulimia freqüentemente têm uma percepção errônea de que a comida e o ato de comer os controlam e muitas vezes sentem-se impotentes para efetuar a mudança. Um episódio de comer demais e compulsivamente e depois purgar é precedido ou acompanhado por uma profunda sensação de perda de controle, culpa e repugnância por si mesmo. Os comportamentos bulímicos são utilizados para intensificar a sensação de controle. No entanto, os pensamentos de desaprovação pessoal acabam por deixá-los vulneráveis à perda de controle.

É muito importante que, antes de iniciar um grupo com essa população, o terapeuta tenha um bom conhecimento de todos os aspectos das funções alimentares, o que inclui aspectos médicos, nutricionais e psicológicos da fome e resultados potenciais de tal comportamento, como o uso de laxantes, diuréticos e restrição de calorias. O terapeuta deve também entender o tratamento básico de transtornos, como depressão, ansiedade e transtorno obsessivo-compulsivo. Ainda mais importantes são a consulta e a supervisão por um especialista no tratamento desses transtornos. Sem essa assistência, mesmo o grupo ou o terapeuta cognitivo mais habilitado pode ficar frustrado e desanimado ao conduzir a terapia cognitiva em grupo.

## TERAPIA COGNITIVA EM GRUPO PARA TRANSTORNOS ALIMENTARES

A terapia cognitiva em grupo combina a teoria e as intervenções de Beck (1995) em uma estrutura orientada para o processo (Bowers e Andersen, 1994). A terapia em grupo no tratamento de transtornos alimentares é cada vez mais reconhecida como uma ferramenta importante, eficaz, econômica e psicoterapêutica (Bowers e Andersen, 1994; Hall, 1985). Como uma abordagem básica, uma mistura de orientação para o processo (Yalom, 1995) e princípios cognitivo-comportamentais (Bowers e Andersen, 1994; Lee e Rush, 1986), parece ser clinicamente eficaz. A combinação desses dois modelos dá ao grupo mais espaço para lidar com os assuntos pessoais e interpessoais. Os fatores curativos do grupo (Yalom, 1995) e os princípios da terapia cognitiva criam um foco nos fatores cognitivos e evolutivos envolvidos nos transtornos alimentares. Tais fatores são os eventos socioculturais, individuais e familiares que influenciaram o mundo da pessoa com um transtorno alimentar e criaram os esquemas e as crenças centrais que sustentam o transtorno alimentar. A terapia em grupo também influencia as percepções dos pacientes, permitindo-lhes ajudar na recuperação dos outros participantes. O grupo cria uma atmosfera para a mudança por meio da auto-revelação e a confrontação do comportamento sintomático, de idéias distorcidas e de atitudes negativas.

A terapia cognitiva em grupo para transtornos alimentares mistura a conceituação cognitiva, as intervenções cognitivas e a orientação para o processo. A ênfase do grupo está nas interações dentro do próprio grupo, assim como nos pensamentos, sentimentos e comportamentos de cada participante entre as sessões. Esse duplo foco conduz ao entendimento de que o comportamento dentro do grupo representa o modo como cada paciente funciona no mundo exterior. Isso também permite ao paciente identificar diversos pensamentos automáticos, distorções cognitivas, esquemas e crenças centrais durante a terapia em grupo. O grupo cria uma atmosfera para os participantes aumentarem sua consciência de várias idéias cognitivas em um ambiente do aqui e agora. Esse grupo também fornece um terreno fértil para os pacientes praticarem a identificação de pensamentos automáticos, distorções cognitivas, esquemas e crenças centrais para outros pacientes, conforme ocorrem dentro do grupo.

Os fatores curativos como definidos por Yalom (1995) são elementos do próprio processo do grupo que se tornam ferramentas para promover a mudança. Segundo Yalom, o grupo terapêutico fornece um ambiente no qual esses fatores curativos acontecem. Tais fatores incluem a instilação de esperança, sentimentos de universalidade, uma oportunidade para o altruísmo e aprendizado interpessoal, a troca de informações e o desenvolvimento de técnicas de socialização. As pessoas que travam uma batalha com o transtorno alimentar, por exemplo, freqüentemente não têm consciência de que existem muitos outros com as mesmas dificuldades. Estar com pessoas semelhantes a elas permite aos indivíduos superarem sentimentos de vergonha e de segredo e começarem a expressar os sentimentos de frustração ou desamparo com respeito ao seu relacionamento com a comida. Um fator central para instilar uma sensação de esperança é mostrar que é possível confrontar e mudar essas questões aparentemente insolúveis que permeiam a alimentação e o peso (Lee e Rush, 1986, Yalom, 1995). O poder de ajudar os outros, freqüentemente despercebido por aqueles que se vêem como em batalha, pode permitir a um participante se afastar do egocentrismo e começar a experimentar uma sensação de valor pessoal altruísta. Assim, o grupo dá a oportunidade tanto de observar como de contribuir para a solução dos problemas dos outros, assim como entender a si próprios (Yalom, 1995). Além disso, como muitos indivíduos com um transtorno alimentar tiveram experiências insatisfatórias na infância, eles podem trazer tais experiências para o ambiente de grupo. Os participantes em um grupo (principalmente quando há co-terapeutas homens e mulheres) podem lembrar uma família em sua estrutura. Por causa dessa influência, os participantes podem interagir com os líderes e os outros participantes de maneiras semelhantes àquelas interações passadas com pais e irmãos. As "regras básicas" da família, estabelecidas com o tempo, podem ser identificadas.

Com essa nova consciência, cria-se uma oportunidade para contestar pensamentos e ações mal-adaptativos existentes e incentivar novos pensamentos, sentimentos e comportamentos. Além disso, ao trabalhar com um grupo e os co-terapeutas, os participantes podem desenvolver lições de casa específicas relacionadas à família ou pessoas importantes em suas vidas. Muitos participantes relembram suas experiências e consideram os comentários sobre seus pensamentos automáticos e distorções cognitivas como importantes para operar mudanças tanto pessoais como interpessoais. Os comentários e o apoio dos outros são vistos como uma chave para aprender sobre si mesmos e identificar os esquemas e as crenças centrais. Assim, o grupo fornece a oportunidade tanto de observar como de contribuir para a conscientização dos pensamentos automáticos negativos, esquemas mal-adaptativos e crenças centrais negativas, assim como o aumento da capacidade dos participantes de resolver os problemas dos outros.

A composição do grupo é assunto um tanto controverso. As pesquisas sobre a terapia em grupo de transtornos alimentares têm se concentrado em grupos homogêneos, sugerindo que essa é a melhor maneira de abordar as questões necessárias para gerar a mudança (Garner e Garfinkel, 1997). O tamanho do grupo depende do tipo de grupo oferecido. Entretanto, ao trabalhar com um grupo com transtornos alimentares, o tamanho ideal é de 5 a 8 participantes. Também já foi sugerido que 4 a 5 participantes é um tamanho ainda mais ideal ao trabalhar com pacientes com anorexia (Polivy e Federoff, 1997). Na experiência clínica, parece não existir nenhuma evidência clara a respeito de qual tipo de mistura de pacientes é ideal para um grupo. Grupos heterogêneos – indivíduos com anorexia e aqueles com bulimia – permitem tanto interagir como aprender um com o outro, além de trazer mais pressão a cada grupo de diagnóstico quanto às distorções, principalmente ao se observar questões como imagem corporal, peso e a necessidade de controle. Muitas vezes, os indivíduos com um transtorno alimentar são capazes de fazer boas distinções entre o peso e a forma física daqueles que os cercam. No entanto, eles freqüentemente não conseguem entender sua própria imagem (isto é, eles se vêem gordos demais, quando na verdade estão com peso normal ou muito magros). Em um grupo heterogêneo, a confrontação dos participantes quanto às distorções cognitivas dos outros participantes pode ter maior importância que a de um líder do grupo. As confrontações podem conduzir os participantes a se conscientizarem da necessidade de contestar suas próprias distorções cognitivas, podendo também aumentar a consciência do participante que confronta para avaliar suas distorções quanto ao peso e à imagem corporal.

## GRUPO HETEROGÊNEO: DOIS GRUPOS DE DIAGNÓSTICO

As investigações (Garfinkel e Garner, 1982; Stolz, 1984) mostraram que as pessoas mais propensas a desenvolver problemas com os transtornos alimentares formam uma população relativamente homogênea. A literatura indica que as mulheres são as principais afetadas por transtornos alimentares (95% das mulheres *versus* 5% dos homens; Associação Psiquiátrica Americana, 1994). Contudo, tanto homens como mulheres estão sujeitos aos mesmos fatores que podem contribuir para um transtorno alimentar. Entre as variáveis que podem levar a métodos extremos para controlar o peso estão os aspectos culturais, como a preocupação com a gordura nos Estados Unidos. Além disso, a cultura americana confere um valor extremamente alto à beleza, ao fato de ser esbelto e freqüentemente retrata modelos (masculinos e femininos) com corpos extremamente esguios que são impossíveis de manter. Uma forte preocupação quanto à aparência, muitas vezes, preconiza o início de um transtorno alimentar (Garner, 1997). Assim, os grupos eficazes para a anorexia nervosa e bulimia nervosa freqüentemente giram em torno de elementos comuns a ambos os transtornos.

Existem poucos critérios que excluiriam uma pessoa desse tipo de grupo. Um critério seria a incapacidade dos participantes do grupo de comprometerem-se com a mudança. Isso incluiria comprometer-se com a recuperação ativa do peso para pacientes com anorexia nervosa e a parar de comer compulsivamente e purgar para os pacientes com bulimia nervosa. Sem esse tipo de comprometimento, mesmo a melhor terapia teria pouco efeito. Tirando esse fator, essencialmente todos os indivíduos seriam bem-vindos ao grupo.

Apesar de seu tamanho físico, a maioria dos indivíduos com transtornos alimentares raramente se percebem de maneira precisa. Em vez disso, eles têm medo mórbido de engordar, com um desejo obsessivo de serem magros. Ao focar muita atenção em como odeiam seus corpos, esses indivíduos parecem separar os aspectos intelectual e emocional de seu ser físico. Isso, por sua vez, leva a uma distorção de como eles realmente são. O descontentamento com o qual eles vêem seus corpos parece refletir o modo como se sentem.

O tratamento em grupo, incluindo indivíduos com anorexia nervosa e bulimia nervosa dentro de um mesmo grupo de terapia, pode fornecer uma oportunidade de contestar as preocupações irracionais em comum sobre a forma física, peso e questões emocionais. A maioria dos participantes, por exemplo, são claramente capazes de ver que outros no grupo não são extremamente gordos e, na verdade, são atraentes. Aqueles levemente acima do peso são confrontados com os extremamente magros ou os que estão abaixo do peso, mas que se sentem como se fossem obesos, tão indignos e tão não merecedores de amor como eles mesmos.

Ao preparar um paciente para um grupo, o terapeuta deve, por exemplo, expor as normas existentes, como a confidencialidade e a pontualidade. As normas de silêncio, como a evitação da expressão direta de sentimentos, são exploradas e desencorajadas, enquanto a comunicação aberta e honesta é incentivada. Os medos ou expectativas dos novos participantes podem, assim, ser abertamente abordados. Entretanto, os temas em comum para ambos os tipos de transtorno alimentar harmonizam a população, que de outra forma seria diversificada, em um grupo psicologicamente homogêneo ao enfatizar as características em comum.

Pode-se construir um formato didático dentro do grupo. As informações sobre os princípios da terapia cognitiva podem ser apresentadas em pequenas aulas no começo de uma sessão, principalmente quando incrementa um assunto em andamento. Quando esse tipo de informação é ensinado no início do grupo, pede-se a cada participante para ficar atento a esse conceito em particular e identificá-lo durante a sessão. Conceitos como distorções cognitivas, pensamentos automáticos, esquemas e crenças centrais são reforçados em um ambiente que utiliza situações que ocorreram naquele dia ou entre as sessões. Além disso, o material que vem do próprio grupo está disponível para mostrar como as idéias da terapia cognitiva estão sempre presentes com os pacientes. É também uma oportunidade para aqueles mais hábeis de ajudar os mais novos a começar a identificar pensamentos automáticos, esquemas e crenças centrais. A qualquer momento durante uma sessão, um co-líder ou um participante avançado pode sentir-se a vontade para ajudar os outros a entenderem as idéias associadas à terapia cognitiva. Esse tipo de "minipalestra", pode ser bastante valiosa quando estiver ligada a uma situação do aqui e agora, podendo tornar os conceitos da terapia cognitiva mais realistas e pessoais.

A terapia cognitiva em grupo confia muito no uso de intervenções tanto cognitivas como comportamentais. Dentro do próprio grupo, é muitas vezes vantajoso ter um quadro negro, ou qualquer outro tipo de quadro, para que se possa trabalhar com os pensamentos automáticos durante a sessão. Quando são identificados pensamentos automáticos específicos durante a sessão, por exemplo, um participante pode escrevê-los de modo que os outros participantes não o percam de vista. Mais tarde na sessão, o participante ou os participantes podem então contestá-los e trabalhar para reestruturá-los, talvez usando um registro diário de pensamentos disfuncionais. Isso funciona como um veículo para ajudar os participantes a terem maior consciência dos pensamentos automáticos deles mesmos e dos outros. Além disso, os registros de pensamentos de uma situação passada ou sessão anterior podem ser trabalhados durante a sessão em grupo. O material discutido é uma parte integrante da terapia em grupo e, potencialmente, gera lições de casa. As sugestões para os participantes individuais podem vir dos líderes do grupo e, dependendo das circunstâncias, as lições de casa podem ser dadas para o grupo todo pelos líderes ou por um indivíduo dentro do grupo. O material dado como lição de casa é então estabelecido como itens de agenda para o próximo grupo. As lições de casa são sempre integradas à próxima sessão.

O marco de um transtorno alimentar é a distorção do indivíduo de como ele se vê. A terapia cognitiva em grupo se concentra em ajudar os pacientes a entender suas distorções corporais, e como tais distorções afetam suas vidas e sustentam o transtorno alimentar. Mudar a percepção distorcida do corpo é um dos aspectos mais difíceis da doença. O que geralmente se vê é que a distorção não é completamente solucionada. Por intermédio do trabalho em grupo, porém, os pacientes aprendem a diminuir o impacto desses pensamentos e começam a colocá-los em uma perspectiva apropriada. O grupo de terapia cognitiva é extremamente valioso para ajustar imagens corporais distorcidas. Os pacientes apóiam-se, ainda que por meio de confronto, ajudando-se mutuamente a enfrentar as distorções e trazendo suas cognições para o campo da realidade. O grupo de terapia cognitiva é eficaz ao contestar os sistemas de crenças dos pacientes, percebendo sua falta de validade e criando pontos de vista alternativos em relação à imagem corporal. Além disso, muitas vezes se descobre que esses pacientes não pensaram sobre como passaram a acreditar nessas distorções. Ao serem desafiados a fornecer um fundamento lógico para suas distorções, eles freqüentemente ficam surpresos por não conseguirem encontrar nenhuma validação.

Ao trabalhar questões sobre a imagem corporal, diz-se aos pacientes que eles não podem confiar em suas percepções de sua aparência para si mesmos e para os outros. Em cada sessão, os pacientes compartilham seus pensamentos e o modo como se sentem em relação às mudanças de seus corpos durante o tratamento. Esse é um fato amplamente aceito no grupo, o de que o tamanho de seus corpos está mudando e que essa mudança é uma experiência assustadora para eles. A confiança e a auto-revelação são proeminentes e os pacientes são incentivados a expressar seus sentimentos, aberta e francamente, quanto às percepções do corpo. Além disso, existe uma discussão sobre o que é fato e o que é ficção quanto à imagem corporal. Os pacientes precisam descobrir que, para se sentirem positivos em relação ao corpo, devem confiar nos fatos e não nas percepções distorcidas. Eles são aconselhados a identificar, contestar e reestruturar os pensamentos automáticos para sentirem-se de maneira diferente em relação a seus corpos.

Trabalhar no formato do grupo de TCC aumenta a consciência sobre a interação de pensamentos e sentimentos. Os pacientes aprendem que, quando experimentam pensamentos negativos sobre seus corpos, existe uma questão emocional subjacente. Eles são orientados para entenderem que, quando estão se sentindo emocionalmente fora de controle, confiam em outras estratégias para lidar com seus medos. Uma estratégia utilizada para controlar esse medo é focalizar-se no controle sobre o corpo físico (por exemplo, controle da alimentação, peso e aparência). Uma expressão desse fenômeno é dizer "me sinto gordo". Tal afirmação é corrigida pelo terapeuta que diz "gordo não é um sentimento". Os pacientes então exploram qual é o sentimento que estão experimentando e os pensamentos ou questões que estão por trás da emoção. Depois disso, aprendem quais são os passos para entender seus sentimentos ao identificar os pensamentos automáticos, contestá-los e reestruturar as percepções distorcidas sobre o corpo. Esse processo gera uma base para a mudança em um sintoma central do transtorno – imagem corporal distorcida. O grupo permite aos participantes aplicar as habilidades da TCC aos sintomas específicos do transtorno alimentar e ajudar os outros no mesmo tipo de trabalho. A seguir, um exemplo de uma sessão em grupo com pacientes hospitalizados:

*Terapeuta 1:* Você está muito quieta hoje *(para a paciente 1)*. O que está acontecendo?

*Paciente 1:* Nada, acho que só estou cansada.

*Paciente 2:* Por que levou tanto tempo para você fazer as duas últimas refeições? Você vai para casa daqui três dias.

*Paciente 1:* Estou com medo de perder o controle depois que soube como estava meu peso três dias atrás.

*Paciente 3:* Por que saber o seu peso faz você se sentir desconfortável? Você sabe que seu peso é bom.

*Paciente 1:* Eu sei, mas seu eu continuar a comer, vou explodir feito um balão.

*Paciente 2:* O que foi que você disse?

*Paciente 1:* Eu sei, eu sei, esse é um pensamento automático. Mas estou com medo de perder o controle.

*Terapeuta 2:* O que se diz normalmente quando as pessoas começam a falar sobre comida ou peso ou começam a focar na comida ou no peso?

*Paciente 4:* Bom, geralmente significa que tem algum outro problema. Está acontecendo alguma coisa. O que realmente está acontecendo *(para a paciente 1)*?

*Paciente 1:* Acho que estou tentando ficar insensível aos meus sentimentos. Tenho medo de que ninguém sinta minha falta ou se lembre de mim depois que eu for embora.

*Paciente 3:* Estou magoada e brava com essa observação.

*Terapeuta 2:* O que acontece quando você começa a não expressar suas emoções?

*Paciente 1:* Bom, tenho medo do que as pessoas possam pensar se eu mostrá-las, principalmente se eu chorar ou disser a alguém que me importo.

*Paciente 4:* Paciente 1, quando você tem esse tipo de pensamento e como tudo isso começou?

*Paciente 1:* Eu sei que fico desse jeito quando tenho um forte sentimento sobre a minha família, principalmente meus pais.

*Paciente 4:* Você acha que isso pode estar acontecendo agora e nos últimos dias?

*Paciente 1:* Acho que o que pode estar acontecendo é um esquema. Sinto-me desconfortável quanto aos meus sentimentos e, ao invés de conversar sobre isso, começo a comer. Sei que é isso que eu fazia quando estava em casa e sentia que minhas emoções não eram aceitas pelos meus pais.

*Terapeuta 1:* O que a faz pensar que os outros não se lembrariam de você ou não sentiriam sua falta?

*Paciente 1:* Bem, ultimamente tenho estado distante das pessoas. Eu os aborreci com meu comportamento. Eles tiveram de perder atividades enquanto eu terminava meu café da manhã ou almoço.

*Paciente 2:* Qual o significado que você atribui a essas ações?

*Paciente 1:* Eu não mereço que os outros gostem de mim. Vocês deveriam ficar felizes por eu estar indo embora.

*Terapeuta 1:* Nós "deveríamos" ficar felizes por você ir embora.

*Paciente 1:* Eu sei! Frase com "deveria", distorção cognitiva. Mas não me sinto digna dos sentimentos positivos de ninguém. Eu não mereço.

*Paciente 4:* Paciente 1, como essa frase soa para você, "Você não é digna dos sentimentos de ninguém"?

*Paciente 1:* É uma das minhas crenças centrais. Eu sei disso, mas ainda é difícil mudar quando minhas emoções são fortes.

*Paciente 2:* Parece que você terá algum trabalho a fazer durante seu tratamento fora do hospital. Espero que você consiga mudar essa crença.

*Paciente 1:* Deixe-nos ajudá-la escrevendo, e queremos que você mantenha contato conosco.

Um grupo de TCC contesta a visão de mundo que os pacientes estabeleceram por meio de suas cognições distorcidas. Muito do trabalho em grupo contribui para ajudar os pacientes a entender como as cognições afetam o humor e os comportamentos conseqüentes. Outro fator de cura é a capacidade de identificar facilmente, em outros, as ramificações de seus próprios transtornos alimentares. Conforme os pacientes ajudam os outros a identificar e mudar as cognições negativas deles, eles também melhoram suas próprias, muitas vezes resolvendo suas próprias questões ao refleti-las nos outros.

A terapia cognitiva em grupo foca, na visão de mundo estabelecida pelos pacientes, por meio de suas cognições. Pela participação no grupo, os pacientes começam a entender como o transtorno alimentar tem sido uma estratégia para enfrentar o mundo e podem explorar métodos alternativos para satisfazer sua necessidade. Tal exploração se focaliza na geração de respostas adaptativas, especialmente em áreas relacionadas à nutrição, imagem corporal e interações sociais e interpessoais. Os pacientes podem ver como seu comportamento no grupo equipara-se ao modo como reagem fora do grupo. Os pensamentos automáticos, distorções cognitivas, esquemas e crenças centrais que surgem no grupo são semelhantes àqueles vividos no dia-a-dia. Quando estes são identificados, os participantes podem trabalhar para modificá-los e desenvolver planos para generalizar tais mudanças para o mundo exterior. Freqüentemente, os problemas interpessoais entre os participantes do grupo são traduzidos em ações com seus iguais e seus familiares. Pode-se sugerir planos e lições de casa sobre como os participantes interagem no grupo e testá-los fora do grupo.

Em um grupo de terapia com transtornos alimentares é preferível utilizar co-terapeutas homens e mulheres (quando possível), a trabalhar com um único terapeuta ou co-terapeutas do mesmo sexo. A presença de homem e mulher em nosso grupo dimensionou a variedade de reações possíveis dos participantes, aumentando, assim, a oportunidade para o processo de grupo. A terapeuta mulher podia alternadamente ser vista como uma figura de autoridade, uma outra mulher para competir, uma figura materna, a professora compreensiva ou a irmã mais velha. Da mesma forma, o terapeuta homem poderia ser visto como uma autoridade do sistema, uma figura paterna, o homem a ser agradado, o professor compreensivo ou o irmão mais velho. Como os aspectos interpessoais dos transtornos alimentares têm sido cada vez mais reconhecidos (Schwartz, Barrett e Saba, 1985), o terapeuta habilidoso pode utilizar as interações do grupo para ilustrar uma variedade de relacionamentos. Alguns autores (por exemplo, White e Boskind-White, 1981), porém, têm precavido contra o uso apenas de um terapeuta do sexo masculino, para diminuir a competição por sua atenção, principalmente em um grupo predominantemente de mulheres. Mas co-terapeutas homens e mulheres podem oferecer um bom modelo para o modo de interagir com participantes do sexo oposto de maneira não-sexual, não-agressiva, ainda que assertiva.

O *feedback* é muito importante em um grupo de transtornos alimentares. Por ter uma ênfase nos esquemas e nas crenças centrais, a expressão de emoção e *feedback* dentro do grupo aumenta o estímulo afetivo dos pacientes. O ambiente de grupo também se torna um lugar para praticar a identificação e contestação de pensamentos automáticos. Grupos com *feedback* contínuo podem apontar quando pensamentos automáticos são declarados e contestar o paciente com tais pensamentos. O *feedback* pode também abordar distorções cognitivas óbvias e questionar informações errôneas. Por haver uma tentativa de conscientizar sobre o modo pelo qual as emoções interagem com os pensamentos e comportamentos, o *feedback* é uma ferramenta que pode manter essa consciência na linha de frente.

O *feedback* pode ser valioso, ainda que possa ser destrutivo. Felizmente, o ambiente de grupo não apenas incentiva os participantes a serem sinceros, mas também a monitorar tal sinceridade. A confrontação pode inibir a expressão de pensamentos e sentimentos, principalmente quando as confrontações se tornam ataques pessoais. Não raro, os indivíduos com um transtorno alimentar têm um histórico em que outros dizem a eles o que sentem e como pensam, além de afirmar claramente o que é certo e o que é errado. No grupo, os co-líderes monitoram o tipo e intensidade do *feedback* e interferem quando o consideram não-saudável ou inútil. As intervenções podem ser tão simples quanto perguntar a razão por trás da confrontação e verificar se o material do esquema pessoal foi ativado. Os co-líderes também podem mediar a confrontação entre os vários participantes ou orientar os participantes a usar a confrontação e a emoção vinculada a ela, como um catalisador para a compreensão de si mesmo. Quando necessário, um ou ambos os co-líderes intervêm e dão um fim ao *feedback* ou à confrontação. Quando isso acontece, os líderes explicam as razões por trás da intervenção e depois analisam as reações (pensamentos e sentimentos) de cada participante naquele momento.

O contato fora do grupo não é incentivado ou desencorajado. Esse é um tópico para discussão, quando realmente acontece, e uma questão para ser discutida continuamente. É importante para o grupo e para os líderes ter em mente que o que acontece aos participantes fora do grupo é somente uma extensão do próprio grupo. Deixa-se claro a todos os participantes que, embora eles possam ser úteis aos outros com sua batalha, o transtorno que eles compartilham pode prejudicar e interferir na mudança e no crescimento. Faz-se uma tentativa de usar um apoio fora do grupo somente quando necessário para evitar que se envolva no comportamento do transtorno alimentar. É igualmente importante dizer aos pacientes que eles também devem criar um sistema de apoio de indivíduos não comprometidos com o transtorno.

O conflito é uma parte importante do grupo. Embora possa ser perturbador, o conflito em grupo é semelhante àquele na vida, no que se refere ao que cada pessoa precisa para construir uma estrutura para enfrentá-lo. Muitas vezes, os indivíduos com transtornos alimentares fazem de tudo para evitar o conflito e são muitas vezes "pessoas que querem agradar". O que é preciso fazer é tornar o conflito em algo que seja então abordado de um ponto-de-vista de resolução de problema. O conflito também pode ser útil para identificar e começar a mudar o esquema e as crenças centrais. O conflito é monitorado pelos líderes do grupo e desencorajado quando os participantes começam a se tornar negativos ou "mal-intencionados" no uso do *feedback* ou a trabalhar com o grupo em uma expressão aberta de emoções.

A auto-revelação é um aspecto incentivado no grupo por todos os participantes, incluindo os líderes do grupo. Os líderes do grupo podem utilizar suas próprias experiências como uma plataforma para a mudança entre os participantes e ser uma ferramenta que modela o uso da expressão da emoção em situações de intensidade mínima e alta. Os terapeutas atuam mais ativamente em um grupo cognitivo para ter certeza de que as idéias (pensamentos automáticos, esquema e crenças centrais) do modelo cognitivo fiquem claramente entendidas. Quando possível, co-terapeutas mulheres e homens formam uma equipe de tratamento mais eficaz. Co-líderes mulheres e homens ajudam a criar modelos para interações entre os sexos, mostrando como as diferenças de opinião podem ser trabalhadas entre dois indivíduos. Além disso, pode reproduzir situações semelhantes à unidade familiar (Yalom, 1995).

A coesão é desenvolvida por meio da construção de aspectos compartilhados do transtorno alimentar entre os pacientes. As semelhanças dentro dos transtornos (preocupação sobre o peso, forma física, alimentação, controle, independência) são abordadas tanto como precursoras do transtorno como fatores mantenedores do transtorno. Essas questões podem ser abordadas dentro de um grupo psicoeducacional ou trazidas a um grupo aberto, apontando as semelhanças dos sintomas entre os participantes quando elas aparecem. Em um grupo aberto, os participantes mais experientes podem aumentar a coesão, contando aos mais novos as vantagens de não se envolver no transtorno alimentar. Eles também podem contar como suas vidas melhoraram ao usar outros métodos além do transtorno alimentar para expressar suas preocupações.

## FORMATO DO GRUPO

As sessões em grupo, geralmente, começam com um dos participantes do grupo; raramente o líder de um grupo começa a sessão. Cada participante é responsável por sua agenda e muitas vezes os participantes pedem um tempo para discussão durante o grupo. Os líderes abrem a sessão perguntando se existe alguma coisa que precise ser discutida. Na maioria das vezes, os líderes permanecem em silêncio até que um dos participantes começa. A pressão do silêncio fará com que as pessoas, pelo menos, conversem a respeito da falta de discussão. O objetivo é criar uma sessão interativa com pouca ênfase no uso individual do tempo. A idéia é evitar fazer uma terapia individual em um ambiente de grupo. O papel do líder é ajudar os participantes a discutir as questões relacionadas à mudança. Quando parecer que os participantes estão se distanciando das questões importantes (expressão de sentimentos, confrontação e agradar as pessoas), o líder foca a atenção nessas questões para ocasionar a discussão.

Manter um grupo interativo é uma das tarefas mais difíceis para os co-líderes. Uma das melhores formas é criar um modelo de comportamento interativo. Se for possível, pode ser realizado pelos líderes, fazendo um esforço para conversar com todos os participantes das sessões em grupo. Outra forma de manter um grupo interativo é fazer os co-terapeutas conversarem entre eles durante as sessões. Ter co-terapeutas conversando entre si sobre as interações ou observações do processo, acerca de um determinado participante ou participantes e as interações, pode criar modelos de comunicação no grupo. Além disso, os líderes do grupo podem perguntar aos participantes o que eles pensam ou como eles se sentem em relação ao que está acontecendo no grupo ou, se tiverem experiências semelhantes, que as compartilhem. Isso cria uma norma de que a discussão e a comunicação aberta são importantes. Outra abordagem é fazer com que os participantes assumam o papel de co-líderes. Essa abordagem tem tido grande sucesso em fazer com que todos os participantes pensem sobre ajudar seus companheiros a se juntarem ao grupo. Uma sugestão final seria pedir para os participantes desenvolverem tópicos ou agendas que estejam de acordo com todos do grupo com a expectativa de que todos o participantes compartilhem os pensamentos e sentimentos a respeito daquele tópico. A criatividade entre os líderes é a chave em manter todos os participantes envolvidos.

Os objetivos de um grupo com transtorno alimentar são variados; alguns são extremamente explícitos e outros, mais pessoais. Os objetivos explícitos nesse tipo de grupo incluem mudanças dentro da alimentação distorcida (comer compulsivamente, purgar, restringir a ingestão da dieta e exercitar-se excessivamente), ao passo que outros são mais sutis (expressão de emoção e superar o medo nos relacionamentos interpessoais). O grupo em si tem como objetivo gerar mudanças, o que se torna óbvio quando os participantes estão fazendo progresso. Além disso, cada participante tem consciência do que os outros estão fazendo, e isso é trazido ao grupo para discutir e contestar os outros participantes com relação aos próprios objetivos. Quando os pacientes iniciam o grupo, espera-se que eles tenham desenvolvido uma série de objetivos por escrito para trabalhar durante as sessões. Quando um novo participante entra, seus objetivos são compartilhados com os outros participantes do grupo. Esses objetivos são periodicamente revistos e novos são gerados com a interferência do grupo. Muitas vezes, os objetivos de cada participante estão diretamente relacionados a um aspecto de cada grupo. Por exemplo, grupos cujo foco é ser sincero e discutir as emoções em combinação com estar conscientes de suas distorções cognitivas, pensamentos automáticos, esquemas e crenças centrais. O foco desse grupo traz à tona muitos objetivos sutis, ao mesmo tempo em que ajuda todos os participantes a se conscientizarem sobre os aspectos teóricos cognitivos do transtorno.

Consistente com o modelo cognitivo de um transtorno alimentar, a alimentação e o peso não são questões diretas, sendo raramente discutidas durante uma sessão. Na melhor das hipóteses, a comida e o peso são estratégias superficiais ou uma cortina de fumaça para evitar questões mais intensas. Tais preocupações emocionalmente intensas têm a ver com pensamentos de estar fora de controle ou o medo da maturidade. Além disso, o material esquemático relacionado às interações sociais, crenças centrais quanto a não serem dignos de amor ou ter valor pessoal pode ser ativado. Quando tais questões realmente surgem, elas são rapidamente traduzidas em questões mais intensas e trabalhadas nesse nível para identificar, contestar e mudar vários pensamentos, sentimentos e comportamentos.

Os grupos com transtornos alimentares têm a ênfase no aqui e agora, a qual utiliza material histórico para abordar e entender como os problemas atuais foram gerados. O material histórico é visto pelos conceitos de esquemas, pelas crenças centrais e abordado examinando as intervenções mais imediatas, como identificar pensamentos automáticos e pressupostos básicos. Ao trabalhar em grupo, os pacientes freqüentemente têm oscilações de humor ou reagem a eventos que estejam ocorrendo no grupo. Não raro, a intensidade da oscilação emocional não é proporcional ao evento observado. Quando esse tipo de emoção intensa ocorre, é uma boa hora para avaliar se o participante do grupo está reagindo a um esquema que foi ativado ou a um evento no grupo, especificamente. Pergunta-se a ele se houve outras situações em sua vida semelhantes ao que está acontecendo no momento. Se a resposta for afirmativa, ele é solicitado a lembrar-se, da melhor maneira possível, das emoções que ocorreram naquele evento. Também é sugerido que a reação do participante pode fazer parte de um esquema não-adaptativo. Pede-se a ele, então, para explorar como lidou com aquele evento e o que ele preferiria ter feito de maneira diferente.

Se o participante identificar pensamentos automáticos ou distorções cognitivas, pede-se a ele que os conteste e desenvolva uma maneira alternativa de ver a situação. Quando tiver trabalhado na situação anterior, ele é solicitado a utilizar os mesmos métodos na situação do aqui e agora. Uma vez ocorrida essa intervenção, pergunta-se ao participante se a situação atual é mais compreensível e se a intensidade de resposta emocional diminuiu. Pede-se também ao participante para reestruturar seus pensamentos e buscar uma outra maneira de lidar com aquela situação. Além disso, ele é incentivado a estar mais atento para o modo pelo qual a situação atual ativou o esquema, prestando mais atenção para situações semelhantes e criando um plano para lidar com elas quando ocorrerem. Pede-se também para aumentar sua consciência sobre como ele pode mudar ativamente o esquema e que ele não precisa responder automaticamente ao material do esquema.

Enquanto um determinado participante está trabalhando com seu material de esquema, todos os outros são incentivados a envolver-se no mesmo processo. Dessa forma, eles ajudam os outros participantes a entenderem suas reações, apóiam-se e compartilham pensamentos, sentimentos e comportamentos. Eles também são incentivados a discutir o material de esquema e perguntar aos companheiros se eles podem trabalhar com esquemas ativadores quando percebem mudanças nas emoções durante a sessão. Há uma mistura do uso da experiência presente do grupo, para identificar os pensamentos automáticos que sinalizem materiais mais complexos apresentados nesses pensamentos automáticos, como os esquemas e as crenças centrais. Dependendo do ambiente, trabalha-se com o uso de interações mais imediatas. A terapia em grupo, em um ambiente com pacientes hospitalizados, trabalhará muito mais estreitamente com as ações e interações dos pacientes no meio, ao passo que nos ambientes mais tradicionais de grupos com pacientes externos terão um foco mais histórico naqueles eventos ocorridos na semana anterior.

Consistente com o uso da terapia cognitiva e semelhante ao trabalho com transtornos de personalidade, a terapia cognitiva em grupo concentra-se na expressão e compreensão das emoções. A interação de pensamentos, sentimentos e comportamentos é pontuada como em outros grupos, mas existe maior enfoque na identificação, compreensão e expressão da emoção do que poderia ocorrer em um grupo para depressão ou transtornos de ansiedade. Tal enfoque traz à consciência ativadores específicos para os pacientes com transtornos alimentares, para se envolverem no comportamento (por exemplo, comer compulsivamente e restringir calorias), sendo também utilizado como uma maneira de identificar esquemas e crenças centrais que contribuem e mantêm o transtorno.

Há maior enfoque na expressão emocional ao trabalhar com pacientes com transtornos alimentares do que com pacientes com depressão ou um transtorno de ansiedade. Isso tem a ver com uma crença central de que os pacientes com um transtorno alimentar não têm capacidade de identificar e responder às emoções e às sensações internas. Muitas vezes, foi dito a esses pacientes que o que eles sentem está errado e que não devem sentir de determinada maneira. É diferente dos pacientes com depressão que possuem mais problemas com o conteúdo de seus pensamentos, ainda que pareçam mais precisos na compreensão e expressão de suas emoções. A confusão quanto aos estados internos cria incerteza sobre a validade e confiabilidade de seus pensamentos, sentimentos e comportamentos, conduzindo a uma sensação reduzida de confiança na capacidade de ver o mundo. A pouca confiança contribui para a dificuldade na expressão das emoções, a qual é então vista como automonitoração fanática e abordagens rígidas ao mundo.

Conduzir a terapia em grupo com indivíduos com transtornos alimentares forçará os limites da capacidade do terapeuta que trabalha com essa população, desafiando a compreensão dos terapeutas sobre o processo de grupo, sua excelência das intervenções da terapia cognitiva e sua criatividade em combinar as duas. Além disso, a terapia em grupo para transtornos alimentares não é conduzir terapia cognitiva individual em um ambiente de grupo.

# CONCLUSÃO

Qual é a essência de um grupo cognitivo para transtornos alimentares? Não é, como em algumas descrições de terapia cognitiva em grupo, um trabalho individual com pacientes que estão em grupo por um problema em comum (Freeman, 1983, Wessler e Hankin Wessler, 1989). A terapia cognitiva em grupo para transtornos alimentares utiliza a intervenção da terapia cognitiva e a conceituação cognitiva para gerar mudanças no grupo, e cada participante no grupo pode funcionar de maneira a compreender a interação de pensamentos, sentimentos e comportamento. Os pacientes aprendem a usar essas estratégias não somente em suas próprias vidas, mas também para traduzir o conhecimento para cada participante do grupo, o grupo como uma entidade única e para uma visão mais ampla do mundo. A terapia cognitiva em grupo combina intervenções mais imediatas (contestar pensamentos automáticos e identificar distorções cognitivas) de maneira que os participantes pratiquem essas habilidades escutando e ajudando os outros. Ao mesmo tempo, eles aumentam sua própria consciência dessas intervenções. O grupo é uma combinação de intensidade emocional com consciência dos esquemas e das crenças centrais que comandam o transtorno. Além disso, o foco no aqui e agora e a orientação para o processo apresentam oportunidades para cada participante lidar de maneira mais eficaz com suas próprias emoções. Essa abordagem à terapia cognitiva em grupo cria um ambiente para cada participante se conscientizar de seu próprio papel na manutenção do transtorno e oferece uma oportunidade para a mudança.

# REFERÊNCIAS BIBLIOGRÁFICAS

American Psychiatric Association. (2000). Practice guidelines for eating disorders. American Journal of Psychiatry, 157, 1-39.

American Psychiatric Association. (1994). Diagnostic and statistical manual of mental disorders (4th ed.). Washington, DC: Author.

Beck, J. S. (1995). Cognitive therapy: Basics and beyond. New York: Guilford Press.

Bowers, W. A. (1993). Cognitive therapy for eating disorders. In J. H. Wright, M. E., Thase, A. T. Beck, & J. W. Ludgate (Eds.), Cognitive therapy with inpatients: Developing a cognitive therapy milieu (pp. 337-356). New York: Guilford Press.

Bowers, W. A., & Andersen, A. E. (1994). Inpatient treatment of anorexia nervous: Review and recommendations. Harvard Renew of Psychiatry 2, 193-203.

Bowers, W. A., Evans, K., & Andersen, A. E. (1997). Inpatient treatment of eating disorders: A cognitive therapy milieu. Cognitive and Behavioral Practice, 4, 291-323.

Bruch, H. (1982). Anorexia nervosa: Therapy and theory. American Journal of Psychiatry, 139, 1531-1538.

Eckert, E. D., & Mitchell, J. E. (1989). An overview of the treatment of anorexia nervosa. Psychiatric Medicine, 7, 293-315.

Fairburn, C. G. (1981). A cognitive behavioral approach-to the management of bulimia. Psychologıcal Medicine, 1 1, 707-711.

Fairbum, C. G. (1985). A cognitive behavioral approach to the treatment of bulimia. In D. M. Garner & P. E. Garfinkel (Eds.), Handbook of psychotherapy for anorexia nervosa and bulimia (pp. 160-191). New York: Guilford Press.

Fairbum, C. G., & Cooper, P. J. (1989). Eating disorders. In K. Hawton, P. M. Salkovskis, J. Kirk, & D. M. Clark (Eds.), Cognitive behavioral therapies for psychiatric problems (pp. 277-314). New York: Oxford University Press.

Fairbum, C. G., Jones, R., Peveler, R. C., Hope, R. A., & O'Conner, M. E. (1993). Psychotherapy and bulimia nervosa: The longer-term effects of interpersonal psychotherapy, behavior therapy, and cognitive behavior therapy. Archives of General Psychiatry, 50, 419-428.

Fairburn, C. G., Norman, P. S., Welch, S. L., O'Connor, M. E., Doll, H. A., & Peveler, R. C. (1995). A prospective study of outcome in bulimia nervosa and the long-term effects of three psychological treatments. Archives of General Psychiatry, 52, 304-312.

Freeman, A. (1983). Cognitive therapy with couples and groups. New York: Plenum Press.

Freeman, A. (1993). A psychosocial approach to conceptualizing schematic development for cognitive therapy. In K. T. Kuehlwein & H. Rosen (Eds.), Cognitive therapies in action (pp. 54-87). San Francisco: Jossey-Bass.

Garfinkel, P. E., & Garner D. M. (1982). Anorexia nervosa: A multidimensional perspective. New York: Brunner/Mazel.

Garner, D. M. (1985). Individual psychotherapy for anorexia nervosa. Journal of Psychiatry Research, 19, 423-433.

Garner, D. M. (1997). Psychoeducational principles in treatment. In D. M. Garner & P. E. Garfinkel (Eds.), Handbook of treatment for eating disorders (2nd ed., pp.145-177). New York: Guilford Press.

Garner, D. M., & Bemis, K. M. (1982). A cognitive behavioral approach to anorexia nervosa. Cognitive Therapy and Research, 6, 1-27.

Garner, D. M., & Bemis, K. M. (1985). Cognitive therapy for anorexia nervosa. In D. M. Garner & P. E. Garfinkel (Eds.), Handbook of psychotherapy for anorexia nervosa and bulimia (pp. 107-146). New York: Guilford Press.

Garner, D. M., & Garfinkel, P. E. (1980). Socio-cultural factors in the development of anorexia nervosa. Psychological Medicine, 10, 647-656.

Garner, D. M., & Garfinkel, P. E. (1997). Handbook of treatment for eating disorders (2nd ed.). New York: Guilford Press.

Gamer, D. M., Vitousek, K. M., & Pike, K. M. (1997). Cognitive-behavioral therapy for anorexia nervosa. In D. M. Garner & P. E. Garfinkel (Eds.), Handbook of treatment for eating disorders (2nd ed., pp. 67-93). New York: Guilford Press.

Goodsitt, A. (1997). Eating disorders: A self-psychological perspective. In D. M. Garner & P, E. Garfinkel (Eds.), Handbook of treatment for eating disorders (2nd ed., pp. 205-228). New York: Guilford Press.

Hall, A. (1985). Group psychotherapy for anorexia nervosa. In D. M. Garner & P. E. Garfinkel (Eds.), Handbook of psychotherapy for anorexia nervosa and bulimia (pp. 213-239). New York: Guilford Press.

Harper-Guiffre, H., Mackenzie, K. R., & Sivitilli, D. (1992). Interpersonal group psychotherapy. In H. Harper-Guiffre & K. R. Mackenzie (Eds.), Group psychotherapy for eating disorders (pp. 280-310). Washington, DC: American Psychiatric Press.

Johnson, C., Connor, M., & Stucky, M. (1983). Short-term group treatment or bulimia: A preliminary report. International Journal of Eating Disorders, 2, 199-208.

Kirkley, B. G., Schneider, J. A., Agras, W. S., & Bachman, J. A. (1985). Comparison of two group treatments for bulimia. Journal of Consulting and Clinical Psychology, 53, 43-48.

Laessle, R. G., & Pirke, K. M. (1987). A structured behaviorally oriented group treatment for bulimia nervosa. Psychotherapy and Psychosomatic, 48, 141-145.

Lee, N. F., & Rush, A. J. (1986). Cognitive-behavioral group therapy for bulimia. International Journal of Eating Disorders, 5, 599-615.

Merrial, C. A., Mines, R. A., & Starkey, R. (1987). The premature dropout in the group treatment of bulimia. International Journal of Eating Disorders, 6, 293-300.

Mitchell, J. E., Hatsukami, D., Goff, G., Pyle, R. L., Eckert, E. D., & Davis, L. E. (1985). Intensive outpatient group treatment for bulimia. In D. M. Garner & P. E. Garfinkel (Eds.), Handbook of psychotherapy for anorexia nervosa and bulimia (pp. 240-253). New York: Guilford Press.

Piran, N., Langdon, L., Kaplan, A., & Garfinkel, P. E. (1987). Evaluation of a day hospital program for eating disorders. International Journal of Eating Disorders, 8, 523-532.

Polivy, J., & Federoff, I. (1997). Group psychotherapy. In D. M. Garner & P. E. Garfinkel (Eds.), Handbook of treatment for eating disorders (2nd ed., pp. 462-475). New York: Guilford Press.

Rosen, J. C., & Leitenberg, H. (1982). Bulimia nervosa: Treatment with exposure and response prevention. Behavior Therapy, 13, 117-124.

Rosen, J. C., & Leitenberg, H. (1985). Exposure plus response prevention treatment of bulimia nervosa. In D. M. Garner & P. E. Garfinkel (Eds.), Handbook of psychotherapy for anorexia nervosa and bulimia (pp. 193-209). New York: Guilford Press.

Roy-Byrne, P., Lee-Benner, K., & Yager, J. (1984). Group therapy for bulimia: A one year experience. International Journal of Eating Disorders, 3, 97-116.

Schneider, J. A., & Agras, W. S. (1985). A cognitive behavioral group treatment for bulimia. British Journal of Psychiatry, 146, 66-69.

Schwartz, R. C., Barrett, M. J., & Saba, G. (1985). Family therapy for bulimia. In D. M. Garner & P. E. Garfinkel (Eds.), Handbook of psychotherapy for anorexia nervosa and bulimia (pp. 280-310). New York: Guilford Press.

Stevens, E. V., & Salisbury, J. D. (1984). Group therapy for bulimic adults. American Journal of Orthopsychiatry, 54, 156-161.

Stolz, S. G. (1984). Recovering from foodaholism. Journal for Specialists in Group Work, 9(1), 51-61.

Wessler, R. L., & Hankin Wessler, S. (1989). Cognitive group therapy. In A. Freeman, K. M. Simon, L. E. Beutler, & H. Arkowitz (Eds.), Comprehensive handbook of cognitive therapy (pp. 559-582). New York: Plenum Press.

White, W. C., & Boskind-White, M. (1981). An experiential-behavioral approach to the treatment of bulimiarexia. Psychotherapy: Theory, Research, and Practice, 18, 501-507.

Wilson, G. T., & Fairburn, C. G. (1993). Cognitive treatments for eating disorders. Journal of Consulting and Clinical Psychology, 61, 261-269.

Wilson, G. T., Fairburn, C. G., & Agras, W. S. (1997). Cognitive-behavioral therapy for bulimia nervosa. In D. M. Garner & P. E. Garfinkel (Eds.), Handbook of treatment for eating disorders (2nd ed., pp. 67-93). New York: Guilford Press.

Wooley, S. C., & Kearney-Cooke, A. (1986). Intensive treatment of bulimia and body image disturbance. In K. Browned & J. Foreyt (Eds.), Handbook of eating disorders: Physiology, psychology, and the treatment of obesity, anorexia and bulimia (pp. 476-502). New York: Basic Books.

Yalom, I. (1995). The theory and practice of group psychotherapy (4th ed.). New York: Basic Books.

# 6

# Diagnósticos Duplos

Tom Greanias e Sandra Siegel

*C.W. é um jovem negro que cresceu em um grande conjunto habitacional. Era bom aluno no colegial e chegou a ser indicado como o melhor jogador estudantil de basquete do país. No primeiro ano da faculdade, teve um ataque esquizofrênico, o qual deu início a um ciclo de hospitalizações e internações. Ele nunca pôde realizar seus sonhos. Depois da primeira hospitalização, ele começou a usar drogas e álcool regularmente.*

*Nick, 37 anos, recebeu diagnóstico de esquizofrenia paranóica pela primeira vez aos 22 anos de idade. Também era dependente de maconha e álcool, além de ter usado cocaína, por muitos anos, sempre que a conseguia. Nos 14 anos que se passaram entre os 22 e os 36 anos de idade, foi hospitalizado – em excesso – 50 vezes, tanto por psicose como por abuso de substâncias.*

Essas são histórias típicas de pacientes atendidos diariamente nos centros comunitários de saúde mental em todo os Estados Unidos. São pessoas com diagnósticos duplos, ou usuários de substâncias mentalmente doentes (MISA). Desde a desinstitucionalização, no começo dos anos de 1960, os indivíduos mentalmente muito doentes estão sendo desviados das instituições estaduais para a comunidade em geral, normalmente para aquelas mais pobres e desorganizadas com pouquíssimos recursos. Eles são expostos, e influenciados, pelos problemas da sociedade: uma economia que luta para trabalhar com fundos e recursos minguados, competição cada vez maior por empregos e por moradia de baixa renda segura e abuso disseminado de drogas e álcool. Somados a esses problemas, há uma atmosfera difusa de racismo, medo e discriminação. Embora a intenção tenha sido dar mais oportunidades aos pacientes com doenças mentais crônicas, em muitos casos a desinstitucionalização fracassou e os deixou desamparados.

Esse tipo de paciente tem um diagnóstico principal de doença mental, grave transtorno de personalidade ou ambos, além de transtorno de abuso ou dependência de substâncias. Freqüentemente, apresentam depressão com altos níveis de falta de esperança. Muitos envolvem-se com o sistema penitenciário, têm histórias de comportamento agressivo e são considerados não apenas loucos, mas também maus. Têm hospitalizações recorrentes e, provavelmente, fracassaram em vários programas de tratamento para abuso de substâncias e saúde mental. Seus sistemas de apoio são limitados, eles freqüentemente não têm casa e estão em uma situação em que "não têm nada a perder" (para consulta, ver Brown, Ridgely, Pepper, Levine e Ryglewicz, 1989; Evans e Sullivan, 1990; N. Miller, 1994).

Muitos terapeutas vêem esses pacientes como difíceis ou impossíveis de tratar. Há pouquíssimos terapeutas treinados nos tratamentos, tanto para o abuso de substâncias como para doenças mentais, e, sem uma abordagem sistemática aos vários problemas do paciente, o terapeuta pode ficar sobrecarregado e desmotivado. Por um lado, quando os pacientes com problemas de abuso de substâncias se apresentam em instituições de saúde mental, os clínicos geralmente subestimam a doença mental, acreditando ser secundária, negam responsabilidades e rejeitam o indivíduo. Se tais pacientes são aceitos para tratamento da doença mental, o problema de abuso de substâncias é freqüentemente subestimado ou ignorado. Por outro lado, em ambientes de tratamento para viciados em drogas, eles podem não ser aceitos em virtude do diagnóstico de doença mental ou por estarem tomando medicações psiquiátricas. Esse clima de "toma que o filho é seu" pode somar-se a um ciclo de falta de esperança (Cohen e Levy, 1992): o paciente chega sentindo-se sem esperanças, o terapeuta o vê como difícil e desmotivado, portanto acreditando não haver nada que se possa fazer e, por sua vez, o paciente se sente ainda mais desanimado e desmotivado (Goldsmith, 1992; Goldsmith e Miller, 1994; N. Miller, 1994).

Atualmente, não há uma etiologia definitiva nem da doença mental nem do abuso de substâncias. Ambos os transtornos apresentam, heterogeneamente, uma variedade de sintomas, graus de severidade e resultados (Kaplan e Sadock, 1991; Weiss, Mirin e Frances, 1992). Há uma alta taxa de prevalência para a co-morbidade de um transtorno psiquiátrico e transtorno de drogadição em ambientes psiquiátricos (N. Miller, 1994). Segundo o estudo de Identificação de Área Epidemiológica, do Instituto Nacional de Saúde Mental, a presença de um transtorno psiquiátrico triplica o risco de ter um problema com álcool ou drogas (Regier e cols., 1990). Para complicar ainda mais a situação, um transtorno de drogadição pode produzir sintomas difíceis de distinguir de um transtorno psiquiátrico (Kaufman e McNaul, 1992; N. Miller, Erickson e Owley, 1994). Os transtornos psiquiátricos levam ao abuso de drogas? O abuso de drogas provoca transtornos psiquiátricos? Quais são os modos de tratamento mais eficazes? As respostas a essas perguntas são bastante desconhecidas.

Alguns estudos empíricos demonstraram a eficácia da psicoterapia no tratamento de transtornos de abuso de substâncias e indicaram que, quando há sintomas psiquiátricos de moderados a severos, associados ao abuso de substâncias, a psicoterapia é superior ao aconselhamento tradicional para drogados. Também descobriu-se que os melhores resultados foram obtidos pelos terapeutas que aderiram às crenças teóricas e tiveram relacionamentos positivos com seus pacientes. Tais descobertas sugerem a necessidade de profissionais de saúde mental se envolverem no tratamento de transtornos de abuso de substâncias com sintomas psiquiátricos de moderados a severos (Kaufman e McNaul, 1992). Em virtude desse quadro complexo de etiologias incertas, relacionamentos co-mórbidos e apresentações heterogêneas tanto da doença mental como do transtorno de abuso de substâncias, uma abordagem estruturada e individualizada dirigida à pessoa de maneira holística oferece maiores possibilidades para um tratamento eficaz de pacientes com diagnósticos duplos. Um relacionamento terapêutico colaborativo também é essencial. Reconhecendo tais necessidades especiais, apresentamos neste capítulo o modelo cognitivo-comportamental atualmente utilizado com sucesso em dois diferentes centros comunitários de saúde mental: um dentro da cidade e o outro em uma área afastada.

# AMBIENTE E PROPÓSITO DO GRUPO

O modelo cognitivo de grupo de terapia com pacientes externos descrito aqui destina-se a ajudar os pacientes a entender e aceitar seu duplo diagnóstico e motivá-los a comprometer-se com o tratamento e recuperação de seus vários transtornos. Esse "Grupo de Envolvimento e Motivação" é a terceira de quatro fases de tratamento de nossos pacientes duplamente diagnosticados. As outras três fases estão brevemente descritas neste capítulo, para dar ao leitor um contexto da progressão dos pacientes por meio das diferentes fases e intervenções. O grupo de terapia aqui descrito é de uma fase de um programa de tratamento integrado com vários estágios, com pacientes externos e com diagnósticos duplos, desenvolvido e implementado em um centro comunitário de saúde mental. O centro fornece uma variedade de serviços, incluindo terapia individual, terapia em grupo, terapia familiar, administração de caso, serviços psiquiátricos, administração de medicação, tratamento-dia psicossocial e visitas em casa. O trabalho é feito a partir de uma abordagem de equipe multidisciplinar, que se sente confortável com um estilo colaborativo de interagir entre si e com os pacientes. Todos os pacientes têm um terapeuta e um psiquiatra principal com quem eles trabalham, e o planejamento e a programação de tratamento são feitos de maneira cooperativa entre paciente e terapeuta. Os pacientes são envolvidos em seu nível de funcionamento e desejo, e podem entrar ou sair de diversos modos ou tipos de tratamento, de acordo com suas necessidades, habilidades e vontade. O ambiente é de aceitação e incentivo e serve como uma base segura para os pacientes seguirem adiante.

# CRITÉRIOS E AGRUPAMENTO DE PACIENTES

Os pacientes devem ter pelo menos 18 anos de idade e atender aos critérios, seja definitiva ou provisoriamente, de um diagnóstico de abuso ou dependência de substâncias, assim como um outro transtorno de Eixo I. O diagnóstico é determinado por uma avaliação de saúde mental biopsicossocial e uma equipe multidisciplinar. Muito já se escreveu sobre as dificuldades em diagnosticar precisamente tais pacientes (Cohen e Levy, 1992; Evans e Sullivan, 1990; Lehman, 1996). Nesse modelo de tratamento, tal precisão não é tão fundamental, já que a suspeita de duplo diagnóstico é suficiente para começar a exploração colaborativa no grupo.

Os pacientes são invariavelmente muitíssimo heterogêneos em suas apresentações, diagnósticos, históricos psicossociais e circunstâncias de vida. Não existe um paciente ou grupo de pacientes "típico". Os pacientes, no mesmo grupo, podem ser homens e mulheres e a severidade da doença pode variar desde os casos de C.W. e de Nick, discutidos no início do capítulo; até de Jack, 45 anos, que tem transtorno obsessivo-compulsivo e dependência de maconha, com um emprego sólido como agente de viagens; e Sue, uma mãe solteira de 29 anos de idade e dois filhos que mora com sua família e sofre de transtorno bipolar I e dependência de álcool e cocaína, além de uma personalidade incerta; ou ainda Sam, um trabalhador sindicalizado aposentado de 60 anos, que vive com uma companheira e luta contra a dependência de álcool e depressão severa.

Embora o modelo cognitivo-comportamental seja flexível e possa acomodar grande variedade de pacientes, o paciente deve estar alerta e atento o suficiente para conseguir participar e se beneficiar das atividades em grupo e ser capaz de seguir instruções e ajustar-se às regras do grupo (Kalmus, 1996). A abstinência *não* é um critério para a participação no grupo, mas o paciente deve concordar em não comparecer ao grupo se estiver sob a influência de álcool ou drogas e, na verdade, será impedido de participar do grupo se estiver sob tal influência.

## QUESTÕES DE TRANSFERÊNCIA E CONTRA-TRANSFERÊNCIA

O relacionamento entre paciente e terapeuta pode apresentar muitos problemas, especialmente quando há transtornos de personalidade e abuso de substância envolvidos. Tais pacientes podem muito bem ter se envolvido em comportamento ilegal e anti-social. Seu comportamento é, muitas vezes, inconsistente e ofensivo, variando desde manipulador, abusivo, raivoso, espalhafatoso, agressivo ou intimidador até dependente, com tendências suicidas ou sedutor (Kalmus, 1996). O terapeuta pode ter pontos de vista negativos sobre usuários de substâncias ou certos traços de personalidade ou sentir-se incompetente para tratar uma pessoa com tais problemas de alto risco. Um terapeuta deve contestar suas próprias crenças sobre trabalhar com tais pacientes e evitar assumir uma postura de negatividade ou excesso de permissividade.

O papel do terapeuta é pró-ativo, ou de guia e professor, sem julgar ou tentar ser o salvador. Manter o grupo focalizado e voltado para a tarefa requer diligência e compromisso por parte do terapeuta. A tendência do paciente para desviar o grupo de seus objetivos e sair pela tangente combina-se muitas vezes apenas pelo fato de o terapeuta perder de vista o propósito do grupo e tentar abordar questões ou "consertar" os pacientes antes de estarem prontos para a mudança. Com um bom conhecimento de como cada paciente vê o mundo, mantendo os relacionamentos colaborativos e garantindo que a terapia seja orientada para o objetivo, o terapeuta enfrentará menos questões de transferência e contra-transferência. Se o terapeuta tiver fortes crenças negativas ou sentimentos negativos sobre um determinado paciente ou tipo de paciente, os quais não podem ser resolvidos por meio de supervisão ou auto-reflexão, o terapeuta deve privar-se de trabalhar com tais pacientes (Beck, Freeman e cols., 1990; Beck, Wright, Newman e Liese, 1993; Goldsmith, 1992).

## CONCEITUAÇÃO

O paciente com duplo diagnóstico é visto como uma pessoa que sofre de dois transtornos coexistentes: doença mental e dependência ou abuso de substâncias. Embora muitas vezes haja efeitos claramente interativos entre esses transtornos, ambos devem ser acompanhados (Drake, Muesser, Clark e Wallach, 1996; Weiss e cols., 1992). Não é suficiente tratar um transtorno esperando que o outro se resolva por si mesmo ou como um efeito do tratamento daquele, que é visto como o diagnóstico principal. Tanto a doença mental como os transtornos envolvendo substâncias químicas são vistos como transtornos biopsicossociais e espirituais, com sintomas que podem ser tratados e conduzidos à remissão. Cada uma das áreas deve ser abordada para ocasionar a mudança. Não é que esse modelo ignore os componentes fisiológico, biológico e ambiental dos transtornos, mas ele se concentra nas percepções cognitivas do paciente dos estímulos internos e do meio (Marlatt, 1985). Quando o paciente está estabilizado em termos médicos e psiquiátricos, a ênfase nas primeiras fases do tratamento está nos processos cognitivos que perpetuam a progressão dos transtornos e são, muitas vezes, o principal obstáculo para a vontade do paciente, ou mesmo capacidade para a mudança. Embora freqüentemente rotulados como resistentes, tais processos cognitivos são uma parte do paciente que, muitas vezes, vai além de sua própria consciência.

Beck, Wright, Newman e Liese (1993) e Marlatt (1985) classificaram esses processos envolvidos no abuso de substâncias nas áreas gerais de processos de eficácia pessoal, expectativas de resultados, atribuições de causalidade e tomada de decisões. Essa classificação ampla fornece uma ferramenta útil para começar a observar os pensamentos automáticos e esquema do paciente, relacionados não somente ao abuso de substâncias, mas também à doença mental. Também é uma maneira útil de organizar intervenções em um plano de tratamento coerente. A comunidade de tais processos naqueles com transtornos decorrentes de abuso de substâncias e doença mental torna o tratamento em grupo não somente eficaz, mas também o método preferencial de intervenção. O grupo pode fornecer a identificação, *feedback* e apoio que o paciente precisa quando começa a vislumbrar a mudança (Flores, 1988).

Embora este capítulo tenha como foco um modelo de grupo para o envolvimento e motivação para o tratamento de pacientes com duplo diagnóstico, ele é apenas uma fase de um programa completo de tratamento para essa população. O programa completo consiste nas fases descritas a seguir.

## Fase I: Avaliação e Adesão

São realizadas de uma a seis sessões para diagnosticar e avaliar o paciente. O objetivo dessa fase é começar a entender e conceituar os problemas do paciente ao mesmo tempo em que refreia definitivamente, ou pelo menos provisoriamente, tanto a doença mental quanto o uso de substâncias químicas. Não é necessário, neste ponto, eliminar a incerteza diagnóstica no rol de sintomas e problemas geralmente complexos e confusos que esses pacientes apresentam e fazer um diagnóstico definitivo. Esse modelo de tratamento apóia-se em um esforço colaborativo entre terapeuta e paciente para explorar o problema do paciente. Tal abordagem colaborativa para diagnóstico e avaliação evita as armadilhas da negação e resistência do paciente, assim como as dificuldades, muitas vezes inerentes, de fazer um duplo diagnóstico. O objetivo é fazer com que o paciente seja capaz de ter um discurso como "*quero trabalhar com você para descobrir se meus problemas têm a ver, de alguma forma, com uma doença mental e com o uso de substâncias ou não*".

Embora a ênfase esteja nas intervenções cognitivas, outras técnicas também podem ser úteis nessa fase. Tais técnicas, usadas individualmente ou em combinação, incluem (W. Miller e Rollnick, 1991):

- dar aconselhamento claro,
- identificar e remover barreiras,

- fornecer opções,
- reduzir a conveniência de não mudar,
- praticar a empatia,
- fornecer *feedback* preciso sobre a situação atual do paciente,
- esclarecer os objetivos, e
- ajudar ativamente.

A ênfase aqui é obter a adesão do paciente para a próxima fase do tratamento – a educação. Os pacientes geralmente preferem "assistir a uma aula" a "participar de uma terapia em grupo", portanto, apresentar a próxima fase dessa maneira ajuda a favorecer a aliança e a atitude colaborativas que o terapeuta tenta construir.

## Fase II: Grupo de Psicoeducação

O paciente comparece a seis sessões de 90 minutos, realizadas duas vezes por semana, durante três semanas. Nesse momento, o paciente recebe ampla descrição do que é a doença mental; como o uso, abuso e dependência de substâncias são definidos e avaliados; os efeitos interativos da doença mental e do uso de substâncias; prevenção de recaída e diversas opções de tratamento para ambos os transtornos. O paciente também aprende os conceitos e vocabulário que usará na próxima fase do tratamento – o grupo de envolvimento e motivação. Ele também é apresentado aos outros, alguns dos quais estarão nesse próximo grupo com ele, facilitando assim a transição para o novo grupo e novamente ajudando para a adesão. Na conclusão desse grupo, é realizada uma sessão individual com o paciente para explicar as opções para a próxima fase de tratamento. Alguns pacientes podem querer entrar em tratamento intensivo e, nesse momento, pode-se fazer a indicação e o contato adequados. A maioria dos pacientes provavelmente concordará em continuar a explorar seus problemas na próxima fase.

## Fase III: Grupo de Envolvimento e Motivação

Acreditamos que a chave do sucesso do resultado do tratamento e a continuação do sucesso na recuperação tanto da doença mental como da dependência química são a motivação do paciente para a recuperação e seu envolvimento com o tratamento. Por essa razão, este capítulo detalha bastante como o grupo é estruturado e conduzido. Esse grupo pode muito bem ser, portanto, a base sobre a qual o resultado do tratamento é construído. O objetivo é tornar o paciente capaz de identificar as causas de seus problemas, estabelecer objetivos para o tratamento e para sua vida e desenvolver e comprometer-se com um plano de tratamento para solucionar os problemas e atingir os objetivos. Os pacientes chamam isso de "Grupo de Identificação", já que se vêem envolvidos na identificação de quais são seus problemas e de onde eles vêm. O tempo estimado de permanência nesse grupo é de 6 a 12 meses.

## Fase IV: Tratamento Intensivo

Ao trabalhar com o paciente, o terapeuta desenvolve um plano de tratamento adequado a ele, cujo compromisso é cumpri-lo. Tal plano pode envolver a desintoxicação, tratamento com o paciente internado, tratamento em casa, tratamento intensivo com paciente externo, tratamento psiquiátrico, envolvimento extensivo com auto-ajuda ou outros serviços ou combinações adequadas. Grande parte da ênfase nessa fase está sobre as intervenções comportamentais. As mudanças comportamentais em áreas, como abstinência, adesão à medicação, mudanças no estilo de vida, habilidades sociais, resolução de problemas e capacidade de enfrentamento, são o foco principal dessa fase do tratamento.

O planejamento de tratamento adequado, seja por meio do terapeuta ou por indicação de fora, é crucial. Entre os fatores que devem ser considerados estão a extensão, natureza da doença mental e seu impacto sobre o funcionamento cognitivo e social do paciente, os recursos do paciente, a disponibilidade de alternativas de tratamento, raça, cultura, sexo, formação educacional, *status* socioeconômico, tempo e, se for considerado necessário, o tratamento em casa ou com o paciente internado, disponibilidade, acessibilidade e conveniência.

## Fase V: Apoio na Recuperação

Os objetivos desse grupo centralizam-se na prevenção da recaída, melhora no funcionamento, apoio contínuo, desenvolvimento de redes comunitárias e de apoio social e crescimento pessoal. As intervenções são tanto cognitivas como comportamentais. Dá-se especial atenção os sentimentos do paciente e sua capacidade de identificar e lidar produtivamente com eles. O paciente normalmente participa do grupo por dois anos.

# GRUPO DE ENVOLVIMENTO E MOTIVAÇÃO

## Filosofia e Objetivos do Grupo

O foco nesse grupo está primordialmente mais sobre o indivíduo que sobre o relacionamento ou processo dentro do grupo. Esse grupo está mais próximo de um modelo educacional, ao utilizar uma abordagem racionalista, presumindo que o comportamento e as dificuldades do paciente em mudança são um resultado direto do que o paciente pensa sobre si mesmo, seus problemas e seu mundo (Wessler e Hankin-Wessler, 1989). O terapeuta ajuda o paciente a identificar, examinar e mudar aquelas crenças e pensamentos prejudiciais para crenças e pensamentos menos problemáticos e mais úteis que facilitarão a mudança. O grupo fornece *feedback*, apoio e ajuda ao fornecer ao paciente individualmente maneiras alternativas de pensar.

Embora o objetivo final do tratamento seja a estabilização ou remissão dos sintomas da doença mental, abstinência do uso de substâncias químicas, melhor funcionamento e satisfazer os objetivos pessoais do paciente, o objetivo para esse grupo é simplesmente motivar e envolver cada paciente em um tratamento mais intensivo, destinado a ajudar o paciente a atingir os objetivos finais aqui mencionados. Na maioria das vezes, é a incapacidade do paciente de se envolver completamente ou de comprometer-se, e manter-se motivado para o tratamento e recuperação que causa o fracasso do tratamento. Esse fracasso é geralmente descartado como o porquê o paciente "não está pronto" ou visto como negação, defesa ou resistência do paciente. Muito freqüentemente, dá-se muito pouca atenção e faz-se pouco esforço para envolver o paciente completamente (Drake, McHugo e Noordsy, 1993; Osher e Kofoed, 1989). Esse modelo de grupo baseia-se na premissa de que quanto mais esforço se coloca nessa fase do tratamento, melhor o resultado. Quando o paciente estiver suficientemente estabilizado em termos médicos e psiquiátricos, o que tipicamente impede que ele se comprometa e sinta-se motivado são as crenças e pensamentos básicos sobre si mesmos, seus problemas e sua capacidade de mudar (Beck e cols., 1993). Uma abordagem cognitiva à terapia que aborda diretamente as crenças e pensamentos do paciente pode ser a maneira mais eficaz e eficiente de ajudá-lo a iniciar o processo de mudança.

## Crenças

A ênfase no trabalho do grupo está no esquema e pensamentos cognitivos automáticos que o paciente possui e que perpetuam o transtorno ou o impede de fazer mudanças. Beck e cols. (1993) identificaram que as crenças disfuncionais recaem sobre duas categorias: crenças de expectativa e crenças de permissão. As crenças de expectativa são aquelas relacionadas com o que o paciente sente que serão os benefícios do uso. Tais crenças envolvem idéias de busca de prazer, resolução de problemas, alívio e fuga (Beck e cols., 1993). As crenças de permissão têm a ver com justificar, correr o risco e tornar-se hábil (Beck e cols., 1993). Acreditamos ser útil, no planejamento de intervenções, classificar ainda mais essas crenças de permissão em crenças relacionadas com a negação – aquelas que o paciente utiliza para dizer a si mesmo que o problema ou comportamento não existe ou para minimizá-lo; e crenças de racionalização – aquelas que admitem, pelo menos parcialmente em relação ao comportamento, mas justificam, explicam, habilitam, atribuem ou negam a ligação entre comportamento e conseqüências. Pode-se utilizar um inventário de crenças (Beck e cols., 1993) para ajudar a identificar e acompanhar essas crenças, além das mudanças que podem ocorrer como resultado do tratamento.

## Organização e Regras do Grupo

O grupo, composto por 6 a 10 pessoas, encontra-se uma vez por semana, durante 90 minutos, embora esse número possa, em certos momentos, variar brevemente à medida que as pessoas se preparam para finalizar a terapia. O grupo é aberto, de modo que os pacientes podem entrar e sair a qualquer momento. Isso ajuda a estabelecer a continuidade e a facilitar o entendimento dos participantes mais novos sobre o trabalho a ser feito no grupo, ao observarem aqueles que estão a frente deles. Isso também confere aos participantes mais "antigos" do grupo uma oportunidade de ajudar e servir de modelo aos participantes mais novos. Só isso já pode ser terapêutico para os participantes mais antigos, já que pode muito bem ser a primeira vez que o paciente é o mentor, professor ou modelo para alguém.

O grupo tem limite de tempo, na expectativa de que o paciente concluirá o trabalho em grupo em 26 semanas ou 6 meses. Tal limitação de tempo ajuda a lembrar o paciente de que esse é um grupo de trabalho e que ele precisa fazer o trabalho. A experiência assim mostra que, apesar do trabalho e foco do grupo, os pacientes começam a sentir afinidade com o grupo e ter prazer em ficar o maior tempo possível. Embora o limite de seis meses seja importante e razoável, também é importante para o terapeuta aceitar que, devido à debilitação, ou outras razões válidas, alguns pacientes podem necessitar de mais tempo, o qual deve ser-lhe dado, mas em incrementos fixos, como, por exemplo, de um a três meses. O importante é que o paciente esteja fazendo esforço tão sincero e honesto quanto for capaz.

As únicas regras que o terapeuta impõe, além daquelas necessárias para garantir a segurança no grupo, são as seguintes:

- espera-se comparecimento regular,
- as tarefas devem ser totalmente concluídas e no tempo determinado,
- não é permitido comparecer ao grupo sob a influência de substâncias, e
- os pacientes devem reportar honestamente o uso de álcool ou drogas durante a semana anterior.

Os participantes do grupo são incentivados a estabelecer, por si mesmos, qualquer outra regra que sintam ser necessária para o grupo funcionar de maneira eficaz.

É importante, repito, notar que a abstinência não é solicitada nesse ponto do programa geral de tratamento. Embora a abstinência seja normalmente o objetivo final, o propósito do grupo é explorar, identificar e mudar o pensamento. A maioria das intervenções é, portanto, mais cognitiva que comportamental. O fato de não insistir na abstinência serve a várias funções. Primeiro, é geralmente difícil envolver os pacientes no tratamento se a abstinência for uma regra absoluta. Segundo, parece um tanto falso insistir que o paciente comece a praticar imediatamente o que é na verdade um dos objetivos finais ou resultados do processo de tratamento. Terceiro, os pacientes ficam muitas vezes defensivos contra uma barreira constante dos esforços de abstinência de seu ambiente. A falta de tal solicitação, assim como a aceitação do uso pelo paciente, é uma coisa com a qual o paciente não está acostumado, portanto ele pode achar mais fácil ligar-se ao terapeuta e ao grupo. Quarto, essa política que permite o uso evita o confronto e as manobras defensivas do paciente e pode levar à maior aceitação e adesão dos objetivos e do processo do grupo, assim como a um esforço mais sincero, honesto e voluntário por parte do paciente.

## Orientação Antes do Grupo

Durante uma sessão individual, antes de iniciar o grupo, são revisados o propósito e os objetivos do grupo. O paciente aprende como o grupo funciona e como dar e receber *feedback*. Explica-se o que se espera em termos de comparecimento e cumprimento das lições de casa, e pede-se a ele que assine um contrato concordando em aceitar e seguir as exigências do grupo. Durante todo o tempo, é importante reforçar que é um grupo de esforço colaborativo na exploração e compreensão dos problemas do paciente e para ajudar a desenvolver um plano eficaz de tratamento. É dito ao paciente que o uso de substâncias químicas não o impedirá de participar do tratamento, mas não poderá participar quando estiver sob a influência de álcool ou drogas.

## Atribuições do Grupo

Cada paciente deve concluir um conjunto semelhante de atribuições de lição de casa. Conforme o paciente progride no grupo, os resultados do Inventário de Crenças e a experiência do terapeuta com o paciente podem levar ao desenvolvimento de intervenções individualizadas para ajudar o paciente a lidar com crenças e pensamentos especialmente intransigentes ou únicos. Talvez também seja preciso desenvolver atribuições ou auxílio especializados para acomodar as necessidades, habilidades ou limitações físicas e psicológicas de um paciente. Barb, por exemplo, uma paciente oficialmente cega, solicitou um tutor e o uso de gravador para realizar com sucesso suas atribuições.

O essencial para satisfazer os objetivos do grupo são os exercícios escritos de lição de casa. Tais atribuições ajudam a identificar e contestar as crenças e os pensamentos do paciente sobre o uso de substâncias e a doença mental. Os pacientes com duplo diagnóstico, geralmente, apresentam distorções graves quanto à extensão e impacto do uso de substâncias em suas vidas e ao curso da doença mental. Descobrimos que os pacientes, ao se referirem verbalmente a sua história de uso de substâncias e da doença mental, quase invariavelmente minimizam a extensão e a severidade dos problemas. Pode ser que eles não o façam propositadamente, mas as distorções cognitivas, os mecanismos de defesa, os problemas de memória, a falta de conhecimento, os efeitos do uso prolongado de substâncias e, muitas vezes, a medicação psicotrópica no cérebro têm influência no pensamento do paciente sobre a extensão, severidade e causa de seus problemas. As lições de casa escritas colocam os fatos em "preto e branco" diante do paciente e, como tal, são uma forma de autoconfronto. Também dão a oportunidade para a reflexão. O paciente é incentivado a concluir as lições de casa da melhor forma possível, depois colocá-las de lado por um tempo e não pensar mais nisso. Ele é então instruído a pegá-las vez por outra, revisá-las e fazer acréscimos.

Muitas vezes, há reclamações de que não conseguem lembrar de tudo o que têm de fazer de lição de casa. Dizemos a eles que isso é normal e que tudo o que se pede é que a façam da melhor maneira possível e sejam honestos e sinceros. Também são incentivados a pedir, se possível, às pessoas importantes para eles para dar uma dica. A lição de casa não somente serve para intensificar a história, mas também para incentivar a participação do paciente no sistema social e de apoio.

Por ser um grupo aberto, os participantes ouvem e participam das lições de casa dos outros antes de fazer a sua e, assim, ganham confiança em sua própria capacidade de concluí-la. Não há, a princípio, um prazo final, mas os pacientes são incentivados a trabalhar de maneira estável, seguindo o próprio ritmo. Eles são lembrados que o grupo tem um tempo limitado e que eles devem relatar ao grupo ou ao líder do grupo qualquer problema com qualquer lição de casa. Se o esforço do paciente ou seu progresso não forem suficientes e o grupo for incapaz de intervir, é responsabilidade do líder do grupo fazê-lo individualmente. Muitos pacientes já passaram por outros programas de tratamento e se consideram "especialistas em tratamentos". Deve ser-lhe passada a mensagem, claramente, de que uma pessoa não poderá ficar no grupo por seis meses sem tentar participar.

Se possível, o grupo e, definitivamente, o terapeuta devem abordar o fracasso repetido em concluir lições de casa ou os esforços insuficientes por parte do paciente. As normas do grupo quanto à importância e significado do trabalho são frágeis e podem ser facilmente contaminadas por um participante não colaborativo e continuamente rebelde. Se esse for o caso, e nem o grupo nem o terapeuta conseguirem a cooperação do paciente, ele deve, então, ser dispensado do grupo com uma indicação para outro tratamento e que isso não necessariamente significa um fracasso no tratamento, mas sim um programa inadequado para ele naquele momento.

As lições de casa são apresentadas em grupo para obter *feedback* e apoio. Após concluir cada lição de casa, o líder do grupo também precisa processar, com o paciente e com o grupo, o que se descobriu de valor ao fazer a lição de casa, assim como seus sentimentos sobre ela. Os outros participantes do grupo também são incentivados a dizer o que ganharam com suas lições de casa. Ao ouvir e participar das lições de casa dos outros, os participantes geralmente identificam seus próprios problemas e adquirem maior percepção sobre sua vida passada e presente.

O conjunto de atribuições comuns consiste nas intervenções de lição de casa descritas a seguir.

## *Lição de Casa 1: Objetivos de Vida*

A maior parte do tratamento para abuso de substâncias, e muito do tratamento para a doença mental grave e crônica, é "dolorido", com base nas conseqüências (White e Chaney, 1993). Em outras palavras, é um tratamento destinado a amenizar os sintomas, aliviar a dor ou reverter as conseqüências negativas. O paciente está tentando escapar de alguma coisa. Se a dor ou as reações adversas da doença mental ou do uso de substâncias forem suficientemente severas, o paciente é, ou pode ser, motivado a tentar mudar. A mudança pode, porém, ter curta duração. Uma vez removida a "dor", a memória dela e a motivação para manter a mudança muitas vezes arrefecem, resultando, quase sempre, em recaída. Isso é especialmente verdade para os pacientes com duplo diagnóstico, que geralmente já passaram por programas de dependência química para tratar o abuso de substâncias e por tratamento de saúde mental para tratar a doença mental, mas tendem a ter recaídas rapidamente em um ou ambos os transtornos. Muitas vezes, esses pacientes não estão sofrendo as conseqüências sérias ou a "dor", nas quais muitos programas se baseiam (Osher e Kofoed, 1989; White e Chaney, 1993). Eles geralmente estão desempregados, descasados, morando em algum tipo de albergue ou com os pais e recebendo ajuda financeira do seguro social ou do Estado. Assim, as pressões sociais e as motivações comuns não funcionam (Levy, 1993; Osher e Kofoed, 1989). Esses pacientes podem muito bem ser socializados ao papel de paciente ou tão recompensados por sua doença mental e abuso de substâncias que não pensam no futuro com nenhum objetivo ou direção, nenhum sonho ou fantasia e com pouca esperança. Portanto, esses pacientes muitas vezes não são muito motivados para a mudança. Por que deveriam?

O objetivo dessa intervenção é começar a indicar uma razão para o paciente querer mudar. Destina-se a ajudar o paciente a começar a ir *em direção* de alguma coisa. A intervenção consiste em três partes. Primeiro, os pacientes são instruídos a pensar em grupo sobre a natureza dos objetivos, os benefícios de ter objetivos e como desenvolver objetivos para si mesmos. É dito clara e explicitamente que o propósito desse exercício não é desenvolver um plano de objetivos para trabalhar em grupo, mas delinear objetivos, sonhos, esperanças ou fantasias individuais para si mesmos. O conceito de recuperação é discutido não somente em termos de "escapar" de alguma coisa, mas em termos da natureza e da importância essenciais de "ir em direção" de alguma coisa para a mudança significativa e de longa duração.

A lição de casa aqui é escrever em frases curtas seus objetivos ou direção que gostariam para suas vidas. Cada participante pode fazer isso da melhor maneira para eles. Uma forma sugerida é pensar em termos do modelo de pessoa integral (Wegscheider-Cruise, 1989), com o qual se familiarizou no grupo educativo. Esse modelo é estudado e os participantes são incentivados a identificar mudanças, objetivos ou direção em várias ou todas as áreas do modelo – físico, mental, emocional, social, volitivo e espiritual. Entretanto, o paciente é livre para realizar esse exercício da maneira que se sentir mais confortável. Enfatiza-se que esses objetivos devem ser próprios do paciente, e não aqueles que eles "devem" ter ou aqueles que vão agradar aos outros. Também se deve enfatizar que tais objetivos podem ser simples ou grandiosos, dependendo da vontade do paciente. Ele é incentivado a soltar a imaginação. A única regra é que os objetivos sejam coisas realmente desejadas por ele. Quando tiver terminado, ele revisa sua lição de casa com o grupo para *feedback* e apoio.

Os pacientes, muitas vezes, têm dificuldades por nunca terem realmente pensado sobre o que queriam para si mesmos ou produzem uma lista de objetivos materiais superficiais, como um carro novo, um emprego, uma casa, etc. Se for isso que eles querem realmente, tudo bem. Muito freqüentemente, ao explorar tais objetivos, descobrimos que eles se baseiam naquilo que sempre lhes disseram ser os que deveriam perseguir. Embora concordemos que tais coisas seriam boas, ressaltamos que isso parece não ter funcionado para eles e que talvez essa seja uma das razões pelas quais eles não conseguiram atingi-los. Em outras palavras, são objetivos de outra pessoa. Acreditamos que podemos encontrar dicas para os pensamentos automáticos e esquema do paciente incutidos em tais objetivos. Começamos a experimentá-los e mudá-los, perguntando: *"o que eu verdadeiramente quero para mim e que gostaria de trabalhar para conseguir e mudar? O que eu quero e o que estou disposto a fazer para isso?"*.

A terceira parte dessa intervenção é relaxar o paciente em grupo e utilizar imagens de substituição ou futuras (Edwards, 1989; Freeman, Pretzer, Fleming e Simon, 1990), para ajudar a fundamentar os objetivos e torná-los reais para o paciente. Deve-se dispensar cuidados e tempo para detalhar e completar essas imagens o máximo possível. A facilidade e a dificuldade que cada participante tem em estabelecer novas imagens podem ser dicas da importância desses objetivos ou até que ponto eles realmente pertencem ao paciente.

Essa intervenção deve ser conduzida com tempo e cuidado, já que pode ser a base para o paciente desenvolver motivação para o tratamento. Em nossa experiência, as respostas dos pacientes a essa lição de casa e o tempo gasto com ela são geralmente excelentes. Os comentários positivos incluem declarações como *"Nunca tive objetivos na vida. Nunca pensei nisso. É uma coisa boa"*, *"Sinto-me como uma nova pessoa. Tenho o que esperar"* ou *"Foi difícil e aterrorizador, mas estou feliz por ter conseguido. Me fez pensar em mim mesmo"*.

Essa lição de casa traz esperança, propósito e uma razão para trabalhar. O paciente é solicitado a começar a trabalhar para si mesmo, talvez pela primeira vez na vida.

## *Lição de Casa 2: Histórico de Uso de Substâncias e Impacto Sobre a Vida*

O desenvolvimento do histórico de uso de álcool e drogas do paciente é um elemento importante para conduzir o paciente à mudança de pensamento sobre a extensão e significado do uso (Beck e cols., 1993). Essa lição de casa é feita em duas partes: um histórico de uso e um exame das conseqüências e do impacto. O paciente recebe um histórico de uso para preencher, antes de fazer a lição de casa relacionada às conseqüências e ao impacto. No histórico, o paciente é instruído a não registrar nada além do tipo de substância química usada, a quantidade, a freqüência e a duração do uso. O que se está observando são os "fatos" do uso, não as explicações para ele. Terapeuta e paciente também estão observando o desenvolvimento da tolerância e a progressão e difusão do uso na vida do paciente. Quando o paciente apresenta a lição de casa em grupo, o terapeuta deve ser pró-ativo de modo a manter o paciente focado na tarefa, permitindo apenas a apresentação do que foi pedido. Há uma tendência para querer contar a estória do uso, o que o terapeuta, sutilmente, evita dizendo ao paciente que ele terá chance de contar tudo na próxima fase da lição de casa. Isso é feito não somente para que o histórico seja um "olhar fatual em preto e branco", mas também para evitar que as crenças do paciente relativas a justificativa, culpa e explicação ou mesmo a lembrança eufórica do uso sejam reforçadas. Contar a história do uso de substâncias também tende a fragmentá-lo e diminuir seu impacto.

Quando recebem essa lição de casa, os pacientes muitas vezes protestam, dizendo que não conseguirão lembrar de todos os detalhes. Eles são incentivados a fazer o melhor que puderem. Associar o uso a diferentes períodos, como os tempos da escola ou no trabalho, entrevistar as pessoas próximas do paciente e trabalhar na lição de casa, deixá-la de lado por um tempo e depois retomá-la são boas sugestões. Os participantes que já tiverem terminado podem compartilhar suas dúvidas e contar como lidaram com a lição de casa. Também são lembrados de que essa lição de casa não vale para nota, não será recolhida nem corrigida por ninguém. Ela serve somente para o paciente entender melhor, com a ajuda do grupo, seus padrões de uso de substâncias.

Ao terminar, o paciente compartilha com o grupo não por razões "confessionais", mas para que o paciente tenha um *feedback* e apoio do grupo. Os participantes, com base na própria experiência, conseguem dizer se o histórico e os padrões de uso do paciente lhes parecem verdadeiros ou se ele pode estar minimizando ou defendendo, de alguma forma, o uso. O paciente recebe *feedback* e apoio do grupo e, ao mesmo tempo, o grupo muitas vezes identifica-se com o paciente e começa a sentir-se menos sozinho ou único em sua história de uso. O processamento dos sentimentos do paciente e do grupo sobre a conclusão da lição de casa, o que aprenderam sobre a história de uso e o que podem ter aprendido sobre sua própria história finaliza a intervenção. Esta pode ser uma intervenção fundamental, pois se concentra somente nos "fatos" do uso. As reações dos pacientes incluem declarações como "*Nunca tinha percebido como minha vida está presa às drogas*", "*eu não sabia que eu bebia tanto*" e "*toda a minha vida tem girado em torno do uso*".

A segunda parte dessa intervenção envolve o exame feito pelo paciente dos resultados, conseqüências e impacto do uso de substâncias sobre diferentes aspectos de sua vida. Essas áreas incluem a preocupação, tentativas de controle, finanças, educação, trabalho, lar, atividades sociais, saúde emocional, saúde física, aparência, questões legais, sexuais e espirituais e a família e os relacionamentos. Novamente, o propósito aqui é fazer com que o paciente examine a realidade do uso de substâncias. A lição de casa é revisada no grupo, quando o paciente é solicitado a descrever seus pensamentos sobre o uso tanto antes como depois de fazer a lição de casa. A diferença é, muitas vezes, drástica e provavelmente se revelará de maneira clara nas mudanças do repertório de crenças, especialmente aquelas relativas à negação: pensamentos de permissão.

Essa lição de casa é fundamental, pois o componente afetivo está vindo à tona. O paciente está examinando o impacto do uso de substâncias não somente sobre ele mesmo, mas também sobre as pessoas próximas a ele. Sentimentos de culpa, vergonha, raiva e muitos outros são normalmente evocados pela lição de casa. Bob, um trabalhador da área de construção de 52 anos de idade e machão, do tipo "ninguém me diz o que fazer", chorou abertamente no grupo. Ele afirmou que aquela era a primeira vez que chorava em mais de 20 anos. Essa é uma reação típica, e o apoio e o *feedback* do grupo são a chave para ajudá-lo a começar a lidar com esses sentimentos. O terapeuta e o grupo enfatizam para o paciente que não é o fim de tudo, mas pode ser um novo começo. Processar os sentimentos e pensamentos em relação à conclusão da lição de casa é extremamente importante para garantir sua segurança.

## *Lição de Casa 3: Histórico de Saúde Mental e Impacto Sobre a Vida*

Com muita freqüência, em programas para duplos diagnósticos, a ênfase está no abuso de substâncias, enquanto a parte da doença mental é tratada com medicação ou supondo-se que vai melhorar com a sobriedade. Nesse modelo de grupo, tenta-se colocar a mesma ênfase na doença mental. Embora seja difícil, se não impossível, tratar a doença mental perante o uso continuado de substâncias, ela deve ser observada para ajudar a esclarecer o diagnóstico, ou seja, como um diagnóstico coexistente no *Manual Diagnóstico e Estatístico de Transtornos Mentais* (4ª edição, Associação Psiquiátrica Americana, 1994 – DSM IV), ou como um transtorno induzido por substâncias, de modo a possibilitar o planejamento e, se possível, o início de um tratamento apropriado para a doença mental.

A primeira parte do histórico de saúde mental é semelhante ao de uso de substâncias. É importante para o paciente listar todos os períodos em que acharam que os sintomas poderiam estar presentes e se foram ou não diagnosticados e tratados. Ao descrever os sintomas, como, por exemplo, de depressão ou ansiedade, muitos pacientes afirmam que *"Me senti assim a vida toda"* ou *"me sinto assim desde que era adolescente"*. Isso pode começar a ajudar a esclarecer o quadro diagnóstico, assim como fornecer alguns indicadores de possíveis transtornos de personalidade. Isso também ajuda a começar a explorar a possibilidade de o paciente ter sintomas automedicados, os sintomas da doença mental precedendo o uso de substâncias. Em contraposição, pode começar a haver indicações de sintomas como resultantes do uso de substância química. Uma revisão dos sintomas comuns de transtornos de pensamento, de humor e de ansiedade da fase educativa anterior pode ser útil. Dessa vez, a severidade dos episódios também é classificada para ajudar o paciente a identificar aqueles períodos nos quais a doença mental poderia estar menos severa, minimizada ou até mesmo ignorada.

A segunda parte dessa lição de casa, que também não é dada até que a primeira parte esteja finalizada, observa como o paciente vê a forma pela qual a doença mental afeta sua vida. O modelo de pessoa integral é usado como uma maneira simples e coerente de examinar o impacto. O mesmo cuidado e esforço são dispensados pelo paciente, grupo e terapeuta, a essa lição de casa como feito no histórico e impacto do uso de substâncias, sendo igualmente importante prestar atenção e dar apoio quando o paciente observa essa parte de sua vida para sua própria segurança.

## *Lição de Casa 4: Integração de Históricos*

Essa intervenção é construída com base nas lições de casa anteriores e destina-se a representar, graficamente (Quadro 6.1), a conexão entre o uso de substâncias e a doença mental para o paciente. Essa pode ser uma lição de casa difícil, sendo às vezes necessário dispensar mais tempo individual e em grupo para ajudar os pacientes a conceituá-la e realizá-la. Uma vez terminado, entretanto, o gráfico pode apresentar um quadro claro e vívido do relacionamento entre uso de substâncias e doença mental.

O paciente atribui valores de freqüência para o histórico de uso de substâncias e depois, literalmente, coloca em um gráfico o histórico de uso e a severidade dos sintomas da doença mental. Utiliza-se a freqüência de uso, em vez da quantidade, tipo de substância ou duração, isto por duas razões: primeiro, eles normalmente admitem o uso, mas têm problemas em declarar a quantidade ou sua importância, sendo vagos

Quadro 6.1. Gráfico de histórico de abuso de substâncias e de saúde mental

| 5 | | | | | | | | |
|---|---|---|---|---|---|---|---|---|
| 4 | | | | | | | | |
| 3 | | | | | | | | |
| 2 | | | | | | | | |
| 1 | | | | | | | | |
| **Idade** | **10** | **15** | **20** | **25** | **30** | **35** | **40** | **45** |

Ao completar o gráfico, siga as instruções abaixo atentamente. Sugerimos que você as releia antes de começar a lição de casa:

A - Volte ao histórico de abuso de substâncias e, para cada idade preenchida, coloque um número na margem ao lado da idade como se segue:

1. Nenhum uso de nenhuma substância.
2. Uso de alguma substância uma vez por semana.
3. Uso de alguma substância 2 a 3 vezes por semana.
4. Uso de alguma substância 4 a 5 vezes por semana.
5. Uso de alguma substância 6 a 7 vezes por semana.

B - Com um lápis colorido, insira o número (1 a 5 da margem) no quadro acima na idade correspondente.

C - Com um lápis de cor diferente, insira a classificação da severidade do histórico de doença mental na idade correspondente.

D - Prepare-se para discutir com o grupo o que você aprendeu sobre a relação entre a doença mental e uso de substâncias.

ou talvez minimizando o tipo de substâncias ou quantidades usadas. Essa abordagem evita a confrontação e defesa de tais assuntos. Esse método de mensurar a importância do uso também evita o debate quanto à importância da quantidade ou do tipo de substância usada (por exemplo, "*Duas cervejas nunca mataram ninguém*"). Segundo, muitos pacientes podem ser "extremamente sensíveis" a quantidades ainda menores de uma substância (Evans e Sullivan, 1990). É, portanto, importante observar o relacionamento do uso de qualquer substância com os sintomas da doença mental.

Quando a lição de casa é apresentada no grupo, é crucial avaliar a explicação do paciente da correlação entre o uso de substâncias e os sintomas. Se o paciente continua a negar uma conexão entre as duas coisas, ou oferece explicações alternativas ou crenças sobre o que o quadro mostra, o *feedback*, o questionamento socrático ou talvez a confrontação direta do terapeuta e do grupo podem ter um papel importante na tentativa de ajudar o paciente a confrontar a realidade, aceitar seu duplo diagnóstico e alterar os pensamentos irracionais que possa ter sobre si mesmo e sua condição.

### *Lição de Casa 5: Análise das Vantagens e Desvantagens*

É dito ao paciente que ele agora tem uma visão completa e precisa de seu uso de substâncias, sua doença mental e o impacto de ambos em todos os aspectos de sua vida. O paciente então deve empenhar-se na tarefa de identificar as vantagens e desvantagens (Beck e cols., 1993; Freeman e cols., 1990) de ser e não ser mentalmente doente, assim como as vantagens e desvantagens de usar ou não substâncias. O terapeuta e o grupo precisam prestar bastante atenção se o paciente é capaz de identificar tanto as vantagens como as desvantagens. Ele deve discutir com o grupo sua avaliação geral e pesar o valor de continuar usando substâncias e do tratamento dos sintomas.

### *Lição de Casa 6: Plano de Tratamento*

Com a ajuda do terapeuta, os planos alternativos de tratamento são examinados com o paciente. Eles podem variar desde não fazer nada até o tratamento intensivo com o paciente internado. Geralmente, quando chegam a esse ponto do grupo, eles já iniciaram as mudanças. O uso de substâncias, muitas vezes, já diminuiu ou foi suspenso, os sintomas podem ser melhor administrados e outras mudanças na vida já estão acontecendo. Eles talvez declarem, nesse ponto, que "aprenderam tanto" sobre si mesmos e "se conscientizaram de tantas coisas" que não precisam mais de tratamento, acreditando que esse conhecimento e essa vontade são suficientes para fazê-los parar de usar substâncias e melhorar. É fundamental que o terapeuta não permita que esse pensamento continue sem ser contestado. O paciente foi educado sobre o tratamento e a recuperação, além da recaída, e essas informações devem ser revistas. É dito a ele que o tratamento o ajudará com as habilidades de implementar a decisão e o compromisso na recuperação e crescimento, aumentar as chances de melhorar, ajudar a prevenir a recaída e, o que é mais importante, ajudar a atingir seus objetivos.

Se o paciente ainda estiver relutante, ele pode ser encaminhado a outros que tenham lidado com sucesso com problemas semelhantes para identificar o que fizeram ou não e o que trabalharam ou não. Se o paciente afirma não saber onde encontrar tais pessoas, ele pode, se houver disponibilidade, ser encaminhado para antigos pacientes que podem ser encontrados em reuniões abertas de grupos, como Duplos Diagnósticos Anônimos, Alcóolicos Anônimos, Associação de Maníacos-Depressivos e Depressivos ou outros grupos semelhantes e adequados. Pede-se a ele que seu propósito nessas reuniões seja investigar e reportar ao grupo suas descobertas.

O paciente então é solicitado a preparar um plano de tratamento por escrito sobre o que fará a seguir. Esse plano é revisado com o grupo para *feedback*. O terapeuta ajuda o paciente a finalizar com o grupo, rever o que aprendeu, analisar as mudanças nas crenças, os sentimentos sobre o grupo, sua experiência nele e os sentimentos sobre ir embora. Os participantes do grupo também falam sobre o que aprenderam do paciente e de seus sentimentos, esperanças e medos em relação à partida do paciente.

## Progresso por Meio do Tratamento

Os participantes do grupo podem fazer suas lições de casa em ritmo confortável para eles. Entretanto, são lembrados de que o grupo tem limite de tempo e que eles podem precisar ser monitorados e incentivados a manterem-se progredindo. Como muitos desses pacientes não estão acostumados a se organizar ou a organizar suas atividades, a intervenção individual ou em grupo pode ser necessária para ajudar a manter o paciente em curso. Se parecer que o paciente está fazendo um esforço sincero para concluir o trabalho, pode-se estender o limite de tempo, de preferência fazendo acréscimos discretos, possivelmente relacionados a cada lição de casa que precisa ser concluída. Para a maioria dos participantes, seis meses é tempo suficiente para concluir o trabalho.

De vez em quando, os indivíduos ou todo o grupo começam a ficar para trás na conclusão das lições de casa. Um questionário, como o sugerido por Beck, Newman e Liese (1993) ou por Burns (1993), sobre as razões pelas quais o paciente não conclui as lições de casa pode ser utilizado com resultados positivos, o qual não somente ajuda a abordar essas questões, mas também a clarear o caminho de alguma forma. É útil como um exercício tanto individual como em grupo. Quando usado em grupo, os participantes têm 10 minutos para preenchê-lo. Nesse caso, os questionários não são recolhidos, mas as respostas são anotadas para cada participante e depois computadas para o grupo. As razões tipicamente computadas, já observamos, tendem a se resumir a algumas poucas. O grupo pode então resolver alguns problemas, estabelecer objetivos ou fazer qualquer outra coisa necessária para abordar as razões identificadas e depois voltar à lição de casa. A adesão quase que inevitavelmente aumenta após a conclusão dessa tarefa.

É importante acompanhar o progresso do paciente durante o tratamento. Uma ferramenta útil para isso é um inventário de crenças (Beck e cols., 1993). Esse instrumento pode ser preenchido pelo paciente no início e a intervalos regulares durante o tratamento. Os resultados podem ser revisados com o paciente e intervenções individuais desenvolvidas para abordar crenças mal-adaptativas persistentes ou erros no pensamento. A medida definitiva do progresso, claro, é se o paciente está envolvido ou não com o tratamento, se está desenvolvendo-se e se está motivado para se comprometer com plano desenvolvido por eles, para a próxima fase do tratamento.

## Estrutura da Sessão em Grupo

A estruturação da sessão em grupo é um elemento essencial do modelo cognitivo. Permite usar o tempo ao máximo, foca a sessão em tarefas acessíveis, cria uma atmosfera de trabalho e ajuda a manter a continuidade de sessão para sessão (Beck e cols., 1993). Embora o foco e a maior parte do tempo passado no grupo devam ser usados para concluir lições de casa, pode-se dispensar algum tempo no final da sessão para que os participantes discutam qualquer crise ou problema sério que necessite de ajuda imediata. É recomendável utilizar o final da sessão porque os usuários de substâncias, muitas vezes, apresentam muitos materiais sobre problemas antigos e contínuos, assim como crises aparentemente agudas e constantes.

*Situação 1: A.O., um paciente jovem, trouxe ao grupo uma situação que teria de enfrentar naquele dia, com a qual se sentia incapaz de lidar se não estivesse drogado. Ele disse: "Minha filhinha está no hospital muito doente e preciso ir vê-la. A família da minha namorada não gosta de mim e eles vão olhar torto para mim. O bebê vai chorar e não tenho a menor idéia do que fazer. O único jeito é ir drogado".*

*Com o incentivo do grupo, ele conseguiu identificar vários pensamentos automáticos associados à situação:*

- *"Sou um pai ruim porque não trabalho".*
- *"Não tenho nada a oferecer para minha filha e para minha namorada".*
- *"A família da minha namorada acha que sou um vagabundo".*
- *"Sinto-me inútil quando o bebê chora e não tem nada que eu possa fazer".*

*O grupo então o ajudou a fazer uma lista das coisas que ele poderia fazer:*

- *Dar algum alívio para a namorada, dando-lhe um tempo para relaxar.*
- *Trazer-lhe uma xícara de café.*
- *Conversar com o bebê e gentilmente acalmá-lo.*
- *Apresentar-se à enfermeira e ao médico e obter informações sobre o estado de saúde do bebê.*

As técnicas cognitivo-comportamentais podem ser aprendidas e utilizadas para intervir entre o estímulo e o desejo incontrolável ou entre o desejo incontrolável e realmente usar drogas, de modo a interromper o ciclo vicioso. Algumas técnicas úteis de intervenção incluem usar o registro de pensamento diário, para monitorar os pensamentos automáticos e identificar as crenças subjacentes (Beck e cols., 1993, pp.143-5), monitorar e programar atividades, fazer uma lista das vantagens e desvantagens de usar e não usar substâncias, identificar e aprender novas maneiras de se sentir bem, dramatizar e usar imagens mentais para distrair-se ou imaginar-se tendo autocontrole (Edwards, 1989).

***Situação 2:*** *C.W., um jovem esquizofrênico com um sério problema de abuso de cocaína, corria o risco de perder sua situação atual em um programa de moradia transitória se chegasse drogado novamente. Ele é inteligente, mas se sente desconfortável no meio de outras pessoas, buscando sozinho as soluções* *para seus problemas, sem pedir ajuda a ninguém. Sua lição de casa na semana anterior era observar os momentos e situações em que sentia vontade de se drogar, classificar o desejo incontrolável em uma escala de 1 a 10, e identificar os pensamentos automáticos. C. W. costumava fazer suas lições.*

*C.W.: "Eu estava me sentindo bastante bem, era sexta-feira e fazia duas semanas que não usava drogas. Disse a mim mesmo que eu merecia me divertir, pois tinha sido bom. Era um desejo médio, mais ou menos 5 na escala. Olhei meu cartão de vantagens e desvantagens de usar drogas e decidi não me drogar porque eu poderia acabar tendo de morar na rua, mas não sei o que vai acontecer da próxima vez".*

*O grupo explorou com C.W. outras maneiras de recompensar-se por ter sido bom. Foi difícil para ele ter alguma idéia, mas finalmente conseguiu identificar algumas coisas:*

- *jogar videogame;*
- *comprar alguns salgadinhos se tivesse dinheiro; e*
- *jogar basquete ou fazer musculação na academia.*

*Ele escreveu essas coisas em um cartão e concordou em consultá-lo na próxima vez que sentisse vontade de se drogar. Uma exploração mais profunda revelou que suas crenças subjacentes eram: "Nunca consegui nada e nunca vou conseguir", "sou um fracassado". Ele está trabalhando nessas crenças enganosas.*

O terapeuta deve contrabalançar a necessidade de utilizar o tempo para os propósitos e objetivos do grupo e lidar com aquelas situações que verdadeiramente apresentam um perigo para o paciente ou para os outros ou que estejam atrapalhando a capacidade de o paciente de progredir. Uma estrutura sugerida para uma sessão típica poderia ser a seguinte:

1. Registro do paciente: Verificação de humor;<br>Situação das lições de casa;<br>Uso de substâncias durante a semana;<br>Tempo necessário no final da sessão.

2. Estabelecimento de agenda: Terapeuta e paciente estabelecem juntos uma agenda.
3. Lições de casa: Apresentação e *feedback*.
4. Questões individuais: Dependendo do tempo ou da necessidade.
5. Resumo e *feedback*: Tanto da sessão como do grupo.

# CONCLUSÃO

Atualmente, há poucos programas disponíveis ou patrocinados que sejam verdadeiramente integrados para pacientes com duplo diagnóstico (Kaufman e McNaul, 1992; Minkoff, 1994) e, devido à natureza crônica da doença mental e da dependência de substâncias, a maioria dos indivíduos acaba no sistema público para tratamento, mais freqüentemente em um centro de saúde mental da comunidade local. Portanto, é importante desenvolver programas nesses centros que aceitem, em vez de rejeitar, tais pacientes e que tratem os problemas coexistentes. O programa deve ter uma equipe familiarizada tanto com o tratamento para a doença mental como para o abuso de substâncias, e fornecer treinamento contínuo para a equipe com foco teórico específico para a exploração de crenças subjacentes sobre doença mental e abuso de substâncias.

Os pacientes com diagnósticos de doença mental e abuso ou dependência de substâncias representam um desafio complexo e difícil para o terapeuta. As dificuldades e fracassos no tratamento muito freqüentemente decorrem do fato de o paciente não estar suficientemente motivado para a mudança e completamente envolvido no processo de tratamento. Embora a doença mental e o abuso de substâncias envolvam fatores físicos, emocionais e ambientais que não devem ser minimizados, são as cognições mal-adaptativas do paciente que impedem sua disposição para tentar a mudança. O modelo de terapia em grupo apresentado neste capítulo concentra-se nessas questões cognitivas e tenta ajudar o paciente a mudar suas crenças e pensamentos sobre si mesmo, seu mundo e seu futuro, além de investir na possibilidade de mudança e na disposição para trabalhar para ela. O uso de técnicas cognitivo-comportamentais em uma atmosfera segura dentro do grupo pode ser um modelo eficaz que permite o máximo aprendizado, o qual pode ser transferido para outras áreas da vida.

Trabalhar com pacientes com duplo diagnóstico exige paciência e capacidade de apreciar pequenas melhoras, sem se desmotivar com os reveses. O modelo cognitivo-comportamental permite um foco estruturado, para que a melhora possa ser identificada e mensurada. Também é importante para o terapeuta estar continuamente atento para seus próprios pensamentos e crenças subjacentes, que afetem o trabalho com esses pacientes, e manter uma crença de que eles não somente podem se curar, mas que realmente se curam.

## REFERÊNCIAS BIBLIOGRÁFICAS

American Psychiatric Association. (1994). Diagrlostic and statistical manual of mental disorders (4th ed.). Washington, DC: Author.

Beck, A. T., Freeman, A., & Associates. (Eds.). (1990). Cognitive therapy of personality disorders. New York: Guiliord Press.

Beck, A., Wright, F., Newman, C., & Liese, B. (1993). Cognitive therapy of substance abuse. New York: Guilford Press.

Brown, V. B., Ridgely, M. S., Pepper, B., Levine, I. S., & Ryglewicz, H. (1989). The dual crisis: Mental illness and substance abuse. American Psychologist, 44, 565-569.

Burns, D. (1993). Ten days to self-esteem. New York: Quill William Morrow.

Cohen, J., & Levy, J. (1992). The mentally ill chemical abuser; whose client? New York: Lexington Books.

Drake R. E., McHugo, G. L., & Noordsy, D. L. (1993). Treatment of alcoholism among schizophrenic outpatients: 4-year outcomes. American Journal of Psychiatry, 150, 328-329.

Drake, R., Muesser, K., Clark, R., & Wallach, M. (1996). The course, treatment, and outcome of substance disorder in persons with severe mental illness. American Journal of Orthopsychiatry, 66, 42-51.

Edwards, D. (1989). Cognitive restructuring through guided imagery: Lessons from gestalt therapy. In A. Freeman, K. Simon, L. Beutler, & H. Arkowitz (Eds.), Comprehensive handbook of cognitive therapy (pp. 283-297). New York: Plenum Press.

Evans, K., & Sullivan, J. (1990). Dual diagnosis. New York: Guilford Press.

Flores, P. (1988). Group psychotherapy with addicted populations. New York: Haworth Press.

Freeman, A., Pretzer, J., Fleming, B., & Simon, K. (1990). Clinical applications of cognitive therapy. New York: Plenum Press.

Goldsmith, R. J. (1992). The essential features of alcohol and drug treatment. Psychiatric Annals, 22, 419-424.

Goldsmith, R. J., & Miller, N. S. (1994). Training psychiatric residents in the addictions. Psychiatric Annals, 24, 432-439.

Kalmus, J. (1996, March). Dual diagnosis. Paper presented at the annual conference of the Illinois Alcohol and Drug Abuse Professional Counselor Association, Arlington Heights, IL.

Kaplan, H. I., & Sadock, B. J. (1991). Synopsis of psychiatry (6th ed.). Baltimore: Williams & Williams.

Kaufman, E., & McNaul, J. P. (1992). Recent developments in understanding and treating drug abuse and dependence. Hospital and Community Psychiatry, 43, 223-235.

Lehman, A. (1996). Heterogeneity of person and place: Assessing co-occurring addictive and mental disorders. American Journal of Orthopsychiatry, 66, 32-41.
Levy, M. (1993). Psychotherapy with dual diagnosis patients: Working with denial. Journal of Substance Abuse Treatment, 10, 499-504.
Marlatt, G. (1985). Cognitive factors in the relapse process. In G. Marlatt & J. Gordon (Eds.), Relapse prevention (pp. 128-200). New York: Guilford Press.
Miller, N. (1994). Prevalence and treatment models for addiction in psychiatric populations. Psychiatric Annals, 24, 399-406.
Miller, N., Erikson, A., & Owley, T. (1994). Psychosis and schizophrenia in alcohol and drug dependence. Psychiatric Annals, 24, 418-423.
Miller, W., & Rollnick, S. (1991). Motivational interviewing: Preparing people to change addictive behavior. New York: Guilford Press.
Minkoff, K. (1994). Models for addiction treatment in psychiatric populations. Psychiatric Annals, 24, 412-417.
Osher, F., & Kofoed, L. (1989). Treatment of patients with psychiatric and psychoactive substance abuse disorders. Hospital and Community Psychiatry, 40, 1025-1030.
Regier, D., Farmer, M., Rae, D., Locke, B., Keith, S., Judd, L., & Goodwin, F. (1990). Comorbidity of mental disorders with alcohol and other drug abuse: Results from the Epidemiologic Catchment Area (ECA) study. Journal of the American Medical Association, 264, 2511 -2518.
Wegscheider-Cruse, S. (1989). Another chance (2nd ed.). Palo Alto, CA: Science and Behavior Books.
Weiss, R., Mirin, S., & Frances, R. (1992). The myth of the typical dual diagnosis patient. Hospital and Community Psychiatry, 43, 107-108.
Wessler, R., & Hankin Wessler, S. (1989). Cognitive group therapy. In A. Freeman, K. Simon, L. Beutler, & H. Arkowitz (Eds.), Comprehensive handbook of cognitive therapy (pp. 559-582). New York: Plenum Press.
White, W., & Chaney, R. (1993). Metaphors of transformation: Feminine and masculine [Monograph]. Bloomington, IL: Lighthouse Training Institute.

# 7

# Transtornos Dissociativos

AILA JESSE MCCUTCHEN

Os pacientes com transtornos dissociativos são um subgrupo de sobreviventes de traumas especialmente difíceis de tratar, devido à difusão dos sintomas e uma visão de mundo que os fixa rigidamente em padrões de vida disfuncionais. É preciso ajudá-los a abordar crenças e pressupostos problemáticos, além de outros aspectos do tratamento: como lidar com os sintomas, estratégias de enfrentamento, habilidades sociais e medicação. Uma dimensão central na terapia cognitiva é contestar crenças e pressupostos fixos patológicos sobre si mesmo, os outros e o futuro. Uma premissa fundamental deste capítulo é que essa dimensão deve ser uma parte integral do tratamento de pacientes dissociativos, uma característica que falta em outros modelos de tratamento. Se assim não for, o tratamento, provavelmente, resultará em frustração, conflito e até mesmo em fracasso. O modelo cognitivo de tratamento de Aaron T. Beck (1979) fornece a base para a abordagem em grupo descrito aqui, a qual funciona de acordo com a premissa de que as mudanças na vida são ocasionadas pela mudança nas crenças.

# FORMATO DO CAPÍTULO

A terapia cognitiva é um modelo que provou ser útil no tratamento de uma variedade de transtornos de Eixo I e Eixo II. Sua efetividade já foi demonstrada em inúmeros experimentos clínicos controlados, além de ser, talvez, o modelo de psicoterapia mais pesquisado atualmente. Esse modelo fornece uma base para o modelo em grupo descrito aqui, um grupo destinado especificamente a pacientes com transtornos dissociativos e que será chamado neste capítulo de *Modelo Cognitivo em Grupo*. Embora não tenha sido conduzido nenhum experimento clínico formal, os pacientes utilizam semanalmente escalas e medidas que indicam a melhora. Um formulário de *feedback* na finalização da terapia também indica melhora e satisfação.

Ele é apresentado como um modelo de dois níveis: o nível 1 é um modelo focalizado nos sintomas para pacientes dissociativos, ativamente agudos, internados. Aqui estão descritos sua conceituação e seus propósitos iniciais. O nível 2 é um segundo modelo, construído com base no primeiro para permitir o trabalho em direção a novos objetivos, à medida que as habilidades e a capacidade das pessoas no grupo aumentarem. Esse nível presume um grau de controle de sintomas e é descrito em detalhes. Caracteriza-se pela maior flexibilidade, assim como pela maior expectativa dos participantes.

Em consonância com os elementos básicos do modelo cognitivo, esse modelo cognitivo em grupo é útil para pacientes com transtornos dissociativos de três maneiras básicas:

1. A abordagem geral de tratamento na terapia em grupo é estruturada, sistemática, mensurável e educativa.
2. O protocolo contém intervenções e estratégias específicas que motivam os pacientes a observarem e avaliarem suas percepções.
3. Ensina habilidades que melhoram a ligação interpessoal dos pacientes e aumentam a satisfação com seus recursos e competência.

Estruturas gerais e intervenções específicas estão esboçadas neste capítulo. O fundamento lógico para tais estruturas e intervenções é comunicado às pessoas no grupo e discutido no decorrer deste capítulo. Os efeitos e reações das pessoas no grupo estão descritos e outros comentários, observações e perguntas, discutidos.

Para deixar claro o por quê de o modelo cognitivo em grupo ser especialmente útil para pacientes com transtornos dissociativos, faço uma descrição do contexto evolutivo desse tipo de paciente. A descrição é uma composição das experiências da infância relatadas pelos pacientes e fornece uma ligação com os pressupostos e crenças difusos e rigidamente mantidos por eles atualmente. Tais pressupostos e crenças os ajudam a dar significado ao mundo, mas de uma maneira patológica que os aprisionam em ciclos que, na verdade, reproduzem os contextos dos quais eles vêm. São dados exemplos em todo o capítulo.

Este capítulo também propõe princípios de tratamento para servirem de diretriz ao líder do grupo. Tais princípios foram desenvolvidos a partir de minhas reflexões sobre a desorientação e fragmentação, tanto para os pacientes como para o líder do grupo, que podem ocorrer no tratamento. Eles são compartilhados com os pacientes no desenvolvimento da cultura do grupo e fornecem alguns dos fundamentos lógicos para as intervenções específicas.

Assim, apresento a seguir um resumo do formato do capítulo. O modelo cognitivo em grupo é descrito com dois níveis: um para participantes mais sintomáticos (pacientes agudos internados), e outro para aqueles menos sintomáticos (pacientes externos ou semi-internos). Há uma descrição dos contextos evolutivos dos pacientes com transtornos dissociativos que une sua história com suas crenças e sintomas. Também forneço um esboço dos princípios do terapeuta, destinados a ajudar a manter o tratamento em seu curso. Estão ilustradas as duas ferramentas principais de aprendizado – uma para ajudar os pacientes a entender suas percepções e a outra para identificar os padrões das percepções. Esses são comentários sobre a natureza das crenças e dos pressupostos sob tais padrões. Finalmente, são feitas observações clínicas sobre as questões surgidas no grupo.

## TERAPIA COGNITIVA EM GRUPO: ORIGEM DO MODELO

Fiz meu pós-doutorado em terapia cognitiva no Centro para Terapia Cognitiva na Filadélfia, Pensilvânia, e usei essa abordagem como um psicoterapeuta de uma equipe que trabalha com sobreviventes de traumas em uma unidade especializada com pacientes internados. O trabalho envolveu tratar pacientes individuais diariamente e liderar grupos de psicoterapia. Foi nesse contexto que esse modelo em grupo específico se originou. Naquele momento, ter sobreviventes de traumas em grupos de pacientes internados era difícil, tanto para pacientes como para os líderes de grupo, com alta probabilidade de extremos emocionais e comportamento destrutivo, às vezes terminando em necessidade de restrições. Os grupos raramente começavam ou terminavam calmamente. Eram precisos dois líderes de grupo: um para atender a qualquer evento agudo que pudesse irromper individualmente, e outro para tentar dar continuidade ao grupo. No tratamento desses sobreviventes de traumas, havia contínua controvérsia entre os membros da equipe quanto ao fato de os estados dissociativos serem ou não parte do processo de trabalho com eventos traumáticos, e se deveriam ser permitidos, pois se não fossem, a realidade dos pacientes ficaria invalidada. Muitos pacientes e a equipe sentiam que trabalhar dentro de estados dissociativos era benéfico, sendo que a espera por autocontrole poderia ser percebida como uma punição, podendo não somente bloquear o processo de cura, mas também criar um relacionamento antagônico entre pacientes e equipe. Havia uma tensão contínua, imposta pela convicção de alguns membros da equipe, de que os estados dissociativos (os quais geralmente incluíam representação comportamental) eram parte de um processo de cura e pela convicção igualmente forte de outros membros da equipe de que a dissociação causava caos e perturbação demais à unidade e ao programa do grupo.

Ao entender os benefícios das abordagens da terapia cognitiva, envolvendo a auto-observação, controle de sintomas e pequenos experimentos na melhora de si mesmo, requisitei a formação de um grupo duas vezes por semana especificamente, destinado a ajudar os pacientes dissociativos a: controlar a agudeza dos sintomas e participar (isto é, comunicar-se verbalmente com os outros). Os objetivos do grupo poderiam ser expandidos quando a estabilidade e participação tivessem se tornado parte da cultura do grupo. Com o tempo, isso realmente aconteceu, conforme os programas parciais e de pacientes internados passaram a aceitar mais a terapia cognitiva. Nestes últimos grupos, os pacientes foram incentivados a olhar para além dos eventos traumáticos e examinar as lições que podiam tirar de tais eventos. Isso se baseou na premissa de que não são os eventos em si, mas os pressupostos e crenças individuais gerados por eles, que acabaram por interferir no funcionamento e na qualidade da vida dos pacientes dissociativos. Em todos os casos, a estabilidade dos sintomas (isto é, o mínimo de dissociação) foi solicitada das pessoas no grupo e cuidadosamente monitorada em cada sessão.

# TERAPIA COGNITIVA EM GRUPO: NÍVEL 1

No começo, até onde a equipe da unidade sabia, o propósito do grupo era manter os pacientes de trauma agudamente angustiados juntos e em um mesmo lugar por 45 a 50 minutos: para mantê-los contidos, tão calmos quanto possível e evitar que machucassem a si mesmos ou aos outros. A característica dissociativa aguda desses pacientes tomou várias formas: transe profundo, alteração de identidade, *flashbacks*, imagens exclusivamente percebidas, tempo perdido, gesticulação incomum e autoflagelo, como arranhar-se, bater a cabeça, para mencionar apenas algumas. O início de um episódio dissociativo poderia ser completamente imprevisível. Poderia tornar-se violento e era contagioso. Como observado anteriormente, muito do tratamento individual naquele momento consistiu em trabalhar com os sobreviventes de trauma em seus estados dissociativos. Estava claro, porém, que a melhor maneira de atingir o objetivo do grupo (a experiência de estar contido, calmo e conectado) era ajudar os pacientes severamente dissociativos a ficarem "com os pés no chão" (focados e presentes no aqui e agora, e não em um estado dissociativo) o mais rápido possível e a manterem-se assim durante todo o tempo do grupo. A idéia de tirar algum proveito do grupo e dar alguma coisa ao grupo tornou-se, em última análise, uma questão no processo de seleção. Uma premissa básica desse primeiro grupo foi que somente não dissociando é que se poderia esperar dar e receber alguma coisa. Outra premissa foi que a auto-avaliação da agudeza dos sintomas feita pelos candidatos habilitava-os a falar por si mesmos, ensinava-lhes o primeiro passo na auto-observação e o primeiro passo no processo colaborativo de ajudar as outras pessoas no grupo. Portanto, esse grupo de pacientes com transtornos dissociativos, chamado de "múltiplo" pelos pacientes (referindo-se aos episódios dissociativos dramáticos vividos), *não tinha* como regra básica principal para participar do grupo o fato de *dissociar/não-dissociar*. A dissociação foi definida pelo líder do grupo para os participantes como um sintoma destrutivo, derivado de trauma, cuja utilidade na vida atual dos pacientes era pouca e poderia na verdade piorar, em vez de melhorar, suas vidas. Acrescentou-se que a dissociação impedia as pessoas de manterem contato com os outros, que era o que todos queríamos conseguir no grupo. Os participantes conseguiam aceitar essa regra para o propósito desse grupo específico, apesar da noção de pertencer que a dissociação favorecia de uma maneira diferente na unidade, e apesar do alívio da ansiedade que a dissociação podia às vezes proporcionar.

O grupo difere de muitos daqueles grupos com orientação psicodinâmica normalmente encontrados em unidades de transtornos com pacientes internados das seguintes maneiras:

1. O líder explica os objetivos e o processo do grupo.
2. O líder guia a facilitação do grupo.
3. O processo do grupo é estruturado.
4. Utiliza-se uma lousa para fazer diagramas e ligar as experiências.
5. Os participantes são responsáveis pela avaliação e pelo controle dos próprios sintomas.
6. Espera-se dos participantes que participem por meio de comunicação verbal.
7. A psicoeducação é uma parte do processo do grupo.
8. Os participantes dão *feedback* uns aos outros e ao líder durante e no final da sessão de terapia.

Por intermédio da adição gradual de outros princípios e estratégias da terapia cognitiva, o grupo evoluiu de seu formato inicial de pacientes internados focados nos sintomas, para um grupo de pacientes externos cujos participantes eram capazes de comprometer-se com a contenção dos sintomas dissociativos ao abordar crenças dolorosas, fazer referência às experiências traumáticas, não registrando intensificação do estado agudo entre as sessões em grupo. A capacidade de conter os sintomas deixou os pacientes livres para examinar suas percepções sobre os eventos diários e identificar os padrões de crenças que perpetuavam a disfunção em suas vidas. A contenção dos sintomas também lhes permitiu experimentar um grau de consistência uns com os outros, com maior confiança nas interações.

## Seleção para o Nível 1

Selecionar é um processo simples, geralmente feito ao passar por um paciente no corredor da unidade. O que se diz é o seguinte: "*Há um grupo pelo qual você pode estar interessado em se juntar. É um grupo para pessoas dissociativas. Em nome da estabilidade do grupo, e para o benefício dos outros participantes, pedimos às pessoas que vêm ao grupo para estarem presentes*". Então é feita a principal pergunta: "*Você acha que pode fazer isso sem dissociar (ou nos deixar, ou ir embora)?*". Em essência, pede-se aos pacientes que desejam se juntar ao grupo para tomarem uma decisão, antes de comparecerem, quanto à capacidade de manterem-se não-dissociativos depois do início do grupo. Se quiserem juntar-se ao grupo, as opções são vir e tentar permanecer não-dissociativo, sair se achar difícil permanecer não-dissociativo ou não entrar. Pede-se aos pacientes para fazerem sua própria avaliação do nível de agudeza.

O grupo é facultativo, ninguém é obrigado a participar. Os pacientes são desestimulados a participar se, por exemplo, forem ativamente autodestrutivos ou se relatarem que o controle foi assumido por um alter ego hostil. Se um paciente sente que não tem autocontrole, pede-se a ele para esperar até sentir-se mais estável antes de participar.

## Os Participantes e Suas Razões para Participar

Os pacientes que compareceram ao grupo de Nível 1 original eram todos do sexo feminino, todas sobreviventes de traumas, entre 16 e 50 anos de idade, com vários diagnósticos sobrepostos: transtorno de estresse pós-traumático, transtorno de personalidade múltipla, transtorno dissociativo não-especificado, transtorno de personalidade *borderline*, transtornos alimentares, vícios, problemas somáticos e outros. A maioria deles apresentava algum tipo de fenômeno dissociativo ou semelhante. A manifestação de sintomas dissociativos sempre foi tomada pelo valor aparente. O líder não tentou questionar até que ponto o episódio era real. No começo, este ficou conhecido como o "grupo múltiplo", devido ao fato de a maioria das pacientes sintomáticas serem assim chamadas e, na unidade de trauma, dissociativas eram as mulheres. Muitas dessas mulheres haviam relatado ou recebido diagnóstico de um transtorno de personalidade múltipla. Quando os pacientes souberam que haveria um novo grupo especialmente para "múltiplos", quiseram participar por várias razões. Uma delas era que se um paciente fosse dissociativo, ele poderia estar com os pacientes mais interessantes, com o melhor perfil e os mais fáceis de se gostar da unidade. Outra razão era a curiosidade sobre o que havia de "especial" nesse grupo e que os outros grupos não estavam fazendo. Alguns pacientes queriam participar porque queriam parar de dissociar. Outros tinham a esperança de ser um grupo em que os "pequenos" podiam aparecer e brincar juntos. A maioria foi ao grupo porque era parte do programa de terapia com pacientes internados, com a esperança de serem ajudados. Eles também se juntaram a outros grupos da unidade, como o Grupo de Diário, Grupo de Enfrentamento, Grupo de Trauma, Grupo de Criatividade para serem ajudados, ainda que a ajuda fosse limitada se os sintomas fossem muito agudos. O grupo cognitivo, entretanto, tinha seu foco no sintoma, em vez de um tópico ou tarefa que era constantemente interrompida pelo sintoma. Remover a dissociação do grupo era uma idéia nova, e os pacientes estavam no mínimo curiosos para ver como era o grupo. Uma vez no grupo, os benefícios de "ser um adulto" e traduzir suas experiências diárias em palavras, assim como receber respostas de outros participantes que tentavam fazer o mesmo, reforçava e dava um sentido de maestria e ligação interpessoal com as outras pessoas no grupo. Isto não quer dizer que o processo do grupo transcorreu tranqüilamente. Nenhuma sessão em grupo, porém, foi dispersa ou dissolvida por episódios dissociativos.

## Estrutura da Sessão no Nível 1

O modelo de grupo de Nível 1 consiste em duas sessões semanais, nas quais alguns participantes entram e outros recebem alta. O tamanho do grupo pode variar de 2 a 12 mulheres, dura 50 minutos, com uma tolerância de cinco minutos de atraso e tem um líder de grupo. Alguns aspectos da estrutura e processo são consistentes com outros modelos de psicoterapia em grupo, mas a maioria é bem diferente. A estrutura para esse grupo, na verdade, segue aquela da sessão-padrão da terapia cognitiva individual:

- Introdução: boas-vindas, regras, procedimentos.
- Apresentação dos participantes e definição de agenda.
- Discussão em grupo.
- *Feedback* dos participantes.
- *Feedback* do líder do grupo.

Em virtude da grande rotatividade no grupo e da instabilidade dos sintomas, não se deu nenhum formulário de escalas, medidas ou *feedback* aos participantes no grupo Nível 1 original.

### *Apresentação ao Grupo*

Pode-se apresentar o grupo da seguinte forma:

> *"Gostaria de dar as boas-vindas a todos deste grupo destinado a pessoas com transtornos dissociativos. Meu nome é ________,*

*e estarei com vocês duas vezes por semana. Estou vendo que algumas pessoas já estiveram no grupo e outras são novas. Pedirei para cada um dizer, em poucas palavras, seu nome e o que espera do grupo hoje. Para o bem dos novos, e como um lembrete aos mais antigos para nos mantermos na mesma sintonia, o propósito do grupo é abordar as preocupações que vocês possam ter sobre como lidar com os sintomas dissociativos ou o modo que eles interferem na vida de vocês. Para uma melhor comunicação entre vocês, peço a todos que tentem estar presentes no grupo e não dissociar. Se alguém achar isso muito difícil, não há problema algum em sair e buscar ajuda da equipe – mas conte ao grupo porque está saindo, onde você vai e se vai voltar. Se acharem que alguém pode estar dissociando, os incentivamos a perguntar às pessoas, pois às vezes é difícil de saber. Também incentivamos aqueles que estejam sendo ativados por outro participante a dizer isso à pessoa. E, por último, embora nosso tópico principal tenha a ver com os problemas que estão tendo com a dissociação, também gostaríamos de saber quando alguém fizer um progresso ou sucesso no modo de lidar com ela. Solicitamos a contribuição de todos, pois aprendemos melhor quando temos a interferência e feedback uns dos outros."*

O propósito aqui é permitir que os participantes do grupo se observem e avaliem a capacidade do líder do grupo, antes de terem de ser patentes ou ficarem eles mesmos na berlinda. Orientar os participantes para a cultura do grupo, dar uma explicação dos propósitos do grupo e estabelecer as expectativas das pessoas no grupo dessa maneira teve como objetivo ser tanto colaborativo como psicoeducacional, dois componentes importantes da terapia cognitiva.

## *Apresentação dos Participantes e Definição da Agenda*

Cada pessoa no grupo deve se apresentar e dizer o que espera receber do grupo naquele dia. Quando alguém diz "eu só quero escutar", respondemos que não tem problema, mas que é importante tentar participar, dizendo alguma coisa, se conseguir. Os participantes são instigados a usar o grupo ativamente, enquanto o líder do grupo faz sugestões sobre como aqueles mais relutantes podem participar com base na familiaridade com eles, observações de grupos anteriores e temas gerais na unidade. Eles são solicitados a discutir seus próprios problemas e questões e pedir a opinião do grupo. Contendas com profissionais de doença mental ou equipe da unidade não são vistos como tópicos adequados para o grupo, exceto em termos de como um indivíduo poderia lidar com suas próprias reações de maneira apropriada. O líder faz uma rápida triagem dos tópicos e estabelece prioridades, primeiro propondo o quê o grupo poderia abordar e pedindo sua aprovação. Qualquer ajuste, baseado na opinião das pessoas, no grupo é então abordado. Tais tópicos têm a ver, mais freqüentemente, ao modo de lidar com *flashbacks*, reconhecer ativadores, lidar com alter egos perigosos e com as batalhas internas de alter ego, e superar o pavor dos sintomas dissociativos. Mas também há tópicos sobre como a vida pode ser dolorosa e sem esperanças quando se é uma pessoa dissociativa. Os tópicos percebidos como inúteis para os propósitos do grupo são descrições de experiências traumáticas, questões pessoais com a equipe ou a frustração com o hospital. A apresentação e a definição da agenda leva, aproximadamente, 10 minutos.

A base do modelo cognitivo para essa apresentação e para a definição da agenda é a construção de uma cultura colaborativa que inclui todos, incentiva-os a participar, fornece alguma psicoeducação e estabelece a expectativa de que suas necessidades declaradas merecem ser abordadas por todos os participantes do grupo.

## *Discussão em Grupo*

Em função dos altos níveis do estado agudo, a discussão em grupo é simples, concreta e de baixo estímulo. As pessoas no grupo são incentivadas a se envolverem uns com os outros de maneira mínima. Ajudá-los a manter contato visual, balançar a cabeça quando concordar ou tomar a iniciativa de dizer coisas como "eu concordo" ou "sim, eu também" requer atividade considerável por parte do líder do grupo, que deve guiar os participantes nesses pequenos passos de ultrapassar a barreira interpessoal. As pessoas no grupo são incentivadas a ter pontos de vista diferentes e até mesmo discordar dos outros e do líder do grupo. É difícil conseguir isso com uma estabilidade tão variável de sintomas, mas realmente acontece. Como observado acima, os eventos traumáticos não devem ser discutidos, embora por alguma razão, nos primeiros estágios da formação do grupo de Nível 1, a reputação do grupo era de que você pode "dizer qualquer coisa". Pode ser que tentar não dissociar enquanto fala sobre a vida no aqui e agora e tolerar os sentimentos gerados nas discussões, assim como se envolver em estratégias de ultrapassar a barreira interpessoal, os tenha feito sentir-se vulneráveis de uma maneira que a dissociação não os faz.

Pela grande propensão dos participantes de dissociar, o tópico de dissociação é aludido freqüentemente. No contexto do grupo de Nível 1, a dissociação é vista como um problema que atrapalha o progresso do grupo. Se um participante parecer estar dissociativo, o líder do grupo pode perguntar se ele ainda está presente e conectado ao grupo. Outros participantes também são incentivados a perguntar se alguém está dissociando. Pressupõe-se que a dissociação pode surgir furtivamente e apoderar-se repentinamente, às vezes sem a consciência da pessoa. Isso pode ajudar as pessoas do grupo a lembrar de controlarem-se. Incentivar as pessoas no grupo a fazer isso os ajuda a compartilhar suas percepções com os outros e questioná-las. Tanto o modo de lidar com os sintomas como a verificação perceptiva, assim como ativar as pessoas no grupo a colaborar com os outros do grupo, baseiam-se no modelo cognitivo.

## *Feedback* e Encerramento por Parte dos Participantes

Dez minutos antes de o grupo terminar, o líder finaliza a discussão, adiando porções não terminadas para o próximo encontro. O líder pede a cada participante para dizer brevemente o que foi útil no grupo: "*Gostaria que cada um de vocês dissesse alguma coisa sobre o que tirou de proveitoso do grupo hoje – algo que vocês aprenderam sobre si mesmos, ou sobre alguém, ou uma idéia ou maneira de ver as coisas que não tinha ocorrido a vocês antes*". As declarações de *feedback* podem variar desde "aprendi que posso permanecer em um grupo" ou "eu disse alguma coisa" até "me sinto mais próxima das pessoas quando não dissocio" ou "eu tinha medo de ________, mas agora acho que temos muito em comum" ou "sempre pensei que eu dissociasse quando havia um perigo real. Agora, não tenho tanta certeza".

A base do modelo cognitivo para a solicitação de *feedback* é ajudar os pacientes a aprender como participar, praticar descrever uma experiência positiva, promover a idéia de que as percepções podem ser mudadas e mostrar que os tópicos de discussão podem conter mais de um ponto de vista.

## *Feedback* por Parte do Líder do Grupo

Depois do *feedback* por parte dos participantes do grupo, o líder faz comentários resumidos sobre a discussão do grupo e depois faz observações sobre cada pessoa e os esforços ou contribuições de cada um, incluindo tarefas, como tentar permanecer presente, fazer um esforço para conectar-se, ajudar os outros e até mesmo discordar do líder, de modo a experimentarem ser percebidos não somente como uma unidade colaborativa de trabalho, mas também como um indivíduo com contribuições especiais para o grupo.

Isso serve para manter o papel do terapeuta cognitivo de reconhecer os pontos fortes, incentivar o esforço e promover o equilíbrio, a tolerância e a consistência no processo interpessoal.

## O Foco nos Sintomas Dissociativos

A dissociação é um dos sintomas mais perturbadores e destrutivos vivenciados pelos pacientes, com relatos de experiências que lembram a mania, psicose e medo paralisante, para mencionar apenas alguns. É geralmente considerada por clínicos e pacientes como um mecanismo que permite um tipo de fuga de eventos intoleráveis na infância, mas que pode reaparecer na idade adulta como um fenômeno incontrolável e destrutivo. Na melhor das hipóteses, a dissociação remove um paciente de sentimentos, dor física, pensamentos e imagens que evocam o trauma anterior. Na pior das hipóteses, prejudica a eficácia pessoal, interfere no aprendizado, promove o isolamento e o medo e até mesmo traz de volta a experiência dos eventos traumáticos. Todas as formas de dissociação, seja qual for o ativador ou o resultado, em última análise, interferem no funcionamento e na avaliação da realidade. O mecanismo que ajuda a manter um sentido de continuidade e consistência nos anos de desenvolvimento destrói esta continuidade e consistência na idade adulta. Além disso, qualquer um que seja dissociativo desde a infância já perdeu momentos importantes no aprendizado e na experiência. A isso, somam-se a falta de esperança, a incerteza e o desamparo existentes.

Apesar das conseqüências negativas da dissociação, muitos pacientes não enxergam os episódios dissociativos por esse prisma. Ao contrário, eles comumente presumem que a dissociação é positiva, uma vez que os tira temporariamente dos sentimentos e situações desconfortáveis. Uma parte importante do papel do líder do grupo é propor aos pacientes que, embora consigam um alívio intermediário por meio da dissociação, os custos são altos, além de os estados dissociativos em si poderem criar outros problemas em suas vidas. Um dos objetivos do grupo é ajudar as pessoas a substituir a dissociação por mecanismos de enfrentamento mais adaptativos, para negociar com o resto do mundo.

## Semelhanças Contextuais de Pacientes Dissociativos

Há certos fatores em comum nos contextos da infância desses pacientes que geram sintomas dissociativos. O grau de difusão desses fatores ambientais e as experiências individuais da criança que vive dentro deles resultam em formas diversas de funcionamento mal-adaptativo. O líder do grupo deve estar alerta para quando ele é reproduzido na vida dos participantes e no microcosmo das sessões do grupo. Em consonância com a cultura do modelo cognitivo em grupo de focalizar no aqui e agora, esses fenômenos são identificados e normalizados no grupo em termos de qual a probabilidade que se tem de responder aos eventos percebidos de maneira familiar. Faz-se referência à relevância histórica e é oferecida uma oportunidade para avaliar a semelhança entre o presente e o passado. Alguns dos fatores em comum na infância, experimentados por pessoas com transtornos dissociativos, são:

1. **Eventos caóticos.** Normalmente, existe desordem, desorganização e imprevisibilidade na família ou vizinhança da pessoa dissociativa. Há pouca ou nenhuma continuidade na rotina, como horário para as refeições, cuidado com a saúde ou hora de dormir. O alcoolismo e outros vícios, assim como dificuldades financeiras dos pais, somam-se ao caos e à imprevisibilidade e perpetuam esse caos por gerações. As pessoas geralmente relatam no grupo eventos semelhantes na vida atual e reagem de modos que realmente contribuem para o caos. Até mesmo inconveniências menos importantes (como queda de energia elétrica ou a mudança barulhenta de um vizinho) podem ser magnificadas ou tomadas como pessoal, e a reação se dá de maneiras que aumentam o estresse em vez de resolvê-lo.

2. **Relacionamentos erráticos.** As figuras adultas primordiais podem entrar ou sair do quadro evolutivo impulsivamente ou imprevisivelmente. Os pacientes dissociativos tiveram várias pessoas de idades variadas e capacidade desigual de ser responsável, de maneira competente e que cuidaram deles. Nessas circunstâncias, pode-se experimentar falta de cuidado, falta de atenção, perda, abandono e rejeição. Um exemplo desse fenômeno no grupo ocorre quando os participantes envolvem-se demais com estranhos ou uns com os outros na tentativa de ter relacionamentos. Suas expectativas podem ser altas demais quando idealizam ou desvalorizam cônjuges, amigos ou uns aos outros. Eles ficam envolvidos demais ou permanecem desligados com medo de se machucar. Eles podem abandonar um amigo para não serem abandonados.

3. **Não validação de experiências.** Pais ou responsáveis sobrecarregados podem não conseguir ou não desejar ver as coisas do ponto de vista de uma criança. As mães com medo de ficar sem o companheiro tolera ser maltratada e ver seus filhos serem maltratados para manter a ilusão de uma unidade familiar. As perguntas, os medos ou os relatos de uma criança sobre mágoa podem ser negados ou minimizados. As pessoas no grupo geralmente questionam a validade de suas experiências, dizendo que podem estar inventando tudo ou chamar a si mesmas de "mentirosas" ou "más". Como disse um participante, *"Se eu disser alguma coisa, é porque é verdade. Mas daria medo e, além disso, as outras pessoas podem não acreditar. E se ninguém acreditar em mim, então não é verdade"*.

4. **Afetos patológicos.** Os pais podem ser dependentes de seus filhos e usá-los como tábuas de salvação, como figuras idealizadas ou como extensões de si mesmos para provar a excelência ou pontos fortes. As expectativas geradas podem dar muito ou pouco poder à criança. As crianças podem ficar desamparadas e imobilizadas face às exigências dos adultos. Respeito pelos outros, tirado da convicção de que as necessidades das outras pessoas pressionam mais do que suas próprias, é um problema comum vivido por participantes do grupo.

5. **Violação de limites pessoais e de papel.** Os limites do papel, assim como os limites físicos não estão claros para crianças em lares divididos ou estressados. A raiva, a culpa e a vergonha muitas vezes resultam da confusão que surge quando uma criança é solicitada a ser ou fazer alguma coisa muito difícil ou muito desconfortável. As pessoas no grupo relatam ser incapazes, ou terem certeza de que seriam incapazes, de se defender (mesmo quando adultos) do toque não desejado. Mesmo quando conseguem se defender, sentem-se responsáveis por ter causado a situação. Os participantes podem confiar de maneira inadequada ou reagir exagerada e negativamente àquilo que pode ser infantilidade adequada à idade em seus próprios filhos.

6. **Confusão na comunicação.** Pode haver mensagens confusas sobre as expectativas ou problemas para entender as instruções que, para uma criança em certos contextos, podem resultar em punição ou escárnio. As crianças têm dificuldades de se explicarem, especialmente se temerem a reação dos adultos. As pessoas no grupo preferem permanecer em silêncio, em vez de arriscar dizer a coisa errada e machucar ou ofender alguém. Elas geralmente prefaciam as observações com "parece bobo, mas...".

Esses são os ambientes sociais que produzem trauma para as crianças, resultando em estresse pós-traumático e dissociação abordados neste capítulo. Esses contextos sociais são perpetuados por toda a vida adulta do paciente dissociativo: os sintomas dissociativos que mitigam, mudam ou alteram significativamente a experiência da criança que tenta se ajustar aos contextos confusos são sintomas que, combinados com outros fatores, recriam tais contextos na vida adulta.

## Vantagens e Desvantagens da Dissociação

Como mencionado anteriormente, os pacientes podem perceber os benefícios dos estados dissociativos. E validar a natureza temporária desses benefícios pode ajudá-los a se sentirem compreendidos. Ao mesmo tempo, as desvantagens precisam ser tornadas públicas, de modo que os pacientes são motivados a substituir a dissociação por outros mecanismos de enfrentamento. As vantagens e desvantagens freqüentemente discutidas em grupo estão expostas abaixo:

**1. Reação familiar.** Um benefício da dissociação para os participantes do grupo, portanto, é a reação familiar a circunstâncias familiares. Saber que a dissociação servirá como isolamento das situações ativadoras pode ser tranquilizador, até mesmo reconfortante para um paciente dissociativo. A desvantagem é que este mesmo isolamento impede o acesso aos recursos pessoais que poderiam estar disponíveis. Também pode aumentar o risco à segurança, pois intensifica a sensação de desamparo.

**2. Identidade compartilhada.** Outro benefício é a identidade compartilhada, gerada em torno do sintoma de dissociação. Um histórico traumático e os sintomas resultantes (inclusive a dissociação) geralmente criam medo profundo e desconfiança dos outros, levando ao isolamento extremo e evitação do contato social para a maioria das pessoas no grupo. No entanto, eles experimentam uma sensação de pertencer uns aos outros, já que dissociam. Existe um pressuposto compartilhado entre muitos pacientes dissociativos de que a dissociação prova que eles tiveram experiências na vida piores do que qualquer outra pessoa e, portanto, seu sofrimento é muito maior. Geralmente, isso é mesmo verdade. Entretanto, o elitismo especial criado ao juntar-se nessa crença os impede de tentar outras formas de pertencer, o que pode criar grandes impasses para maneiras saudáveis de construir relacionamentos. Uma parte crítica do tratamento em grupo de pacientes dissociativos é abordar esse dilema: a convicção de que a dissociação os pertence e a convicção igualmente forte de que a dissociação interfere no funcionamento e na qualidade de vida. Esse difícil dilema pessoal pode ser visto no grupo do modelo cognitivo com pacientes que lutam realmente: "*Eu não quero dissociar para poder funcionar melhor no grupo, e ainda assim tenho medo de que se eu não dissociar, as outras pessoas (inclusive o líder do grupo) podem achar que não sou dissociativo e não iria mais me querer aqui – e eles estariam certos, pois todos os outros são dissociativos e se eu não dissociar, não vou pertencer ao grupo*".

**3.Habilidade aprendida.** Há um outro aspecto da dissociação que complica as coisas para os pacientes e para o tratamento, devido à vantagem que ele oferece – a dissociação pode ser tanto voluntária como involuntária. A tensão entre as vantagens e desvantagens de dissociar pode tornar indistinta a tênue linha divisória entre o controle e a falta de controle. Alguns pacientes são mais claros sobre onde se encontra essa linha, mas a questão é um problema para todos.

**4. Responsabilidade compartilhada por resultados.** Outro benefício da dissociação é compartilhar a culpa ou a vergonha pelo comportamento impulsivo e incomum. Os estados do alter ego podem ser responsabilizados por beber, por explosões hostis ou pelo comportamento infantil. Conseguir separar-se dos aspectos pouco entendidos ou pouco controlados pode ajudar os pacientes com transtornos dissociativos a manter uma sensação de perseverança de propósito no trabalho dirigido aos objetivos do tratamento. Entretanto, os reveses são significativos, e o funcionamento não melhora enquanto existir essa dualidade.

O foco na natureza dual da dissociação, como um trunfo e uma desvantagem, é seguido pelo desafio aos pacientes a parar de dissociar em grupo por tempo suficiente para descobrir outras maneiras de processar suas experiências. Isto inclui falar sobre uma situação tempo suficiente para experimentar e verbalizar sentimentos, em vez de representá-los; ajudar os outros a fazer o mesmo, compartilhando sua luta com a dissociação e aumentando a sensação de coesão do grupo como resultado; e compartilhando os benefícios de maior autoconfiança e melhor funcionamento em situações nas quais são utilizadas respostas não relacionadas à dissociação.

Os objetivos em curto prazo do grupo de Nível 1 são ajudar os pacientes dissociativos internados a permanecer com os pés no chão (não-dissociativos) durante o grupo e participar; objetivos adequados para alguns dias ou por duas semanas. Os objetivos em longo prazo desenvolvidos no grupo de Nível 2 (um grupo de pacientes externos de 10 sessões) são, à medida que os participantes demonstram capacidade para manter a estabilidade dos sintomas por si mesmos, ajudá-los a aprender no aqui e agora a gerar as origens dos relacionamentos saudáveis, envolver-se em atividades e interesses fora dos contextos de tratamento e contestar crenças e pressupostos que surgem no processo.

## Fundamentos Lógicos Sugeridos para Não Dissociar

Nas discussões do grupo de Nível 1 na unidade de pacientes internados, os pacientes concentram-se nos vários aspectos da dissociação e suas percepções a respeito dela. Nessas discussões, discute-se as vantagens e desvantagens de dissociar. Inicialmente, o líder do grupo fornece razões para as pessoas no grupo não dissociarem, mas o grupo acaba por gerálas por si mesmo. Como resultado, o estresse e a ansiedade provocados pelo esforço e pela sensação de risco em não dissociar são reduzidos. A maior conexão e uma sensação de maestria na melhor comunicação são experimentadas. A cultura do grupo absorve os fundamentos lógicos e são passados adiante para os novos participantes. Alguns desses fundamentos lógicos são apresentados a seguir.

### *Dar e Receber do Grupo*

Um fundamento lógico para não dissociar é que a dissociação pode fazêlos perder aspectos importantes da discussão em grupo e impedi-los de contribuir para o grupo, conforme os principais objetivos do grupo: manter a estabilidade dos sintomas e participar. Tudo o que um paciente tem de fazer para se tornar um participante é dizer que tentará permanecer não-dissociativo. Uma vez no grupo, os pacientes são solicitados a se envolver com os outros de maneira a fornecer e receber informações, apoio, opiniões e estratégias úteis.

### *Falar é Melhor do que Fazer*

Falar sobre a dissociação – como ela é, quando e com que freqüência ocorre e qual a vantagem de permanecer com os pés no chão – é mais produtivo que demonstrar. Os participantes dissociados do grupo, que ficam presentes e focados, têm maior probabilidade de aprender mais sobre a dissociação em geral e cuidar melhor de si mesmos.

### *Adultos se Relacionam Melhor com Outros Adultos*

Pede-se aos participantes do grupo para ficarem não-dissociativos de maneira adulta, pois os tópicos do grupo são para adultos, portanto os adultos precisam estar presentes para abordá-los. Se eles passarem consciente ou inconscientemente para um estado incongruente com o grupo, como se tornar infantil, agindo de maneira ameaçadora ou começando a ter um *flashback*, pede-se a eles para que a pessoa original identificada como adulta prevalecer. Não se pergunta quem está presente ou o que está acontecendo, nem são chamados por nomes diferentes. Ao invés disso, questiona-se se eles acham ser mais útil saírem do grupo e procurar a equipe da unidade. É difícil para as outras pessoas no grupo não responder às mudanças dissociativas uns dos outros, pois essas mudanças podem ser drásticas e em algum lugar da unidade tanto pacientes como equipe podem reforçar a dissociação ao pedir mais informações sobre ela. Se o estado dissociativo lembra uma personalidade infantil, as pessoas no grupo podem responder em tom de voz suave e infantil. Se o estado alterado parece ameaçador, outros participantes podem responder tornando-se beligerantes ou saindo da sala amedrontados. Igualmente angustiante é o início de um estado dissociativo que envolve um gesto de cortar, arranhar ou bater. A presença de adultos durante o grupo aumenta as chances de interações mais satisfatórias e maior confiança naquilo que os participantes podem esperar uns dos outros.

### *Limitações de um Líder de Grupo*

Em grupos com pacientes internados, pode haver apenas um líder de grupo, sem ninguém para dar atenção a um participante dissociativo enquanto dá seqüência ao grupo. É confuso mesmo com dois líderes. Se o líder (ou líderes) do grupo tem de parar para lidar com um episódio dissociativo, pode não haver um grupo. A pessoa dissociativa que cria esse rompimento corre o risco de criar um ativador para os outros. É melhor não comparecer ao grupo ou sair voluntariamente se os sintomas forem muito difíceis de controlar. Se os participantes do grupo precisam sair para recuperar o controle, pede-se a eles para dizer porque estão saindo e se voltarão ou não, de modo que os outros participantes fiquem informados e não mantenham a percepção de que a partida da pessoa é culpa deles. A decisão de sair do grupo, ou de nem mesmo entrar, é reconhecidamente uma decisão difícil e responsável dos adultos que as outras pessoas no grupo e o líder apreciam.

### *Um Porta-voz por Participante*

É impossível para as pessoas no grupo e o líder saberem se alguém está completamente concentrado (não-dissociado) todo o tempo. Presume-se, entretanto, que todos os participantes dêem seu melhor para permanecer com os "pés no chão" e presentes. Embora um participante possa ter uma série de reações às discussões em grupo, elas precisam ser representadas pela presença adulta consistente, que é o participante adulto identificado. Se parecer haver uma mudança significativa naquela pessoa, o participante é perguntado sobre isso e também se é possível juntar-se novamente ao grupo como o participante identificado.

### *A Conexão Interpessoal é Mais Forte*

Um fundamento lógico freqüentemente apontado para a não-dissociação é a importância de conexão interpessoal. As oportunidades de aproximação dentro dos limites de relacionamentos seguros foram limitadas na história de desenvolvimento de muitos pacientes dissociativos. Cultivar a conexão interpessoal segura na vida adulta não é acentuado, mas rompido por episódios dissociativos. As rupturas resultantes no entendimento mútuo e realidade compartilhada são difíceis de consertar. Tais rupturas podem gerar ainda mais desconfiança, ansiedade e medo do que comumente se sente. Um motivador poderoso para os participantes do grupo em sua luta para controlar seus sintomas dissociativos é a percepção de que a dissociação, na verdade, provoca mais desconexão que conexão.

## Um Modelo Cognitivo para a Dissociação

Nas discussões em grupo, utiliza-se o triângulo cognitivo básico para demonstrar simples e concretamente o processo de dissociação (isto é, pensamentos automáticos, sentimentos automáticos e comportamento automático). Enquanto os participantes do grupo falam sobre uma preocupação ou dificuldade em comum, desenha-se um triângulo na lousa. Enquanto as pessoas descrevem seus problemas, percepções dos problemas e os resultados dessas percepções, suas experiências são mapeadas no triângulo. Mantendo o tema principal do grupo, muitas delas resultam em episódios dissociativos. Em virtude da clara distinção (mesmo compartimentalização) que os pacientes dissociativos fazem entre emoções e sensações fisiológicas, as percepções são descritas como a combinação de cognições (pensamentos, imagens, palavras, músicas, etc.), sentimentos (emoções) e comportamentos (descritos como comportamentos corporais automáticos, como os sintomas de ansiedade, mas também impulsos e deixas relacionadas à raiva, como ranger os dentes, etc.). A seguir, um exemplo desse tipo de desenho. A Figura 7.1 mostra como esse exemplo seria mapeado:

> *Uma pessoa no grupo deseja discutir sua convicção de atrair um comportamento ameaçador das pessoas. Outros participantes estão interessados, pois muitas vezes sentem a mesma coisa. Ela segue dizendo que "eu simplesmente pareço uma vítima". Ela descreve, então, a seguinte situação: "Eu estava passando por um rapaz muito estranho na unidade e ele fez um gesto repentino, como se quisesse me bater. Isso acontece o tempo todo. Ninguém gosta de mim. Eu nem estava lá (estava dissociada)! Levou uma hora para eu voltar ao normal". Conforme falava, o evento foi mapeado da seguinte maneira:*

| | |
|---|---|
| *Situação:* | *Passando por uma pessoa na unidade que faz um gesto repentino.* |
| *Pensamentos automáticos (PA):* | *"Ele quer me bater". "Isso acontece o tempo todo". "Ele não gosta de mim". "Ninguém gosta de mim". "Estou desprotegida".* |
| *Sentimentos automáticos (SA):* | *Medo.* |

| | |
|---|---|
| *Comportamentos automáticos (CA):* | *Dedos formigando e sensação de que o coração vai sair pela boca (manifestações corporais).* |
| *Decisão:* | *Dissociar.* |

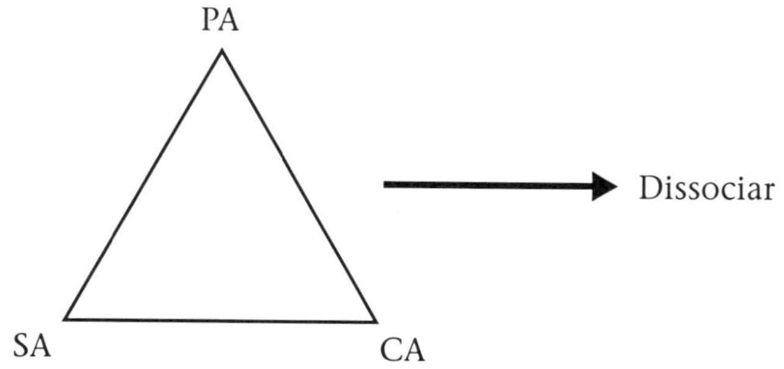


Figura 7.1. Um modelo cognitivo para a dissociação. Pensamentos automáticos (PA), sentimentos automáticos (SA) e comportamentos automáticos (CA) combinam-se e resultam em um estado dissociativo.

Essa versão do modelo cognitivo básico é utilizada para tornar mais visuais e concretas (e conceitualmente mais administráveis) as descrições das situações que os fazem dissociar (ou realizar outras atividades lamentáveis), feitas pelos participantes. Conforme a pessoa no grupo fala, a situação é desenhada na lousa. Se uma parte ou mais do diagrama do triângulo é deixada fora da descrição, o grupo se mobiliza para ajudar a pessoa a preenchê-la(s), o que dá a oportunidade de ensinar aos pacientes como identificar sentimentos, prestar atenção às deixas corporais e ter acesso aos pensamentos e imagens que os acompanham. A importância de conhecer todos os três é enfatizada, pois deixar algum componente de fora significa deixar passar informações úteis e valiosas.

Ao discutir a dissociação como um resultado desses três componentes de percepção, o líder do grupo introduz a idéia controversa de que a dissociação pode na verdade ser vista como uma decisão. Algumas pessoas no grupo têm dificuldade com essa idéia, uma vez que contradiz a visão predominante de que a dissociação é um comportamento "automático" incontrolável. As discussões resultantes podem ser produtivas para instilar esperança de que, por mais automática que a dissociação possa parecer, o esforço determinado e a prática podem torná-la uma atividade deliberada que se pode escolher fazer ou não.

Alguns participantes do grupo gostam da idéia de ter a possibilidade de escolher a dissociação. Uma idéia relacionada é considerar que aquilo que parece automático pode, na verdade, estar representando um pressuposto sem esperar para reunir mais informações sobre o que realmente está acontecendo. Sugerir que a dissociação é uma decisão em vez de um comportamento automático a equipara a outras formas de resolução negativa de problemas, como se cortar, beber, drogar-se, suicidar-se ou outro autoflagelo, que também são ações opcionais.

O mapeamento na lousa, feito pelo líder do grupo da situação de um paciente, com os outros participantes ajudando-se mutuamente a articular várias percepções e todos observando juntos o modo pelo qual a decisão resultante é tomada, ajuda a remover um participante da intensidade de sua experiência e o coloca na posição de observador. Também produz a sensação de experiência compartilhada com os outros participantes do grupo. Depois, a atenção dos outros pode mudar da pessoa em questão para o fenômeno discutido. Isso facilita identificar-se e discutir situações semelhantes com seus próprios pensamentos, sentimentos, comportamentos e decisões. No exemplo acima, as pessoas no grupo aprendem como reconhecer os extremos nos pensamentos automáticos, avaliar a realidade da situação com dados mais precisos e dizer a si mesmos que a tendência de dissociar vem das antigas experiências ruins, mas que pode não ser o que está acontecendo agora. Uma decisão alternativa à situação descrita acima pode ser: regular a respiração, fincar os pés no chão e encontrar alguém para conversar sobre a experiência.

# GRUPO DE NÍVEL 2

Uma vez liberados do tratamento em regime interno para uma hospitalização parcial ou um programa externo, os pacientes podem passar para um grupo de Nível 2.

## Diferenças Básicas dos Grupos de Nível 1 e de Nível 2

O grupo de Nível 2 é diferente do grupo de Nível 1 das seguintes maneiras:

1. **Nome do grupo.** Ao invés de Grupo de Transtornos Dissociativos, é chamado de Grupo de Habilidades Básicas da Terapia Cognitiva. Embora o

grupo continue a ser para indivíduos com transtornos dissociativos, há uma concessão para uma questão maior que permeia o grupo cognitivo de Nível 1: os pacientes, em última análise, sentem que, por terem de dissociar para juntar-se ao grupo, precisam continuar a dissociar para permanecer no grupo. Isso é em parte resolvido pela remoção da palavra *dissociação* do nome do grupo e a abordagem à questão da dissociação nas regras e diretrizes do grupo. A dissociação é a preocupação primordial dentro e fora do grupo e é muitas vezes parte integrante da identidade entre os participantes.

2. **Paciente externo em contraposição a paciente internado.** O ambiente é de pacientes externos e, como tal, apresenta maior risco de comportamento impulsivo e outros tipos de imprevisibilidade. A expectativa de autocontrole é maior. O terapeuta de pacientes externos é mais ativamente consciente dos objetivos e processos dos participantes do grupo.

3. **Um conjunto de regras.** Os pacientes são solicitados a assinar um compromisso de tentar seguir as regras e diretrizes do grupo, as quais são examinadas na entrevista antes do grupo. Os participantes prospectivos do grupo são solicitados a examiná-las com o terapeuta e as regras são revisadas na primeira sessão do grupo.

4. **Fontes de indicação.** As indicações são feitas por profissionais e organizações de saúde mental para pacientes internos e externos, além das informações confidenciais do paciente.

5. **Terapeuta individual na equipe.** Os participantes do grupo estão em terapia individual e, por isso, pede-se permissão para uma comunicação aberta entre seus terapeutas e o líder do grupo. Eles devem assinar um formulário de consentimento para isso.

6. **Menos estrutura, mais estabilidade.** Os participantes do grupo trabalham, estão em tratamento-dia ou estudam. Tais contextos proporcionam menos estrutura que o tratamento com pacientes internados e espera-se que os participantes do grupo tenham a capacidade de exercer maior controle sobre os sintomas tanto nesses contextos como no grupo.

7. **Número de participantes.** O grupo é menor, aproximadamente quatro ou cinco participantes. Esse número não é intencional, somente parece que um número menor garante a manutenção do grupo.

8. **Duração da sessão.** A duração é de uma hora e meia, mais longa que o grupo de 50 minutos no hospital. Há uma tolerância de 10 minutos de atraso.

9. **Número de sessões.** Esse é um grupo rotativo de 10 sessões. Os novos participantes devem comprometer-se a comparecer em 10 sessões. No final desse período, são avaliadas as evidências de progresso e a utilidade do grupo pelo paciente com o terapeuta de paciente externo e o líder do grupo.

Nos primeiros estágios dos grupos de Nível 2, o paciente que terminou a primeira série de 10 sessões pode entrar no grupo novamente e comparecer de maneira aberta, com aviso prévio de finalização de três sessões. A maioria dos participantes que completaram as 10 sessões quis ficar, por períodos que variaram de mais quatro ou cinco sessões até dois anos ou mais. Esse formato criou muita imprevisibilidade.

O grupo de Nível 2 consiste atualmente em uma série de 10 sessões, com a opção de renovação de compromisso a cada 10 sessões. Isso permite que os participantes façam resumos periódicos de seu trabalho no grupo, fechem o debate sobre algumas de suas conquistas, permite-lhes estabelecer novos objetivos e trocar *feedback* sobre as condições de seu relacionamento com os outros e com o líder. O formato de dez sessões também reduz a probabilidade de saídas e entradas inesperadas.

10. **Definição de metas e objetivos.** Os participantes do grupo de Nível 2 definem os objetivos para além de diminuir o estado agudo dos sintomas e desenvolver estratégias de enfrentamento que definem os objetivos dos participantes do grupo de Nível 1. Espera-se que os participantes do grupo 2 aprendam o seguinte, como um meio para alcançar seus objetivos:

- Descobrir as crenças e pressupostos subjacentes que podem ligar os episódios dissociativos uns aos outros e a outras tendências e atividades inúteis e improdutivas.
- Gerar e verificar as hipóteses para si mesmos e para os outros sobre maneiras individualizadas nas quais isso ocorre.
- Contestar tais crenças e padrões.
- Realizar tarefas que fortaleçam crenças e pressupostos mais equilibrados.

A cultura do grupo agora inclui a expectativa de um nível mais alto de controle de sintomas. Os objetivos do grupo mudam do foco do Nível 1, sobre o manejo dos sintomas dissociativos, para o foco do Nível 2 nas maneiras pelas quais os padrões de dissociação (e as percepções que os mantiveram) interferem na vida dos pacientes. Como os grupos de Nível 1, os grupos de Nível 2 consistiram apenas de mulheres, simplesmente pelo fato de os homens dissociativos não terem procurado os grupos.

## Indicação e Processo de Recrutamento no Grupo de Nível 2

A divulgação do grupo de Nível 2 é feita oralmente e por meio de um panfleto que ressalta os objetivos, estrutura, conteúdo e requisitos para a participação no grupo. As informações no panfleto podem variar, mas devem incluir os seguintes pontos básicos:

- Esse grupo destina-se a pessoas com dificuldades para lidar com os sintomas relativos ao trauma e à dissociação.
- O objetivo do grupo é aumentar a capacidade de lidar com a vida e diminuir os efeitos intrusivos dos sintomas relativos ao trauma, incluindo os episódios dissociativos.
- Os participantes do grupo trabalharão individualmente e como uma equipe para identificar e contestar padrões imprecisos de pensamento que interfiram na vida cotidiana.
- Os participantes do grupo explorarão o conteúdo traumático na memória.
- Cada participante deve estar em terapia individual e permitir o contato entre o líder do grupo e o terapeuta individual.

Espera-se que as pessoas no grupo estejam em psicoterapia individual estável e devem ser indicadas por psicoterapeutas que concordem com os objetivos dos pacientes no grupo. Os participantes do grupo devem comprometer-se a comparecer em todos os encontros do grupo em prol da continuidade e consistência.

O formato do grupo inclui a definição da agenda, compartilhar experiências e percepções de tais experiências, sugestões para atividades individuais entre as sessões, resumo e *feedback*. Os participantes trabalham com seus próprios objetivos e em seu próprio ritmo, ao mesmo tempo em que está disponível para dar apoio, sugestões e informações aos outros.

Deve-se marcar uma sessão individual de avaliação antes de iniciar o grupo. Cada sessão em grupo é de uma hora e meia.

## Entrevista Antes de Entrar no Grupo

Cada candidato é solicitado a passar por uma entrevista antes de entrar no grupo, para seleção e modelo da socialização. Essa sessão dura 50 minutos e é cobrada como uma sessão em grupo. São discutidos os seguintes pontos:

### *O Entendimento do Grupo por Parte do Candidato*

Há várias maneiras de o paciente inteirar-se sobre o grupo – amigos, o terapeuta e o panfleto. A entrevista antes do grupo ajuda a esclarecer o que se sabe e o que se espera. O líder do grupo pode fazer uma descrição do grupo de Nível 2 nessa entrevista da seguinte maneira:

> *Este grupo destina-se a pessoas com trauma em seu histórico e para quem a dissociação e outros sintomas relacionados ao trauma estejam causando problemas na vida. O grupo serve para ajudar a identificar como certas crenças e pressupostos desenvolvidos na infância, para ajudá-lo a dar significado às coisas e lidar com elas, podem agora estar trabalhando mais contra você que a seu favor. A dissociação e outros sintomas e comportamentos são parte de como essas crenças se desgastam. Você acha que trabalhar com esses problemas no grupo o ajudará de alguma forma?*

### *Expectativas dos Participantes – Construindo a Cultura do Grupo*

Os participantes do grupo de Nível 2 diferem daqueles do grupo de Nível 1 no grau de controle sobre os sintomas e nível de participação que são capazes de ter. Nas entrevistas antes do grupo, cada participante prospectivo é orientado quanto às regras, expectativas, linguajar e estruturas do Nível 2. Pergunta-se ao candidato o que sente, o que gostaria de receber do grupo e o que pode dar ao grupo. Muitos candidatos dizem que essa é uma idéia nova para eles e que é difícil responder. Quando instigados a pensar em alguma contribuição que poderiam dar, eles dizem coisas como "sou boa ouvinte", "tento ser empático" ou "quero compartilhar minhas experiências". As respostas típicas para o que desejam receber do grupo são "quero me encaixar em algum lugar" e "quero ajuda com meus pensamentos".

Pergunta-se então aos participantes o que eles gostariam de realizar no grupo. As respostas são inicialmente vagas e do tipo "fico entrando em situações ameaçadoras", "quero ter mais confiança em mim mesmo" e "tenho medo da raiva das pessoas". Esse é o livre debate inicial que é, então, colocado em foco com a pergunta "o que você gostaria de mudar ou que fosse diferente?". Esse é o começo da Lista de Problemas. O novo participante deve escrever uma lista e trazê-la à primeira sessão do grupo. A Lista de Problemas é discutida na primeira sessão do grupo com o líder e os outros participantes ajudando-se para estabelecer objetivos realísticos: "*O que podemos fazer aqui para ajudá-lo a ter mais autoconfiança? Como você sabe se já não a tem?*". A resposta pode ser: "*Eu saberia que tenho mais autoconfiança se eu pudesse discordar de alguém às vezes, e não concordar o tempo todo*".

Os participantes prospectivos do grupo são perguntados sobre automutilação, tentativas de suicídio, vícios e transtornos alimentares. Esses são problemas comuns entre os pacientes com transtornos dissociativos, sendo importante avaliar o nível de risco individual e potencial para a interferência no grupo. Muitos pacientes dissociativos não podem garantir que desistirão desses comportamentos para sempre, mas podem concordar em fazê-lo por um período. O fundamento lógico para o pedido de não se envolverem em comportamentos autodestrutivos, enquanto participarem do grupo é contestar crenças e pressupostos profundamente mantidos, pode provocar ansiedade, e os participantes do grupo devem desejar envolver-se uns com os outros sem se machucarem.

Também se fala aos participantes prospectivos sobre a expectativa de participar ativamente. Eles podem estar preocupados em não fazer ou dizer coisas erradas e assim não se encaixarem. O líder do grupo aborda tais preocupações, esclarecendo que a participação é esperada de todos, embora o nível de atividade não precise ser o mesmo. Tranqüiliza-se os participantes dizendo que não serão forçados ou colocados em evidência, mas que devem fazer o melhor possível.

A confidencialidade é uma parte importante do grupo e o desejo dos participantes de privacidade é respeitado. O contato deve ser permitido, porém, entre o líder do grupo e o terapeuta individual, especialmente no que diz respeito à segurança. Presume-se que o que é levantado no grupo por qualquer um também é conhecido pelo terapeuta do participante. Também se presume que eles manterão seus terapeutas informados sobre o progresso no grupo.

Eles não são incentivados a ter contato fora dos encontros do grupo, mas se acontecer, deve-se reportar ao grupo. O contato externo entre os participantes torna-se parte do processo de grupo se eles quiserem ou não e pode inadvertidamente provocar uma preocupação quanto à confiança e ao sigilo.

Pergunta-se aos participantes prospectivos se são capazes de comprometer-se a não dissociar no grupo. Isso implica deixar o grupo saber se estão sendo motivados a dissociar por algum outro participante ou pelo líder ou se eventos externos estão aumentando a probabilidade de dissociação no grupo. O fundamento lógico por trás disso é que todos trabalham melhor juntos se souberem o que esperar do outro. Conseqüentemente, ainda que a dissociação seja bastante discutida durante as sessões do grupo, tanto no Nível 1 como no Nível 2, os participantes são solicitados a não dissociar se conseguirem. Por causa do tempo limitado do grupo e para aproveitar o tempo da sessão da melhor forma possível, os candidatos são informados que precisarão estabelecer tarefas para si mesmos entre os encontros, de modo que possam examinar as situações atuais em suas vidas e tentar pequenas mudanças à medida que fazem descobertas e crescem no grupo. Também é dito a eles que o fato de não obterem sucesso significa uma oportunidade para aprender, que todos devem experimentar isso algumas vezes e que, sem isso, eles podem não estar testando seus limites.

As regras e o fundamento lógico para cada um são revisados com cada participante prospectivo na entrevista antes de entrar no grupo. Diferentemente das regras do grupo constantemente discutidas no Nível 1, espera-se que os candidatos ao Nível 2 as compreendam e as sigam sem precisarem ser freqüentemente lembrados. Cada candidato é solicitado a assinar uma cópia do contrato (ver Quadro 7.1).

A idéia de realizar tarefas e experimentos entre as sessões é apresentada. Elas são explicadas como maneiras de experimentar percepções novas e equilibradas que tenham sido trabalhadas no grupo.

Finalmente, os participantes prospectivos são incentivados a manter registros de dados, seja rabiscando idéias no grupo ou por observações de velhos padrões de pensar e reagindo fora do grupo.

Quadro 7.1. Regras e diretrizes do grupo

É importante que as pessoas no grupo consigam confiar uns nos outros em prol da consistência, já que todos abordam questões difíceis. A seguir, apresentamos algumas diretrizes para ajudar os participantes a saberem o quê esperar de si mesmos e dos outros. Escrito como um contrato formal, os participantes prospectivos lêem e assinam para indicar que entenderam e se comprometem a seguir as diretrizes.

- **Não chegue mais de 10 minutos atrasado.** Uma vez iniciado o grupo, é difícil parar para você se apresentar ou deixá-lo a par do que está acontecendo.
- **Apenas adultos presentes no grupo.** Como o grupo discute o enfrentamento, lidar com os sintomas e os eventos da vida cotidiana (assuntos de adultos), pode se difícil para a criança ou outro alter ego entender. Se um alter ego aparecer, será reconhecido e depois solicitado a encontrar o adulto. Os participantes devem escolher um *self* adulto (ou estado de ego) para estar em todas as sessões.
- **As crises são discutidas com o terapeuta individual.** Supõe-se que o participante e seu terapeuta tenham um plano de crises para lidar com o que surgir no tratamento individual. Os problemas do grupo serão discutidos no grupo.
- **Saídas breves do grupo são aceitáveis.** Se for necessário sair brevemente, por favor volte o mais rápido possível para informar os outros porque isso foi necessário. Os outros participantes, às vezes, ficam preocupados se foram eles que causaram a saída e isso merece esclarecimento.
- **O comportamento respeitoso é solicitado.** Um dos objetivos do grupo é controlar os sentimentos fortes ao conversar com os outros sobre pessoas e experiências.
- **Não serão examinados detalhes de abuso ou lembranças.** Estas são questões delicadas e pessoais que devem ser abordadas na terapia individual.
- **Um participante pode pedir que outro mude de assunto.** É difícil conhecer os ativadores dos outros, portanto deve-se avisar aos outros quando isso começar a acontecer.
- **Reportar a dissociação ou perguntar sobre um episódio dissociativo é aceito.** Às vezes os participantes não percebem que se tornaram dissociativos. É importante esclarecer isso. Os participantes são incentivados a verificar as observações dos outros.

*Continua*

Quadro 7.1. (*Cont.*) Regras e diretrizes do grupo

- **O grupo deve ser informado sobre o contato fora do grupo.** Se as pessoas se encontrarem entre as sessões e discutirem questões do grupo, elas devem informar os outros participantes na próxima sessão.
- **Adultos precisam voltar para casa.** Parte do compromisso do grupo é ir e voltar das sessões de maneira segura e responsável.
- **As sessões às quais os participantes faltarem serão cobradas.** O compromisso do grupo é tanto financeiro quanto pessoal. Uma vez iniciado o grupo, ninguém poderá ocupar seu lugar (a exceção é estar hospitalizado e não ter permissão para sair).

| ______________ | ______________ | ______________ | ______________ |
|---|---|---|---|
| Assinatura | Data | Testemunha | Data |

Essas regras são os padrões de comportamento dentro do grupo. A maioria dos participantes entende e aceita seus termos para manter o processo de grupo e permitir que os participantes saibam o que podem esperar dos outros.

Observe que a lição de casa, as tarefas os registros e a participação ativa (como solicitado na entrevista antes de iniciar o grupo) não fazem parte das regras, que servem para a segurança do grupo e são necessárias para um bom funcionamento. A lição de casa, as tarefas selecionadas e a participação ativa são, em última análise, uma escolha e, embora afetem a qualidade do processo de grupo, não fazê-las depende de cada participante.

## Normas do Terapeuta

Em um grupo contínuo de duração mais longa, é importante ter um líder de grupo organizado e focado para manter a sensação de segurança dos participantes e do grupo em curso. Os seguintes princípios de liderança de grupo ajudam a manter o processo produtivo e focado. Embora não sejam abordados formalmente no grupo ou na entrevista antes de entrar no grupo, os conceitos são discutidos conforme aparecem nas discussões em grupo.

### *Consistência*

O terapeuta é responsável por garantir que as coisas estejam correndo como o planejado. Os participantes devem poder confiar em uma determinada seqüência no processo do grupo e precisam saber o que esperar uns dos outros e do líder do grupo. A inconsistência gera uma sensação de imprevisibilidade, a qual provoca ansiedade e é desorganizadora para os pacientes dissociativos.

### *Continuidade*

O terapeuta deve ajudar os participantes do grupo a se manterem orientados em direção a seus objetivos e metas. É preciso mostrar a eles como trabalhar em etapas e somar ganhos com o tempo. Que as etapas, em direção à melhora podem ser realizadas e que o progresso pode ser medido, não são conceitos familiares para pacientes dissociativos. Outro conceito importante que deve ser infundido na cultura do grupo é a idéia de que a mudança pode ocorrer e cada participante pode ser um instrumento nesse processo.

### *Comunicação*

O terapeuta deve modelar objetividade, interesse e paciência no decorrer das sessões em grupo. O segredo entre os participantes ou entre um participante e o líder do grupo gera suspeita e desconfiança e, ainda, o medo de estar errado, falar demais ou ofender os outros faz com que tendam a ser dissimulados e calados. Compartilhar informações pessoais e discutir suas experiências é uma habilidade que muitos pacientes dissociativos não tiveram a oportunidade de desenvolver. O contexto do grupo fornece essa oportunidade com incentivo e o modelo do líder. A comunicação aberta deve ser valorizada e cada participante estimulado a fazer valer suas próprias necessidades e responder às necessidades dos outros participantes.

### *Coesão*

O líder do grupo deve trabalhar constantemente para a coesão do grupo. A fragmentação interna de pacientes dissociativos é muitas vezes reproduzida no contexto do grupo. O princípio da coesão baseia-se na premissa de que, para atingir funcionamento interpessoal excelente, deve haver um *self*, um propósito e um histórico integrados. Quanto mais os pacientes dissociativos se conhecerem como uma unidade, mais capazes serão de conectar-se aos outros para solidificar uma identidade e um propósito em comum.

### *Colaboração*

O líder do grupo pode promover a colaboração ao autorizar os participantes do grupo a dar *feedback*, fazer valer suas necessidades e até mesmo discordar do líder e dos outros participantes. A colaboração implica dividir igualmente uma tarefa ou uma experiência, apesar das diferenças que surjam. A idéia de trabalho em equipe é uma questão interna e externa. Os participantes devem trabalhar dentro de si mesmos e com os outros no grupo para ir adiante em direção a seus objetivos.

### *Competência*

O líder do grupo deve apontar qualquer evidência de competência, recursos ou habilidade manifestada. O tratamento de pacientes dissociativos, muito freqüentemente, tenta reduzir suas maneiras mal-adaptativas de estar no mundo, sem dar ênfase suficiente aos pontos fortes e habilidades que eles possuem. A competência é intensificada por meio do planejamento de pequenas tarefas e experimentos pessoais à medida que os pacientes trabalham em direção a seus objetivos. A maestria deles deve ser reconhecida e registrada para fortalecer a sensação de quem eles são e manter a coragem em momentos difíceis.

## Estrutura da Sessão de Nível 2

Na primeira sessão do grupo, a estrutura de todas as sessões é explicada da seguinte maneira:

### *Avisos*

Mudanças de data, faltas e contato entre terapeutas são notificados, assim como qualquer contato fora do grupo entre dos participantes.

## *Verificação Individual de Humor*

Discute-se os formulários que são preenchidos entre as sessões: o Inventário de Depressão de Beck (BDI), o Inventário de Ansiedade de Beck (BAI), o Formulário de *Feedback* do Terapeuta. São feitas observações sobre as diferenças no humor, e se o humor está inconsistente com as classificações nos formulários. Há um foco especial na questão do formulário *de feedback*: "*O que o impressionou mais na última sessão?*".

## *Revisão da Última Sessão*

Os participantes devem resumir a sessão anterior e expor se têm mais alguma coisa a dizer a respeito da discussão. Qualquer discussão não finalizada é colocada na agenda do dia.

## *Definição da Agenda e Lição de Casa*

Pergunta-se a cada participante do grupo o que gostaria de trabalhar no grupo naquele dia. Os tópicos devem estar relacionados com os objetivos estabelecidos no primeiro grupo, embora às vezes eventos aparentemente não-relacionados possam resultar em nova consciência e subseqüentes mudanças nos objetivos. Os participantes devem consultar suas listas de problemas, as tarefas ou experimentos conduzidos desde a última sessão e os livros de registros ao mesmo tempo em que dão sugestões para a agenda.

## *Discussão da Agenda*

O grupo decide como priorizar os tópicos da agenda. Geralmente, um tópico tem relevância suficiente para ser útil a todos. Às vezes, um participante do grupo tem uma questão rápida ou urgente e todos os participantes ajudam a ordenar como será abordada.

## *Definição de Tarefas*

Pergunta-se aos participantes como tentarão reforçar na semana seguinte o que foi aprendido no grupo. Cada um define sua própria tarefa, às vezes com a interferência do líder ou dos outros, podendo consistir em comportamentos reais, observações ou praticar exercícios de relaxamento ou outras estratégias de redução de sintomas.

### *Verificação Individual Final*

Pergunta-se aos participantes o que eles acharam útil no grupo. É o momento de dar *feedback* específico aos outros e ao líder. O líder do grupo também tem sua vez, resumindo os temas predominantes da discussão do grupo e ressaltando as contribuições de cada participante.

### *Levar o Material Escrito para Casa*

Cada participante leva uma cópia do BDI, BAI, Formulário de *Feedback* do Terapeuta e outras apostilas ou folhas de exercícios, como um registro de pensamentos ou uma lista de sentimentos.

### *Formulário de Classificação de Grupo de Nível 2*

É dado no final de cada série de 10 sessões, para que os participantes classifiquem seu progresso e a utilidade do grupo para eles.

## O Ciclo de Dissociação

O triângulo cognitivo é utilizado no grupo de Nível 2 para ajudar os participantes a identificar os padrões e temas no pensamento que sugiram crenças ou pressupostos mais arraigados. Eles então aprendem as maneiras pelas quais esses padrões tornam-se ciclos perpetuados de disfunção por si mesmos. A apresentação básica desse conceito é a seguinte:

> *Parece que a dissociação faz uma das duas coisas: pode ajudar a evitar ou reduzir o estado agudo de alguma experiência traumática prevista (emocional, física ou cognitiva), mas também pode reproduzir uma experiência traumática. Ambos resultam em confusão, desorientação, ansiedade e até mesmo desconforto físico. Isso faz com que a pessoa*

*fique alerta para deixas de que o trauma está prestes a ocorrer novamente. O problema é que tal estado de alerta na verdade estreita o limiar para a dissociação, reforçando a percepção do perigo. Além disso, em função dos eventos traumáticos, e mesmo da fragmentação que a dissociação provoca, a pessoa dissociativa geralmente não sabe como reconhecer as deixas reais de situações perigosas ou problemáticas. O esforço e a energia gastos na procura do perigo, apenas para não perceber sua presença até que seja tarde demais, reforçam a incerteza, a perda de autoconfiança, desmoralização e falta de esperança que acompanham a dissociação.*

A seguir, vamos dar uma olhada em como a dissociação pode fragmentar a realidade e depois manter a condição de fragmentação de uma maneira que perpetua a si mesma e é difícil de sair dela.

1. Hipervigilância: *"Alguma coisa ruim vai acontecer comigo"*.
2. Ativador: *"Já estive aqui antes"* ou *"Isso é familiar"*.
3. *Flashback*: *"Está acontecendo de novo"* ou fuga/evitação: *"Não está acontecendo nada"*/*"Não estou aqui"*.
4. Fragmentação/desorientação: *"As coisas estão fora de controle. Não sei o que aconteceu"*.
5. Estratégia compensatória: *"Preciso me concentrar, assumir o controle, sentir verdadeiro, rápido"* (cortar-se, beber, bater-se, limpar).
6. Esgotamento/falta de esperança: *"Nada funciona. Estou desamparado. Não tem jeito"*.

A Figura 7.2 ilustra como isso se perpetua.

Ao demonstrar esse ciclo na lousa, o líder utiliza o material da agenda definida pelo grupo e pergunta se o ciclo parece familiar ou se é relevante para o que acontece com os participantes. Os participantes do grupo utilizam o ciclo para tentar estabelecer seus próprios padrões de crenças e pressupostos que ativam as etapas do ciclo. O episódio dissociativo e as estratégias compensatórias são vistas como decisões com resultados negativos e os participantes do grupo têm a oportunidade de oferecer aos outros apoio, compreensão e estratégias de enfrentamento ao examinar as etapas no ciclo e como elas podem aplicar-se às situações individuais.

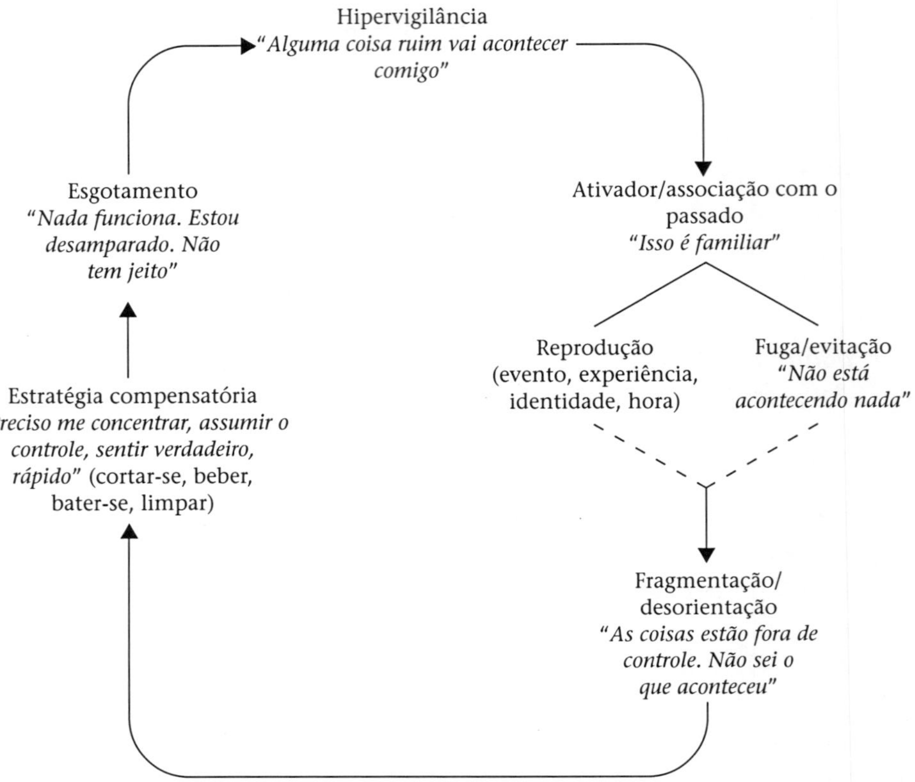


FIGURA 7.2. O ciclo de dissociação.

# Observações Clínicas

A dissociação no aqui e agora perpetua a evitação ou a recorrência da experiência de eventos traumáticos e compromete a estabilidade dos participantes do grupo. Anos de dissociação resultam em deficiências de habilidades e outras dificuldades no funcionamento que podem ser observadas no grupo e relatadas pelos participantes sobre suas vidas lá fora. Essas deficiências e dificuldades no funcionamento recriam aspectos dos ambientes produtores de trauma descritos anteriormente. No grupo de Nível 2, as deficiências causadas pela dissociação parecem agrupar-se em quatro categorias gerais: *tempo*, *eventos*, *experiências* e *identidade*. Os participantes têm a tarefa de não somente tentar consertar ou reconstruir o que foi perdido nessas áreas, mas também entender as imprecisões e distorções nas crenças e pressupostos desenvolvidos como resultado da fragmentação. Somente ao realizar a construção de tais habilidades e contestar as crenças relacionadas é que as pessoas poderão lidar com os efeitos do passado, começar a construir um presente cada vez mais confiável e ser capaz esperar um futuro razoavelmente previsível. O grupo fornece os passos iniciais nesse processo.

As deficiências funcionais e de habilidades, e suas crenças relacionadas, são esclarecidas com o uso do triângulo cognitivo e o ciclo dissociativo na discussão da agenda. A seguir uma descrição das categorias de fragmentação geradas nos tópicos da agenda.

## *Fragmentação do Tempo*

A fragmentação do tempo interfere na sensação de continuidade e seqüência do paciente. As lacunas no tempo, o tempo interrompido, as justaposições de tempo e a confusão sobre acontecimentos evolutivos importantes, como a idade ou grau para os eventos (tanto traumáticos como não traumáticos), torna difícil para os pacientes colocar-se no tempo certo, usar o tempo de maneira efetiva ou recriá-lo. Este é o caso tanto para o tempo presente como para o tempo passado. Uma paciente disse em grupo: *"Fui atriz, técnica de laboratório e tenho mestrado em marketing. Vivi em muitos lugares diferentes. Não sei como passei de uma coisa para outra ou quanto tempo levou, e isso me assusta. Não poderia fazer nada daquilo agora"*.

Uma conseqüência da fragmentação do tempo é, algumas vezes, um estilo interativo, caracterizado pela desatenção, distração, hipervigilância e cuidado no grupo. Os esforços para normalizar algumas deficiências de memória e encaixar as peças do tempo ocorrem com uma revisão da sessão anterior. Os participantes do grupo surpreendem-se ao perceber que lembram mais coisas do que acreditavam poder e ficam duplamente surpresos quando lembram de algumas coisas melhor do que o líder do grupo. As pessoas dissociativas geralmente acreditam que a memória normal é a memória perfeita. Uma participante disse uma vez: *"Gostaria de poder lembrar de tudo que aconteceu em minha vida, como as pessoas normais fazem"* – um pressuposto contestado pelo líder do grupo e por outros participantes, seguido de uma discussão sobre os parâmetros normais de consciência e seqüência de tempo.

## *Fragmentação de Eventos*

Os eventos (traumáticos ou não) que não são claramente lembrados ou não consensualmente lembrados pela família ou amigos provocam angústia em pacientes dissociativos que não sabem dizer se são imaginários, distorcidos, fabricados ou reais. O conflito interno pode desenvolver-se da vontade de saber o que aconteceu no passado, mesmo no passado recente, e do fato de não saber como descobrir. Por exemplo, uma participante do grupo relatou que um de seus alter egos tinha certeza de haver sido sexualmente molestada recentemente por seu terapeuta externo. A paciente notou que seu sutiã estava aberto após voltar para casa de uma sessão com o terapeuta. Embora ela não se lembrasse de ser molestada, acreditava ser possível isso ter acontecido se ela estivesse dissociada na sessão. Ela havia sido estuprada várias vezes quando era criança e sentia-se da mesma forma naquele momento. Coincidentemente, também foi agredida quando voltava do trabalho para casa uma noite. Ela lembrava claramente daquela agressão, mas não lembrava de ser molestada pelo terapeuta. Com a ajuda do grupo, ela finalmente concluiu ser improvável lembrar de um evento e não de outro, e o relacionamento na terapia individual continuava intacto.

Outra paciente hesitou quando tentava lembrar o que havia feito no dia anterior. Sua mão direita ergueu-se e esbofeteou-a. Para o grupo surpreso, ela explicou: "*Ah, isso é só para lembrar de não mentir*". Nesse caso, um fragmento de um evento geralmente recorrente repetiu-se no presente.

O grupo aborda a questão de eventos fragmentados, relatando incidentes durante a semana anterior na definição da agenda e contestando os pensamentos automáticos associados aos eventos traumáticos do passado. Uma participante é ajudada, por exemplo, para ver diferenças entre uma discussão desagradável com alguém importante em sua vida na semana anterior e o abuso emocional traumático por um dos pais na infância.

## *Fragmentação de Experiências*

As experiências do passado são geralmente fragmentadas demais para servir de recursos para abordar os problemas atuais. A fragmentação da experiência resulta em reação excessiva, pouca reação, ingenuidade ou resposta inadequada às situações. Dessa forma, impede o crescimento da autoconsciência e a avaliação realística de seus próprios pontos fortes e fracos. A experiência fragmentada também levanta a questão sobre a previsibilidade de outros e prejudica o desenvolvimento do julgamento em situações sociais. Os participantes do grupo podem ficar confusos sobre o que constitui uma reação extrema, em contraposição a uma reação normal. Uma pessoa no grupo, por exemplo, relatou ter se humilhado no trabalho quando abriu uma gaveta e encontrou um rato morto. Ela gritou e correu para o supervisor. A paciente criticava-se como uma sobrevivente frágil de trauma, incapaz de lidar com ele. As outras participantes discutiram experiências semelhantes, todas supondo que tal reação era extrema e incomum, ainda que o líder do grupo tenha tomado a posição de que muitas pessoas "normais" teriam reagido da mesma forma. Outra paciente matriculou-se em um curso de computação e tornou-se tão competente que os outros alunos, e até mesmo o instrutor, pediam ajuda a ela. O instrutor puxou-a de lado e pediu-lhe para não ajudar os outros alunos, mencionando que eles estavam reclamando de sua própria falta de habilidade. Ela ficou deprimida e ansiosa, pensando até em desistir do curso. Ela disse ao grupo: "*Por que ele está me criticando? Eu não sou burra! Não é minha culpa se eles me pedem ajuda*". Ela associou a experiência com sua família, na qual seus irmãos, assim como seus pais, pediam-lhe informações e ajuda e depois zombavam dela: "*Você se acha tão esperta*". Sua reação a essa situação na sala de aula foi o resultado da transposição de uma experiência dolorosa em sua família para uma situação atual que ressaltou seu *status* de líder e ajudante na sala de aula.

## Fragmentação de Identidade

A fragmentação de identidade é outra conseqüência da dissociação. Historicamente, pacientes e terapeutas têm presumido que uma mudança de identidade significa que um ser novo e de funcionamento autônomo estava presente, apesar do fato de não ser possível conhecer realmente o grau de funcionamento autônomo de qualquer estado alterado. Além disso, não se pode realmente esperar que algum fragmento de personalidade realize uma função ou tarefa complexa. Ainda que a identidade fragmentada seja apenas uma conseqüência da dissociação, ela é a que mais responde em tratamento. As outras conseqüências – eventos, experiências e tempo fragmentados – podem não ser muito notadas em termos de mudanças dissociativas, embora sua importância para o tratamento seja igualmente significativa. Também é provável que fragmentos de tempo, eventos e experiências sejam normalmente percebidos como fragmentos de identidade, novamente perdendo a oportunidade de descobrir a natureza mais precisa da fragmentação e das crenças e pressupostos que a acompanham.

Um exemplo de fragmentação de identidade é o seguinte: uma participante do grupo descreveu um conflito entre ela e outra paciente dissociativa no tratamento-dia, dizendo que "*Ela empurra as crianças para longe de mim sempre que me aproximo. Ela sabe que eu não gritaria com eles. Isso não é justo"*. Ela presumiu que não podia abordar suas questões de adulto por causa da identidade infantil intencionalmente gerada diante dela. Outra participante dissociava quando a palavra *pais* era mencionada. Ela tornava-se infantil e começava a chupar o dedo. Esquecendo-se do tópico do grupo, as outras participantes conversavam com ela suavemente, como se falassem com uma criança. Ela pediu a uma delas para ser sua mamãe. Nos dois casos, as participantes que dissociaram foram solicitadas a tentar identificar a "regra" ou o pressuposto que as fez mudar o foco em cada situação. No segundo caso, foi perguntado à participante que se tornou infantil qual pressuposto a fez decidir tornar-se infantil.

Ao enfatizar essas quatro categorias gerais de fragmentação dissociativa, o objetivo não é reivindicar sua responsabilidade por todos os problemas no funcionamento ou todas as distorções de percepção de pacientes dissociativos. Identificá-las, na verdade, endossa o fato de a dissociação envolver vários fatores que devem ser considerados e não se limitar ao pressuposto de que a dissociação refere-se apenas à mudança de identidade.

## Estratégias que Diminuem a Fragmentação Dissociativa

As estratégias a seguir podem ser utilizadas nas sessões em grupo ou sugeridas como tarefas para os participantes fazerem entre as sessões, a fim de diminuir os episódios dissociativos. Podem ser usadas em qualquer momento e para qualquer participante do grupo, mas se aplicam especialmente a pacientes dissociativos que lutam com a fragmentação nessas quatro áreas específicas.

1. Tempo
    - Diferenciar entre passado e presente.
    - Reconstruir o hoje, a semana passada, a sessão passada.
    - Definir refeições, preparação para dormir, uma determinada atividade.
    - Planejar o dia seguinte, a semana seguinte.
    - Organizar o tempo nas sessões.
    - Estabelecer um ritmo adequado ao tratamento.
    - Obter psicoeducação sobre memória e acontecimentos evolutivos importantes.

2. Evento
    - Definir objetivos e tarefas.
    - Dar os primeiros passos em direção aos objetivos.
    - Observar e rever eventos, atividades, contextos e pessoas.
    - Planejar em seqüência.
    - Prever resultados de eventos e planos.
    - Medir a mudança.

3. Experiência
    - Relatar reações subjetivas a pessoas e eventos.
    - Dividir a experiência em pensamentos, sentimentos e respostas fisiológicas.
    - Tolerar a ansiedade, a angústia e fortes emoções por mais tempo.
    - Descrever a progressão de elevação e redução nas emoções e estados de espírito.
    - Comparar percepções e realidade.
    - Estabelecer critérios para a normalidade na vida e nas situações.
    - Testar a assertividade e novas experiências, comportamentos.

4. Identidade
    - Designar lacunas evolutivas.
    - Praticar atividades e habilidades sociais apropriadas para a idade.
    - Esclarecer os papéis social e pessoal.
    - Testar a definição de limites e o reforço de limites pessoais.
    - Estabelecer conceitos de trabalho em equipe e colaboração internos e externos.
    - Avaliar os pontos fortes e fracos.
    - Aprender os principais aspectos do desenvolvimento da criança.

Essas estratégias e intervenções são consistentes com os princípios anteriormente delineados pelo terapeuta como parte do esforço para iniciar a mudança em direção aos objetivos dos participantes do grupo dentro da estrutura do modelo.

## Metacrenças e Crenças Idiossincráticas

Uma premissa básica da terapia cognitiva é que o sistema de crenças das pessoas influencia o modo de perceber as realidades da vida atual. Como observado anteriormente, os sistemas de crenças mantidos pelos pacientes dissociativos estão ligados a fragmentos dissociativos que ocorrem durante sua história pessoal. O caos dos contextos evolutivos dos participantes do grupo e a fragmentação dissociativa resultante dele provocam, além das crenças idiossincráticas e específicas desenvolvidas por cada indivíduo, um conjunto de crenças, geralmente, compartilhado por todos os participantes. Elas são chamadas de metacrenças que, por sua difusão e intensidade, afetam profundamente os pacientes dissociativos e tornam difícil atingir os ganhos do tratamento. As metacrenças questionam a determinação da realidade em si, como ilustrado pelo seguinte:

1. **A realidade é incerta.** *"Não sei realmente o que sei"*. Não há certeza de nada, nem do que é lembrado do passado, nem da exatidão da percepção do presente. Muitos eventos atuais parecem reproduzir os eventos traumáticos do passado. Não há continuidade ou consistência nos relacionamentos ou eventos. A realidade do que se sabe é sempre questionada.
2. **Sentir é intolerável.** *"Não sentir é um bom sentimento"*. Somente estando entorpecido é possível tolerar as experiências sem machucar ninguém ou ser machucado. Até mesmo a risada ou o divertimento resultam em mal e punição. O entorpecimento também é intolerável, porém, pois a pessoa assim não sabe o que está sentindo. Tanto a emoção como a ausência dela são considerados sinais perigosos e, como tal, não podem ser usados para avaliar satisfatoriamente a percepção.
3. **O comportamento é incontrolável.** *"Meu corpo não está sob meu controle"*. O corpo age por si mesmo de modos imprevisíveis e, às vezes, outras pessoas assumem as ações do corpo. Não há, portanto, escolha ou comando na direção dos comportamentos. Simplesmente se faz o que se tem de fazer. A pessoa se vê agindo de modos incomuns, perturbadores e imprevisíveis sem qualquer razão evidente. Não é possível traçar e seguir planos em virtude das inúmeras contingências que alteram e controlam o comportamento.

O que torna os metaesquemas tão problemáticos é que a fragmentação dissociativa que os gera e os mantém também impede a formação, ou mesmo a concepção, de um sistema confiável pelo paciente dissociativo para avaliar a realidade. Um objetivo do modelo de grupo cognitivo é ajudá-los a aprender a construir um sistema como esse para si mesmos. As crenças e os pressupostos idiossincráticos e particulares à história de desenvolvimento de cada indivíduo são mais facilmente acessados e mais prontamente disponíveis que as metacrenças para serem identificados, avaliados e contestados no decorrer do tratamento. Tais crenças e pressupostos idiossincráticos surgem diariamente nos pensamentos automáticos de participantes dissociativos e fazem parte da agenda das sessões. Exemplos de pressupostos revisados (chamados no grupo de Novas Regras para Viver) incluíram:

- *"Não preciso morrer pelas coisas".*
- *"Posso escolher entre partir ou ficar com as coisas".*
- *"Uma atitude destrutiva não define que eu sou".*
- *"Não sou responsável pelo humor ou felicidade das outras pessoas".*
- *"É normal ter necessidades e vontades".*
- *"Ninguém vai passar por cima de mim outra vez".*

Algumas das regras e crenças mal-adaptativas com as quais se luta podem ser imaginadas com os exemplos de novas regras positivas e de auto-afirmação relacionadas acima. Os participantes do grupo não sofrem a ilusão de que as antigas percepções não existem mais e não mais lhes infligirão problemas; entretanto, eles reconhecem essas velhas crenças pelo que são. Eles são capazes de lembrar-se dos desafios feitos a elas e as percepções mais equilibradas que foram criadas. Essa maior consciência fortalece a esperança e a motivação para tentar outras maneiras de interagir com o mundo a sua volta.

## Formulário Final de Classificação do Grupo

Ao final de cada ciclo de 10 sessões, os participantes do grupo devem preencher um formulário que relaciona o que o grupo tentou oferecer a si mesmo. Ele serve como um *feedback* para o líder, um formulário de avaliação para o participante e um guia para o planejamento de tratamento futuro. O Quadro 7.2 é uma amostra do formulário desenvolvido.

A maioria dos participantes relata (com base nos dados do BDI e BAI coletados semanalmente) que tanto a depressão como a ansiedade diminuíram. O formulário de *feedback* do terapeuta permite aos participantes do grupo reconhecerem semanalmente o que aprenderam com o grupo e saber quais as opções que podem ser exercitadas para continuar a melhorar. A discussão das classificações finais sobre si mesmos no Formulário de Classificação é de apoio mútuo e retoma os objetivos estabelecidos com as Listas de Problemas geradas na entrevista antes de iniciar o grupo e na primeira sessão do grupo.

**Quadro 7.2.** Formulário de classificação

Estão listadas abaixo algumas das habilidades que esse grupo vem tentando tornar disponível a você. Marque aquelas áreas nas quais você sente ter progredido, mesmo que não perfeitamente ou profundamente. Tenha em mente que o progresso é definido como *um passo* ou *dois* na direção certa, e NÃO a maestria absoluta! Depois faça um círculo naquelas que você considera mais importantes.

No espaço em branco em baixo da lista, identifique duas ou três coisas que você ainda não conseguiu totalmente ou que já domina em termos de suas expectativas e desejos. Para que o grupo possa trabalhar melhor, é extremamente importante seu *feedback* sobre o que está faltando.

1. ________ Menor depressão.
2. ________ Menor ansiedade.
3. ________ Menor dissociação em grupo.
4. ________ Capacidade de retardar os impulsos.
5. ________ Ligar sentimentos a pensamentos e reações corporais.
6. ________ Identificar erros cognitivos pessoais (você consegue citar alguns?).
7. ________ Reconhecer quando o pensamento fica extremamente ou possivelmente distorcido.
8. ________ Gerar dados "contra" e "a favor" de percepções dolorosas.
9. ________ Fazer uma lista de "prós" e "contras" de tomar decisões.
10. ________ Dividir tarefas assoberbantes em pequenas tarefas.
11. ________ Priorizar tarefas.
12. ________ Lidar com situações interpessoais difíceis.
13. ________ Reconhecer "regras" ou "crenças" pessoais improdutivas.
14. ________ Reconhecer sucessos e realizações na vida cotidiana.
15. ________ Identificar prazeres pequenos, mas significativos, na vida cotidiana.
16. ________ Ajudar os outros participantes a examinar/contestar suas percepções.
17. ________ Pensar em maneiras alternativas de enxergar as coisas.
18. ________ Dar *feedback* aos outros participantes do grupo.
19. ________ Criar tarefas e experimentos para testar as percepções.
20. ________ Descrever aos outros o que estou aprendendo.
21. ________ Compartilhar minhas dificuldades com os outros.
22. ________ Desenvolver novas regras ou crenças e começar a implantá-las.

*Feedback* quanto a desejos de mais, melhor ou diferente:

# CONCLUSÃO

O contexto do grupo e seus procedimentos dentro de um processo e uma estrutura de terapia cognitiva ajudam a reduzir a sensação do paciente dissociativo de um mundo imprevisível e arbitrário. Como discutido neste capítulo, as estratégias da terapia cognitiva ajudam os participantes do grupo a identificar, criar um modelo e tolerar uma série de sentimentos. O contexto do grupo de terapia cognitiva também constrói a auto-eficácia em pacientes dissociativos, conferindo-lhes a capacidade de tomar decisões e fazer escolhas. Ensina aos participantes do grupo a identificar e contestar crenças e pressupostos relativos ao trauma. Finalmente, fornece os meios para reparar deficiências de habilidade e adquirir novas habilidades.

Os dois modelos descritos aqui são o resultado de centenas de horas de terapia em grupo com pacientes com transtornos dissociativos em contextos de pacientes internados, pacientes externos e em hospitalização parcial. A participação no grupo durou de um dia a três anos. A observação de um mínimo de incidentes agudos, adesão à estrutura e às regras do grupo e baixa taxa de desistência, além do benefício reportado pelos pacientes, fala de maneira incisiva em favor da eficácia dos grupos para pacientes dissociativos, com base no modelo cognitivo de tratamento.

Os modelos de grupo de terapia cognitiva descritos aqui funcionam bem para pacientes com transtornos dissociativos, por destinar-se àqueles com dissociação aguda ativa (Nível 1), e prosseguem com eficácia ao abordar as necessidades daqueles com maior estabilidade (Nível 2). Os princípios, regras e estrutura desse modelo de duas fases permitem aos participantes do grupo examinar suas percepções e descobrir com segurança suas crenças e pressupostos distorcidos. Tudo isso com outros com quem eles podem se identificar. Nem o modelo cognitivo, nem a individualidade dos participantes são comprometidos, pois o modelo é consistente e previsível e a opção de escolha e ritmo dentro da estrutura do modelo é determinada pelos próprios participantes. A difusão da distorção em suas percepções tende a limitar o escopo do grupo de Nível 1 quanto ao manejo dos sintomas, afiliação com outros pacientes e mobilização para participar. Juntamente ao desejo de melhorar, porém, há geralmente o medo da mudança e a vontade de continuar "como está" (isto é, "fragmentado"). Uma decisão principal que os pacientes dissociativos precisam tomar é se devem ou não considerar a possibilidade de *não dissociar* na conquista de seus objetivos. Esse modelo de grupo cognitivo funciona de acordo com a premissa de que não é possível buscar objetivos mais complexos, como assertividade, desenvolvimento de interesses, relacionamentos satisfatórios, tomada de decisão e, em última instância, alguma resolução do passado traumático, isso se a fragmentação não estiver em um nível mínimo e se o objetivo básico de estabilidade de sintomas não for alcançado. Em nome de tais objetivos, o exame e a revisão de crenças e pressupostos patológicos é crucial.

## REFERÊNCIA BIBLIOGRÁFICA

Beck, A.T.; Rush, A.J.; Shaw, B.F.; Emery, G. (1979) *Cognitive therapy of depression*. New York: Guilford Press.

# 8

# Transtorno de Déficit de Atenção em Adultos

William D. Morgan

*Transtorno de déficit de atenção* (TDA) é o termo usado na comunidade clínica em geral para a síndrome de desenvolvimento, marcada por deficiências na atenção, controle de impulso e regulação do nível de atividade. Também é freqüentemente chamado de transtorno de hiperatividade de déficit ou, como no *Manual Estatístico e Diagnóstico de Transtornos Mentais* (4ª edição, *DSM-IV*; Associação Psiquiátrica Americana, 1994), transtorno de hiperatividade/déficit de atenção. Em geral, se reconhece que esses termos representam um transtorno com vários subtipos, cada um com manifestações variáveis. Neste capítulo, o transtorno de déficit de atenção é usado como um termo que abrange todos os subtipos, inclusive o déficit de atenção com e sem hiperatividade.

Há uma consciência crescente entre os clínicos de saúde mental que o transtorno de déficit de atenção, reconhecido como um dos transtornos mais comuns da infância e anteriormente visto como um transtorno somente da infância, nem sempre se resolve na adolescência, mas freqüentemente persiste na idade adulta. Estudos de acompanhamento mostram que de 30% a 70% das crianças com diagnóstico de transtorno de déficit de atenção continuam a ter toda a síndrome ou sintomas significativos na vida adulta (G. Weiss e Hechtman, 1993).

O transtorno de déficit de atenção em adultos é uma área de estudo relativamente nova. Muitos centros de saúde mental relatam um número bastante grande e cada vez maior de solicitações de adultos para avaliação e tratamento, sentindo-se despreparados para fornecer serviços (Barkley, 1990). Ao mesmo tempo, as pesquisas na avaliação exata e tratamento efetivo estão lentas. Como afirmaram Kane, Mikalac, Benjamin e Barkley (1990, p.633): *"Há pouquíssimas informações disponíveis na literatura científica para orientar o tratamento clínico em adultos. O pouco que existe pertence ao tratamento com medicações, e mesmo assim é contraditório"*.

Embora a avaliação e o tratamento de transtorno de déficit de atenção em adultos continue a ser uma área pouco investigada, muitos clínicos têm se interessado e reportado a estratégias e métodos bem-sucedidos, com base principalmente na experiência clínica. E embora a pesquisa publicada e os dados de resultados sejam escassos, há um interesse cada vez maior em relação à incidência, natureza, reconhecimento e tratamento do transtorno de déficit de atenção. Mesmo pouco desenvolvido, há agora um entendimento básico dos problemas associados com transtorno de déficit de atenção em adultos e os tratamentos eficazes.

Este capítulo revisa brevemente a literatura referente ao tratamento de transtorno de déficit de atenção em adultos e propõe um protocolo de tratamento com tempo limitado de terapia cognitivo-comportamental (TCC) baseada na literatura e na experiência clínica.

## NATUREZA DO TRANSTORNO DE DÉFICIT DE ATENÇÃO

### Sintomas Primários e Secundários

O transtorno de déficit de atenção é normalmente descrito como uma condição neurobiológica, que consiste em dificuldades crônicas nas áreas de desatenção, impulsividade e hiperatividade (Associação Psiquiátrica Americana, 1994; Barkley, 1990; Quinn, 1995). Enquanto no passado a hiperatividade e os déficits de atenção tardios recebiam mais atenção, hoje os pesquisadores estão descobrindo que a impulsividade pode ser a marca registrada do transtorno de déficit de atenção. De acordo com uma teoria mais recente, o déficit fundamental está na área de regulação de determinadas funções (de execução) autodirigidas (Barkley, 1997). O resultado é baixo controle inibitório. E essa falta de capacidade de inibir respostas está no centro das dificuldades do nível de atividade e controle de atenção e de impulso do transtorno de déficit de atenção. Além desses sintomas "centrais" ou "primários" do transtorno de déficit de atenção, há outros sintomas e características geralmente reconhecidos (Associação Psiquiátrica Americana, 1994; Barkley, 1990; Ratey, Greenberg, Bemporad e Lindem, 1992; Wender, 1995). Tais sintomas e características, derivados de um consenso da literatura infantil e adulta disponível sobre o transtorno, estão resumidos no Quadro 8.1. O consenso da literatura revisada parece ser que os sintomas e características clínicas do transtorno de déficit de atenção em adultos estão evolutivamente relacionados com aqueles em crianças (Wilens, Spencer e Biederman, 1995), embora os adultos possam manifestá-los de maneira diferente das crianças. Parece que o tempo, as circunstâncias e o desenvolvimento trazem consigo mudanças no modo pelo qual o transtorno de déficit de atenção se apresenta em adultos (Quinn, 1995; Woods, 1986).

## Problemas Associados

Os sintomas anteriormente mencionados levam a dificuldades nas funções de manejo do *self* e nas relações interpessoais. Supõe-se que esses problemas sejam o resultado da interação dos sintomas e do meio.

Os sintomas do transtorno de déficit de atenção manifestam-se de várias maneiras, parecendo ser, por um lado, típicas, mas por outro, variar de indivíduo para indivíduo. Muitos autores já observaram as manifestações comuns dos sintomas de transtorno de déficit de atenção em adultos (Barkley, 1990; Nadeau, 1995b; G. Weiss e Hechtman, 1993; L. Weiss, 1992; Wender, 1995). Essas dificuldades estão resumidas no Quadro 8.2.

## Subtipos

Muitos pesquisadores concluíram ser essa uma síndrome com diferentes subtipos (Barkley, 1990; Brown, 1995; Nadeau, 1995b; Wender, 1995). O

Quadro 8.1. Sintomas e características comuns do transtorno de déficit de atenção em crianças e adultos

**Déficit de atenção**, incluindo distrair-se facilmente, esquecimento (isto é, perder as coisas ou não saber ou as colocou), incapacidade de concentrar-se ou focar a atenção, falta de persistência, sentir-se entediado freqüentemente, curto período de atenção.

**Impulsividade**, envolvendo fraca inibição de resposta ou incapacidade de retardar a resposta, incluindo tomar decisões muito rapidamente e sem refletir, incapacidade de retardar a fala ou ações sem sentir desconforto, gastar impulsivamente, mudar de planos e outros.

**Atividade excessiva**, incluindo hiperatividade motora persistente, excitação nervosa, inquietação, incapacidade de relaxar, estar sempre "a mil", falar excessivamente.

**Desorganização**, interferindo na capacidade de concluir tarefas em casa, na escola, no trabalho e manifestando-se em mudança casual de uma tarefa ou atividade para outra.

**Intolerância ao estresse**, incluindo sensibilidade ao estresse, ficar facilmente aturdido ou "entrar em controvérsia" e dificuldade de resolver exigências conflitantes.

**Acessos de raiva**, visto como "temperamento forte", frustração que leva a explosões de curta duração, sentir-se facilmente provocado e perda temporária de controle.

**Sintomas afetivos**, descritos como labilidade emocional, agitação excessiva, além de sentimento freqüente de tédio. A co-morbidade comum de depressão e ansiedade será discutida em outra parte.

**Dificuldades de memória**, incluindo problemas de memória semântica (fatos, nomes, etc.) e memória prospectiva (lembrar de lembrar). Dificuldade de memorizar informações, como nomes e datas.

DSM-III (Associação Psiquiátrica Americana, 1980) reconhecia que a síndrome de transtorno de déficit de atenção apresenta-se com ou sem hiperatividade. O DSM-IV (Associação Psiquiátrica Americana, 1994) classificou-o em três subtipos:

1. Transtorno de déficit de atenção/hiperatividade, tipo combinado (sintomas de desatenção e hiperatividade-impulsividade).

Quadro 8.2. Problemas associados comuns ao transtorno de déficit de atenção em adultos

**Auto-estima baixa:** resultando no pensamento de ser mau, burro, inferior ou não sendo digno de ser gostado. Os indivíduos com transtorno de déficit de atenção podem ser especialmente sensíveis à crítica.

**Problemas para planejar e executar tarefas:** concluir tarefas e uma tendência para assumir projetos demais.

**Estilo de vida, geralmente, desorganizado:** tipificado por estar freqüentemente atrasado, com pressa, despreparado, ter dificuldade para lidar com as finanças, um ambiente de trabalho desorganizado e dificuldade de localizar itens necessários.

**Resolução insuficiente de problemas:** geralmente caracterizado por pouca capacidade para resolver problemas ou pensamento insuficiente com um fim.

**Falta de persistência:** que pode se manifestar em mudanças de casa ou de trabalho freqüentes, desistir de tarefas que se tornem frustrantes ou tediosas e um padrão de interessar-se por alguma coisa e depois abandoná-la.

**Déficit social:** como uma tendência de falar sem considerar as conseqüências que os comentários podem trazer e interromper outros na conversa. Além disso, as pessoas com transtorno de déficit de atenção podem não conseguir corresponder a importantes deixas sociais e demora no desenvolvimento de habilidades sociais.

**Padrão crônico de baixa conquista:** comumente não desempenhando na escola de acordo com a inteligência e não progredindo na carreira como era de se esperar.

**Relações deficientes com seus pares:** levando à freqüente rejeição do par, envolvimento em comportamentos sociais negativos mais freqüentes, fraco desempenho social e dificuldade de manter relacionamentos longos.

**Dificuldade de se concentrar ao ler:** tipicamente perder o fio da meada e necessidade freqüente de ler novamente o que já foi lido.

**Inconsistência:** na qualidade da produção do trabalho e no desempenho em situações. O desempenho pode ser melhor ou pior em determinados momentos ou lugares. O indivíduo com transtorno de déficit de atenção pode ser inclinado a relaxar-se até que haja pressão.

2. Transtorno de déficit de atenção-hiperatividade, tipo predominantemente desatento (sintomas de desatenção, menos de seis sintomas de hiperatividade-impulsividade).
3. Transtorno de déficit de atenção-hiperatividade, tipo predominantemente hiperativo-impulsivo (sintomas de hiperatividade-impulsividade, menos de seis sintomas de desatenção).

Alguns pesquisadores acreditam poder haver outros subtipos da síndrome do transtorno de déficit de atenção (Barkley, 1990; Nadeau, 1995b). Barkley (1990) resumiu a pesquisa sugerindo que, além da distinção com ou sem hiperatividade, o transtorno de déficit de atenção também pode ser subdividido com base na presença de agressão (oposicionista, desafiador, explosivo, hostil e/ou comportamento fisicamente agressivo – correlacionado com o transtorno tardio de conduta e comportamento anti-social), presença de sintomas internalizados (ansiedade e depressão) ou natureza situacional em contraposição àquela dos sintomas difusos. Nadeau (1995b) sugeriu que um subtipo pode estar inclinado ao envolvimento em comportamento criminoso, ao passo que outro subtipo pode estar inclinado ao abuso de substâncias.

Talvez a diferença mais importante seja reconhecer que uma parte dos indivíduos com transtorno de déficit de atenção pode ser significativamente afetada pela desatenção, desorganização, esquecimento, falta de cuidado e pouco esforço sustentado, embora não apresente a impulsividade ou hiperatividade que muitos clínicos procuram ao diagnosticar transtorno de déficit de atenção. Os clínicos devem ter em mente o perfil clínico do transtorno de déficit de atenção/hiperatividade, tipo predominantemente desatento (Brown, 1995).

## Co-morbidade

Muitos autores descobriram que os indivíduos com transtorno de déficit de atenção, freqüentemente, têm um ou mais diagnósticos de co-morbidade ou condições associadas, o que pode ser uma questão crucial no reconhecimento e tratamento do transtorno de déficit de atenção (Brakley, 1990; Biggs, 1995; Nadeau, 1995b; Wender, 1995).

Vários autores já apontaram que, em muitos adultos, o transtorno de déficit de atenção pode estar camuflado ou mascarado por uma variedade de outras condições diagnósticas, como depressão, transtornos de ansiedade, abuso de substâncias e outros problemas (Nadeau, 1995b; Tzelepis, Schubiner e Warbasse, 1995). Em tais casos, o indivíduo com transtorno de déficit de atenção pode receber tratamento para outra condição e o transtorno de déficit de atenção continuar não-diagnosticado e não-tratado.

Alguns pesquisadores enfatizam que há uma alta incidência de incapacidade co-mórbida de aprendizado entre crianças e adultos com transtorno de déficit de atenção (Barkley, 1990; Lavenstein, 1995; Mannuza, Klein, Bessler, Malloy e LaPadula, 1993; Sandler, 1995). A incapacidade de aprendizado pode ser encontrada em 30 a 70% das crianças com transtorno de déficit de atenção e em 15 a 50% dos adultos (Gittleman, Mannuza, Shenker e Bonaquanna, 1985, citado em Lavenstein, 1995). Barkley (1990), usando uma abordagem conservadora, afirmou que entre 19 e 26% das crianças com ADHD têm pelo menos um tipo de incapacidade co-mórbida de aprendizado.

# REVISÃO DO TRATAMENTO

Geralmente, considera-se que os adultos, assim como as crianças, respondem melhor a uma abordagem multimodal do tratamento, incluindo medicação e terapias psicológicas (G. Weiss e Hechtman, 1993). Vários estudos controlados avaliaram a eficácia de diversas medicações em adultos, e os clínicos indicam haver uma resposta favorável a medicações em 60% a 80% dos adultos (Hallowell e Ratey, 1994; G. Weiss e Hechtman, 1993; Wender, 1995). Embora a maioria dos pesquisadores recomende uma combinação de terapia com medicamentos e tratamento psicológico, nenhum estudo controlado avaliou a eficácia de terapias psicológicas para adultos com transtorno de déficit de atenção. Entretanto, foram documentadas várias terapias psicológicas, as quais estão brevemente descritas aqui.

## Tratamento Farmacológico

A medicação estimulante é a base do tratamento farmacológico para adultos, assim como para crianças (Wender, 1995; Wilens e cols., 1995). Os medicamentos estimulantes comumente prescritos para adultos com transtorno de déficit de atenção incluem Ritalin (metilfenidato), Dexedrine (dextroanfetamina) e Cylert (pemolina). Antidepressivos tricíclicos como Norpramin (desipramina) e um antidepressivo atípico, o Wellbutrin (bupropriona), também revelaram ser eficazes na redução dos sintomas de transtorno de déficit de atenção, sendo freqüentemente prescritos (Wender, 1995). Outras drogas também foram estudadas e estão sendo exploradas para uso no tratamento de transtorno de déficit de atenção, cuja literatura a respeito deve ser consultada para informações atualizadas e os procedimentos propostos. Para resumos recentes, consulte Wilens, Spencer e Biederman (1998) e Goldstein (1997).

A eficácia e a tolerância à medicação variam, mas inúmeros adultos com transtorno de déficit de atenção relatam melhora dramática no funcionamento quando tratados com medicação. As ações terapêuticas da medicação reduzem os sintomas centrais do transtorno de déficit de atenção e podem também melhorar as condições co-mórbidas, como a depressão. A medicação estimulante é normalmente a opção preferencial, com antidepressivos muitas vezes escolhidos para os indivíduos não-responsivos ou com depressão co-mórbida ou ansiedade.

## Tratamento Psicológico

Dados extra-oficiais indicam que o tratamento farmacológico pode ser mais eficaz quando combinado com intervenções psicoeducacionais e psicoterapêuticas (Wilens e cols., 1995). O tratamento farmacológico é limitado no escopo de sintomas para os quais é eficaz, geralmente melhorando, mas não eliminando, os sintomas centrais por meio da medicação exclusivamente, e não reduzindo com eficácia muitos sintomas secundários e problemas associados. Aproximadamente 30% dos adultos com transtorno de déficit de atenção não apresentam resposta positiva ou acreditam não serem capazes de tolerar as medicações disponíveis. Intervenções não médicas, portanto, têm um papel importante no tratamento de adultos com transtorno de déficit de atenção.

A TCC é freqüentemente citada como o tratamento preferencial para adultos com transtorno de déficit de atenção (Kane, Mikalac, Benjamin e Barkley, 1990; Murphy, 1995). O consenso entre os pesquisadores e clínicos parece ser de que a melhor abordagem é a ativa, orientadora, que dá apoio e incentivo (Hallowell, 1995).

Muitos pesquisadores acreditam que a psicoeducação é uma das intervenções mais importantes para indivíduos com transtorno de déficit de atenção (Hallowell e Ratey, 1994; Murphy, 1995; Nadeau, 1995c). A compreensão do transtorno de déficit de atenção ajudará o adulto a compreender melhor a si mesmo, entender porque certas coisas são problemáticas, enxergar suas dificuldades de maneira mais realística e sugerir estratégias de enfrentamento. A psicoeducação geralmente leva a algum alívio e melhora imediatos. A psicoeducação inclui informações sobre a natureza neurobiológica, sintomas e características, tratamentos eficazes, curso durante a vida e técnicas úteis de tratamento do transtorno de déficit de atenção.

Várias técnicas e intervenções foram descritas como úteis para ajudar adultos a resolver o déficit de atenção (Goodwin e Corgiat, 1992; Nadeau, 1995c; L.W. Weiss, 1994), o qual é uma das queixas mais freqüentes. Eles se beneficiam de intervenções para ajudar a lidar com as distrações, aumentar a quantidade de atenção e concentração, ouvir e escrever (Jackson e Farrugia, 1997; Morgan, 1996). Outros sintomas centrais, como a impulsividade e atividade excessiva, geralmente, precisam ser abordados em terapia. As técnicas de mediação verbal auto-instrutivas, como desenvolvido por Braswell e Bloomquist (1991), podem ser adaptadas para uso em adultos com transtorno de déficit de atenção. Exercícios, técnicas de relaxamento e outros métodos também são úteis (Jackson e Farrugia, 1997; Morgan, 1996).

Como a maioria dos adultos com transtorno de déficit de atenção apresenta problemas significativos no manejo da vida, incluindo desorganização, conclusão insuficiente de tarefas, dificuldade de planejar e executar planos e esquecimento, são necessários métodos de compensação e acomodação de suas deficiências. Hallowell (1995; ver também Hallowell e Ratey, 1994) descreveu uma intervenção eficaz chamada *estruturação*, a qual tem se revelado útil para inúmeros adultos com transtorno de déficit de atenção. Estrutura é um conjunto de controles externos, estabelecidos para compensar os controles internos não-confiáveis de adultos com transtorno de déficit de atenção. A estruturação inclui maior organização, padronização, desenvolvimento de objetivos, planejamento e a assistência de um "treinador" (alguém que o ajude a planejar, a preparar-se e a organizar, além de dar apoio e incentivo).

As dificuldades emocionais são comuns entre esses pacientes, tomando formas, como instabilidade de humor, fácil frustração, problemas de temperamento e intolerância ao estresse. As intervenções tradicionais da TCC são utilizadas com sucesso para essas características, assim como para transtornos emocionais co-mórbidos (Morgan, 1996; Murphy, 1995). As questões de auto-estima e funcionamento social e relacional também são comuns entre os adultos com transtorno de déficit de atenção, e as intervenções para essas áreas foram descritas na literatura (Jackson e Farrugia, 1997; Morgan, 1996; Murphy, 1995; Ratey, Hallowell e Miller, 1995). O funcionamento no local de trabalho pode ser bastante prejudicado pelo transtorno de déficit de atenção. Nadeau (1995a) apresentou várias estratégias e acomodações compensatórias que podem ser utilizadas. Finalmente, Nadeau (1995c), Goodwin e Corgiat (1992) e Weinstein (1994) descreveram métodos cognitivos de remediação para aqueles adultos com transtorno de déficit de atenção com deficiências cognitivas mais significativas.

A terapia em grupo é freqüentemente utilizada no tratamento de adultos com transtorno de déficit de atenção e foi descrita por L. Weiss (1992), Hallowell e Ratey (1994), Jackson e Farrugia (1997) e Morgan (1996). Esta tem as vantagens de permitir a interação com pessoas que lidam com as mesmas dificuldades na vida, apoio mútuo e incentivo, um fórum para psicoeducação e a troca de experiências, dicas e informações. Muitos adultos com transtorno de déficit de atenção não conhecem outros adultos com o transtorno, portanto, interagir com outros que lutam com os mesmos problemas diminui a sensação de isolamento. Muitas das intervenções revisadas anteriormente podem ser utilizadas e a situação de grupo pode tornar-se um laboratório onde as habilidades aprendidas são testadas e praticadas, com *feedback* e incentivo mútuos.

# CONSIDERAÇÕES GERAIS

## Alvos do Tratamento

Com base na literatura citada, os principais alvos do tratamento são os sintomas primários (centrais) e secundários do transtorno de déficit de atenção (por exemplo, impulsividade, distração, problemas de memória e inquietação); e os problemas associados resultantes da manifestação de tais sintomas (por exemplo, dificuldades de relacionamento, baixa auto-estima e baixa conquista). As condições co-mórbidas (por exemplo, abuso de substâncias, depressão maior e incapacidade de aprendizado) e padrões de características mal-adaptativas que podem ter se formado perifericamente ao transtorno de déficit de atenção são considerados como fora do escopo desse protocolo de tratamento em grupo, com tempo limitado.

## Abordagem Geral

O consenso entre os pesquisadores e clínicos parece ser de que uma abordagem ativa e orientadora como a TCC é mais eficaz no tratamento de transtorno de déficit de atenção que as terapias psicodinâmicas tradicionais (Hallowell, 1995; Hallowell e Ratey, 1994; Murphy, 1995; Ratey e cols., 1992; Wender, 1995). A abordagem descrita neste capítulo é claramente uma abordagem de TCC ativa, orientadora e que dá apoio e incentivo. A maioria das intervenções é cognitiva ou comportamental por natureza, exigindo do terapeuta uma postura ativa e orientadora. Ao prover incentivo, apoio e direção, o terapeuta é comparado a um "treinador". Como descrito por Nadeau (1995c), o terapeuta faz o papel daquele que educa, apóia, interpreta, estrutura e aconselha na reabilitação.

## VISÃO GERAL DO TRATAMENTO

Esse protocolo para tratamento em grupo de transtorno de déficit de atenção em adultos tem tempo limitado, envolvendo normalmente 10 sessões de 60 a 75 minutos, realizadas semanalmente. Tem vários componentes que abrangem os vários sintomas em comum do transtorno de déficit de atenção e os problemas associados:

1. Psicoeducação para conferir conhecimento e compreensão do impacto do transtorno de déficit de atenção na vida do indivíduo.
2. Uma discussão da medicação para transtorno de déficit de atenção e indicação a profissionais adequados para tratamento farmacológico e outros tratamentos especializados.
3. Treinamento de habilidades comportamentais auto-reguladas.
4. TCC para controle emocional e para lidar com o estresse.
5. Treinamento de habilidades sociais e relacionais.
6. Interação do grupo para oferecer apoio, incentivo, reforço mútuos, além de troca de idéias, informações, etc.

Embora seja planejado como um grupo de tempo limitado, pois tal grupo parece ser mais atraente para o adulto com transtorno de déficit de atenção típico; não raro, os participantes preferem continuar o grupo para além das 10 sessões previstas, permitindo maior profundidade no tratamento das áreas objetivadas e uma possível ampliação dos tópicos.

O Quadro 8.3 traz um resumo do programa de tratamento em grupo para transtorno de déficit de atenção em adultos. Reunir informações sobre as necessidades que os participantes do grupo sentem poder ajudar garante que o conteúdo seja dirigido para os tópicos relevantes para um

Quadro 8.3. Programa de tratamento em grupo de transtorno de déficit de atenção em adultos

**Sessão 1**
Apresentação/conhecer as pessoas. Propósito e fundamento lógico do grupo. Regulamentos. Revisar/discutir os fatos básicos sobre o transtorno de déficit de atenção. Avaliação pessoal de necessidades/Inventário de Habilidades do transtorno de déficit de atenção. Comprometimento com o grupo.

**Sessão 2**
Discussão: "O que significa para você ter um diagnóstico de transtorno de déficit de atenção?" ou "Como o transtorno tem afetado você?". Sintomas do transtorno de déficit de atenção. Opções de tratamento. Medicação e a biologia subjacente do transtorno de déficit de atenção.

**Sessão 3**
Discussão. Introdução à estruturação. Métodos e ferramentas de estruturação.

**Sessão 4**
Discussão. Introdução a adquirir controle dos sintomas centrais do transtorno de déficit de atenção: desatenção, impulsividade e inquietação. Discussão sobre desatenção, impulsividade e inquietação. Estratégias recomendadas para desatenção, impulsividade e inquietação.

**Sessão 5**
Continuação dos tópicos da sessão 4.

**Sessão 6**
Discussão. Introdução a controle emocional/manejo de sentimentos e impulsos – orientação para a terapia cognitivo-comportamental e reestruturação cognitiva. Conceitos e métodos básicos de autocontrole de emoções e estresse.

**Sessão 7**
Discussão. Introdução aos problemas do local de trabalho. Discussão do transtorno de déficit de atenção no local de trabalho. Estratégias recomendadas para o funcionamento no local de trabalho.

**Sessão 8**
Discussão. Introdução aos problemas de relacionamento. Discussão do transtorno de déficit de atenção nos relacionamentos. Estratégias recomendadas para melhorar os relacionamentos e o funcionamento social.

**Sessão 9**
Discussão. Transtorno de déficit de atenção e auto-estima. Métodos sugeridos para melhorar a auto-estima.

**Sessão 10**
Discussão. "Juntando os cacos". Conclusão.

determinado grupo. Uma avaliação de tais necessidades na primeira sessão, utilizando uma ferramenta como o Inventário de Habilidades de transtorno de déficit de atenção (Morgan, 1997), orienta o líder do grupo nas discussões futuras. Da segunda até a oitava sessão, os tópicos selecionados que são comumente relevantes para os adultos com transtorno de déficit de atenção são buscados por meio de uma combinação de interação e psicoeducação do grupo. Os tópicos incluem a etiologia e neurobiologia do transtorno de déficit de atenção, medicação, estruturação, enfrentamento dos sintomas centrais, controle emocional, problemas no local de trabalho, problemas de relacionamento e auto-estima. Esses tópicos foram selecionados com base nas avaliações das necessidades no pré-tratamento e nas avaliações após o tratamento, feitas pelos pacientes, assim como na literatura atual.

Ao definir um grupo de terapia para adultos com transtorno de déficit de atenção, o autor incorporou várias características distintas para essa população. Como mencionado anteriormente, esse é um grupo com limite de tempo, pois a natureza de curto prazo parece ser mais atraente para essa população que, em geral, parece perder muito rapidamente o interesse pelas coisas. Assim, eles tornam-se mais dispostos a comprometer-se em prazos curtos.

As sessões são encurtadas para sessões de 60 a 75 minutos, levando em consideração a menor quantidade de atenção, inquietação e tédio dessa população. Uma sessão "curta, mas agradável" parece mais apreciada, podendo ajudar a reduzir o desgaste e manter os participantes envolvidos. Além disso, é recomendável incorporar a variedade em cada sessão. Cada encontro envolve uma série de segmentos de atividade, incluindo um tempo para compartilhar, para discutir e para o *feedback*, um período de psicoeducação, discussão do tópico apresentado e trabalho individual de tarefas em folhas de exercícios. Desenvolver uma sessão ativa e vivaz ajuda a manter o grupo envolvido e responsivo. Também é útil variar as modalidades sensoriais. As sessões podem ser multissensoriais ao incorporar o uso de vídeos, uma lousa, apostilas atraentes e assim por diante.

É especialmente importante fornecer considerável estrutura para as sessões. Como previsto, os participantes do grupo tendem a desviar-se facilmente da discussão produtiva e precisam de um terapeuta ativo e orientador, definindo a direção e trazendo o grupo de volta ao tópico em questão. Alguns participantes, por serem hiperativos, tendem a falar excessivamente e monopolizar o tempo; o terapeuta precisará estabelecer limites com habilidade. Comunicar uma agenda, orientar o grupo para desenvolver a agenda e estabelecer limites ajudam a aumentar a estrutura benéfica na sessão. O autor disponibiliza uma série de ferramentas terapêuticas, incluindo apostilas, métodos de auto-ajuda e exercícios. O Quadro 8.4 traz outras fontes de material de tratamento.

# DESCRIÇÃO DO TRATAMENTO

## Sessão 1

As metas da primeira sessão são revisar os fatos básicos do transtorno de déficit de atenção, fornecer um fundamento lógico e uma descrição do tratamento para o grupo, começar a desenvolver a coesão e a colaboração entre os participantes do grupo e avaliar suas necessidades individuais. Além disso, os regulamentos do grupo e os detalhes administrativos são explicados e os participantes incentivados a comprometerem-se com a tarefa do grupo e o comparecimento.

O começo da sessão é normalmente dedicado às apresentações das pessoas no grupo. Os pacientes devem se apresentar e dizer em poucas palavras por que está presente e o que espera conseguir no grupo. Isso parece promover a coesão e colaboração do grupo, o que será uma base para os encontros posteriores. Os pacientes, geralmente, enfatizam como foi motivador saber que havia outras pessoas como eles. Como a luta com o transtorno de déficit de atenção é muitas vezes individual, as discussões de grupo podem ser uma ferramenta poderosa para a melhora clínica.

É recomendável revisar os fatos básicos do transtorno de déficit de atenção para começar a psicoeducação e fornecer uma base comum para a discussão sobre o transtorno. Fluindo a partir disso, pode-se fornecer um fundamento lógico para o programa de terapia em grupo e seus objetivos. Os objetivos comunicados são os seguintes:

1. Aumentar o conhecimento e a compreensão do transtorno de déficit de atenção, seu impacto na vida da pessoa e o que pode ser feito a respeito.
2. Melhorar as habilidades de manejo da vida e abordar dificuldades relativas ao transtorno de déficit de atenção.
3. Criar uma atmosfera na qual os adultos com transtorno de déficit de atenção possam discutir seus desafios e apoiar uns aos outros.

**Quadro 8.4.** Fontes de informações e materiais úteis no tratamento do transtorno de déficit de atenção em adultos

Crianças e Adultos com Transtorno de Déficit de Atenção – informativos, publicações, simpósios, grupos de apoio

- CH.A.D.D.
  499 Northwest 70th Avenue, Suite 109
  Plantation, FL 33317
  Tel.: (305) 587-3700

Recursos de tratamento de transtorno de déficit de atenção – ferramentas úteis para avaliação e tratamento de transtorno de déficit de atenção em crianças e adultos

- Catálogo disponível
  ADD Treatment Resources
  P.O. Box 595 Havertown,
  PA 19083

A.D.D. WareHouse – catálogos de livros, vídeos e ferramentas de avaliação

- A.D.D. WareHouse
  300 Northwest 70th Avenue, Suite 102
  Plantation, FL 33317
  Tel.: (954) 792-8944

The ADHD Report – Informativo editado por Russell Barkley e associados, com informações acadêmicas e práticas atualizadas sobre o transtorno de déficit de atenção em crianças e adultos, publicado bimestralmente (US$70 por ano)

- The ADHD Report
  Guilford Press
  72 Spring Street
  New York, NY 10012

É fornecida uma agenda para as 10 semanas.

Os regulamentos quanto ao comparecimento, atribuições, taxas e confidencialidade precisam ser explicados. Reserva-se um tempo para a avaliação pessoal de necessidades para envolver os participantes na reflexão de suas dificuldades individuais, relacionadas ao transtorno de déficit de atenção. Isso promove a motivação e pode ser fortalecedor à medida que os participantes adquirem uma sensação de que podem ter benefícios com o grupo. O Inventário de Habilidades de transtorno de déficit de atenção (Morgan, 1997) é utilizado para esse fim. Tais informações são úteis para o terapeuta ao conduzir as sessões, de acordo com as necessidades dos participantes do grupo. Finalmente, uma declaração de comprometimento é fornecida e os participantes incentivados a comprometerem-se a adquirir maior controle do transtorno de déficit de atenção por intermédio do grupo.

## Sessão 2

Os objetivos dessa sessão são desenvolver mais profundamente a coesão e o apoio mútuo do grupo e dar informações psicoeducacionais a respeito do transtorno de déficit de atenção, especialmente sobre os sintomas, base neurobiológica e tratamento. Durante a sessão, dedica-se algum tempo para discutir a medicação.

Para promover a discussão em grupo, o terapeuta apresenta perguntas, como "*O que significa para você ter um diagnóstico de transtorno de déficit de atenção?*" e "*Como o transtorno de déficit de atenção tem afetado você?*". Embora pareça cedo fazer perguntas tão fortes no processo do grupo, os participantes normalmente estão bastante prontos para se abrirem sobre suas dificuldades. Normalmente, se ocorre uma boa discussão rapidamente, desenvolvendo a base para futuras discussões e oferecendo apoio mútuo.

Quando perguntados sobre o significado para eles do diagnóstico de transtorno de déficit de atenção, a maioria dos participantes compartilha de um sentimento de alívio e esperança, tipicamente afirmando que:

- "*É um alívio saber, finalmente, o que tem me impedido de progredir na vida*".
- "*É bom saber que existe um nome para o meu problema*".
- "*Durante toda a minha vida me senti lutando por alguma razão e que poderia estar fazendo muito melhor. Agora, sei por quê*".
- "*É reconfortante saber que alguma coisa pode ser feita*".

A maioria dos participantes parece motivada e fortalecida pela nova compreensão. Alguns também compartilham de um sentimento de pesar por terem o transtorno, às vezes fazendo declarações, como "*Queria ter sabido disso quando era jovem*" ou "*Queria ter sido ajudado muito tempo atrás*", à medida que refletem sobre todas as batalhas que enfrentaram no passado por causa do transtorno. Outros ainda compartilham do alívio de que suas dificuldades devem-se a um déficit neurológico sutil e não a problemas caracterológicos profundos ou falta de inteligência.

O próximo item da agenda é a apresentação de informações psicoeducacionais sobre o transtorno de déficit de atenção e seu tratamento. Esse segmento abrange uma descrição detalhada dos sintomas de transtorno de déficit de atenção, sua base neurológica e os diversos tratamentos (por exemplo, psicoeducação, medicação, aconselhamento e estratégias comportamentais compensatórias).

Boa parte do tempo é dedicada às medicações, pois esse é um tópico que parece importante e de grande interesse. São fornecidas apostilas sobre cada um desses tópicos. Na avaliação após o tratamento, os pacientes muitas vezes classificam a discussão sobre medicações como de grande valor para eles. A combinação de receber informações psicoeducacionais e ouvir as experiências dos outros com a medicação tem muitas vezes grande impacto.

## Sessão 3

Os objetivos da terceira sessão incluem o favorecimento de incentivo, troca e apoio construtivos entre os participantes do grupo (um objetivo para cada sessão) e introdução de técnicas de estruturação, como um meio de compensar as deficiências comportamentais relacionadas ao transtorno de déficit de atenção.

Como descrito anteriormente, os sintomas do transtorno de déficit de atenção causam problemas maiores na conclusão de tarefas, produtividade e uso total do potencial da pessoa. Os adultos tipicamente com transtorno de déficit de atenção lutam para concluir tarefas rotineiras, como terminar um trabalho escrito, lidar com as finanças e com as diversas responsabilidades no trabalho. A desorganização, o planejamento insuficiente e o esquecimento interferem na capacidade de responder a várias exigências de maneira eficaz.

Exemplos típicos de dificuldades incluem lembrar de pagar as contas em dia, manter tarefas rotineiras, como registrar as transações no talão de cheques ou controlar o saldo, seguir uma seqüência prudente de ações no desempenho profissional, lembrar de fazer alguma coisa que planejou e concluir pequenas tarefas, negligenciando aquelas mais importantes.

A estruturação é um conjunto de controles externos que podem compensar os controles internos não-confiáveis, comuns em indivíduos com transtorno de déficit de atenção (Hallowell e Ratey, 1994). A maioria das pessoas com transtorno de déficit de atenção não pode contar com seus controles internos para se manter organizada e focada na tarefa. Assim, desenvolver um sistema confiável de controles (ou estrutura) externos é extremamente benéfico para adultos com transtorno de déficit de atenção. Tal estruturação inclui dispor de métodos e ferramentas para melhorar a organização, padronizar (desenvolver rotinas e hábitos que facilitem as tarefas e obrigações a serem realizadas sem esquecer), ter objetivos claros e específicos e refletir sobre eles regularmente, planejar – para curto e longo prazo – e traçar passos a seguir em direção aos objetivos, e ter um "treinador" para ajudar a pensar sobre as coisas, planejar, preparar e traçar estratégias, assim como incentivar e ser um ponto de apoio.

Um paciente com um subemprego queria passar de uma carreira na qual não se realizava para outra na área da educação (para a qual foi treinado, mas na qual nunca trabalhou). Ele tinha uma idéia geral do que precisava fazer para atingir seu objetivo, mas não teve êxito ao fazer o que era necessário. A imprecisão de seus planos, seu estilo de vida desorganizado e sua abordagem às tarefas dificultavam a identificação e implementação dos passos necessários.

As intervenções de estruturação foram utilizadas para ajudar esse paciente a realizar seu objetivo. Ele foi orientado, por exemplo, a dividir seu objetivo em passos individuais e desenvolver um plano passo a passo, proporcionando um nível mais alto de estrutura. Ele foi supervisionado semanalmente na programação do tempo necessário para implementar os passos de seu plano, utilizando formulários de programação. Finalmente, os contatos regulares com o terapeuta proporcionaram maior estrutura.

Outra paciente, cujo trabalho envolvia transações de investimento de muitos milhares de dólares, tinha dificuldades para realizar tarefas profissionais sem cometer erros crassos. Seu trabalho envolvia seguir procedimentos complexos com muitas oportunidades de esquecer uma etapa ou cometer um erro. Ela foi orientada no desenvolvimento de um fluxograma visual dos procedimentos a serem seguidos em suas tarefas, incluindo pontos nos quais ela deveria verificar a exatidão de seu trabalho, proporcionando assim maior estrutura.

Durante a terceira sessão, são explicados o conceito e o fundamento lógico da estruturação. Depois disso, são descritos e discutidos os métodos e técnicas de estruturação, citando muitos exemplos úteis. Os pacientes recebem apostilas com os conceitos e ferramentas, como um formulário de programação semanal e uma folha de planejamento semanal de tarefas. A lição de casa envolve a implementação de métodos de estruturação, que serão discutidos e controlados em sessões futuras. Uma das coisas mais valiosas que acontecem nos grupos de transtorno de déficit de atenção é a troca de idéias e experiências entre os participantes, com respeito a adquirir maior controle de suas dificuldades relacionadas ao transtorno de déficit de atenção.

Ao final da terceira sessão, foram introduzidas três intervenções muito importantes para os adultos com transtorno de déficit de atenção: a psicoeducação, a medicação (e outras opções de tratamento) e a estruturação.

## Sessões 4 e 5

O principal objetivo da quarta e da quinta sessões é descrever e discutir intervenções para os sintomas "centrais" do transtorno de déficit de atenção: desatenção, impulsividade e hiperatividade. Essas sessões destinam-se a ajudar o adulto com transtorno de déficit de atenção a obter controle de suas dificuldades.

Após alguma discussão das experiências da semana e acompanhamento da estruturação, é apresentado o tópico dos sintomas centrais de transtorno de déficit de atenção e como eles se manifestam. O foco então se volta para as maneiras práticas de compensar ou acomodar as dificuldades de atenção, controle de impulsos e nível de atividade. Muitas dessas técnicas são descritas por Morgan (1996), Hallowell e Ratey (1994) e Goodwin e Corgiat (1992). As técnicas de relaxamento, por exemplo, são úteis para aquietar a mente em disparada e a agitação física dos indivíduos com transtorno de déficit de atenção. As estratégias cognitivas, como a mediação verbal velada (autodiálogo dirigido), podem ajudar os pacientes a inibir impulsos e, assim, permanecer focados na tarefa, a se concentrar e a persistir. As técnicas de resolução de problemas podem ajudar a planejar estratégias para lidar melhor com as distrações do ambiente. As técnicas comportamentais, como estabelecer recompensas e castigos para a conclusão de tarefas, são quase sempre desejáveis. Por meio da psicoeducação, leitura recomendada, sugestões do terapeuta, troca de idéias entre os participantes e apostilas, muitas estratégias úteis são fornecidas aos participantes do grupo para ajudá-los a adquirir maior controle dos sintomas do transtorno de déficit de atenção.

Uma das participantes, executiva em uma grande corporação, disse que tendia a ser impulsiva quando tentava resolver problemas transmitidos a ela por subordinados ou outros executivos com quem trabalhava, às vezes com sérias conseqüências por suas decisões insuficientes quando estava com pressa. Ao descrever um problema por telefone, ela caracteristicamente "disparava" a primeira solução que parecia razoável. Ela foi instruída a utilizar a mediação verbal velada para manter-se em situações-alvo e usar um diálogo interno para parar, pensar e traçar um plano adequado. As auto-afirmações que ela ensaiou veladamente incluíram "*Você não tem de responder agora, ganhe algum tempo para pensar sobre isso primeiro*", "*Pense antes de agir*", e "*Calma*".

## Sessão 6

O objetivo primordial dessa sessão é apresentar estratégias para lidar com o estresse e adquirir maior controle emocional. São apresentados conceitos e métodos básicos de autocontrole de emoções e estresse.

As técnicas de reestruturação cognitiva são o foco dessa sessão. O modelo cognitivo (Beck e Emery, 1985) é apresentado ao grupo, o qual é orientado para os relacionamentos entre situações, emoções e cognições. Depois disso, o grupo é treinado, com base na literatura (por exemplo, Ellis e Dryden, 1987; Meichenbaum, 1985), nas estratégias cognitivas para lidar com o estresse e reduzir a angústia emocional. As habilidades são mais profundamente desenvolvidas por meio da aplicação desses conceitos em situações da vida real e tarefas de auto-ajuda.

Os problemas afetivos típicos dos adultos com transtorno de déficit de atenção incluem acessos de raiva em resposta a frustrações comuns e ansiedade em torno de situações de desempenho semelhantes às experiências passadas, nas quais tiveram desempenho ruim, talvez como resultado dos sintomas do transtorno de déficit de atenção. Se essas situações envolverem outras pessoas, a habilidade de enfrentamento é geralmente contestada, às vezes levando à dificuldade de manter um emprego ou relacionamentos. Um paciente vivia perdendo a cabeça com sua noiva em circunstâncias rotineiras. Ele foi incentivado a identificar as auto-afirmações, as quais incluíam muitos "deveria", como "ela não deveria me chatear a respeito disso", "ela deveria me deixar em paz" e "ela não deveria ser tão minuciosa", quando começava a criticar. Quando entendeu como sua visão "exigente" e as afirmações com "deveria" aumentavam sua frustração, ele conseguiu aprender a substituir por afirmações de enfrentamento em dadas situações (por exemplo, "*Embora eu prefira que ela não me aborreça com isso, posso lidar com isso*"), para diminuir a frustração e refrear suas explosões. A prática de tais métodos cognitivos de reestruturação acabou por fazê-lo ser capaz de se segurar e desacelerar sua reação a tais situações aborrecidas, atingindo assim maior autocontrole.

Embora a exposição a conceitos e métodos de reestruturação cognitiva seja bastante breve, esse tópico é retomado em sessões posteriores, permitindo o reforço dos conceitos e prática na implementação dos métodos. Por meio de tarefas e apostilas de auto-ajuda, o processo é fortalecido.

## Sessão 7

O objetivo da sétima sessão é ajudar os pacientes a entender e lidar com os problemas no local de trabalho, decorrentes das deficiências e tendências do transtorno de déficit de atenção, embora inicialmente o tempo seja usado para revisar os princípios da reestruturação cognitiva.

É especialmente importante trazer a discussão da sessão anterior sobre estresse e controle emocional para desenvolver mais profundamente as habilidades de autocontrole nessa área. A aplicação de estratégias cognitivas a episódios durante toda a semana anterior é enfatizada. Depois disso, é feita uma apresentação do tópico dessa sessão. As dificuldades potenciais do local de trabalho, em função do transtorno de déficit de atenção, são apresentadas e discutidas. Tais dificuldades incluem o prosseguimento e conclusão de tarefas, problemas com detalhes e papéis, desorganização, planejamento e organização do tempo insuficientes, relacionamento e comunicação com colegas de trabalho e muitas outras áreas (Nadeau, 1995a). É recomendável ajudar os pacientes a identificar seus problemas individuais relativos ao trabalho, e o tempo de discussão é dedicado a isso.

Pelas sugestões do terapeuta, das apostilas e da colaboração do grupo, são apresentadas as estratégias para lidar com as dificuldades enfrentadas no local de trabalho. Nadeau (1995a) apresentou listas úteis de acomodações e estratégias compensatórias para o local de trabalho. Aqueles com tendência para "mergulhar" em projetos no trabalho de maneira "um tanto impulsiva e apressada", por exemplo, se beneficiam do desenvolvimento do hábito de aproveitar o tempo no começo do dia para planejar e estabelecer prioridades. Além disso, tornar-se mais sintonizado com as deixas sociais pode ajudar muitos adultos com transtorno de déficit de atenção a evitar conflitos interpessoais com os colegas de trabalho.

Outras questões que podem ser abordadas no grupo são o transtorno de déficit de atenção e a adequação à carreira; os traços positivos do transtorno e o local de trabalho (por exemplo, energia e entusiasmo, idéias criativas e boa intervenção em crises); se deve revelar o diagnóstico de transtorno de déficit de atenção e as acomodações razoáveis que podem ser necessárias aos empregadores. Essa sessão é, muitas vezes, bastante produtiva em termos de discussão de grupo, já que os adultos com transtorno estão sempre lutando nessa área e sentem a necessidade de falar e encontrar ajuda para suas dificuldades. Os participantes geralmente apreciam a coesão, apoio e idéias práticas do grupo.

## Sessão 8

O principal objetivo dessa sessão é descrever e discutir as intervenções aos problemas de relacionamento, relativos ao transtorno de déficit de atenção. Como nas sessões anteriores, dedica-se algum tempo para a discussão e troca de informações e para a revisão dos conceitos já apresentados.

G. Weiss e Hechtman (1993) ressaltaram que, de acordo com pesquisa, os adultos com transtorno tendem a ter problemas interpessoais mais freqüentemente, carecem de relacionamentos íntimos duradouros, têm menos e mais breves relacionamentos heterossexuais significativos, têm discussões freqüentes com seus pares, familiares e supervisores e podem sentir solidão. Como nos problemas no local de trabalho, ajudá-los a identificar seus problemas de relacionamento e a ligação entre eles e o transtorno de déficit de atenção é muito útil. Muitos problemas de relacionamento que enfrentam são guiados pelos sintomas do transtorno (Hallowell e Ratey, 1994; Murphy, 1995; Ratey e cols., 1995; L. Weiss, 1992) e o primeiro passo essencial é identificar os padrões autodestrutivos. Os adultos com transtorno de déficit de atenção são famosos pela tendência perturbadora de desligar-se ou distrair-se nas conversas. Eles também tendem a interromper e intrometer-se, além de manifestar impaciência e outros comportamentos interpessoais impulsivos. Eles se frustram facilmente, às vezes são abertos demais sobre seu negativismo e podem ser propensos à discussão. Tudo isso é um impedimento para um bom relacionamento interpessoal.

Por desenvolver maior autoconsciência e, principalmente, conscientizar sobre os comportamentos e tendências autodestrutivos relacionados ao transtorno, essa sessão começa com o processo de mudança pessoal, o qual é favorecido pela apresentação de várias estratégias interpessoais, para combater as tendências problemáticas e as discussões, trocar idéias e apoiar os outros participantes do grupo. A prática de estratégias entre as sessões é incentivada. O esquema básico de intervenção utilizado é desenvolver a consciência dos padrões autodestrutivos na comunicação e nos relacionamentos, reconhecer as barreiras à intimidade, relacionadas ao transtorno de déficit de atenção (Ratey e cols., 1995), e aprender e melhorar as habilidades de comunicação e de resolução de problemas interpessoais (Murphy, 1995).

Exemplos de intervenções específicas incluem prestar atenção a deixas não-verbais vindas dos outros, técnicas de ouvir ativamente, biblioterapia na forma de leitura recomendada sobre habilidades de comunicação e relacionamento (por exemplo, Burns, 1985; Garner, 1980), aprender a "saber quando parar" e monitorar e mudar a teimosia, a propensão à discussão, a frustração e a raiva. O foco está no fornecimento de estratégias compensatórias e acentuar a consciência e as habilidades em relacionamentos. O treinamento nessas habilidades é facilitado por apostilas sobre várias habilidades de comunicação, passos para resolução de conflitos e expressão de sentimentos negativos.

## Sessão 9

O principal objetivo dessa sessão é mostrar aos pacientes como podem melhorar a auto-estima. A baixa auto-estima é um subproduto comum do transtorno de déficit de atenção devido ao acúmulo de anos com altas taxas de *feedback* negativo, rejeição e fracasso.

Reestruturar o passado à luz do transtorno pode ser uma poderosa intervenção (Murphy, 1995). Geralmente, esses indivíduos têm uma sensação de que alguma coisa está errada, mas não conseguem identificar o que é. Eles freqüentemente atribuem seus problemas a um déficit caracterológico difuso em si mesmos. Ajudar as pessoas com transtorno de déficit de atenção a enxergar como o transtorno se manifesta em suas vidas, agora e no passado, e que suas dificuldades se devem a um déficit neurológico sutil, sobre o qual eles têm pouco controle, permite-lhes reestruturar as deficiências e as mensagens negativas que receberam dos pais, professores, cônjuges, pares e empregadores durante sua vida, ajudando-lhes a reconstruir sua auto-estima. O fortalecimento que ocorre pela participação no grupo, à medida que os pacientes percebem que há maneiras pelas quais, com esforço, eles podem ter mais êxito, também tem o potencial de aumentar a auto-estima.

Outra intervenção para elevar a auto-estima é a reavaliação cognitiva (Burns, 1993). Os pacientes do grupo são orientados na identificação dos padrões pessoais falhos de autovalorização e na mudança para auto-aceitação incondicional. Outros exercícios úteis incluem fazer uma lista de "o que há de bom em mim" (pontos fortes) ou "minhas qualidades mais impressionantes", praticando afirmações positivas, escolhendo atividades e vocações que se encaixem com os pontos fortes do indivíduo e reconhecendo os traços positivos associados ao transtorno de déficit de atenção.

## Sessão 10

Os objetivos dessa sessão são revisar o processo das sessões anteriores, enfatizar os pontos importantes, fortalecer os participantes do grupo e delinear a série para uma abordagem adequada. O grupo de tempo limitado tem a vantagem de atrair os pacientes com transtorno de déficit de atenção que poderiam se intimidar com um comprometimento em longo prazo. Entretanto, os próprios participantes, muitas vezes, perguntam se o grupo pode continuar, o que geralmente é benéfico. Nesse ponto, alguns, se não todos os participantes do grupo, estarão propensos a preferir terminar seu envolvimento e o terapeuta deve estar preparado em algum momento para "juntar os pedaços" e fazer uma sessão de finalização.

Habituei distribuir um formulário de avaliação de resultados com a maioria dos tópicos discutidos durante o decorrer do grupo, para serem classificados quanto ao seu beneficio. Ele pode servir como uma base para discutir e rever conceitos.

Espera-se que a última sessão seja fortalecedora para os participantes do grupo. Isso é conseguido transmitindo a mensagem de que o transtorno de déficit de atenção não torna a pessoa fadada ao fracasso e que os indivíduos com transtorno podem ser muito bem-sucedidos se persistirem e trabalharem para operar mudanças (Murphy, 1995). Ao usar informações e métodos apresentados no grupo, os pacientes podem melhorar significativa e, às vezes, drasticamente. Essa mensagem instila esperança e motivação.

# CONCLUSÃO

O transtorno de déficit de atenção em adultos é um transtorno comum que prejudica significativamente vários aspectos do funcionamento do indivíduo. O transtorno de déficit de atenção é um transtorno tratável e a literatura tem fornecido estratégias de intervenção promissoras. Os clínicos que tratam o transtorno de déficit de atenção devem compreender claramente o transtorno em si e como ele afeta a vida dos pacientes. A abordagem multimodal ao tratamento parece ser a mais bem-sucedida. Os adultos com esse transtorno parecem responder melhor a um tratamento que seja ativo, orientador, que dê apoio e força. A TCC é, portanto, uma boa opção que tem se mostrado extraordinariamente eficaz. O formato de grupo tem vantagens especiais. A terapia em grupo para adultos com transtorno de déficit de atenção deve levar em consideração as necessidades típicas e comuns dessa população, assim como os participantes individualmente, incluindo a psicoeducação, indicação para medicação, estratégias de comportamento compensatório, técnicas de manejo de estresse e emoção, melhora das habilidades sociais e relacionais e colaboração e apoio do grupo. A TCC em grupo também pode proporcionar uma sensação de fortalecimento, esperança e motivação que, quando combinados com as habilidades discutidas, podem ajudar a enfrentar e adquirir maior controle sobre os sintomas do transtorno de déficit de atenção e as dificuldades relacionadas a ele.

## REFERÊNCIAS BIBLIOGRÁFICAS

American Psychiatric Association. (1980). Diagnostic and statistical manual of mental disorders (3rd ed.). Washington, DC: Author.

American Psychiatric Association. (1994). Diagnostic and statistical manual of mental disorders (4th ed.). Washington, DC: Author.

Barkley, R. A. (1990). Attention deficit hyperactivity disorder: A handbook for diagnosis and treatment. New York: Guilford Press.

Barkley, R. A. (1997). Behavioral inhibition, sustained attention, and executive functions: Constructing a unifying theory of ADHD. Psychological Bulletin, 121, 65-94.

Beck, A. T., & Emery, G. (1985). Anxiety disorders and phobias. New York: Basic Books.

Biggs, S. H. (1995). Neuropsychological and psychoeducational testing in the evaluation of the ADD adult. In K. G. Nadeau (Ed.), A comprehensive guide to attention deficit disorder in adults (pp. 109-129). New York: Brunner/Mazel.

Braswell, L., & Bloomquist, M. L. (1991). Cognitive-behavioral therapy with ADHD children. New York: Guilford Press.

Brown, T. E. (1995). Differential diagnosis of ADD versus ADHD in adults. In K.G. Nadeau (Ed.), A comprehensive guide to attention deficit disorder in adults (pp. 93-107). New York: Brunner/Mazel.

Burns, D. D. (1985). Intimate connections. New York: Penguin Books.

Burns, D. D. (1993). Ten days to self-esteem. New York: William Morrow.

Ellis, A., & Dryden, W. (1987). The practice of rational-emotive therapy. NewYork: Springer.

Garner, A. (1980). Conversationally speaking: Tested new ways to increase your personal and social effectiveness. New York: McGraw-Hill.

Goldstein, S., (1997). Managing attention and learning disorders in late adolescence and adulthood. New York: Wiley.

Goodwin, R. E., & Corgiat, M. D. (1992, September-October). Cognitive rehabilitation of adult attention deficit disorder: A case study. Journal of Cognitive Rehabilitations 10, 28-35.

Hallowell, E. M. (1995). Psychotherapy of adult attention deficit disorder. In K. G. Nadeau (Ed.), A comprehensive guide to attention deficit disorder in adults (pp. 144- 167). New York: Brunner/Mazel.

Hallowell, E. M., & Ratey, J. J. (1994). Driven to distracts New York: Pantheon Books.

Jackson, B., & Farrugia, D. (1997). Diagnosis and treatment of adults with attention deficit hyperactivity disorder. Journal of Counseling anal Development, 75, 312-318.

Kane, R., Mikalac, C., Benjamin, S., & Barkley, R. A. (1990). Assessment and treatment of adults with ADHD. In R. A. Barkley (Ed.), Attention deficit hyperactivity disorder: A handbook for diagnosis and treatment (pp. 613-654). New York: Guilford Press.

Lavenstein, B. (1995). Neurological comorbidity pattems/differential diagnosis in adult attention deficit disorder. In K. G. Nadeau (Ed.), A comprehensive guide to attention deficit disorder in adults (pp. 74-92). New York: Brunner/Mazel.

Mannuza, S., Klein, R. G., Bessler, A., Malloy, P., & LaPadula, M. (l993). Adult outcome of hyperactive boys: Educational achievement, occupational rank, and psychiatric status. Archives of General Psychiatry, 50, 565-576.

Meichenbaum, D. (1985). Stress innoculatlon trainings New York: Pergamon Press.

Morgan, W. D. (1996). Adult attention deficit disorder: A review of the literature and application to clinical practice. Unpublished doctoral dissertation, University of Michigan, Ann Arbor.

Morgan, W. D. (1997). ADD Skills Inventory. Havertown, PA: Author.

Murphy, K. R. (1995). Empowering the adult with ADD. In K. G. Nadeau (Ed.), A comprehensive guide to attention deficit disorder in adults (pp. 135-145). New York: Brunner/Mazel.

Nadeau, K. G. (1995a). ADD in the workplace: Career consultation and coun-seling for the adult with ADD. In K. G. Nadeau (Ed.), A comprehensive guide to attention deficit disorder in adults (pp. 308-334). New York: Brunner/Mazel.

Nadeau, K. G. (Ed.). (1995b). A comprehensive guide to attention deficit disorder in adults. New York: Brunner/Mazel.

Nadeau, K. G. (1995c). Life management skills for the adult with ADD. In K. G. Nadeau (Ed.), A comprehensive guide to attention deficit disorder in adults (pp. 191-217). New York: Brunner/Mazel.

Quinn, P. O. (1995). Neurobiology of attention deficit disorder. In K. G. Nadeau (Ed.), A comprehensive guide to attention deficit disorder in adults (pp. 18-31). New York: Brunner/Mazel.

Ratey, J. J., Greenberg, M. S., Bemporad, J. R., & Lindem, K. J. (1992). Unrecognized attention deficit hyperactivity disorder in adults presenting for outpatient psychotherapy. Journal of Child and Adolescent Psychophamacology, 2, 267-275.

Ratey, J. J., Hallowell, E. M., & Miller, A. C. (1995). Relationship dilemmas for adults with ADD: The biology of intimacy. In K. G. Nadeau (Ed.), A comprehensive guide to attention deficit disorder in adults (pp. 218-235). New York: Brunner/Mazel.

Sandler, A. D. (1995). Attention deficits and neurodevelopmental variation in older adolescents and adults. In K. G. Nadeau (Ed.), A comprehensive guide to attention deficit disorder in adults (pp. 58-73). New York: Brunner/Mazel.

Tzelepis, A., Schubiner, H., & Warbasse, L. H. (1995). Differential diagnosis and psychiatric comorbidity patterns in adult attention deficit disorder. In K. G. Nadeau (Ed.), A comprehensive guide to attention deficit disorder in adults (pp. 35-57). New York: Brunner/Mazel.

Weinstein, C. S. (1994). Cognitive remediation strategies: An adjunct to the psychotherapy of adults with attention-deficit hyperactivity disorder. Journal of Psychotherapy Practice and Research, 3(1), 44-57.

Weiss, G., & Hechtman, L. T. (1993). Hyperactive children grown up (2nd ed.). New York: Guilford Press.

Weiss, L. (1992). Attention deficit disorder in adults. Dallas, TX: Taylor.

Weiss, L. W. (1994). The attention deficit disorder in adults workbook. Dallas, TX: Taylor.

Wender, P. H. (1995). Attention-deficit hyperactivity disorder in adults. New York: Oxford University Press.

Wilens, T. E., Spencer T. J., & Biederman, J. (1995). Pharmacotherapy of adult ADHD. In K. G. Nadeau (Ed.), A comprehensive guide to attention deficit disorder in adults (pp. 168-188). New York: Brunner/Mazel.

Wilens, T., Spencer, T. J., & Biederman, J. (1998). Pharmacotherapy of adult ADHD. In R. A. Barkley (Ed.), Attention-deficit hyperactivity disorder: A handbook for diagnosis and treatment (2nd ed.). New York: Guilford Press.

Woods, D. R. (1986). The diagnosis and treatment of attention deficit disorder, residual type. Psychiatric Arrivals, 16, 23-24, 26-28.

# Parte II

# Terapia Cognitivo-comportamental em Grupo para Populações ou Ambientes Específicos

# 9

# Terceira Idade*

LARRY W. THOMPSON
DAVID V. POWERS
DAVID W. COON
KELLIE TAKAGI
CHRISTINE MCKIBBIN
DOLORES GALLAGHER-THOMPSON

Este capítulo apresenta modelos de terapia cognitivo-comportamental em curto prazo, para dois dos problemas psicológicos mais comuns vividos por adultos com mais de 60 anos de idade: depressão e estresse dos cuidadores na família. A TCC em grupo é especialmente adequada para pessoas na terceira idade que com freqüência passam por uma diminuição do contato social e que podem se sentir menos estigmatizados quando seus problemas são abordados no contexto de grupo e com ênfase no enfrentamento (Dick, Gallagher-Thompson, Coon, Powers e Thompson, 1996).

* Este trabalho foi particularmente apoiado por Grants R01-MH37196 e T32MH19104 a partir do National Institute of Mental Health (NIMH) e por Larry Wolford Thompson and Grants R01-MH43407 e U01-AG13289 a partir do NIMH e do National Institute on Aging, respectivamente, a Dolores Gallagher-Thompson.

Embora o tratamento em grupo para cada uma dessas áreas de problema tenha focos, de certa forma, diferentes, eles têm em comum a ênfase que damos aos aspectos cognitivo-comportamentais da definição e solução do problema, além de um processo semelhante em termos de avaliação, socialização no grupo, definição de objetivos, processo de grupo e conclusão. Iniciamos o capítulo com uma discussão desses elementos comuns com respeito à depressão. As partes posteriores do capítulo enfatizam áreas específicas ao cuidado da família. O modelo de tratamento em grupo para depressão é bastante flexível, podendo ser facilmente modificado para abordar esses e outros problemas, como o luto, comum entre as pessoas na terceira idade.

## DEPRESSÃO NA TERCEIRA IDADE

Historicamente, a depressão e a sintomatologia depressiva têm sido observadas como respostas previsíveis às perdas comuns que ocorrem com a idade, como a morte de um dos cônjuges, outras pessoas da família e amigos; a mudança de papéis (por exemplo, não fazer mais parte da força de trabalho); declínio na própria saúde física e vigor; reveses econômicos e, para muitos, a necessidade de assumir o papel de cuidador (por exemplo, para um cônjuge, filhos adultos e, em muitos casos, também netos). A predominância de síndromes clínicas de depressão atualmente reconhecidas em pessoas na terceira idade não é clara, devendo-se a limitações e diferenças metodológicas nas formas de avaliação em diversos estudos epidemiológicos. Entretanto, geralmente se aceita que mais pessoas na terceira idade vivem níveis subsindrômicos de depressão que um episódio depressivo de grandes proporções. Além disso, diversos transtornos depressivos tendem a ser mais comuns naqueles com problemas de saúde física e nas pessoas que passaram por perdas importantes recentemente (Blazer e Koenig, 1996). Embora apenas uma minoria desenvolva depressão severa, aqueles que realmente buscam ajuda, muitas vezes, precisam de vários serviços de saúde física e mental. Freqüentemente, um diagnóstico de depressão em pessoas na terceira idade é concorrente com vários distúrbios médicos, *status* socioeconômico baixo e baixa integração social (Phifer e Murrell, 1986; Turner e Noh, 1988).

É essencial fazer avaliação e reconhecimento precisos de síndromes e sintomas depressivos em pessoas na terceira idade, pois estas são geralmente condições tratáveis com um prognóstico favorável. Entretanto, como indicado pelo número desproporcional de suicídios entre os idosos, a depressão continua a ser não reconhecida e não tratada pelos profissionais, pela família e pelos amigos (Manton, Blazer e Woodbury, 1987). A depressão em pessoas na terceira idade é, muitas vezes, observada em combinação com múltiplos distúrbios médicos crônicos, comuns a essa fase da vida, como distúrbios da tireóide, carcinoma ou deficiências nutricionais ou de vitaminas. Ademais, a presença de dor crônica, queixas somáticas ou demência podem complicar a avaliação do diagnóstico. Um exame completo das complexidades relativas ao diagnóstico de depressão está além do escopo deste capítulo (para mais detalhes, consultar Futterman, Thompson, Gallagher-Thompson e Ferris, 1995; Pachana, Thompson e Gallagher-Thompson, 1994).

As pessoas na terceira idade (não internadas em casas de apoio) que buscam tratamento, em geral, apresentam níveis leves a moderados de depressão, freqüentemente acompanhados por ansiedade significativa (Sheikh, 1996). Também não é incomum para essas pessoas apresentarem uma recorrência temporária de sintomas depressivos que não satisfazem os critérios de diagnóstico para transtorno depressivo maior descrito no *Manual Diagnóstico e Estatístico de Transtornos Mentais* (4ª Edição, *DSM-IV;* ver Blazer e Koenig, 1996) da Associação Psiquiátrica Americana. É o clínico quem deve ser capaz de determinar se a pessoa tem um diagnóstico de depressão e avaliar a natureza da síndrome depressiva, de modo que se possa fazer uma avaliação do tipo de tratamento mais adequado para aquele indivíduo.

## TCC EM GRUPO PARA A DEPRESSÃO NA TERCEIRA IDADE

A TCC em grupo é um dos tipos mais utilizados de terapia em grupo para pessoas na terceira idade. Nosso programa deriva-se do trabalho original de Beck e seus colegas (Beck, 1967, 1976; Beck, Rush, Shaw e Emery, 1979). Um princípio central da TCC torna essa abordagem especialmente adequada a indivíduos idosos que passam por inúmeras perdas substanciais nos últimos anos: a experiência de perda em si não leva necessariamente à depressão, mas é como a experiência é *percebida* e qual o significado para o indivíduo que determina se o resultado será a depressão ou não. Em nossa experiência, à medida que as pessoas na terceira idade começam a entender esse conceito mais completamente, elas podem aceitar mais prontamente o fundamento lógico para a implementação de técnicas cognitivas e parecem mais receptivos a adaptar novas maneiras de enxergar os problemas. A TCC inclui três construtos-chave para entender a origem e manutenção da depressão:

- esquemas negativos,
- processamento errôneo de informações, e
- tríade cognitiva negativa.

No modelo cognitivo de depressão, propõe-se que os esquemas negativos interagem com eventos negativos da vida para produzir sintomatologia depressiva. Portanto, o tratamento concentra-se primordialmente na modificação de pensamentos para mudar a emoção e o comportamento. A TCC em grupo, como é usada em nosso centro, também inclui técnicas baseadas nos princípios de uma terapia comportamental desenvolvida por Lewinsohn (1974). Conforme as pessoas na terceira idade modificam seus comportamentos e pensamentos, espera-se que o humor melhore, tirando-os da depressão.

Discutimos, nesta seção, porque é útil utilizar um formato de grupo com pessoas na terceira idade, como os participantes são apresentados ao tratamento, como o modelo de TCC é apresentado e as técnicas cognitivas introduzidas, como incorporar os métodos comportamentais e como tirar o maior proveito da lição de casa. Para uma discussão mais abrangente da terapia cognitiva em grupo para depressão em idosos, o leitor deve consultar o trabalho de Yost, Beutler, Corbishley e Allender (1986). Também estão disponíveis manuais detalhados de tratamento para a depressão no fim da vida, com base na TCC individual usada em nossos programas, os quais podem ser modificados para o trabalho em grupo (Dick e cols., 1996).

## AVALIAÇÃO DA ADEQUAÇÃO PARA TCC EM GRUPO

As pessoas na terceira idade representam um grupo diverso com vários níveis de adequação para a terapia cognitivo-comportamental em grupo. É importante para o clínico, portanto, ser capaz de conduzir uma avaliação completa e depois determinar a forma mais apropriada de tratamento para cada pessoa em busca tratamento em um ambiente de paciente externo.

## Entrevista de Avaliação

Na fase inicial do processo de entrevista, é importante determinar se o participante em potencial tem alguma deficiência auditiva ou de fala que poderia interferir na comunicação dentro do grupo. Além disso, o nível de compreensão escrita, verbal e de leitura do paciente precisa ser avaliado, em virtude da ênfase na lição de casa, nas discussões em grupo e nas estratégias de enfrentamento ensinadas durante cada sessão. Se o participante for um cuidador, o clínico também deve discutir com ele sobre a transposição e arranjos disponíveis para um membro da família ou amigo prover cuidados durante os encontros do grupo. Se não forem feitos arranjos antecipadamente, isso pode se tornar uma barreira para o participante comparecer às sessões do grupo regularmente. É essencial que o clínico explique a cada participante que, na TCC em grupo, a melhora requer trabalho, prática, presença regular, participação verbal ativa e uma atitude de resolução de problemas. Há várias outras áreas importantes que o clínico deve abordar durante a entrevista inicial com cada participante em potencial, incluindo o seguinte:

1. As origens e a natureza do problema ou problemas apresentados e como isso afeta o funcionamento atual do participante.
2. Histórico médico e de medicação completo, incluindo doenças e tratamentos médicos atuais.
3. A função cognitiva para determinar se o indivíduo pode processar e reter novas informações suficientemente bem de modo a beneficiar-se com a TCC.
4. Informações quanto às tradições, crenças e valores tradicionais, assim como crenças e práticas de saúde física e mental.
5. A utilização de cuidado de saúde física e mental anterior, o que também inclui práticas alternativas e não tradicionais.
6. Avaliação quanto ao risco de suicídio.

## Instrumentos de Avaliação

Existem várias medidas auto-referidas que normalmente administramos a pessoas na terceira idade antes da terapia. O nível de depressão é avaliado com o Inventário de Depressão de Beck (BDI; Beck, Ward, Mendelson, Mock e Erbaugh, 1961) ou a Escala de Depressão Geriátrica (GDS; Brink e cols., 1982). O BDI consiste em 21 itens que avaliam a severidade das queixas, os sintomas e as preocupações com a depressão atual, incluindo itens somáticos, cognitivos e comportamentais. Essa medida foi originalmente desenvolvida e testada em jovens adultos. Desde então, os estudos psicométricos foram conduzidos com adultos na terceira idade. Gallagher, Nies e Thompson (1982) descobriram que o BDI tinha confiabilidade e consistência interna adequada de teste e re-teste em uma amostra de voluntários e pacientes externos de ambas as comunidades com depressão. O coeficiente alfa na amostra da comunidade foi de 0,76 e na amostra deprimida foi de 0,73. Gallagher, Breckenridge, Steinmetz e Thompson (1983) examinaram a validade, comparando as classificações de corte convencionais no BDI com as classificações diagnósticas, selecionadas dos Critérios Diagnósticos de Pesquisa que usam as informações derivadas do Programa para Transtornos Afetivos e Esquizofrenia (Endicott e Spitzer, 1978). Eles descobriram uma alta correspondência entre os dois, indicando que o BDI é um índice sensível de depressão clínica em adultos na terceira idade.

Na população de idosos, um fator de significativa confusão para reconhecer a depressão é a presença de várias queixas somáticas, pois elas podem refletir uma condição médica ou uma dor crônica diagnosticável, em vez da depressão. Para reduzir seu impacto sobre o diagnóstico, os pesquisadores desenvolveram o GDS, o qual não contém itens somáticos e é uma das poucas escalas de depressão desenvolvidas e padronizadas especificamente para pessoas na terceira idade. Os itens nessa medida são respondidos com um sim ou um não, o que supostamente torna mais fácil para idosos pouco esclarecidos ou com algum dano cognitivo para preencher a escala. Yesavage, Brink, Rose e Adey (1983) relataram um coeficiente alfa geral de 0,94. Um formulário com 15 itens, muito prático para ser usado como medida de seleção em ambientes médicos, também foi desenvolvido (Sheikh e Yesavage, 1986).

A avaliação de potencial para suicídio é tipicamente iniciada por meio de perguntas diretas sobre pensamentos suicidas e planos suicidas específicos, mas as medidas auto-referidas, como a Escala de Falta de Esperança (Beck, Weissman, Lester e Trexler, 1974), também podem ser úteis nesse processo. A Escala de Falta de Esperança é uma escala com 20 itens que avalia a extensão do pessimismo ou falta de esperança de uma pessoa sobre o futuro. Estudos têm mostrado que a presença de falta de esperança pode ser um fator de risco importante para o comportamento suicida, independentemente do nível de depressão.

A Escala de Atitude Disfuncional (Weissman, 1979) destinava-se originalmente a identificar um conjunto de atitudes relativamente estáveis (ou vulnerabilidades cognitivas) associadas à depressão. O uso dessa escala pode ser útil para identificar esquemas. Foram desenvolvidas várias outras técnicas para auxiliar os pacientes na mudança de esquemas: uma modificação do teste histórico de esquemas de Young (1990) é especialmente adequada para o trabalho com idosos (Dick e Gallagher-Thompson, 1995) e pode ser utilizada de maneira eficaz com alguns pacientes em um ambiente de grupo.

O Programa de Eventos Prazerosos da Pessoa na Terceira Idade (Gallagher e Thompson, 1981) fornece um índice de atividades funcionais que levam ao prazer. Esse é um inventário com 66 itens auto-referidos destinado a avaliar sete domínios que podem trazer prazer: natureza, social, pensamentos e sentimentos, reconhecimento por parte dos outros, dar aos outros, competência e atividades de lazer. Esse programa mede tanto a freqüência com que as atividades são feitas no mês anterior como o grau de prazer derivado do evento (independentemente de a pessoa ter se envolvido em tal evento). São criados escores separados de freqüência e de prazer, somando os escores dos itens pertinentes a cada um dos sete domínios. Essas informações são geralmente úteis para ajudar os pacientes a aumentar as atividades prazerosas, as quais são discutidas mais detalhadamente a seguir.

## DESENVOLVIMENTO DA TCC EM GRUPO PARA DEPRESSÃO

O tipo e a seqüência de procedimentos específicos na TCC com os idosos podem variar substancialmente, dependendo do nível de capacidade dos pacientes, as diferenças de personalidade dos participantes, se o grupo tem um número fixo de sessões ou se é contínuo, se está fechado ou aberto para novos pacientes, se os participantes estão passando por problemas semelhantes ou diferentes e se o grupo está focalizado em um tópico específico ou em objetivos mais gerais. Preferimos conduzir os grupos de TCC por períodos fixos de tempo, com aproximadamente 10 a 12 sessões fechadas que tendem a concentrar-se no desenvolvimento de várias habilidades básicas para ajudar os pacientes com a depressão. Na conclusão do grupo, avaliamos a condição clínica dos pacientes e, ao mesmo tempo, obtemos informações sobre o que pareceu funcionar e o que não funcionou. Dependendo da situação clínica, os pacientes podem então escolher interromper a terapia, entrar em um novo grupo com um foco diferente de problema, se houver disponibilidade, ou repetir o grupo de terapia que focaliza as habilidades básicas. Após mais ou menos 10 sessões, por exemplo, um paciente pode estar menos deprimido como resultado da TCC em grupo, mas ainda ter dificuldades em ser assertivo em certas situações sociais. Pode-se chegar à conclusão de que a recaída ou recorrência é provável, a menos que ele seja capaz de resolver esse problema. Em vez de continuar no mesmo grupo, o paciente pode se beneficiar mais com a participação em um grupo com um foco específico nas habilidades sociais, se houver disponibilidade. Independentemente dos procedimentos específicos a serem enfatizados, há várias características gerais que precisam de atenção em qualquer grupo de TCC destinado a pessoas na terceira idade.

## Preparação dos Pacientes para o Grupo

O objetivo inicial é familiarizar as pessoas com o modelo de TCC. Muitos idosos podem nunca ter participado de terapia em grupo e, mesmo aqueles que já participaram, podem ter pré-concepções inexatas sobre o que esperar. Portanto, o conteúdo e o formato gerais do grupo devem ser descritos durante o contato inicial com os participantes e discutidos detalhadamente na primeira sessão. Com uma apresentação da teoria, são utilizados exemplos claros e relevantes para as pessoas na terceira idade, a fim de ilustrar como os pensamentos e comportamentos podem mudar o humor. O Capítulo 1 de Dick e cols. (1996) traz informações e exemplos detalhados, utilizado por nós ao apresentar a teoria aos pacientes:

> *Um exemplo especialmente notável para muitos indivíduos idosos envolve um senhor de 80 anos chamado Sam, que solicitou um exame escrito para renovar a carteira de motorista no Estado da Califórnia. Sam cometeu alguns erros no exame, mas acertou um número suficiente de questões para passar no teste e sua carteira foi renovada por mais cinco anos. Normalmente, fica-se aliviado, e até mesmo feliz, por ter ultrapassado esse obstáculo mais uma vez. Mas não Sam. Enquanto dirigia para casa, ele começou a remoer os poucos erros que cometeu e ficou tão preocupado com eles que perdeu de vista o fato de ter passado no exame. Assim, em vez de sentir alívio, talvez até mesmo um pouco de alegria por ter ultrapassado esse obstáculo, ele ficou triste e se sentindo mal*

*por ter cometido alguns erros bobos. Sam começou a censurar-se por causa de suas inadequações intelectuais e estava tão preocupado que, a caminho para casa, entrou na rua errada. Ele achou que "Essa é uma prova de como minha cabeça está ruim. Eu devo estar cometendo erros em tudo. Aposto como meu talão de cheques está uma bagunça. Provavelmente, perdi milhares de dólares. É apenas mais uma prova de que meu cérebro está deteriorando. Sei que meu médico vai descobrir que tenho mal de Alzheimer". Quando Sam chegou em casa, ele estava tremendo visivelmente e passou o resto do dia em seu estúdio, incapaz de conversar ou contar as boas novas sobre seu exame. Sua família pensou que ele havia sido reprovado e tentavam planejar o que fazer para animá-lo.*

Depois de apresentar a história, convidamos os pacientes a pensar como Sam poderia ter se sentido se não se envolvesse na filtragem negativa e como eles próprios teriam reagido em uma situação dessas.

## Definição de Objetivos

Uma vez que os pacientes tenham compreendido o modelo, a atenção é voltada para a socialização dos participantes ao tratamento, o que envolve abordar diretamente os objetivos que o grupo espera atingir, assim como o que é esperado dos participantes. O objetivo principal é reduzir, e acabar eliminando, os sentimentos de depressão. Para satisfazer tal objetivo, espera-se que os pacientes discutam suas dificuldades honestamente no grupo, mantenham a confidencialidade, compareçam regularmente e façam as lições de casa entre as sessões. A participação ativa no tratamento é um fator crucial para a eficácia do tratamento. Da mesma forma, é importante que os líderes do grupo forneçam o modelo do comportamento adequado por meio da participação ativa no grupo. Outra característica desses pacientes é que, inicialmente, é menos provável que perguntem quando não tiverem entendido alguma coisa, portanto é responsabilidade do líder do grupo incentivar e preparar os participantes para fazerem perguntas.

Os participantes do grupo também são solicitados a pensar, como lição de casa após a primeira sessão, sobre qual proveito querem tirar da terapia. Na segunda sessão, cada um deve descrever até três queixas principais que desejariam abordar no grupo. O objetivo geral é reduzir a depressão, mas cada um deve identificar problemas específicos. Esses objetivos servem como foco da terapia para cada participante. As categorias de queixas freqüentemente relatadas por idosos que buscam ajuda em nossos programas incluem a solidão, problemas com os filhos e netos que voltam para o ninho por falta de condições financeiras ou outras dificuldades de ajuste, dificuldades interpessoais com outros membros da comunidade, problemas no trabalho decorrentes de doença física, recursos inadequados e perturbação emocional severa. Eles são, então, solicitados a desenvolver resultados concretos e mensuráveis que sejam tangíveis e reflitam o progresso em lidar com uma determinada queixa. Às vezes, eles têm dificuldades para fazer isso e, muitas vezes, isso pode se tornar fonte de discussão nas primeiras sessões do grupo quando os participantes ajudam uns aos outros a desenvolver resultados mensuráveis. Por exemplo, Sara, uma senhora de 70 anos de idade, viúva a cinco anos, tinha como queixa principal o fato de sentir-se só. Após discussões no grupo quanto às contingências importantes da vida para o problema, o grupo ajudou-a a estabelecer o objetivo de tentar ter um contato prazeroso com um amigo ou parente pelo menos três vezes por semana. O fundamento lógico dessa estratégia é para que os pacientes experimentem progresso bem-sucedido, conforme desenvolvem as habilidades necessárias para abordar esses resultados específicos. Assim, quanto mais freqüentemente eles conseguem atingir seus objetivos específicos, mais confiantes eles ficarão em utilizar as capacidades recém-descobertas de abordar outras dificuldades da vida conforme elas surgem. O pressuposto é que à medida que aumenta o sucesso em lidar com os problemas, mais provavelmente a depressão diminuirá.

A TCC em grupo pode trazer várias vantagens em comparação à TCC individual, especialmente ao trabalhar com pessoas na terceira idade. Um grupo coeso oferece muito apoio aos idosos com depressão, além de um maior contato social. Os participantes também conseguem enxergar que não estão sozinhos na luta contra a depressão, podem adquirir novas percepções sobre suas dificuldades por intermédio de outros participantes e recebem evidências de como as técnicas usadas na TCC podem ser eficazes, sendo especialmente útil para aqueles socialmente isolados. Eles também têm menos probabilidade de sentirem-se estigmatizados quando participam de um grupo, principalmente se a ênfase é colocada no aprendizado de novas estratégias de enfrentamento (em vez de lidar com a psicopatologia; ver Dick e cols., 1996).

## Estrutura e Processo do Grupo

Como já mencionado, a abordagem da TCC tende a promover a colaboração entre os participantes do grupo, cujo foco principal é a resolução de problemas durante a maioria das sessões. Em geral, as "questões de processo" tradicionais têm baixa prioridade, a menos que sejam diretamente relevantes a um foco de problema específico ou estejam interferindo de alguma maneira com o foco do grupo. Voltando a Sara, por exemplo, descobriu-se que ela estava relutante em procurar seus amigos e parentes, pois achava que seria um peso para eles e acabaria sendo rejeitada completamente. Isso foi revelado em um registro de pensamento de desamparo (explicado mais abaixo) concluído no grupo. Enquanto trabalhava nisso com Sara, o foco do grupo era ajudá-la a enxergar a possível distorção em seu modo de pensar. Como resultado da discussão em grupo, na qual outros participantes forneceram ilustrações pessoais, Sara conseguiu enxergar que seus pensamentos sobre suas relações com os outros eram muito influenciados pela "leitura da mente" e "adivinhação". Sara não somente foi ajudada por esse processo, mas os outros no grupo com tendências semelhantes também tiveram a oportunidade de ver como esse exemplo poderia aplicar-se a suas próprias situações.

Na maior parte do tempo, cada sessão, de aproximadamente 90 minutos, é vagamente estruturada da seguinte maneira:

- Após a primeira sessão, cada encontro geralmente inclui instruções iniciais ou elaboração continuada em uma técnica cognitivo-comportamental específica, feitas pelo terapeuta, seguido de discussão em grupo quanto a determinadas questões. As sessões normalmente começam com a discussão dos pacientes sobre a lição de casa, apontando os problemas ou questões que surgiram desde a última sessão. O terapeuta também pergunta se existe alguma questão específica que tenha surgido e que os pacientes queiram colocar na agenda. Após examinar a lição de casa e os itens da agenda, o terapeuta deve trabalhar com os participantes para decidir qual deve ser o foco para a discussão adicional. Uma regra geral é que, durante o decorrer da terapia, cada participante terá a oportunidade de discutir cada nova técnica e obter sugestões para auxiliá-los a dominá-la. Assim, um ou dois pacientes por sessão relatam seu progresso até que todos os pacientes tenham tido oportunidade de obter a opinião do grupo. Geralmente, reserva-se algum tempo, próximo ao fi-

> nal da sessão, para discutir a lição de casa. Se uma nova técnica estiver sendo introduzida durante a sessão, reserva-se tempo suficiente para demonstrações e práticas a fim de facilitar sua implementação e realização. A sessão é normalmente finalizada com um resumo do que foi dito, além de perguntas e comentários das pessoas.

Durante as discussões em grupo, os participantes são incentivados a dar sugestões de apoio aos outros para lidar com problemas específicos e pensar em maneiras criativas de usar as técnicas cognitivo-comportamentais que tenham sido estudadas. A lição de casa inclui, tipicamente, um ou os dois dos seguintes tópicos: praticar a técnica estudada na sessão mais recente e designar lições de casa específicas, delineadas por meio das discussões em grupo e adequadas aos objetivos de cada participante individualmente. Nas primeiras sessões, ela provavelmente será semelhante para todos os participantes, uma vez que todos estão aprendendo as técnicas de TCC. Conforme o grupo progride, entretanto, os participantes misturam e combinam as técnicas para adequá-las às suas próprias necessidades, resultando em tarefas muito diferentes para os diferentes participantes. Em nossa experiência, observamos que os pacientes na terceira idade geram lições de casa muito criativas e eficazes à medida que se tornam mais experientes.

A aproximação sucessiva também é enfatizada quando os objetivos são abordados. Um terapeuta cognitivo-comportamental experiente não precisa, ou até mesmo espera, que os participantes do grupo vão para casa e imediatamente utilizem cada técnica à perfeição, atingindo assim seus objetivos imediatamente. Ao contrário, a lição de casa é vista como uma oportunidade de construir habilidades, e as dificuldades são vistas como oportunidades para o indivíduo ou o grupo de aprender mais e personalizar as técnicas para a situação de vida e características do idoso que a esteja utilizando.

Se o grupo é "fechado", de modo que a participação no grupo não mude com o tempo, o líder do grupo estará menos envolvido, com o passar do tempo, com as instruções da técnica e mais preocupado em dar apoio ao grupo e facilitar a interação construtiva entre os participantes. Se o grupo for "aberto" e a participação mudar durante o curso do grupo, o terapeuta deve continuar a fazer um papel mais ativo para certificar-se de que as técnicas foram entendidas de maneira clara pelos novos participantes.

# TÉCNICAS COGNITIVO-COMPORTAMENTAIS

As técnicas específicas apresentadas dependem, em parte, do foco do grupo. Entretanto, algumas técnicas são fundamentais para a implementação eficaz da TCC para pessoas na terceira idade e devem ser apresentadas independentemente de qualquer outro procedimento específico que possa ser apresentado. Elas incluem monitorar o humor, aumentar as atividades prazerosas e aprender a monitorar os pensamentos disfuncionais com um Registro Diário de Pensamento de Desamparo. Cada uma delas é discutida aqui mais detalhadamente. Outras técnicas, como o treinamento de relaxamento, serão descritas no tópico voltado para os grupos para cuidador da família. Como mencionado anteriormente, a lição de casa é dada em cada uma dessas áreas e traz o material para a discussão em grupo a cada sessão. A quantidade de tempo gasto com a explicação das estratégias de TCC tende a diminuir gradualmente após as primeiras sessões, e mais tempo é dedicado à abordagem dos problemas que os participantes estejam passando individualmente, com todos participando na definição e implementação das técnicas discutidas.

A ordem de apresentação das técnicas deve ser decidida com base nas necessidades e características dos participantes em cada grupo, mas recomendamos o monitoramento do humor e o aumento das atividades prazerosas, como descrito por Lewinsohn, Munoz, Youngren e Zeiss (1986), como as técnicas iniciais a serem abordadas na TCC em grupo com idosos deprimidos. O monitoramento de humor os ajuda a reconhecer quando estão indo bem, quando estão se sentindo melhor e quais eventos estão associados às mudanças de humor. Essa habilidade é crucial para reconhecer quais as técnicas que estão funcionando para eles e quais as situações especialmente difíceis para eles. Uma avaliação de humor automonitorada comumente usada é o Formulário de Classificação de Humor Diário, no qual o paciente classifica seu humor a cada dia (por exemplo, "quão bem ou mal você se sentiu"), utilizando uma escala de nove pontos. Os incrementos específicos na escala de nove pontos são: 1 = *muito deprimido*, 5 = *mais ou menos* e 9 = *muito feliz*. A cada dia da semana, as três colunas do formulário são preenchidas, incluindo (a) data, (b) classificação do humor e (c) "Porque eu acho que me senti assim?". Na sessão seguinte, o paciente traz o formulário para ser discutido com os outros participantes do grupo.

## Monitoramento do Humor

Essa técnica fornece aos participantes uma experiência direta do relacionamento entre as mudanças de humor e as atividades prazerosas. As idéias essenciais para entenderem esse exercício é que "Os eventos podem afetar nosso humor em uma direção positiva ou negativa. Em um grau maior ou menor, podemos aumentar a freqüência de eventos prazerosos em nossas vidas. Portanto, temos a capacidade de controlar nosso humor". Evidentemente, essa não é exatamente uma revelação para a maioria das pessoas, mas quando os indivíduos estão passando por depressão ou ansiedade marcante é geralmente fácil perder de vista tais contingências básicas. A percepção concreta desse relacionamento simples, pelo monitoramento diário do humor, pode muitas vezes fornecer um fundamento lógico e um incentivo para tentar aumentar as atividades prazerosas.

Rita, uma dona de casa de 69 anos de idade, aposentara-se com o cargo de marketing gerencial, aproximadamente três anos antes de vir à clínica. Suas principais queixas eram tédio com as atividades domésticas, problemas crescentes com seu marido, que também havia se aposentado cerca de três anos antes e energia insuficiente para finalizar qualquer coisa. Rita começou a monitorar seu humor diariamente e, em duas semanas, ela notou que o nível de humor e de energia ficava mais alto nos dias em que fazia alguma atividade que envolvesse outras pessoas. Ela ficou surpresa com sua descoberta, pois sempre havia minimizado a importância do contato social em sua vida. Na terceira sessão do grupo, ela anunciou que havia tido uma percepção "surpreendente". Ela disse que durante anos almoçou com sua prima a cada dois meses e sempre achou que fazia isso por obrigação familiar. Entretanto, agora que estava monitorando seu humor, ela percebeu que quando ela fazia isso, seu humor melhorava muito e, desse momento em diante, ela iria sair para almoçar com a prima mais freqüentemente.

## Aumentar as Atividades Prazerosas

A próxima técnica serve dois propósitos principais: resulta rapidamente em melhor humor para um participante do grupo que tenha aumentado o número de eventos prazerosos a cada dia com sucesso. E, por sua vez, pode servir de modelo para outros participantes que tenham dificuldades para aceitar o princípio como uma ferramenta útil para diminuir a intensidade de emoções negativas. Compartilhar com os outros o sucesso da implementação dessa técnica dá a eles evidências que também podem exercer controle efetivo sobre como se sentem, em vez de presumir que não conseguem mudar o estado depressivo. Uma chave para o sucesso dessa técnica é ter um conjunto adequado de atividades prazerosas para monitorar e tentar aumentá-las a qualquer momento. A maioria das pessoas na terceira idade sente-se confortável, monitorando 10 ou mais eventos prazerosos, ao mesmo tempo em que tentam aumentar a freqüência de ocorrência diariamente. Descobrimos que esse número de eventos funciona bem para os pacientes que participam da terapia em grupo.

Selecionar uma lista de atividades pode ser um desafio tanto para o terapeuta como para o paciente. As atividades selecionadas devem ser prazerosas para o indivíduo e que possam ser realizadas com o mínimo de dificuldade, mas que não estejam sendo realizadas regularmente. O Programa de Eventos Prazerosos da Pessoa pode ajudar no desenvolvimento de uma lista útil de atividades. Os escores de freqüência e prazer são marcados para os sete domínios (isto é, natural, social, pensamentos e sentimentos, reconhecimento por parte dos outros, dar aos outros, competência e atividades de lazer) na mesma escala, em um gráfico simples que fornece uma visualização rápida e fácil da freqüência das atividades, para comparação com o grau de prazer. O objetivo é precisar as atividades que aumentem ou diminuam, de acordo com o grau de prazer, cada evento criado para o indivíduo. Assim, os eventos altamente prazerosos devem ser aumentados se a freqüência cair abaixo do grau de prazer derivado. Da mesma forma, se os eventos que trazem pouco prazer são realizados mais freqüentemente, talvez eles possam ser diminuídos e o tempo distribuído para fazer uma atividade mais prazerosa (observe que é possível obter cópias das medidas, junto às instruções e aos gráficos de classificações, com o primeiro autor, a pedido).

A Figura 9.1 mostra os dados do Programa de Eventos Prazerosos da Pessoa para George, um senhor de 71 anos de idade, casado, que desenvolveu uma depressão moderadamente severa após aposentar-se de seu cargo como engenheiro civil. Observe que, em comparação com a amostra normativa, George tem uma freqüência desproporcionalmente alta de atividades em categorias pertinentes ao tempo natural, para reflexões e de lazer (por exemplo, ler, ouvir música e ir a museus) e uma freqüência desproporcionalmente baixa de atividades na categoria que demonstra sua competência ou eficácia. Ainda assim, o grau de prazer obtido com essas atividades está em contraste distinto. Ele consegue muito pouco prazer com atividades pertinentes ao domínio natural, estar sozinho e

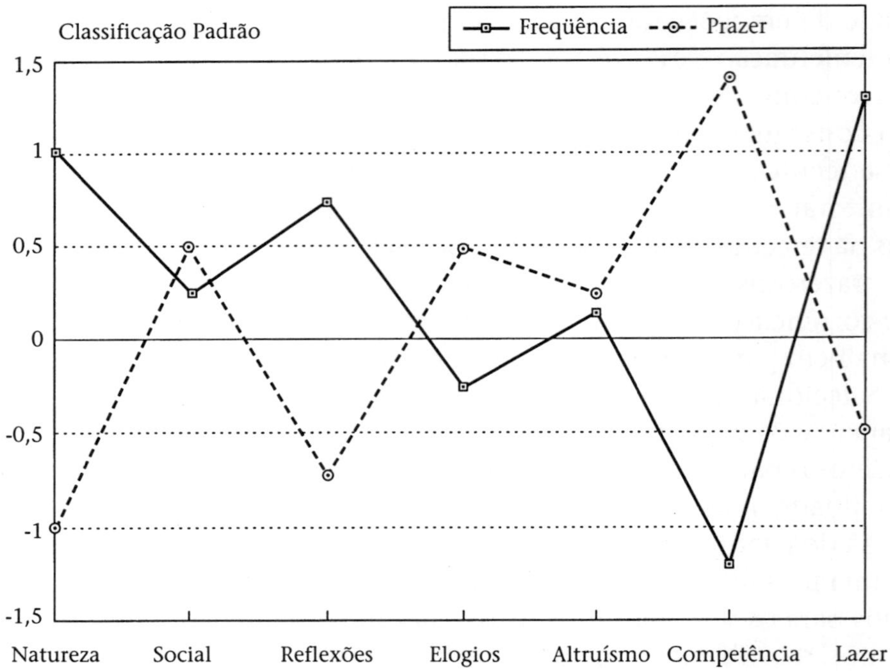


FIGURA 9.1. Classificações de freqüência e nível de prazer na escala de eventos prazerosos da pessoa na terceira idade para George, um engenheiro aposentado de 71 anos de idade. Os eventos são agrupados em sete categorias: experienciar a natureza, estar em situações sociais prazerosas, ficar algum tempo sozinho refletindo e meditando, ser elogiado pelos outros por alguma atividade, dar aos outros, estar envolvido em atividades nas quais a competência é demonstrada e atividades tradicionais de lazer.

pensar sobre as coisas ou se envolver em muitas outras atividades de lazer e uma imensa quantidade de prazer da realização de coisas, e ser reconhecido por suas realizações. Após estudar esse gráfico, foi relativamente fácil para George, o terapeuta e o grupo trabalharem em colaboração para desenvolver uma pequena lista de atividades para George tentar aumentar as atividades prazerosas. Entre elas, estava a atividade de fazer trabalho voluntário em um hospital local. A habilidade e o esforço de George no hospital foram muito apreciados e ele achou tão recompensador que decidiu comprometer-se com essa atividade durante meio período, três vezes por semana. Logo após começar essa rotina, a intensidade de sua depressão começou a diminuir e sua participação em outras atividades prazerosas também aumentou. Em poucos meses, ele pôde regular o tipo e a freqüência de atividades prazerosas de tal modo que sua atitude em relação a estar aposentado mudou completamente.

Da mesma forma, Mabel, uma cuidadora de 75 anos de idade, casada, observou em seu gráfico que raramente se envolvia em atividades que criassem uma sensação de "competência", um dos domínios avaliados no Programa de Eventos Prazerosos da Pessoa. Entretanto, ela classificou sentir-se competente como altamente prazeroso. Junto com o grupo, ela debateu livremente sobre diferentes atividades que geravam uma sensação de competência. Quando era mais jovem, ela começou a fazer aulas de pintura no centro de artes de sua comunidade e lembrava que muitas pessoas gostavam muito de seu trabalho. Ela conseguiu até vender alguns de seus quadros em exposições locais de arte. Ela acrescentou que criar dava-lhe a sensação de orgulho e realização. Com a confirmação do grupo, decidiu retomar as aulas de pintura duas vezes por semana. Mabel também observou que tendia a envolver-se em "dar aos outros", outro domínio avaliado pelo Programa de Eventos Prazerosos da Pessoa, consideravelmente mais do que o grupo normativo. Além disso, observou que achava essa atividade muito menos prazerosa que o grupo em sua faixa de idade. Mabel relatou que ver as informações sobre suas atividades e prazer diante de seus olhos a incentivou a diminuir os comportamentos de ajuda aos outros e aumentar o tempo gasto, incorporando mais atividades prazerosas em sua vida.

## Registro Diário de Pensamentos de Desamparo

Uma técnica cognitiva básica, geralmente, bem recebida pelo grupo de terceira idade é uma modificação do Registro de Pensamento Disfuncional (Beck e cols., 1979), o qual chamamos de Registro Diário de Pensamentos de Desamparo. Essa ferramenta baseia-se na premissa de que as emoções negativas resultam de pensamentos negativos sobre uma determinada situação e que as pessoas com propensão à depressão caracteristicamente têm pensamentos negativos distorcidos sobre determinadas situações, sobre si mesmas e sobre o futuro. Essas distorções tendem a ocorrer automaticamente e, no caso de pessoas com depressão ou outras emoções negativas graves, elas são aceitas como verdadeiras sem muita análise. O Registro Diário de Pensamentos de Desamparo ajuda o paciente a entender o relacionamento entre pensamentos e sentimentos e fornece ajuda útil no aprendizado de como identificar distorções automáticas e desenvolver construções racionais para substituí-las. As seis maneiras mais comuns de distorcer informações sobre as situações são observadas em pacientes na terceira idade em nosso trabalho são:

1. Pensar em termos de "tudo ou nada", que é a tendência para perceber situações, eventos ou coisas como totalmente boas ou totalmente más.
2. "Filtrar mentalmente", que pode ser descrito como generalizar demais, exagerar ou minimizar a importância de um evento ou retirar tudo de positivo e apenas pensar nos aspectos negativos de uma situação ou evento.
3. "Tirar conclusões" ocorre quando a pessoa "lê a mente" ou tenta prever o futuro ao invés de reunir todos os fatos sobre a situação ou evento.
4. Pensar "eu deveria", "e se" ou "eu não devia", que envolve tornar-se seu próprio crítico.
5. "Rotular" é uma forma extrema de generalização e, muitas vezes, envolve rotular a si mesmo como uma "pessoa má" ou que "não tem nada de bom".
6. "Personalização" ocorre quando a pessoa assume a responsabilidade por eventos ou o comportamento dos outros quando não é necessário.

Utilizamos tanto o Registro Diário de Pensamentos de Desamparo de três colunas como o de cinco. Começamos com o modelo mais simples para ajudar os pacientes a entender, primeiro, o relacionamento entre os pensamentos e sentimentos e dar-lhes prática no monitoramento desses pensamentos sobre as situações que provocam reações emocionais. Depois passamos para o modelo com cinco colunas para ajudá-los a desenvolver as contestações a suas distorções e avaliar o impacto dessa intervenção sobre a intensidade das emoções. A Tabela 9.1 mostra o Registro Diário de Pensamentos de Desamparo de cinco colunas para Sara. Observe que os pensamentos automáticos, sobre o fato do filho e a família dele ter decidido ir para a casa dos sogros no feriado, em vez de visitá-la, precipitaram emoções bastante negativas e intensas. Entretanto, depois de escrever os pensamentos e examiná-los cuidadosamente, Sara conseguiu desenvolver contestações construtivas que atenuaram as emoções substancialmente. Trabalhar com o Registro Diário de Pensamentos de Desamparo no ambiente de grupo é extremamente produtivo, tanto para o indivíduo que está apresentando o material como para os outros que participam no desenvolvimento de contestações adequadas para os pensamentos automáticos de desamparo. A repetição freqüente desse exercício logo começa a facilitar a capacidade de o paciente de detectar e contestar pensamentos automáticos, antes de eles terem a oportunidade de resultar no desenvolvimento de emoções negativas graves.

TABELA 9.1. Sara: viúva de 69 anos, com saúde excelente

| Situação | Pensamentos automáticos de desamparo | Sentimentos | Contestações | Resultados |
|---|---|---|---|---|
| Descreva o evento que levou a emoções desagradáveis | Quais foram seus pensamentos negativos? Identifique os padrões de pensamentos de desamparo. Até que ponto você acredita nestes pensamentos? (de 0% a 100%). | Como você se sentiu (triste, com raiva, ansioso(a), etc.)? Quão fortes eles são? (de 0% a 100%). | Substitua os pensamentos negativos por pensamentos mais úteis. Até que ponto você acredita nesses pensamentos? | Como você se sente agora? Classifique (de 0% a 100%). |
| John telefonou para dizer que iriam passar o Natal na casa dos pais de Barb. Ele disse que mandaria meu presente por correio e que eu não precisava mandar presentes. | Como eles podem fazer isso? Minha única chance de ver meus netos: 90%. John pensa mais neles do que em mim: 80%. Eles têm mais dinheiro e uma casa melhor. As crianças vão gostar mais deles. Eles nem vão sentir saudades de mim. Não posso competir com eles: 80%. Não sou importante: 90%. Não adianta, sou um fracasso: 50%. | Com raiva: 70%. Triste: 100%. Decepcionada: 100%. Sensação de privação: 80%. Com o coração partido: 40%. Não importante: 80%. Esquecida: 95%. | Aqui é muito longe. John talvez não tenha todo o tempo necessário. Eles vieram no ano passado. Barb escreve bastante para mim. Ela se importa. Dinheiro não é a única coisa. Quando as crianças estão aqui, fazemos coisas que elas gostam bastante. Os Lee querem que eu vá. Isso me dará uma chance de fazer algumas coisas com eles. | Com raiva: 0%. Triste: 25%. Decepcionada: 30%. Sensação de privação: 0%. Com o coração partido: 0%. Não importante: 15%. Esquecida: 0%. |

Registro Diário de Pensamentos Automáticos, preenchido por Sara, uma viúva de 69 anos, para um evento específico que precipitou emoções negativas. Classificações para intensidade: 0% = nenhuma; 100% = completamente.

Além dessas ferramentas básicas, há uma série de outras técnicas cognitivas e comportamentais freqüentemente utilizadas, como parte integrante da TCC para a depressão. Uma explicação mais detalhada dessas técnicas pode ser encontrada em várias fontes (Beck e cols., 1979; Dick e cols., 1996;

Gallagher e Thompson, 1981; Lewinsohn e cols., 1986). Junto ao monitoramento do humor e o aumento dos eventos prazerosos, os exercícios de relaxamento e o aprendizado de habilidades de resolução de problemas para facilitar as mudanças comportamentais são boas técnicas comportamentais para melhorar o humor. A identificação e contestação de padrões de pensamento de desamparo, utilizando técnicas como examinar as evidências, tornar-se um cientista (isto é, fazer experimentos para confirmar ou refutar hipóteses sobre si mesmo), fazer uma lista das vantagens e desvantagens de reter uma crença de desamparo sobre si mesmo, exercícios de imagens mentais, programação do "tempo de preocupação" e estratégias de resolução de problemas são algumas das técnicas cognitivas fundamentais que podem ser úteis para as pessoas na terceira idade com depressão (consultar Dick e cols., 1996, para descrições dessas técnicas em linguagem apropriada para os participantes do grupo de terceira idade).

## Lição de Casa

A lição de casa continua a ser uma parte essencial da TCC em grupo com pessoas na terceira idade, independentemente da extensão ou composição do grupo. Qualquer dificuldade para concluir a lição de casa deve ser abordada para que o grupo seja o mais benéfico possível para seus participantes. As dificuldades sempre devem ser abordadas para ajudá-los a se interessarem em entender como ela pode ajudá-los. Por exemplo, os idosos podem ficar constrangidos em fazer uma pergunta quando não entendem uma atribuição, especialmente nas primeiras sessões. Eles também podem se sentir tão sem esperança que acreditam que a lição de casa não vai ajudar e, portanto, não querem tentar quando o fracasso é "certo". A lição de casa pode ter sido ambiciosa demais em termos de objetivo, principalmente se a orientação de aproximação sucessiva não tiver sido considerada. Se for designada, em vez de ser o resultado de um esforço colaborativo no qual o paciente teve um papel ativo na tomada de decisão, o paciente pode ficar ressentido e perder a motivação. Os problemas com a lição de casa provavelmente aumentarão se forem abordados como um erro cometido explícita ou implicitamente.

## Encerramento

O encerramento é um assunto final a lidar na TCC em grupo. A estratégia para o encerramento, como descrita por Thompson, Gallagher-Thompson e Dick (1996), pode ser prontamente modificada para trabalhar em um ambiente de grupo. Os pacientes são incentivados a trabalhar em colaboração com o líder do grupo e os outros participantes para desenvolver guias de manutenção ou "sobrevivência". Esse é um documento específico, o qual consolida a experiência em terapia. As habilidades aprendidas são revisadas, os sinais de perigo para possíveis recaídas ou recorrência são apontados e, finalmente, os procedimentos são desenvolvidos e ensaiados, detalhando o que o paciente deve fazer no caso de sentir os sinais de perigo. As informações sobre os procedimentos a serem seguidos em caso de recaída (por exemplo, quem procurar e aonde ir) também estão inclusas como parte do guia de manutenção.

## GRUPOS PARA ESTRESSE NO CUIDADO À FAMÍLIA

As pessoas na terceira idade podem, muitas vezes, se ver cuidando de familiares ou amigos que fracassaram e, com o tempo, essas responsabilidades podem finalmente desgastar os recursos psicológicos e físicos desses ajudantes informais. Esse processo de estresse freqüentemente leva a uma quantidade considerável de angústia psicológica, incluindo sentimentos de depressão, frustração, raiva, ansiedade, medo do futuro, solidão e culpa (Gallagher, Wrabetz, Lovett, DelMaestro e Rose, 1989; Mittelman e cols., 1995; Schulz, O'Brien, Bookwala e Fleissner, 1995; Wright, Clipp e George, 1993).

Como o fator precipitante para a angústia psicológica em cuidadores normalmente deve-se, em grande parte, aos fardos excessivos, descobrimos que é mais benéfico trabalhar com eles em grupos destinados especificamente a auxiliá-los no aprendizado de lidar com os estresses do cuidado prolongado. Os grupos incorporam muitas das características da TCC em grupo, isso em termos de processo e primeiras sessões, mas eles claramente diferem em termos de estrutura e ênfase. De fato, os descrevemos como intervenções psicoeducacionais em grupo que incorporam as estratégias de mudança comportamental, feitos sob medida para abordar as necessidades pessoais de cuidadores estressados e angustiados. Em particular, um foco principal é colocado no fortalecimento de habilidades auto-administradas do cuidador. Descobrimos exceder a adultos na terceira idade para esses tipos de intervenções, é notavelmente mais fácil que os grupos de psicoterapia tradicionais, dada a sua estrutura baseada na sala de aula na qual consideravelmente menos estigma está associado à sua participação. Nas intervenções psicoeducacionais, os cuidadores não somente recebem informações, mas também aprendem maneiras de desenvolver novas habilidades para intensificar suas habilidades de enfrentamento. As intervenções voltadas para a auto-administração do cuidador podem incluir estratégias, como treinamento de relaxamento, resolução de problemas ou ensinar os cuidadores a aumentar as atividades prazerosas em suas vidas (Greene e Monahan, 1987, 1989; Haley, 1989; Lovett e Gallagher, 1988; Whitlatch, Zarit e von Eye, 1991).

Em geral, essas intervenções têm características comuns com os grupos tradicionais de TCC, incluindo números pequenos de participantes (geralmente, de seis a oito), estruturação do tempo a cada encontro, de modo que os participantes possam compartilhar pensamentos e sentimentos, e a oportunidade para os líderes do grupo dar atenção individualizada ao focalizar a discussão sobre os problemas e processos de participantes específicos. Ainda assim, as intervenções psicoeducacionais diferem das formas "tradicionais" de TCC ao usar muita participação ativa no processo de aprendizado por meio de dramatizações e demonstrações de habilidades na sessão, com as oportunidades significativas de lição de casa destinadas a incentivar a prática de novas habilidades fora do grupo (Gallagher-Thompson, 1994; Gallagher-Thompson, Coon, Rivera, Powers e Zeiss, 1998; Thompson e Gallagher-Thompson, 1996). Além disso, esses programas psicoeducacionais sempre têm um tempo limitado e podem variar em extensão, com base no público de terceira idade a que se destina e os objetivos da sala. Por exemplo, um programa para melhorar as habilidades de comunicação com outras pessoas na família pode durar de quatro a seis semanas, ao passo que um programa destinado a ensinar habilidades de assertividade, treinamento de relaxamento e reestruturação cognitiva durariam mais tempo, geralmente de oito a 10 semanas.

Finalmente, os grupos de psicoeducação também diferem dos grupos de psicoterapia tradicionais ao seguir uma agenda muito detalhada a cada encontro, delineando os objetivos específicos a serem atingidos naquela aula e os passos para chegar lá, aplicados a todos os participantes. Uma sessão típica dura aproximadamente duas horas, com um intervalo de 20 minutos para descanso e atividade social. Cada sessão começa com uma revisão da lição de casa, seguida de uma breve apresentação de uma nova habilidade ou tópico a ser considerado para a próxima semana. Depois disso, vem o intervalo, cujo tempo pode ser utilizado pelo líder ou líderes do grupo para auxiliar os participantes que pareçam ter dificuldades para entender o material. Depois do intervalo, o grupo pratica as técnicas a serem usadas na semana seguinte, utilizando a dramatização e discutindo o material manifestado em grupo ou qualquer outra coisa que seja apropriada para ajudá-los a aprender sobre o material em questão. A isso segue uma breve revisão que enfatiza os problemas surgidos com a prática. As perguntas são abordadas antes da conclusão da sessão.

Os dados empíricos demonstraram que os grupos de psicoeducação são eficazes na redução de estresse, ansiedade e depressão do cuidador (Gallagher-Thompson e cols., 2000). As intervenções voltadas para habilidades específicas, como lidar com a raiva em contraposição a um amplo espectro de habilidades como a resolução de problemas, parecem mais eficazes na redução da angústia do cuidador. Em geral, os cuidadores relataram altos níveis de satisfação com essas intervenções, indicando que têm mais sentimentos de auto-eficácia e são melhores equipados para lidar com seus problemas depois da experiência com o grupo (Haley, Levine, Brown e Bartolucci, 1987; Steffen, Gallagher-Thompson, Zeiss e Willishore, 1994; Toseland, Rossiter e Labrecque, 1989).

Desenvolvemos duas classes diferentes de psicoeducação com manuais de participante e de líder, adaptados ou desenvolvidos especificamente para os cuidadores, incluindo uma aula de *Lidando com a Tristeza*, para aumentar a satisfação com a vida e uma aula de manejo da raiva chamada *Lidando com a Frustração*. Ambas as aulas consistem em oito sessões semanais, seguidas de duas sessões bimestrais de reforço. A Tabela 9.2 mostra o conteúdo abrangido nessas duas aulas. Acreditamos que as duas aulas são práticas, cuja implementação é razoavelmente barata e aceitável para cuidadores na terceira idade.

Há muitas semelhanças entre ambos os tipos de aula, assim como algumas diferenças significativas. Para começar, a aula *Lidando com a Frustração* visa os sentimentos de raiva e frustração, ao passo que a aula *Lidando com a Tristeza* é voltada primordialmente para a depressão. Em ambas as aulas, um fundamento lógico da TCC para o objetivo em particular é apresentado. Além disso, utiliza-se um exercício de relaxamento a cada sessão, o qual baseia-se nas técnicas padrão de visualização e respiração profunda. Os indivíduos mantêm o registro de relaxamento no qual eles classificam sua tensão em uma escala de cinco pontos (sendo 1 = *nem um pouco tenso*; e 5 = *extremamente tenso*) antes e depois do exercício de relaxamento, ambos em sessão e como parte da lição de casa. As sessões finais de ambas as aulas são dedicadas a revisar as habilidades enfatizadas e a discussão de sua aplicação a situações problemáticas prováveis de ocorrer no decorrer dos cuidados. Da quarta sessão em diante, os dois grupos têm focos diferentes.

Na aula *Lidando com a Frustração* são utilizadas técnicas cognitivas-padrão para evocar e examinar os pensamentos negativos (Beck e cols., 1979; Dick e Gallagher-Thompson, 1996), com ênfase nos pensamentos que promovem os sentimentos de frustração. Por exemplo, quando Harold (um senhor de 70 anos, com demência e que vive em casa com a esposa) repetidamente pergunta "quando vai ser o almoço" meia hora depois de almoçar, sua esposa Maude expressa seus pensamentos: *"Lá vem ele de novo! Ele está tentando me provocar. Ele poderia parar com isso se quisesse"*. Na aula, Maude era ensinada a contestar esses pensamentos, examinando as evidências empíricas que a lesão substancial na memória imediata é uma característica clássica da demência, e que ao pensar mais adaptativamente (por exemplo, *"Ele realmente não pode evitar. Isso é parte da doença"*), suas emoções negativas diminuirão, possibilitando assim lidar mais efetivamente com essa situação recorrente. Nessa aula, os participantes são instruídos, em seguida, em técnicas comuns de asserção. A técnica do "registro quebrado", por exemplo, poderia ser útil para Maude ao lidar com as solicitações repetidas de Harold (para uma descrição mais detalhada, é possível solicitar esse manual de classe ao autor).

Na aula *Lidando com a Tristeza*, cujo foco é lidar com a depressão, são utilizadas técnicas comportamentais típicas para identificar e aumentar as atividades prazerosas (Lewinsohn e cols., 1986). Elas incluem monitoramento diário de humor, usando uma escala de nove pontos, na qual o humor é classificado do melhor para o pior que o paciente experimentou; desenvolvimento de listas individuais de possíveis atividades agradáveis diárias; e discussão de barreiras para incluí-las no cotidiano. Por exemplo, a maioria dos cuidadores diz inicialmente que eles não conseguem acrescentar mais nada na programação apertada, mas quando são geradas atividades específicas (como conversar por telefone com um amigo, caminhar pela vizinhança ou planejar assistir um programa de televisão que goste), eles ficam mais esperançosos de conseguir ter mais controle sobre os eventos da vida. Uma vez desenvolvidas listas individuais para cada participante, a aula volta-se para a discussão sobre maneiras de superar as barreiras práticas que surgem, como encontrar uma pessoa responsável para ficar com o parente com demência de modo que possam participar de uma atividade prazerosa sem se preocupar com a pessoa a ser cuidada.

Embora a maioria dos cuidadores seja mulher, um número substancial de homens também assume esse papel (Stone, Cafferata e Stangl, 1987), e eles também podem apresentar sentimentos de frustração ou tristeza (Gallagher-Thompson e cols., 1998; Schulz e Williamson, 1991). Alguns autores já sugeriram que os cuidadores do sexo masculino também se

Tabela 9.2. Conteúdo geral para as aulas *Lidando com a Frustração* e *Lidando com a Tristeza*

| Sessões | "Lidando com a Frustração" | "Lidando com a Tristeza" |
|---|---|---|
| 1ª a 3ª | Apresentar o modelo cognitivo-comportamental e a lógica do tratamento. Discutir as fontes de depressão, frustração e raiva na situação de cuidar de uma pessoa e os modos típicos em que as pessoas respondem. Introduzir e iniciar registros de relaxamento para o monitoramento. | |
| 4ª a 6ª | Introduzir as técnicas cognitivas, autodiálogo e ouvir ativamente para lidar com os estressores do cotidiano. Desenvolver autodeclarações. | Introduzir o monitoramento de humor. Identificar os possíveis eventos agradáveis. Obter dados da linha-base. |
| 7ª e 8ª | Aprender as técnicas de asserção. Praticar a técnica "registro quebrado" e aprender a expressar sentimentos adequadamente. Por exemplo, quando se diz X e se sente Y, e isto resulta em Z. X: "não posso ajudá-lo esse fim-de-semana". Y: "me sinto frustrado". Z: "não sinto apoio da minha família no papel de cuidador". Revisar a prática e identificar as barreiras para implementação. | Desenvolver um plano de mudança pessoal para aumentar os eventos agradáveis no cotidiano. Resolver os problemas para superar as barreiras. |
| 9ª e 10ª Sessões de reforço | Revisar os sucessos e problemas na aplicação de técnicas. Ressaltar as razões para os sucessos e determinar a fonte dos problemas, se houver alguma. | Incentivar a previsão de problemas futuros e ensaiar a aplicação de novas habilidades de enfrentamento. |

beneficiam das aulas de psicoeducação, baseadas nos princípios cognitivo-comportamental que são especificamente desenvolvidas para abordar suas necessidades (Moseley, Davies e Priddy, 1998). Em especial, os grupos para cuidadores do sexo masculino devem permanecer pequenos, ser fechados em vez de abertos e apresentar um equilíbrio de informações específicas sobre o cuidado e enfatizar o apoio do grupo e as técnicas de enfrentamento (Moseley e cols., 1988). Entretanto, há poucos dados empíricos disponíveis quanto à eficácia de qualquer tipo de tratamento em grupo com cuidadores do sexo masculino na terceira idade.

Estreitamente relacionado ao tratamento em grupo de cuidadores-familiares está a questão do tratamento para pessoas na terceira idade, portadoras de deficiências cognitivas. Os tratamentos comportamentais individualizados em especial têm provado ser eficazes para melhorar os sintomas depressivos e lidar com os comportamentos da pessoa sendo cuidada, muitas vezes ensinando a eles como monitorar e mudar esses comportamentos pela modelação, o momento certo e o reforço (Pinkston e Linsk, 1984; Pinkston, Linsk e Young, 1988; Teri e Logsdon, 1991; Teri e Uomoto, 1991). Acredita-se que essas técnicas são benéficas tanto para a pessoa cuidada como para o cuidador ao reduzir os sintomas depressivos em ambos e ao reduzir os comportamentos problemáticos no cuidado que aborrece o cuidador (Teri e Gallagher, 1991). Entretanto, estamos cientes que alguns profissionais e sedes locais da Associação de Alzheimer começou a explorar os esforços de intervenção em grupo a vítimas de demência no primeiro estágio. Embora seja muito cedo para discutir a possível demanda para tais intervenções ou o efeito delas nas pessoas com danos cognitivos e seus cuidadores, o passo em direção às intervenções em grupo para essas pessoas na terceira idade é potencialmente promissor. E, dado os efeitos positivos das intervenções comportamentais individualizadas para essa população, os grupos que apresentam e reforçam esses comportamentos com os adultos na terceira idade e seus cuidadores pode revelar-se frutífero.

## E DEPOIS DISSO?

Oportunidades existem de estender as abordagens da TCC no tratamento em grupo para um bom número de outros problemas da vida na terceira idade, especialmente problemas nos quais a TCC individual provou ser eficaz para reduzir a angústia dos idosos. Há várias razões importantes para considerar a expansão dos tipos de grupos de TCC destinados a idosos, incluindo alguns já mencionados anteriormente:

1. Grupos de TCC e grupos de psicoeducação, baseados nos princípios cognitivo-comportamentais em especial, fornecem uma abordagem interativa voltada para o aprendizado que reduz as preocupações das pessoas na terceira idade quanto ao estigma associado às formas tradicionais de psicoterapia.
2. As pessoas na terceira idade, muitas vezes, podem sentir-se deslocadas com um grupo mais jovem, percebido por eles como dife-

rente, não somente quanto aos problemas e queixas principais, mas também quanto à visão da sociedade e às experiências de vida.

3. A TCC oferece às pessoas na terceira idade a oportunidade de colaborar com os líderes do grupo no desenvolvimento de estratégias individualizadas para satisfazer as diversas necessidades sob a luz das situações complexas e condições co-mórbidas vividas por elas.
4. A natureza de tempo limitado dos grupos de TCC pode ser benéfica para os idosos com rendas fixas com recursos financeiros limitados.

Acreditamos que esse modelo pode ser aplicado a outros problemas, como lidar com a doença física crônica em pessoas na terceira idade. Por exemplo, os idosos com doenças físicas crônicas, dor crônica ou em recuperação de episódios de doença aguda podem se beneficiar com os grupos de TCC que combinam estratégias comportamentais, incluindo relaxamento, imagens mentais dirigidas e atividades físicas agradáveis, com diversas intervenções cognitivas que identifiquem os padrões de pensamento de desamparo que desencorajam as pessoas nas situações presentes. Os grupos baseados na TCC ou as aulas de psicoeducação, que identificam os comportamentos, e crenças problemáticas que prejudicam a adesão e a cooperação ao protocolo médico têm o potencial para um impacto significativo no funcionamento de saúde física.

Os indivíduos que estão passando por luto também podem se beneficiar da TCC em grupo, tanto no formato tradicional como em uma estrutura psicoeducacional. Muitos desses indivíduos estão com depressão, ansiedade, transtornos do sono e mudanças significativas por causa da perda de um de seus entes queridos (Gallagher e Thompson, 1996). Aprendendo a capacidade cognitiva comportamental adequada (como, por exemplo, contestar a crença de que não podem mais funcionar adequadamente sem o ente querido e aprender a ter a capacidade comportamental necessária para conquistar novos amigos), algumas angústias associadas ao despojamento podem ser atenuadas com o tempo.

A terapia em grupo para idosos com problemas de abuso de substâncias, que ensina estratégias comportamentais muito úteis e utiliza intervenções cognitivas para abordar os problemas subjacentes do abuso (por exemplo, perda múltipla, dor crônica, depressão ou ansiedade), pode ajudar esses indivíduos idosos freqüentemente ignorados na sociedade. Muitos idosos com falta de capacidade para uma comunicação eficaz podem se beneficiar dos grupos de TCC que ensinam a ensaiar a capacidade assertiva, identificar e substituir as cognições mais adaptáveis para os pensamentos negativos que impedem a assertividade e, em troca, sua prática *in vivo* melhora o controle dos problemas, desde a ansiedade experimentada em novas situações sociais depois da aposentadoria até o estresse e o conflito com filhos sobre as expectativas de papel oposto ou valores pessoais.

Finalmente, há uma porta aberta para investigar a eficácia dos grupos, com base na TCC em grupo dentro das tradições e normas de vários grupos étnicos e raciais em uma sociedade multicultural dos Estados Unidos (Yeo e Gallagher-Thompson, 1996). Fica claro que existe uma variedade de crenças e costumes dentro de qualquer grupo cultural e o modo pelo qual uma pessoa se identifica com essas crenças é uma interação complexa do contexto individual e sociocultural. Entretanto, é preciso ter intervencionistas criativos para nos ajudar a aprender a identificar e incorporar estratégias bem-sucedidas que podem ser usadas dentro e entre os grupos por um continuum de aculturação, ao mesmo tempo em que se mantém sensível às diferenças culturais e desenvolve a competência cultural.

## REFERÊNCIAS BIBLIOGRÁFICAS

American Psychiatric Association. (1994). Diagnostic and statistical manual of mental disorders (4th ed.). Washington, DC: Author.

Beck, A. T. (1967). Depression: Causes and treatment. Philadelphia: University of Pennsylvania Press.

Beck, A. T. (1976). Cognitive therapy and the emotional disorders. New York: International Universities Press.

Beck, A. T., Rush, A. J., Shaw, B. F., & Emery, G. (1979). Cognitive therapy of depression. New York: Guilford Press.

Beck, A. T., Ward, C. H., Mendelson, M., Mock, J., & Erbaugh, J. (1961). An inventory for measuring depression. Archives of General Psychiatry, 4, 561-571.

Beck, A. T., Weissman, A., Lester, D., & Trexler, L. (1974). The measurement of pessimism: The Hopelessness Scale. Journal of Consulting and Clinical Psychology, 42, 861-865.

Blazer, D., & Koenig, H. (1996). Mood disorders. In E. W. Busse & D. G. Blazer (Eds.), Textbook of geriatric psychiatry (2nd ed., pp. 235-263). Washington, DC: American Psychiatric Press.

Brink, T. L., Yesavage, J. A., Lum, O., Heersema, P. H., Adey, M., & Rose, T. L. (1982). Screening tests for geriatric depression. Clinical Gerontologist, 1, 37-43.

Dick, L., & Gallagher-Thompson, D. (1995). Cognitive therapy with the core beliefs of a distressed, lonely caregiver. Journal of Cognitive Psychotherapy: An International Quarterly, 9, 215-227.

Dick, L., & Gallagher-Thompson, D. (1996). Assessment and treatment of latelife depression. In M. Hersen & V. B. Van Hasselt (Eds.), Psychological treatment of older adults: Art introductory textbook (pp. 181-208). New York: Plenum.

Dick, L. P., Gallagher-Thompson, D., Coon, D. W., Powers, D. V., & Thompson, L. W. (1996). Cognitive-behavioral therapy for late-life depression: A client manual. Palo Alto, CA: Veterans Affairs Palo Alto Health Care System.

Endicott, J., & Spitzer, R. L. (1978). A diagnostic interview: The Schedule for Affective Disorders and Schizophrenia. Archives of General Psychiatry, 35, 837-844.

Futterman, A., Thompson, L. W., Gallagher-Thompson, D., & Ferris, R. (1995). Depression in later life. In E. Beckham & R. Leber (Eds.), Handbook of depression: Treatment, assessment and research (2nd ed., pp. 494-525). New York: Guilford Press.

Gallagher, D., Breckenridge, J., Steinmetz, J., & Thompson, L. (1983). The Beck Depression Inventory and Research Diagnostic Criteria: Congruence in an older population. Journal of Consulting and Clinical Psychology. 51. 945-946.

Gallagher, D., Nies, G., & Thompson, L. W. (1982). Reliability of the Beck Depression Inventory with older adults. Journal of Consulting and Clinical Psychology, 50, 152- 153.

Gallagher, D., & Thompson, L. W. (1981). Depression in the elderly: A behavioral treatment manual. Los Angeles: University of Southern California Press.

Gallagher, D., & Thompson, L. (1996). Bereavement and adjustment disorders. In E. Busse & D. Blazer (Eds.), Textbook of geriatric psychiatry (2nd ed., pp. 313-328). Washington, DC: American Psychiatric Association Press.

Gallagher, D., Wrabetz, A., Lovett, S., DelMaestro, S., & Rose, J. (1989). Depression and other negative affects in family caregivers. In E. Light & B. Liebowitz (Eds.), Alzheimer's disease treatment and family stress: Directions for research (pp. 218-244). Washington, DC: National Institute of Mental Health.

Gallagher-Thompson, D. (1994). Direct services and interventions for caregivers: A review of extant programs and a look to the future. In M. H. Cantor (Ed.), Family caregiving: Agenda for the future (pp. 102-122). San Francisco: American Society on Aging.

Gallagher-Thompson, D., Coon, D. W., Rivera, P., Powers, D., & Zeiss, A. M. (1998). Family caregiving: Stress, coping and intervention. In M. Hersen & V. B. Van Hasselt (Eds.), Handbook of clinical geropsychology (pp. 469-493). New York: Plenum Press.

Gallagher-Thompson, D., Lovett, S., Rose, J., McKibbin, C., Coon, D., Futterman, A., & Thompson, L. W. (2000). Impact of psychoeducational interventions on distressed family caregivers. Journal of Clinical Geropsychology, 6, 91-110.

Greene, V. L., & Monahan, D. J. (1987). The effect of professionally guided caregiver support and education groups on institutionalized care receivers. The Gerontologist, 27, 716-721.

Greene, V. L., & Monahan, D. J. (1989). The effect of a support and education program on stress and burden among family caregivers to frail elderly persons. The Gerontologist, 29, 472-480.

Haley, W. E. (1989). Group intervention for dementia family caregivers: A longitudinal perspective. The Gerontologist, 29, 481-483.

Haley, W. E., Levine, E. G., Brown, S. L., & Bartolucci, A. A. (1987). Stress, appraisal, coping and social support as predictors of adaptational outcome among dementia caregivers. Psychology and Aging, 2, 323-330.

Lewinsohn, P. M. (1974). A behavioral approach to depression. In R. Friedman and M. Katz (Eds.), The psychology of depression (pp. 157-176). New York: Wiley.

Lewinsohn, P., Munoz, R., Youngren, M., & Zeiss, A. (1986). Control your depression (2nd ed.). New York: Prentice Hall.

Lovett, S., & Gallagher, D. (1988). Psychoeducational interventions for family caregivers: Preliminary efficacy data. Behavior Therapy, 19, 321-330.

Manton, K. G., Blazer, D. G., & Woodbury, M. A. (1987). Suicide in middle age and later life: Sex and race specific life table and cohort analyses. Journal of Gerontology, 42, 219-227.

Mittelman, M., Ferris, S., Shulman, E., Steinberg, M., Ambinder, A., Mackell, J., & Cohen, J. (1995). A comprehensive support program: Effect on depression in spouse-caregivers of AD patients. The Gerontologist, 35, 792-802.

Moseley, P. W., Davies, H. D., & Priddy, J. M. (1988). Support groups for male caregivers of Alzheimer's patients: A followup. Clinical Gerontologist, 7, 127-136.

Pachana, N., Thompson, L. W., & Gallagher-Thompson, D. (1994). Measurement of depression. In M. P. Lawton & J. Teresi (Eds.), Annual review of gerontology and geriatrics (Vol. 14, pp. 234-256). New York: Springer Press.

Phifer, J. F., & Murrell, S. A. (1986). Etiologic factors in the onset of depressive symptoms in older adults. Journal of Abnormal Psychology, 95, 282-291.

Pinkston, E. M., & Linsk, N. L. (1984). Behavioral family intervention with the impaired elderly. The Gerontologist, 24, 576-583.

Pinkston, E. M., Linsk, N. L., & Young, R. N. (1988). Home based behavioral family treatment of the impaired elderly. Behavior Therapy, 19, 331-344.

Schulz, R., O'Brien, A. T., Bookwala, J., & Fleissner, K. (1995). Psychiatric and physical morbidity effects of dementia caregiving: Prevalence, correlates, and causes. The Gerontologist, 35, 771 -791.

Schulz, R., & Williamson, G. M. (1991). A 2-year longitudinal study of depression among Alzheimer's caregivers. Psychology and Aging, 6, 569-578.

Sheikh, J. (1996). Anxiety and panic disorders. In E. W. Busse & D. G. Blazer (Eds.), Textbook of geriatric psychiatry (2nd ed., pp. 279-289). Washington, DC: American Psychiatric Press.

Sheikh, J., & Yesavage, J. (1986). Geriatric Depression Scale (GDS): Recent evidence and development of a shorter version. In T. Brink (Ed.), Clinical gerontology: A guide to assessment and intervention (pp. 165-172). New York: Haworth Press.

Steven, A. M., Gallagher Thompson, D., Zeiss, A. M., & Willis-Shore, J. (1994, August). Self-efficacy for caregiving: Psychoeducational interventions with dementia family caregivers. Paper presented at the 102nd Annual Convention of the American Psychological Association, Los Angeles.

Stone, R., Cafferata, G. L., & Stangl, J. (1987). Caregivers of the frail elderly: A national profile. The Gerontologist, 27, 616-626.

Teri, L., & Gallagher, D. G. (1991). Cognitive-behavioral interventions for treatment of depression in Alzheimer's patients. The Gerontologist, 31, 413-416.

Teri, L., & Logsdon, R. (1991). Identifying pleasant activities for individuals with Alzheimer's disease: The Pleasant Events Schedule—AD. The Gerontologist, 31, 124-127.

Teri, L., & Uomoto, J. (1991). Reducing excess disability in dementia patients: Raining caregivers to manage patient depression. Clinical Gerontologist, 10, 49-63.

Thompson, L., & Gallagher-Thompson, D. (1996). Practical issues related to maintenance of mental health and positive well being in family caregivers. In L. Carstensen, B. Edlstein, & L. Dornbrand (Eds.), The practical handbook of clinical gerontology (pp. 129-150). Thousand Oaks, CAD Sage.

Thompson, L. W., Gallagher-Thompson, D., & Dick, L. (1996). Cognitive-behavioral therapy for late-life depression: A therapist manual. Palo Alto, CA: Veterans Affairs Palo Alto Health Care System.

Toseland, R. W., Rossiter, C. M., & Labrecque, M. D. (1989). The effectiveness of peer-led and professionally led groups to support family caregivers. The Gerontologist, 29, 465-471.

Turner, R. J., & Noh, S. (1988). Physical disability and depression: A longitudinal analysis. Journal of Health and Social Behavior, 29, 23-37.

Weissman, A. N. (1979). The Dysfunctional Attitude Scale: A validation study. (Doctoral dissertation, University of Pennsylvania, 1979). Dissertation Abstracts International, 40, 1389-1390B.

Whitlatch, C. J., Zarit, S. H., & von Eye, A. (1991). Efficacy of interventions with caregivers: A reanalysis. The Gerontologist, 31, 9-14.

Wright, L., Clipp, E., & George, L. (1993). Health consequences of caregiver stress. Medicine, Exercise, Nutrition, and Health, 2, 181-195.

Yeo, G., & Gallagher-Thompson, D. (Eds.). (1996). Ethnicity and the dementias. Washington, DC: Taylor & Francis.

Yesavage, J. A., Brink, T. L., Rose, T., & Adey, M. (1983). Development and validation of a geriatric depression screening scale: A preliminary report. Journal of Psychiatric Research, 39, 37-49.

Yost, E., Beutler, L., Corbishley, M. A., & Allender, ]. R. (1986). A treatment approach for depressed older adults. New York: Pergamon.

Young, J. (1990). Cognitive therapy for personality disorders: A schema-focused approach. Sarasota, FL Professional Resource Exchange.

# 10

# Pacientes em Tratamento Médico

PAUL G. RITVO
M. JANE IRVINE
JOEL KATZ
BRIAN F. SHAW

Os pacientes em tratamento médico enfrentam altos riscos de morbidez e mortalidade, além das experiências imediatas de dor e angústia, causadas pelas condições médicas deles. Adaptar a realidade a esses riscos físicos e à angústia emocional requer também significativas adaptações cognitivas. Desenvolveu-se o Modelo de Adaptação ao Risco para esclarecer o processo de adaptação à doença (Katz, Ritvo, Irvine e Jackson, 1996; Ritvo, 1994). Esse modelo, revisado na próxima sessão, é usado para estruturar nosso programa de terapia em grupo comportamental-cognitivo para esses pacientes, os quais descrevemos com detalhe nesse capítulo.

## O MODELO DE ADAPTAÇÃO AO RISCO

Tentamos explicar por que os indivíduos, quando confrontados com a doença, submetem-se a comportamentos orientados para a saúde. Nosso modelo baseia-se na cura, vista como um processo ativo dirigido à decisão. Enquanto as mudanças físicas podem acontecer sem uma pessoa mudar especificamente suas ações e atitudes, as mudanças pessoalmente adaptáveis são iniciadas e mantidas de maneira ativa. Como tal, a escolha de ter ou não uma abordagem orientada à saúde é continuamente confrontada em cada situação. Mesmo decidindo ter um comportamento passivo é uma escolha cognitiva ativa e, na circunstância certa, uma alternativa saudável.

Embora continuamente confrontados com decisões, nossos pacientes em tratamento médico encontram-se, muitas vezes, angustiados em relação aos riscos e limitações, além de se sentirem incapazes de superá-los. Até o ponto em que é possível ocorrer um mapeamento empírico colaborativo de caminhos saudáveis, pode-se seguir uma tomada de decisões inteligentemente adaptáveis. Idealmente, o Modelo de Adaptação ao Risco funciona como um veículo de orientação, iluminando os caminhos mais favoráveis para os pacientes em meio às escolhas concebíveis.

O Modelo de Adaptação ao Risco, assim, apóia a confrontação pragmática do paciente com o risco e com a dor. Os riscos relevantes, invariavelmente, somam-se aos riscos de mortalidade, aos riscos de experimentar a piora da doença e da angústia e aos riscos de experimentar limitações que podem não melhorar, mas, não obstante, reduzir a qualidade de vida. Da mesma forma, a dor associada à doença, pode-se subdividir em componentes físicos e psíquicos, com o primeiro e o último, às vezes, se confundindo e, às vezes, permanecendo distintos.

De acordo com o Modelo de Adaptação ao Risco, os pacientes em tratamento médico primeiro perguntam-se o quanto suas situações são *modificáveis*. Dada a dificuldade de estimar a modificação sem se envolver na tentativa e erro, as perguntas seguem-se sobre as conseqüências de tentar mudar em vez de manter-se passivo. Essas perguntas tornam-se mais claras quando a atenção é direcionada e regulada na direção de abordálas. Os pacientes tanto podem explorar progressivamente essas questões, buscando informações úteis sobre elas, como podem desligar-se delas ou negá-las, tornando-se assim distraídos e fragmentados.

Os processos de estimativa da *capacidade de modificação/conseqüência* e as estimativas de *regulação de atenção* são afetados por fatores individuais, sendo o mais evidente de todos o estilo de expectativa. As predisposições para expectativas positivas (otimismo) e negativas (pessimismo) são especialmente relevantes. Observou-se que os otimistas envolvem-se em estratégias de enfrentamento mais ativas quando estão se recuperando de uma cirurgia de desvio arterial coronário (Scheier e cols., 1989) e se adaptando ao câncer de mama (Carver e cols., 1993). Essa tendência de enfrentar ativamente talvez explique porque os otimistas parecem se recuperar mais rapidamente e ter melhores resultados após a cirurgia de desvio arterial coronário (Scheier e cols., 1989). Em pacientes de transplante de coração, o otimismo é associado a uma maior adesão às recomendações de cuidado com a saúde e aos melhores resultados (Leedham, Meyerowitz, Muirhead e Frist, 1995). O otimismo também tem sido associado à maior adesão a práticas de proteção à saúde em homens soropositivos (Taylor e cols., 1992). Essa pesquisa sugere que, na adaptação à doença, uma pessoa com um estilo de expectativa otimista tem maior tendência de envolver-se ativamente no comportamento orientado para a saúde e obter melhores resultados de saúde. É, portanto, razoável propor que o estilo geral de expectativa, nesse caso o estilo otimista em contraposição ao pessimista, modele avaliações específicas quanto à capacidade de modificação do risco e, assim, dê origem à maior motivação para envolver-se em comportamentos de cura.

Tomados juntos, o Modelo de Adaptação ao Risco propõe que, quando se dá atenção suficiente ao estimar a probabilidade de que um comportamento resultará em mudança positiva, em contraposição à negativa e às conseqüências de tentar em contraposição a não tentar, as decisões perspicazes seguem-se sobre tentar a mudança ou não. Durante a tomada de decisão, a atenção do paciente volta-se para a busca das melhores ferramentas para fazer a mudança (*eficácia da resposta*) e do conhecimento de como utilizá-las de maneira eficaz (*auto-eficácia*; consultar Bandura, 1986). As estimativas da capacidade de modificação e das conseqüências estão naturalmente em constante evolução, assim como a regulação da atenção.

Do ponto de vista da adaptação ao risco, quais indicações podem ser feitas para abordar a terapia cognitiva em grupo com os pacientes em tratamento médico?

## INTERVENÇÕES BASEADAS NO MODELO DE ADAPTAÇÃO AO RISCO

### Regulação da Atenção

O crescente reconhecimento de que a adaptação cognitiva começa com a *regulação da atenção* levou ao interesse sobre os estados de atenção, observados em pessoas em recuperação de trauma e doença (Bremmer e cols.,

1993; Horowitz, Wilner e Alvarez, 1979). Um relacionamento curvilíneo foi identificado (Horowitz e cols., 1979), com os extremos de atenção disfuncional caracterizados pela perturbação/evitação de um lado e intrusão de outro. Sob estresse extremo, os indivíduos, geralmente, evitam concentrar-se nos eventos angustiantes, freqüentemente descobrindo, entretanto, uma intrusão caótica e indesejável de pensamentos angustiantes. Como indicado pelo Modelo de Adaptação ao Risco, atenção insuficiente dirigida para a adaptação resulta em uma tomada de decisão insuficiente. Assim, é necessário estimular e apoiar a regulação da atenção para melhorar o estado imediato do paciente e adaptação longitudinal. Esse processo muitas vezes concentra-se na ajuda ao paciente para passar de uma posição de evitação para a não-evitação em relação às questões e problemas proeminentes, para regular para baixo a estimulação excessiva associada ao julgamento insuficiente e o sentimento de estar sobrecarregado.

A terapia cognitiva em grupo pode apoiar a regulação da atenção em pacientes em tratamento médico de várias maneiras. Primeiro, o paciente é apresentado às técnicas orientadas para o relaxamento que reduzem a freqüência e intensidade dos estados de estresse e ansiedade (estimulação excessiva) que impedem a regulação. Essas técnicas auxiliam o paciente a focalizar a atenção intencionalmente, em meio a estímulos concorrentes (estressores). Embora essa característica seja comum a muitas abordagens de relaxamento, é mais claramente representada em práticas de conscientização (Kabat-Zinn, 1982, 1990; Kabat-Zinn, Lipworth e Burney, 1985; Kabat-Zinn, Lipworth, Burney e Sellers, 1986; Kutz, Borysenko e Benson, 1985; Segal, Williams, Teasdale e Gemar, 1996; Teasdale, Segal e Williams, 1995). A *conscientização* refere-se aos estados de regulação ideal, conseguida por meio da mobilização deliberada da capacidade de atenção em direção a objetivos intencionados. Todas as técnicas de conscientização promovem esses estados, geralmente guiando os indivíduos em direção a liberações saudáveis de tensão, enquanto a atenção é observada e regulada.

Em práticas de conscientização, a tentativa e o erro de emprego de atenção ocorrem em contextos nos quais o objetivo é atingir um estado relaxado e de paz. Em tais circunstâncias, os padrões de atenção, e especialmente os pensamentos que dominam a atenção, são prontamente identificados. De acordo com os princípios de conscientização, entretanto, os pensamentos são simplesmente notados ou monitorados, com a atenção dirigida de volta para as sensações da respiração. Como se pode ver na Figura 10.1, a atividade é propositadamente limitada a dois aspectos de mudança cognitiva: *identificação* e *desapego*. A ênfase nos outros dois aspectos, *julgamento* e *substituição*, é diminuída. Em outras palavras, os esforços de atenção são restritos à observação em vez da implementação da mudança.

Assim, na aplicação de técnicas de conscientização, não há fracassos ou sucessos identificáveis na mudança pessoal. A suspensão arbitrária de tais julgamentos apóia as observações imparciais da cognição. Livre de se sentir compelido a julgar ou mudar, o indivíduo explora as realidades cognitivas sem as proibições típicas, transcendendo as rotinas fixas para perspectivas mais profundas que influenciam o modo de as situações serem vistas, incluindo o potencial para a mudança consciente.

No contexto de tais observações imparciais, as cognições associadas às emoções fortes são prontamente identificadas. Ao mesmo tempo, a prática de conscientização restringe-se à observação e desapego, independentemente de quão "quente" uma cognição possa ser. Ao grau em que um indivíduo permanece relaxado e desapegado perante as cognições provocadoras de emoção, ele adquire uma perspectiva sobre as reações anteriores e torna-se menos inclinado a reagir automaticamente.

As técnicas de conscientização ou de monitoramento de pensamento também ajudam os pacientes em tratamento médico a priorizar a necessidade de mudança, enquanto desenvolve a estratégia de esforços de mudança mais efetivamente. Embora o paciente possa imaginar muitas mudanças orientadas à saúde, apenas alguns podem ser efetivamente realizados em qualquer momento. Com a regulação da atenção adequada, o paciente é capaz de conduzir os recursos decisivamente em direção às mudanças oportunas e mais importantes.

Dentro dessa orientação, a estrutura de *estágios de mudança* de Prochaska e DiClemente (1983, 1992) fornece uma estrutura útil, diferen-

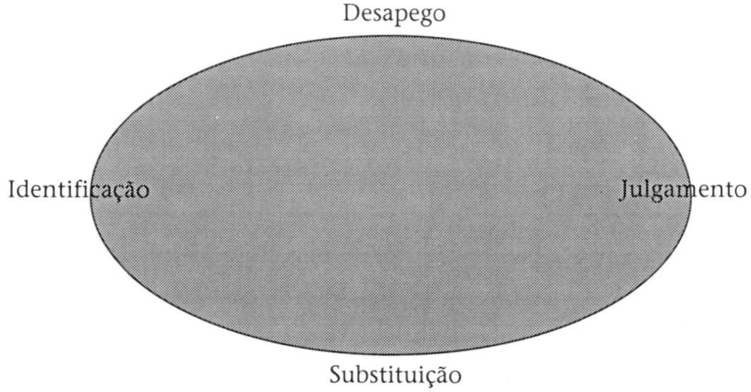


FIGURA 10.1. Mudança cognitiva.

ciando níveis de prontidão com respeito a mudanças específicas. Se um paciente for pré-contemplativo (pensar não sistematicamente na mudança) ou contemplativo (pensar sistematicamente), em preparação (preparar ativamente para a mudança) ou em ação (mudar ativamente), estágio que tem provado um indicador significativo da mudança bem-sucedida (Prochaska e cols., 1994). O modelo de estágios de mudança, assim, sustenta a perspectiva de que os objetivos específicos são associados aos diferentes níveis de motivação (isto é, estágios) que, por sua vez, afetam o resultado (Prochaska, Velicer, DiClemente e Fava, 1988; Velicer e cols., 1993). A regulação de atenção melhorada ajuda o paciente a identificar em qual estágio ele está, com respeito às tentativas de mudança específicas de modo que as expectativas de sucesso tornam-se mais realistas e as preparações para a mudança mais eficaz.

Talvez em função de sua origem asiática de meditação, a idéia de conscientização que ajuda na regulação da atenção e estabelecimentos de prioridades pode parecer inicialmente estranha para muitos terapeutas norte-americanos. Mas a maioria das características da prática de conscientização foi integrada no repertório padrão da psicoterapia por décadas. Muitos terapeutas permitem que os pacientes "ventilem" cognições e emoções angustiantes, enquanto regula a introdução de estruturas novas e reorganizadoras de modo que os pacientes estejam idealmente "prontos" para recebê-las. Durante tais períodos de ventilação, o terapeuta ouve sem julgar, dando pouca, ou nenhuma, ênfase à mudança. Obviamente, o terapeuta está simultaneamente modelando para o paciente uma posição de automonitoração não julgador, embora consciente. Junto com um vetor diferente, os procedimentos de dessensibilização têm auxiliado os pacientes na regulação para baixo do estímulo disfuncional e na redução do excesso de reatividade. A conscientização é inovadora ao juntar esses componentes terapêuticos em uma única prática autônoma.

Talvez, uma descrição da resposta de um de nossos pacientes à conscientização possa ilustrar algumas vantagens de tal aplicação autônoma. Tendo sobrevivido a um grave ataque cardíaco aos trinta e poucos anos de idade, Bob pretendia aplicar as técnicas de manejo do estresse com a mesma hiperatividade que caracterizou seu estilo de vida. Ao ser instruído no conscientização pela primeira vez, ele reagiu expressando uma falta de confiança em conseguir fazer do jeito "certo". Ele achava que "alguma coisa mais definitiva" deveria acontecer em termos de experiência e foi surpreendido por pensamentos "se atropelando", enquanto tentava "limpar" a mente. Ele também expressou dúvida que uma técnica tão simples poderia ajudá-lo a relaxar. Respondemos instruindo-o a observar, de maneira neutra, a avalanche de pensamentos que o acossava sempre que praticava. Ressaltamos que essa enxurrada representava um fluxo excessivo de preocupações e ansiedades que não o deixavam relaxar sem medicamentos tranqüilizantes. Conscientização, se praticada consistentemente, o ajudaria a desapegar-se das expectativas realísticas de exercer controle sobre domínios tão abrangentes de atividade pessoal. Se ele pudesse simplesmente monitorar e desapegar-se dos pensamentos que o inundavam, suas preocupações menos cruciais esvaneceriam e aquelas mais importantes para ele se tornariam mais claras.

As respostas de Bob nas próximas semanas ilustraram o progresso em chegar a um acordo com as perspectivas realísticas quanto ao controle. Ele experimentou estados mentais relaxados, durante os quais ele calmamente relacionou a qualquer coisa que "veio". Ao mesmo tempo, ele deu mais valor aos eventos mais calmos e mais significativos, especialmente o tempo gasto com seus filhos. Poder rever sua vida sem ter de tomar decisões o tempo todo o ajudou a "examinar tudo" mais calmamente, permitindo um estabelecimento de prioridades com o qual ele podia confiar em termos de para onde dirigir sua atenção e onde se desapegar, assim como reduzir as tensões do dia-a-dia. Com o tempo, ele afirmou que descobriu no grupo foi bem diferente do que esperava. Mais do que simplesmente um modo de se acalmar, ele tinha descoberto uma nova maneira de ver a vida, inclusive uma nova perspectiva sobre o que era importante e uma nova maneira de conectar pensamentos, sentimentos e valores.

Embora a aplicação de técnicas de conscientização ajude a regular a atenção em nossos grupos, não é uma abordagem de terapia de grupo em si, até que seja estrategicamente integrada com a dinâmica do apoio social dirigido. Embora os benefícios do apoio social estejam documentados, os mecanismos pelos quais ele acentua a adaptação permanecem obscuros (Lyons, Sullivan e Ritvo, 1995). O apoio social pode afetar a regulação da atenção positivamente, quando o interesse similar e a estimulação emocional ajudam os pacientes a concentrar-se funcionalmente nos aspectos específicos da situação. O apoio similar, terapeuticamente orientado, afeta as funções de inquisição, especificação e clarificação da atenção regulada. O paciente é motivado a examinar mais minuciosamente, quando seus pares expressam interesse e preocupação. Os similares também auxiliam diretamente o teste da inquisição, especificação e da realidade em diálogos voltados para atingir o resultado ideal por meio da mudança estratégica.

Entretanto, ao direcionar os recursos de apoio do grupo, o terapeuta enfrenta uma tarefa complexa. Ao mesmo tempo em que deseja motivar os pacientes, há a responsabilidade de *não* motivá-los demais. Absolver-se dessa responsabilidade significa guiá-los para *fora* das perspectivas não-realísticas de mudança provavelmente para provar-se autodestrutivas. A esse respeito, o terapeuta cuidadosamente monitora as expectativas do grupo, garantindo um foco *otimista* (a adaptação positiva é possível) e um foco *realista* (dentro de uma série de resultados tangíveis). Em nossa terapia em grupo, com pacientes em tratamento médico, apresentamos o *otimismo realista* como um processo diferente que ajuda na regulação da atenção.

## Otimizando as Expectativas no Serviço de Cura

Seligman, Scheier, Carver e outros (Abramsonb, Seligman e Teasdale, 1978; Kamen e Seligman, 1987; Lin e Peterson, 1990; Peterson, 1988; Peterson, Maier e Seligman, 1993; Peterson e Seligman, 1987; Scheier e cols., 1989; Scheier e Carver, 1985; Scheier e Carver, 1987; Scheier e Carver, 1992; Scheier, Weintraub e Carver, 1986; Self e Rogers, 1990; Taylor e cols., 1992; Vaillant, 1978) demonstraram que as expectativas otimistas promovem a adaptação positiva. O debate continua, porém, sobre o grau ao qual as expectativas são *traços* inerentes em contraposição aos *estados* de atitude. Embora possa passar tempo considerável até que esses parâmetros sejam finalmente definidos, a pergunta prática, terapeuticamente, é como as expectativas de um paciente podem ser dirigidas de maneira benéfica. A condução das expectativas pode ter efeitos imediatos sobre o humor e a ansiedade, e pode influenciar quais as mudanças adaptativas são tentadas e o grau de esforço investido nelas.

Adotamos uma abordagem empírica colaborativa à condução, apresentando aos pacientes um espectro de expectativas possíveis, variando do *pessimista*, passando pelo *realista* e chegando até o *otimista* (ver Figura 10.2). Por serem as expectativas apresentadas como ferramentas de mudança em sua dupla função de informar e energizar os esforços de mudança, não se coloca nenhum valor implícito no otimismo sobre o pessimismo. Ambos os estados são partes importantes no quebra-cabeças da mudança bem-sucedida. O pessimismo pode preventivamente restringir os esforços fúteis que desperdiçam recursos preciosos. Quando suficientemente realista, o otimismo pode contribuir com informações e energia para a tentativa de mudança. Em contraste, o otimismo não-realista pode levar a um esbanjamento de recursos ou a perigosamente reações brandas a situações de alto risco.

Embora o otimismo seja mais bem temperado pelo realismo, como isso pode ser transmitido aos pacientes não treinados nas complexidades da expectativa? Em nossa experiência, é importante enfatizar a fronteira experimental entre o otimismo e o realismo: a fronteira *otimismo-realismo* é a interface na qual esses processos de derivação de expectativas se encontram (Figura 10.2).

Como se pode ver na Figura 10.3, quando são contrastados otimismo, realismo e pessimismo, em termos de expectativas e atribuição, se obtém um resultado interessante. Enquanto o pessimismo e o otimismo estão ligados a expectativas negativas e positivas e à atribuição externa em contraposição à interna, o realismo é definido pela ausência de expectativas e tendências atributivas definidas. Em outras palavras, a relatividade desses termos expõe o fato de que o realismo, na maioria das vezes, é definido negativamente – como uma ausência de expectativas e viés atributivo. Da mesma forma, sustentamos a impossibilidade de escapar completamente do viés pessimista ou do otimista ao ser realista e, além disso, há a preferência de ser realista de maneira otimista em vez de realista de maneira pessimista. Em termos práticos, é preferível conceber um cenário *possível* melhor ao tentar a mudança, com o pensamento mais produtivo ocorrendo, provavelmente, ao longo da fronteira entre otimismo e realismo, na qual o otimismo é informado pelo realismo e o realismo é energizado pelo otimismo.

Esse processo, obviamente, tem maior relevância no estabelecimento de prioridades dos objetivos pessoais de mudança. Deve-se encontrar ob-

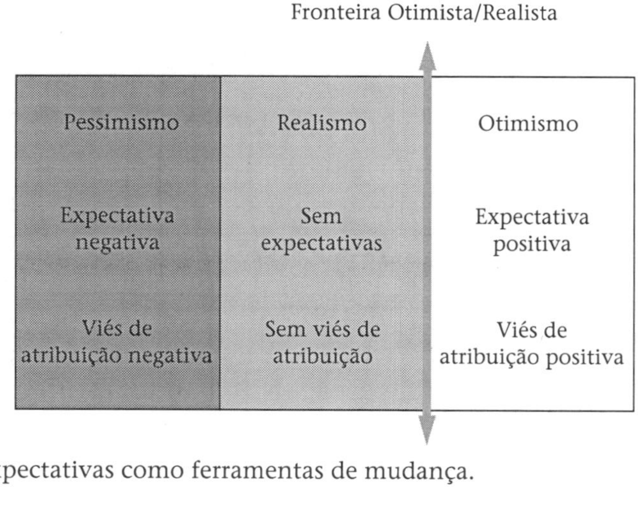


Figura 10.2. Expectativas como ferramentas de mudança.

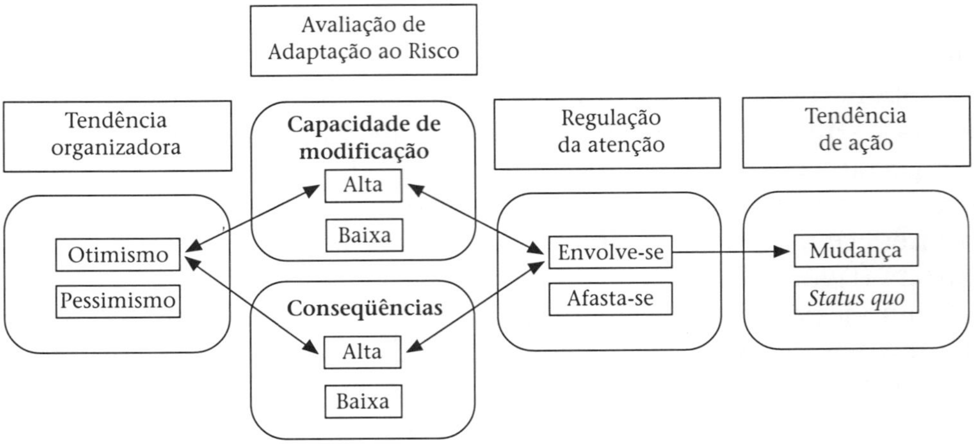


FIGURA 10.3. Modelo de Adaptação ao Risco.

jetivos que se *pode* ser otimista de maneira realista sobre alcançá-lo. Estes, por sua vez, serão os objetivos mais prováveis de se realizar. A capacidade de derivar uma perspectiva otimista-realista é, então, outra medida para determinar quais mudanças de comportamento devem ser tentadas.

## Percepções de Capacidade de Modificação

O processo de estimar a capacidade de modificação de comportamentos e conseguir as modificações é complexo. Como discutido acima, as expectativas exercem uma influência poderosa que funciona contra ou a favor da mudança bem-sucedida. O que acreditamos ser modificável muitas vezes é, ao passo que o que acreditamos não ser modificável muitas vezes não é, em função de nossas crenças. Assim, as percepções de capacidade de modificação afetam o fato de as tentativas serem feitas, assim como o grau de vigor e determinação investidos. O relacionamento recíproco entre percepções de capacidade de modificação e a capacidade de modificar deve ser reconhecido. Na teoria contemporânea, esse relacionamento é geralmente explicado em termos de teoria de auto-eficácia (Bandura, 1977, 1986).

A auto-eficácia tem seu foco nas expectativas de resultado relevantes para mudanças comportamentais específicas (Bandura, 1977, 1986). Como as genéricas, expectativas específicas informam a pessoas sobre qual medida a mudança pode ser bem-sucedida (se tentada), ao mesmo tempo em que sustenta o momentum positivo para a mudança. O Modelo de Adaptação ao Risco sugere que ambas as funções devem ser maximizadas na terapia cognitiva em grupo por intermédio da orientação terapêutica. Em outras palavras, os pacientes são orientados a serem cuidadosos no processo de tomada de decisão (quanto a quais mudanças tentar) e sua chance de mudança (em aumentar as habilidades e evitar as situações desanimadoras). Uma expressão pragmática que consolida essa orientação é que a confiança (isto é, a auto-eficácia) é cultivada como um jardim. A metáfora é boa, pois, como um jardim, a confiança é cultivada durante a busca dinâmica do objetivo e surge dentro de um processo dinâmico de mudança.

Ao ser confrontado com o fato de assumir ou não uma abordagem orientada para a saúde, o paciente em tratamento médico enfrenta situações de maneira que aumenta ou diminui a confiança. Ressaltamos para os pacientes que as tarefas realizadas com facilidade (por exemplo, aquelas que não desafiam os limites) impulsiona a confiança quando bem-feitas. Por outro lado, as mesmas tarefas, mal feitas, minam a confiança. Tais percepções são relevantes para os pacientes que estão se adaptando a novas incapacidades. É previsivelmente difícil adaptar-se a tarefas mais simples e menos desafiadoras quando elas são tudo o que se pode fazer, devido à capacidade e resistência reduzidas. No entanto, os pacientes permanecem agudamente conscientes dos altos e baixos de sua confiança. A ligação-chave, então, é associar a construção da confiança com fazer bem as tarefas mais simples, especialmente na preparação para tarefas cada vez mais desafiadoras, nas quais o desempenho sinaliza o progresso. Nosso objetivo terapêutico, então, é uma consciência da teoria da auto-eficácia suficiente, para orientar um "ritmo" autônomo de tarefas, que amplia a confiança.

## Percepções de Conseqüências

Em algumas circunstâncias, auxiliar os pacientes em tratamento médico a abordar as conseqüências de *não* adotar um comportamento saudável faz toda a diferença entre a vida e a morte. Quando os pacientes não conseguem seguir regimes médicos ou empreender esforços de reabilitação, desenvolve-se uma espiral para baixo de evitação-negação-desânimo-depressão. Em tais casos, é difícil promover a mudança, enfatizando a capacidade de modificação, a regulação da atenção ou o otimismo realista. Muitas vezes, as interações transformadoras arrefecem para confrontá-las sobre evitar potencialmente conseqüências terríveis.

Em última análise, a importância de diferentes grupos de conseqüências, variando amplamente em termos de tempo e de magnitude, deve ser integrada pelo paciente em um processo racional de tomada de decisão. As conseqüências potencialmente negativas de *não* mudar (por exemplo, mortalidade ou doença progressivamente grave) devem ser pesadas com as conseqüências potencialmente positivas de mudar (por exemplo, risco e sintomatologia reduzidos). As conseqüências mais imediatas (positivas e negativas) relacionadas aos prós e contras de simplesmente tentar a mudança também devem ser pesadas.

Quando um paciente em tratamento médico se torna apático sobre o tratamento de saúde, porém, ele também se torna, normalmente, apático sobre a tomada de decisão. A ansiedade sobre o risco e a perda é, geralmente, o alarme que desperta nova motivação, com a confrontação sendo, com freqüência, o meio para soar o alarme, seja ele realizado por seus pares ou pelo terapeuta. Uma mensagem básica que penetra a "concha" do pensamento "automático" apático e ambíguo é que, embora as coisas possam ser insatisfatórias, elas podem piorar se a mudança *não* ocorrer. É importante notar que as descobertas são bastante variáveis sobre os efeitos das intervenções que despertam o medo sobre os resultados orientados para a saúde. Embora os efeitos pareçam potencialmente positivos quando o medo despertado está em um nível moderado, eles são freqüentemente negativos quando se provoca muito medo (Leventhal, Singer e Jones, 1965; Leventhal e Watts, 1966; Meyerowitz e Chaiken, 1987). Assim, a capacidade do terapeuta é testada na iniciação e manipulação de confrontações relacionadas às conseqüências, com o objetivo sendo uma pesagem conscientemente crítica dos prós e contras da mudança. Os pontos finais definitivos das adaptações significativas, porém, são geralmente mediados por emoções altamente carregadas. Isso porque as respostas apáticas e as camadas subjacentes de pensamentos automáticos ambíguos, freqüentemente, são defesas contra os sentimentos mais profundos de desespero, raiva, frustração e luto. Em termos de emoções, a ansiedade é normalmente a chave que, quando reconhecida e confrontada, libera outras formas de angústia. O caminho para o pensamento adaptativo e crítico é, às vezes, descoberto por meio de uma ventilação de emoção negativa intensa, na qual a habilidade do terapeuta é apropriadamente dirigida para a mobilização e orientar o paciente com pensamento emocionalmente dominado para um pensamento mais racional.

## Estrutura Básica e Administração de Nosso Programa de Grupo

Dada essa exploração de teoria aplicada, é natural que as perguntas surjam sobre os aspectos práticos do programa. Nossos grupos de terapia com pacientes em tratamento médico estão ligados com os serviços a pacientes externos de um grande hospital-escola. As indicações de pacientes originam-se de diferentes serviços médicos, e as indicações predominantes são de pacientes com doença cardiovascular e câncer. Uma entrevista por telefone precede a participação no grupo, mas evita deliberadamente avaliação psicológica extensiva. Descobrimos ser mais útil descrever o grupo cuidadosamente, dando destaque ao comprometimento pessoal de envolver-se na auto-reflexão focada e na prática diária de técnicas de relaxamento, baseadas na conscientização pelas 10 semanas do grupo. Descobrimos que os pacientes desmotivados por essa intensidade são simplesmente inadequados para esse tipo de grupo. Também descobrimos que a participação às vezes é permeada por pacientes com condições psiquiátricas co-mórbidas graves. Não obstante, vários pacientes, na admissão, qualificaram-se para diagnósticos, variando de depressão de leve a moderada até diversos tipos de transtorno de ajuste. Novamente, nossa experiência nos diz que a motivação do paciente para esse tipo de grupo é mais importante que seu diagnóstico, com respeito à participação positiva. Em cada grupo, há de 6 a 10 pacientes.

O grupo é conduzido por dois líderes e utiliza uma estrutura que combina psicoeducação com oportunidades para os pacientes de contestar e discutir o conteúdo, ao mesmo tempo em que empreende a abertura pessoal e o trabalho de integração. A redução de estresse na forma de conscientização e técnicas de monitoramento de pensamento é praticada no início de cada sessão. Nossa abordagem utiliza a posição sentada, com os pacientes incentivados a adotar uma postura ereta e relaxada, seja usando uma cadeira ou uma poltrona. Os pacientes sentam-se por 20 minutos, enquanto recebem instruções calmamente verbalizadas incentivando a concentração nas sensações da respiração e enfatizando as exalações totais, nas quais a "liberação" do ar promove uma liberação simultânea de tensão. São então instruídos a prestar atenção a cada pensamento que venha à mente, percebendo-os e deliberadamente e deixando de prestar atenção nele, um processo sublinhado pela verbalização silenciosa da palavra *pensamento*. Essas instruções, embora específicas, não são apresentadas de maneira exigente, e os pacientes são incentivados a descobrir sua própria adaptação (dentro de uma variação razoável) da técnica descrita.

Conforme os participantes se acostumam com a prática da conscientização, eles têm muitas perguntas, tal como a razão pela qual se supõe ser saudável e que mudanças eles devem esperar ver. Respondemos a essas perguntas enfatizando o contraste entre a experiência de sentar de maneira meditativa e a experiência durante a angústia psicológica. Enfatizamos que a experiência de respirar de maneira precisa reflete os níveis pessoais de estresse. Uma metáfora focal que freqüentemente usamos é *pegar sua respiração*, isto é, descobrir uma forma auto-reguladora de respirar que reflita um grau relativo de relaxamento. Prontamente ressaltamos que, quando em tal estado, o pensamento tende a ser mais claro e menos parcial pela reatividade emocional. Conseqüentemente, segue-se que os julgamentos, sob tais condições, são mais racionais e menos emocionalmente orientados.

Para enfatizar a reflexão cuidadosa sobre melhorar a saúde de alguém, apresentamos as funções de *mapear* (discernir onde se está e para aonde se vai), *proteger* (identificar riscos e necessidades para reduzi-los), *otimizar* (fazer com que a situação funcione da melhor maneira possível) e *mudar* (decidir o que mudar e depois fazê-lo de maneira determinada). Essas funções são apresentadas como processos naturais em desenvolvimento; o contexto do grupo simplesmente catalisa e apóia sua progressão. A progressão serve para regular novamente a experiência de vida do paciente, compreensivamente desorganizada pela doença.

O componente psicoeducacional do grupo é deliberadamente intencionado para desafiar os pacientes a considerar um estilo de vida mais ativo e orientado para a saúde. Primeiro são distribuídos oito livretos para cada participante do grupo. Cada um detalha as abordagens para melhorar a saúde de acordo com caminhos distintos de desenvolvimento. Elas incluem os seguintes títulos: *Aumentar a Confiança, Caminhar em Direção à Liberdade, Exercitar em prol da Saúde e da Energia, Melhor Sono, Descanso e Relaxamento, Aumentar a Energia Vital, Lidar com o Estresse e a Ansiedade, Encontrar o Apoio que Você Precisa* e *Comer Bem e Gostar*. O fornecimento de abordagens passo a passo destina-se a eliminar, tanto quanto possível, o problema de informações insuficientes sobre as direções alternativas para a mudança. Em nossas sessões de grupo, e em sessões de aconselhamento suplementar por telefone, nós então nos concentramos nas resistências pessoais, aplicando o Modelo de Adaptação ao Risco, como descrito anteriormente. Essas resistências são discutidas como normativas para todos os indivíduos e como comuns em indivíduos que lidam com a doença. Os pacientes são convidados a revelar suas resistências pessoais e, em nossa experiência, têm se envolvido em níveis bastante significativos de abertura e discussão, sem investigação e direcionamento extensivos. Descobrimos que a prática de conscientização em grupo oferece momentum em termos de abertura significativa. Os líderes de grupo simplesmente guiam a abertura, enfatizando as ligações entre as experiências de diferentes participantes e reflexões das verdades subjacentes de mudança comportamental. Às vezes, a agenda do grupo inclui outra sessão de 20 minutos de prática de conscientização, mas com mais freqüência, a discussão do grupo é tão vigorosa que os pacientes preferem continuar com as trocas mútuas.

Embora enfatizemos o apoio do grupo, ressaltamos com maior freqüência o apoio da tomada de decisão autônoma, a serviço do desenvolvimento de novos estilos de vida. Uma vez tomadas as decisões, o apoio é dirigido para atualizar mudanças específicas, tanto como uma maneira de testar a validade das decisões como uma prova da capacidade de mudar.

## INTEGRANDO REGULAÇÃO DE ATENÇÃO, EXPECTATIVAS OTIMISTAS, CAPACIDADE DE MODIFICAÇÃO E CONSEQÜÊNCIAS

O teste de guiar modelos é sua identificação dos fatores terapêuticos que, interligados, oferecem explicações coesas de comportamento. O Modelo de Adaptação ao Risco é mais útil quando seus quatro componentes são entendidos dinamicamente, com efeitos em um componente influenciando os outros. Por exemplo, em uma seqüência positiva, quanto mais atento um paciente é em estimar as conseqüências da mudança (em oposição à não-mudança), mais provavelmente essas estimativas se tornarão precisas. Quanto mais exatas as estimativas do paciente das conseqüências, mais provavelmente ele regulará a atenção em direção a estimar a capacidade de modificação de comportamentos-chave relacionados às conseqüências. Quanto mais precisas as estimativas, mais provavelmente ele desenvolverá uma perspectiva otimista realista sobre operar mudanças e abordar as tarefas de mudança com níveis mais altos de atenção focal. Tais condições, por sua vez, conduzem a expectativas específicas de resultado positivo e ao desenvolvimento de resposta e auto-eficácia (ver Figura 10.3).

O modelo, entretanto, não é linear, embora mais convenientemente descrito dessa forma. As mudanças na regulação da atenção não necessariamente precedem mudanças na percepção de conseqüências ou capacidade de modificação, ou em expectativas genéricas ou específicas. Obviamente, uma única mudança na capacidade de modificação ou conseqüências pode influenciar uma mudança na regulação de atenção. Ou uma mudança nas percepções de conseqüências pode afetar uma mudança nas percepções de capacidade de modificação e vice-versa. Em vez de uma cadeia linear de eventos, o Modelo de Adaptação ao Risco representa uma série de anéis de *feedback* que se desenvolvem de maneira identificável, seja em direções positivas ou negativas. Em qualquer situação dada, quaisquer padrões podem ser adaptativos, uma vez que o paciente levanta-se para adaptar-se de maneira relevante ao mesmo tempo em que rejeita atividades consideradas de pouco valor.

## Em Busca do Campo Integrativo

Como terapeutas, freqüentemente tentamos criar uma atmosfera curativa dentro da qual transações específicas ocorrem. Em nosso trabalho, utilizamos os termos *campo integrativo* para descrever tal atmosfera. O termo *campo*, emprestado da física, refere-se a um contexto fluentemente interativo. O termo *integrativo* refere-se às tentativas das pessoas para sintetizar e harmonizar as perspectivas, tanto interativamente como individualmente. Idealmente, na terapia cognitiva em grupo, os participantes comparam e contrastam as perspectivas de maneira produtiva, ajudando-se nos esforços de resolução de problemas e a derivar adaptações cognitivas funcionais.

Como o Modelo de Adaptação ao Risco pode guiar e facilitar o desenvolvimento de uma atmosfera curativa integrativa? Há várias maneiras pelas quais o Modelo de Adaptação ao Risco organiza esse esforço.

## 1. Identificação Empática

Para se identificar empaticamente com os outros, os participantes do grupo precisam de estruturas que facilitem as comparações de suas semelhanças e diferenças. Especialmente dentro de grupos de tempo limitado, as estruturas que catalisam esse processo possibilitam que o grupo acelere o progresso. O Modelo de Adaptação ao Risco dá aos participantes um método estruturado de co-revisar suas vidas, as decisões com as quais se confrontam e os processos de tomada de decisão.

## 2. Derivação de uma Orientação Otimista-realista

O apoio do grupo é largamente baseado nas transações que sustentam as expectativas positivas entre os participantes, com base na fé em um determinado sistema de crenças (por exemplo, grupos religiosos) ou em pontos de vista mais ecléticos. Embora os grupos de terapia sejam inerentemente baseados na evidência, a pesquisa sobre o otimismo e sobre a resposta/auto-eficácia progrediu para o ponto em que as expectativas positivas são legitimamente utilizadas como ferramentas para a mudança pessoal. O Modelo de Adaptação ao Risco fornece uma estrutura de tomada de decisão que orienta os participantes na descoberta de um conjunto razoável (realista) de expectativas positivas sobre sua situação atual e sobre mudá-la. A referência explícita às fronteiras otimistas realistas desafia os pacientes a integrar, socialmente e individualmente, as cognições classificadas como otimistas/realistas/pessimistas e a explorar as emoções e cognições que os impulsiona para o positivismo ou negativismo, realismo ou ilusão.

## 3. Normalização da Ansiedade, sua Resolução e Exploração Pessoal Profunda

A ansiedade é, geralmente, a experiência introdutória para a exploração cognitiva e emocional profunda. Sua normalização no contexto de adaptação ao risco facilita as normas do grupo que apóiam os participantes na exploração e transcendência das ansiedades e na revisão completa das emoções associadas (por exemplo, luto, contrição, esperança, alívio), relevantes para a adaptação.

## 4. Reestruturação da Adversidade como um Estímulo para o Aprendizado e Fortalecimento

A normalização da adaptação ao risco (isto é, adaptar-se à adversidade potencial e imediata) é o passo inicial para a reestruturação. Ela fornece uma base para os pacientes enxergarem o manejo da adversidade como uma função normal da vida, rendendo lições valiosas sobre o *self* e a capacidade de crescimento e amadurecimento.

## 5. Desmistificação da Saúde Mental e Integração Pessoal

Os pacientes em tratamento médico que entram em um grupo de terapia diferem, indiscutivelmente, dos pacientes que entram em terapia por causa de problemas psiquiátricos. Os pacientes em tratamento médico tipicamente não passaram por induções de papel associadas à busca de ajuda. Eles vêem a si mesmos como primordialmente tendo problemas de ajuste e problemas psicológicos reativos à doença física. Especialmente em grupos de tempo limitado, é importante superar as crenças errôneas que esses pacientes têm sobre o que constitui a saúde mental e a força pessoal. Por exemplo, em vez de assumir um estoicismo estático, o Modelo de Adaptação ao Risco fornece a esses pacientes uma estrutura prática, para adotar uma perspectiva dinâmica por intermédio de todas as formas de informações (cognitivas e emocionais) na tomada de decisão saudável. Isso fornece uma base segura para ajudar os pacientes em tratamento médico a adotarem pontos de vista mais realistas de saúde mental e integração pessoal conjuntamente.

## RESUMO E CONCLUSÕES

Este capítulo descreve o Modelo de Adaptação ao Risco, um modelo de orientação em terapia cognitivo-comportamental em grupo que oferece aos pacientes em tratamento médico um método empírico colaborativo de mapear os caminhos da saúde, definidos por valores individuais e de grupo. Ao dar aos pacientes uma base na prática de conscientização, uma atmosfera curativa e um campo integrativo no qual o grupo troca informações, rendem novas percepções e mudanças no comportamento, o modelo possibilita que os participantes individualmente e no grupo como um todo, funcionem de forma integrada. Finalmente, o Modelo de Adaptação ao Risco oferece aos pacientes em tratamento médico de nosso grupo uma estrutura para lidar com as expectativas pessoais e do grupo, como ferramentas importantes na derivação de tomada de decisão saudável e mudança pessoal bem-sucedida.

Em nosso trabalho, estamos estudando mais profundamente o Modelo de Adaptação ao Risco para explorar sua aplicabilidade empírica a uma variedade de populações de pacientes em tratamento médico, assim como seu refinamento em conduzir a terapia cognitiva em grupo.

# REFERÊNCIAS BIBLIOGRÁFICAS


Abramson, L. Y., Seligman, M. E. P., & Teasdale, J. D. ( 1978). Learned helplessness in humans: Critique and reformulation. Journal of Abnormal Psychology, 87, 49-74.

Bandura, A. (1977). Self-efficacy: Toward a unifying theory of behavioral change. Psychological Review, 84, 191-215.

Bandura, A. (1986). The explanatory and predictive scope of self-efficacy. Journal of Social and Clinical Psychology, 4, 359-373.

Bremner, J. D., Scott, T. M., Delaney, R. C., Southwick, S. M., Mason, J. W., Johnson, D. R., Innis, R. B., McCarthy, G., & Charney, D. S. (1993). Deficits in short-term memory in posttraumatic stress disorder. American Journal of Psychiatry, 150, 1015-1019.

Carver, C. S., Pozo, C., Harris, S. D., Noriega, V., Scheier, M. F., Robinson, D. S., Ketcham, A. S., Moffat, F. L., & Clark, K. C. (1993). How coping mediates the effects of optimism on distress: A study of women with early stage breast cancer. Journal of Personality and Social Psychology, 65, 375-390.

Horowitz, M., Wilner, N., & Alvarez, W. (1979). Impact of Event Scale: A measure of subjective stress. Psychosomatic Medicine, 41, 209-218.

Kabat-Zinn, J. (1982). An outpatient program in behavioral medicine for chronic pain patients based on the practice of mindfulness meditation: Theoretical considerations and preliminary results. General Hospital Psychiatry, 4, 33-47.

Kabat-Zinn, J. (1990). Full catastrophe living: Using the wisdom of your body and mind to face stress, pain and illness. New York: Bantam Doubleday Dell.

Kabat-Zinn, J., Lipworth, L., & Burney, R. ( 1985). The clinical use of mindfulness meditation for the self regulation of chronic pain. Journal of Behavioral Medicine, 8, 163-190.

Kabat-Zinn, J., Lipworth, L., Burney, R., & Sellers, W. (1986). Four year followup of a meditation-based program for self regulation of chronic pain: Treatment outcomes and compliance. Clinical Journal of Pain, 2, 159-173.

Kamen, L. P., & Seligman, M. E. P. (1987). Explanatory style and health. Current Psychologlcal Research and Reviews, 6, 207-218.

Katz, J., Ritvo, P. G. Irvine, M. J., & Jackson, M. (1996). Coping with chronic pain. In M. Zeidner & N. S. Endler (Eds.), Handbook of coping (pp. 252-279). New York: Wiley.

Kutz, I., Borysenko, J. Z., & Benson, H. (1985). Meditation and psychotherapy: A rationale for the integration of dynamic psychotherapy, the relaxation response, and mindfulness meditation. American Journal of Psychiatry, 142, 18.

Leedham, B., Meyerowitz, B. E., Muirhead, J., & Frist, W. H. (1995). Positive expectations predict health after heart transplantation. Health Psychology, 14, 74-79.

Leventhal, H., Singer, R., & Jones, S. (1965). Effects of fear and specificity of recommendation upon attitudes and behavior. Journal of Personality and Social Psychology, 2, 20-29.

Leventhal, H., & Watts, J. C. (1966). Sources of resistance to fear-arousing communications on smoking and lung cancer. Journal of Personality, 34, 155-175.

Lin, E. H., & Peterson, C. (1990). Pessimistic explanatory style and response to illness. Behavior Research and Therapy, 28, 243-248.

Lyons, R., Sullivan, M. J., & Ritvo, P. G. (1995). Relationships, illness and disability. Newbury Park, CA: Sage.

Meyerowitz, B. E., & Chaiken, S. (1987). The effect of message framing on breast self-examination attitudes, intentions, and behavior. Journal of Personality and Social Psychology, 52, 500-510.

Peterson, C. (1988). Explanatory style as a risk factor for illness. Cognitive Therapy and Research, 12, 119-132.

Peterson, C., Maier, S. F., & Seligman, M. E. P. (Eds.). (1993). Learned helplessness: A theory for the age of personal control. Oxford, England: Oxford University Press.

Peterson, C., & Seligman, M. E. (1987). Explanatory style and illness. Journal of Personality, 55, 237 - 265.

Prochaska, J. O., & DiClemente, C. C. (1983). Stages and processes of self-change of smoking: Toward an integrative model of change. Journal of Consulting and Clinical Psychology, 51, 390-395.

Prochaska J. O., & DiClemente C. C. (1992). Stages of change in the modification of problem behaviors. In M. Hersen, R. M. Eisler, & P. M. Miller (Eds.), Progress in behavior modification (pp. 184-214). Sycamore, IL: Sycamore Press.

Prochaska, J. O., Velicer, W. F., DiClemente, C. C., & Fava, J. (1988). Measuring processes of change: Applications to the cessation of smoking. Journal of Consulting and Clinical Psychology, 56, 520-528.

Prochaska, J. O., Velicer, W. F., Rossi, J. S., Goldstein, M. G., Marcus, B. H., Rakowski, W., Fiore, C., Harlow, L. L., Redding, C. A., Rosenbloom, D., & Rossi, S. R. (1994). Stages of change and decisional balance for 12 problem behaviors. Health Psychology, 13, 39-46.

Ritvo, P. G. (1994). Quality of life and prostate cancer treatment: Decision-making and rehabilitative support. Canadian Journal of Oncology, IV(Suppl. 1), 543-546.

Scheier, M. F., & Carver, C. S. (1985). Optimism, coping, and health: Assessment and implications of generalized outcome expectancies. Health Psychology, 4, 219-247.

Scheier, M. F., & Carver, C. S. (1987). Dispositional optimism and physical wellbeing: The influence of generalized outcome expectancies on health. Journal of Personality, 55, 169-210.

Scheier, M. F., & Carver, C. S. (1992). Effects of optimism on psychological and physical well-being: Theoretical overview and empirical update. Cognitive Therapy and Research, 16, 201-228.

Scheier, M. F., Magovern, G. J., Sr., Abbott, R. A., Matthews, K. A., Owens, J. F., Lefebvre, R. C., & Carver, C. S. (1989). Dispositional optimism and recovery from coronary artery bypass surgery: The beneficial effects on physical and psychological well-being. Journal of Personality and Social Psychology, 57, 1024-1040.

Scheier, M. F., Weintraub, J. K., & Carver, C. S. (1986). Coping with stress: Divergent strategies of optimists and pessimists. Journal of Personality anti Social Psychology, 51, 1257-1264.

Segal, Z. V., Williams, J. M., Teasdale, J. D., & Gemar, M. (1996). A cognitive science perspective on kindling and episode sensitization in recurrent affective disorder. Psychological Medicine, 26, 371 -380.

Self, C. A., & Rogers, R. W. (1990). Coping with threats to health: Effects of persuasive appeals on depressed, normal, and antisocial personalities. Journal of Behavioral Medicine, 13, 343-357.

Taylor, S. E., Kemeny, M. E., Aspinwal, L. G., Schneider, S. G., Podriguez, R., & Herbert, M. (1992). Optimism, coping, psychological distress, and high risk sexual behavior among men at risk for acquired immunodeficiency syndrome (AIDS). Journal of Personality anti Social Psychology, 63, 460-473.

Teasdale, J. D., Segal, Z. V., & Williams, J. M. (1995). How does cognitive therapy prevent depressive relapse and why should attentional control (mindfulness training) help? Behaviour Research and Therapy, 33, 25-39.

Vaillant, G. E. (1978). Natural history of male psychological health: IV. What kinds of men do not get psychosomatic illness. Psychosomatic Medicine, 40, 420-431.

Velicer, W. F., Prochaska, J. O., Bellis, J. M., DiClemente, C. C., Rossi, J. S., Fava, J. L., & Steiger J. H. (1993). An expert system intervention for smoking cessation. Addictive Behaviors, 18, 269-290.

# 11

# Pacientes de Origem Latina

KURT C. ORGANISTA

Há um consenso na literatura sobre psicoterapia de que o tratamento em grupo é uma modalidade especialmente viável para os pacientes de origem latina (Acosta, 1982; Arredondo, 1991; Delgado, 1983; Delgado e Humm-Delgado, 1984; Franklin e Kaufman, 1982; Herrera e Sanchez, 1976; Hynes e Warbin, 1977; McKinley, 1987). Esses relatórios discutem como a terapia em grupo é especialmente adequada para os pacientes de origem latina que lutam com o estresse e o isolamento, relacionados à migração e aculturação, ruptura familiar, à dificuldade de não falar inglês e a experiência da discriminação.

Hays (1995) argumentou que a terapia cognitivo-comportamental (TCC em grupo) serve bem a pessoas de outras etnias por muitas razões, incluindo a ênfase no tratamento sob medida para as circunstâncias específicas do paciente, fortalecendo-o por meio das habilidades de mudança pessoal e sua atenção ao processo consciente e comportamentos específicos. Sobre o mesmo assunto,

Casas (1988) observou que a TCC enfatiza a ação e não somente a expressão verbal, pode ser utilizada para mudar fatores ambientais causadores de angústia psicológica e que as explicações dos problemas são mais plausíveis e menos abstratas que em outras terapias.

Com respeito aos latinos, a TCC é consistente com as expectativas de pacientes tradicionais, as quais incluem o alívio imediato dos sintomas, orientação e aconselhamento, além de uma abordagem centrada no problema (M.R. Miranda, 1976). As terapias de curto prazo, orientadoras e voltadas para a resolução de problemas também são mais consistentes com as expectativas de grupos de baixa renda cuja pressão das circunstâncias da vida freqüentemente exige atenção imediata e interfere no tratamento em longo prazo (Goldstein, 1971; Torres-Matrullo, 1982).

Neste capítulo, é descrito um grupo de TCC de pacientes culturalmente sensíveis e com tempo limitado para depressão, desenvolvido para satisfazer as necessidades da população no bairro predominantemente de latinos de São Francisco. Os participantes são tipicamente tirados de grupos nos quais a pobreza, a baixa aculturação e os problemas médicos são comuns. Essa população tem sido atendida por essa clínica de TCC com o patrocínio do Hospital Geral de São Francisco (HGSF), na Universidade da Califórnia em São Francisco. O Hospital Geral de São Francisco localiza-se no Distrito de Missão onde os latinos de descendência mexicana são mais numerosos, mas onde também existe quase o mesmo número de refugiados da América Central. Em 1990, por exemplo, havia 38.326 latinos de descendência mexicana e 34.119 pessoas da América Central em São Francisco (Departamento Americano de Comércio, 1993). Os latinos compõem 14% da população total da cidade, e aqueles que utilizam os serviços médicos e outros serviços do Hospital Geral de São Francisco são residentes de baixa renda, sem seguro de saúde e, às vezes, sem documentos. Nacionalmente, existem aproximadamente 27 milhões de latinos no país, ou seja, 10% da população norte-americana (Agência Americana de Recenseamento, 1994). A maioria deles é de descendência mexicana (64,3%), seguido pelos porto-riquenhos (10,6%), cubanos (4,7%), sul-americanos e centro-americanos (13,4%) e "outros" latinos (7% que não se identificaram com esses grupos). Em termos de situação socioeconômica, a renda familiar anual mediana é de $20.654 para porto-riquenhos, $23.018 para americanos de descendência mexicana, e $30.095 para americanos de descendência cubana em comparação com os $39.239 para os brancos não-latinos. Somente cerca de 10% dos brancos de não-latinos vivem abaixo do nível da pobreza em comparação com 39% dos porto-riquenhos, 30% dos americanos de descendência mexicana e 18% dos americanos de descendência cubana (Healey, 1995).

Com respeito à educação, a porcentagem de latinos com mais de 25 anos de idade que completaram o ensino médio é de 62% para americanos de descendência cubana, 61% para porto-riquenhos e 45% para americanos de descendência mexicana em comparação com 83% para brancos não-latinos. Esses números são importantes quando se considera a relação inversa muito estável entre a situação socioeconômica e a psicopatologia (Bruce, Takeuchi e Leaf, 1991; Kessler e cols., 1994).

Os elementos em comum entre os vários grupos de latinos nos Estados Unidos incluem raízes familiares em países latino-americanos, o idioma espanhol e as tradições culturais miscigenadas de colonizadores espanhóis e povos indígenas das Américas. Os latinos também podem pertencer a vários grupos raciais, incluindo aqueles com raízes na Europa, África, Ásia e Oriente Médio. Quanto mais os clínicos conhecerem sobre os grupos específicos em diferentes áreas do país (por exemplo, americanos de descendência mexicana no leste de Los Angeles ou centro-americanos em São Francisco), mais bem eles poderão atender às necessidades de saúde mental de tais grupos.

O restante deste capítulo é organizado de acordo com uma estrutura de serviços de saúde mental, culturalmente responsivos para latinos, concebida no Centro de Pesquisas Hispânicas da Universidade Fordam (Rogler, Malgady, Costantino e Blumenthal, 1987). Ela descreve serviços de saúde mental, eficazes para latinos com três níveis amplos:

1. O primeiro nível básico refere-se ao aumento da utilização dos serviços de saúde mental por parte dos latinos, pela diminuição dos obstáculos ao tratamento.
2. O segundo nível refere-se à seleção de abordagens de tratamento que sejam compatíveis com a cultura e a experiência dessa população.
3. O nível final e mais complexo da estrutura refere-se à modificação das abordagens de tratamento popular, de modo que sejam compatíveis com a cultura latina ou de modo a desviar-se sensivelmente da cultura latina no interesse do bem-estar do paciente. Esse nível final envolve incorporar elementos da cultura latina às abordagens de tratamento popular e/ou ampliar a capacidade adaptativa de pacientes latinos, ajustando a sua experiência de minoria étnica e bicultural nos Estados Unidos.

Esses três níveis são utilizados para estruturar todo este capítulo.

# NÍVEL I: AUMENTO DA UTILIZAÇÃO DOS SERVIÇOS DE SAÚDE MENTAL POR PARTE DOS LATINOS

## Utilização dos Serviços pelos Latinos e Saúde Mental

Há mais de 30 anos, Karno e Edgerton (1969) cunharam o termo *paradoxo epidemiológico* para se referirem à baixa utilização dos serviços de saúde mental por parte de americanos de descendência mexicana, apesar de seu alto risco suspeitado para transtornos mentais, em virtude das taxas significativas de pobreza urbana, estresse relacionados a migração e aculturação e a experiência de preconceito e discriminação. Desde esse relatório, muitos estudos já documentaram a baixa utilização dos serviços de saúde mental por parte dos latinos, em proporção ao tamanho da população (Acosta, 1979; Barrera, 1978; Padilla e Ruiz, 1973; Sue, 1977; Sue, Fujino, Hu, Takeuchi e Zane, 1991). Em uma revisão de quadro de pacientes do sistema de saúde mental do Município de Los Angeles, durante um período de 5 anos, por exemplo, Sue e cols. (1991) descobriram que, embora os latinos compreendessem 33,7% do município, eles representavam apenas 25,5% dos pacientes de saúde mental. Em contraposição, os brancos não-hispânicos que compreendiam 44,2% do Município de Los Angeles e taxa de pacientes de saúde mental quase idêntica de 43%.

Embora nenhuma pesquisa definitiva atual indique que os latinos corram maior risco para problemas como depressão, ansiedade e transtornos de somatização em comparação com a população em geral. Os resultados da Pesquisa Nacional de Co-morbidade (NCS; Kessler e cols., 1994), por exemplo, que se baseiam em uma amostra nacional de probabilidade (N = 8.098), demonstraram que, em comparação aos brancos não-latinos e negros, os latinos apresentavam prevalência significativamente maior de transtornos afetivos atualmente diagnosticáveis e co-morbidade ativa, o que significa três ou mais transtornos mentais simultâneos.

Antes da NCS, os relatórios do estudo das Áreas Epidemiológicas (ECA) demonstraram que o transtorno de somatização estava mais presente entre os ilhéus porto-riquenhos que entre os americanos de descendência mexicana nascidos nos Estados Unidos e no México, e entre os brancos não-latinos (Shrout e cols., 1992). Escobar e cols. (1987) usaram os dados do ECA de Los Angeles para comparar o transtorno de somatização em americanos de descendência mexicana (N = 1.242) e em brancos não-hispânicos (N = 1.309) e descobriram que as mulheres americanas de descendência mexicana com mais de 40 anos de idade somatizavam mais que as brancas. Descobriram também que a somatização em mulheres americanas de descendência mexicana estava positivamente correlacionada com a idade e negativamente com o nível de aculturação. E, ao observar apenas as mulheres que atendiam aos critérios para depressão e distimia, Escobar e cols. descobriram que aproximadamente 50% das mulheres mexicanas também satisfaziam os critérios para transtorno de somatização, em comparação com 20% de mulheres brancas não-latinas. Foi encontrada co-morbidade da depressão e somatização em outras pesquisas abrangentes com latinos (Angel e Guarnaccia, 1989; Kolody, Vega, Meinhardt e Bensussen, 1986).

Embora não existam atualmente dados epidemiológicos para os mais de 1 milhão, estimadamente, de centro-americanos nos Estados Unidos, estudos de amostras de comunidades mostram mais sintomas de depressão, ansiedade, somatização e sensibilidade interpessoal que as normas gerais norte-americanas (Plante, Manuel, Menendez e Marcotte, 1995), assim como maior depressão e estresse relacionados à migração (Salgado de Snyder, Cervantes e Padilla, 1990) e transtorno de estresse pós-traumático (Cervantes, Salgado de Snyder e Padilla, 1989), quando comparados a imigrantes mexicanos.

Os relatórios acima sugerem um protótipo de paciente latino notavelmente consistente com minha própria experiência de casos e com descrições de pacientes latinos típicos na literatura sobre psicoterapia (Acosta, 1982; McKinley, 1987): mulher de meia-idade, com aculturação e situação socioeconômica baixas, falante de espanhol, com queixas de depressão, ansiedade e dores no corpo sem base orgânica ou mais do que seria esperado de problemas médicos existentes. A co-morbidade de depressão e o transtorno de estresse pós-traumático para pacientes centro-americanos também não seriam incomum. Poucos são os pacientes do sexo masculino atendidos na clínica, porque além de a depressão ser duas vezes mais freqüente em mulheres, existe também o fator sexual, no qual os homens são influenciados a buscar ajuda profissional para problemas emocionais, menos que as mulheres.

Com respeito à baixa utilização dos serviços de saúde mental por parte dos latinos, existe hoje um consenso entre os especialistas em saúde mental de minorias de que esta é uma função de numerosas barreiras institucionais a serviços de saúde mental (Snowden, 1982). Há quase 20 anos, a Comissão Presidencial sobre Saúde Mental sob o comando de Jimmy Carter conduziu um estudo nacional sobre a baixa utilização dos serviços de saúde mental por minorias étnicas. Nesse extenso relatório, a comissão resumiu as quatro seguintes razões principais para a baixa utilização por minorias étnicas:

(a) disponibilidade (isto é, poucos serviços existentes para minorias);
(b) acessibilidade (serviços existentes muito distantes e inacessíveis);
(c) aceitabilidade (poucos serviços culturalmente aceitáveis e consistentes com as necessidades culturais e expectativas dos pacientes); e
(d) favorecimento (falta de consulta aos grupos de minorias quanto aos serviços desejados; Parron, 1982).

O primeiro grande passo em direção ao aumento da utilização dos serviços é diminuir as barreiras para os latinos e outros grupos de minoria étnica. Sue e cols. (1991), por exemplo, testaram a hipótese de "combinação étnica" ao examinar 12.000 quadros de saúde mental do município de Los Angeles, 3.000 para cada um dos quatro grupos étnicos: latinos, asiáticos, negros e brancos. Tal hipótese sustenta que a combinação de pacientes de minoria étnica com terapeutas bilíngües e biculturais com histórico semelhante melhora a utilização e o resultado do tratamento, pois tais serviços de saúde mental são mais culturalmente aceitáveis. Os resultados mostraram que a combinação étnica e/ou lingüística tinha realmente relação com menos desistências e melhores resultados de tratamento para pacientes latinos e asiáticos com baixa aculturação.

Enquanto utilizam pouco os serviços de saúde mental, também se sabe bem que a utilização de médicos para problemas emocionais e psicológicos por parte dos latinos é excessiva (Karno, Ross e Caper, 1969; Padilla, Carlos e Keefe, 1976). Muñoz e Ying (1993), por exemplo, descobriram que as atuais taxas de depressão maior chegam a 25% em pacientes de cuidados primários falantes de espanhol, o que representa cerca de quatro vezes a taxa na população em geral (Kessler e cols., 1994). Assim, a equipe médica também deve se envolver ativamente na abrangência de saúde mental para latinos em ambientes hospitalares (Muñoz, 1995).

## Aumento da Utilização de TCC em Grupo para Depressão por Latinos

A Clínica Cognitivo-Comportamental de Depressão do Hospital Geral de São Francisco minimiza as barreiras ao fornecer serviços de saúde mental gratuitos (acessíveis), baseados no hospital (disponíveis e de fácil acesso) com terapeutas, lingüística e etnicamente compatíveis (aceitabilidade). Em termos de abrangência, médicos e equipes médicas de cuidados essenciais foram treinados para reconhecer e encaminhar os pacientes que apresentassem depressão, múltiplas queixas somáticas ou ambos.

Formulários de indicação com uma lista de verificação dos critérios para depressão maior do *Manual Diagnóstico e Estatístico de Transtornos Mentais* (4ªed.; Associação Psiquiátrica Americana, 1994) são utilizados pela equipe de cuidados essenciais para selecionar os pacientes a serem encaminhados à clínica. Tais encaminhamentos são distribuídos entre os terapeutas que, então, telefonam ou escrevem aos pacientes, oferecendo-lhes uma avaliação para depressão, com base na recomendação do médico, o que facilita a aceitação dos serviços de saúde mental. A clínica recebe cerca de 300 encaminhamentos por ano, e aproximadamente a metade destes são pacientes latinos de cuidados essenciais falantes de espanhol, predominantemente a primeira geração de imigrantes do México e refugiados da América Central.

A esses pacientes é oferecida TCC em grupo para pacientes externos que atendem os critérios para depressão maior unipolar sem características psicóticas. As pessoas com abuso ativo de substâncias, transtornos cognitivos ou outros diagnósticos psiquiátricos de Eixo 1 são encaminhadas para serviços apropriados. Entretanto, os pacientes com transtornos de ansiedade concomitantes (por exemplo, ansiedade generalizada, transtorno de pânico e transtorno de estresse pós-traumático) ou transtorno de somatização não são excluídos. Além disso, aqueles que atualmente estão em tratamento para problemas de abuso de substâncias têm permissão para entrar na TCC em grupo.

## NÍVEL II: ESCOLHA DOS TRATAMENTOS ADEQUADOS PARA A EXPERIÊNCIA E A CULTURA LATINAS

### Terapia em Grupo como uma Modalidade de Tratamento Viável para Latinos

Na revisão da literatura sobre a terapia em grupo com latinos, Delgado (1983) categorizou os fatores que facilitam o trabalho em grupo culturalmente competente com essa população. Sob a categoria de questões de organização, ele incluiu:

(a) alocação de grupos próximos ou dentro de ambientes de apoio genéricos e naturais nos quais os latinos, provavelmente, irão buscar ajuda (por exemplo, ambientes de influência familiar ou médica em contraposição a ambientes de saúde mental);
(b) esforços combinados de abrangência;
(c) atender à preferência cultural de se relacionar com indivíduos em contraposição a instituições; e
(d) treinamento de sensibilidade cultural para a equipe.

Quanto aos fatores do processo de grupo, incluiu:

(a) preparação antes do tratamento para o grupo por meio do ensino sobre a estrutura e o processo da psicoterapia em grupo;
(b) serviços bilíngües que facilitem a ampla expressão verbal e emocional dos pacientes latinos; e
(c) visar os temas comumente problemáticos entre os latinos, como conflitos interpessoais ou na família e estressores relativos à situação socioeconômica.

Com respeito aos níveis de aculturação dos participantes do grupo, Delgado incluiu atender as questões relativas à mulher, uma vez que há predominância de mulheres latinas na terapia em grupo; ele notou como os níveis variados de aculturação entre os participantes são vantajosos para o processo de grupo. Finalmente, quanto aos fatores relativos ao líder do grupo, Delgado enfatizou a necessidade de um terapeuta ativo, especializado, que representa uma autoridade que dá respostas e conselhos, visa os problemas concretos, informa sobre os recursos da comunidade e se abre o suficiente para estabelecer um relacionamento profissional personalizado. Como será discutido posteriormente, todos os fatores acima podem ser incorporados à TCC com latinos.

## Protocolo da TCC em Grupo para Latinos com Depressão

### *Foco na Tarefa*

Um grupo de TCC padrão, conduzido com o uso de manual de 16 semanas, fornecido por terapeutas latinos bilíngües e biculturais, é oferecido aos pacientes em nossa clínica. Os grupos se reúnem uma vez por semana, durante 2 horas, e o protocolo de tratamento consiste em três módulos cognitivo-comportamentais de quatro sessões (Muñoz, Aguilar-Gaxiola e Guzman, 1986; Muñoz e Miranda, 1986), adaptados do livro de auto-ajuda *Controle Sua Depressão* (Lewinsohn, Muñoz, Youngren e Zeiss, 1986). Os três módulos de terapia focalizam o seguinte:

1. Programação de atividades planejadas para quebrar o ciclo vicioso de depressão que conduz a baixas atividades e vice-versa.
2. Treinamento de assertividade para aumentar a eficácia interpessoal.
3. Reestruturação cognitiva destinada a identificar e mudar o pensamento e as crenças centrais relacionados à depressão.

O estilo didático da TCC logo orienta os pacientes ao tratamento sobre transtornos mentais e como a TCC é usada para conceitualizar e tratar seus problemas. O uso de manuais de terapia, lições de casa e auxílio de lousa levou nossos pacientes a se referirem à terapia como *la clase de depresión*, o que acreditamos ajudar a aliviar qualquer estigma vinculado à terapia.

Cada participante recebe uma cópia do manual de tratamento, o qual inclui os tópicos de cada uma das 12 sessões, assim como as lições de casa semanais que consistem, principalmente, em monitoração de humor diário em relação a atividades, contatos interpessoais e pensamentos/crenças. A cada sessão, a lição de casa é revisada para ensinar aos pacientes as relações entre pensamentos, comportamentos e humor.

Os novos pacientes entram nos grupos em andamento no início de cada módulo, de modo que sempre haverá pacientes que estão começando a terapia, outros que estão a meio caminho e ainda outros que estão quase terminando. Essa estratégia nos permite atender a demanda em nossa clínica para os serviços, mas também preenche os grupos com pacientes em fases diferentes de tratamento, o que pode ser vantajoso; já que os pacientes mais antigos, quase no fim da terapia, podem garantir aos novos e, ainda bastante confusos, que eles se sentiam da mesma forma quando começaram, mas que se sentem muito melhor agora. Observe que, embora haja somente 12 sessões no manual, cada paciente repete seu primeiro módulo para completar 16 sessões.

## *Coesão do Grupo*

Toma-se cuidado constantemente para alcançar um equilíbrio entre ensinar técnicas de TCC e atender problemas específicos do paciente e do processo de grupo. Tal equilíbrio é em parte alcançado utilizando-se a primeira hora de terapia para revisar a agenda em um formato de palestra/discussão, seguido da revisão da lição de casa e aplicação das técnicas de TCC para os problemas reais durante a segunda hora. Essa maneira de organizar a agenda aumenta a probabilidade de concluir o componente didático da TCC em grupo, o que a ordem inversa não faz.

Historicamente, a literatura sobre TCC enfatiza teoria e técnica às custas do processo terapêutico (Hollon e Shaw, 1979; Rose, Tolman e Tallant, 1985). Isso é especialmente verdade para grupos de TCC nos quais as intervenções visam o nível individual e não consideram as grandes vantagens do processo terapêutico de grupo (Satterfield, 1994). Como tal presta-se bastante atenção ao processo e a outros fatores da terapia, em geral para promover a coesão no grupo.

Satterfield (1994) defendeu os "grupos híbridos" cognitivo-comportamentais que utilizam sistematicamente a dinâmica do grupo, de modo que a TCC pode ser conduzida por intermédio da experiência do grupo, em lugar de simplesmente em um ambiente de grupo. Eu, por exemplo, instiguei e reforcei comportamentos entre os participantes, como compartilhar e dar *feedback*, para construir a coesão dentro do grupo. Ao revisar a lição de casa na lousa, costumo fazer o gráfico de humor de um paciente e seus respectivos pensamentos e comportamentos, mas depois peço aos outros participantes para discuti-lo. Além disso, o manual de tratamento traz vários exercícios de grupo como um todo (por exemplo, fazer uma lista de atividades agradáveis em São Francisco que custam pouco, compartilhar contratos de comportamentos para fazer atividades de reforço entre as sessões, e estabelecer e compartilhar metas em curto e longo prazos).

Além da construção da coesão no grupo, também descobri que é essencial haver muita empatia para a aplicação bem-sucedida de técnicas de TCC para problemas de pacientes sensíveis. Embora possa parecer óbvio, Burns e Nolen-Hoeksema (1992) observaram que o papel da empatia na TCC é um tanto quanto controverso na literatura, na qual alguns especialistas minimizam sua importância em relação à técnica. Em estudo sobre a empatia terapêutica e recuperação da depressão em TCC em grupo, Burns e Nolen-Hoeksema descobriram que os pacientes de terapeutas classificados como os mais afetuosos e mais empáticos melhoraram significativamente mais que aqueles cujos terapeutas foram classificados com níveis mais baixos de empatia, até mesmo ao controlar fatores, como a severidade inicial da depressão e a adesão à lição de casa. Esses investigadores concluíram que, mesmo em uma forma altamente técnica de terapia, a qualidade do relacionamento terapêutico tem um efeito causal de moderado a grande sobre a recuperação clínica, independentemente da habilidade de terapeuta. O modo exato pelo qual nossas técnicas de TCC são modificadas para latinos está descrito detalhadamente a seguir.

## NÍVEL III: MODIFICAÇÃO DA TCC EM GRUPO PARA ADEQUAR-SE A EXPERIÊNCIA E CULTURA LATINAS

De acordo com Hays (1995, p. 313), "*a chave para as aplicações multiculturais da TCC jaz na necessidade de atenção explícita às influências culturais e populações minoritárias que têm sido tradicionalmente ignoradas*". Ela também observou que tais aplicações requerem criatividade e flexibilidade consideráveis na ausência de pesquisa informativa. Por exemplo, ela recomendou a TCC que promova a competência bicultural em contraposição a habilidades apenas populares, que defina os problemas em relação às normas culturais e que seja usada para favorecer a mudança social (por exemplo, ensinar habilidades para contestar situações sociais opressivas). Essas sugestões, além de outras considerações, estão descritas a seguir.

### Estratégias de Envolvimento

Em virtude do alto grau de desistência dos latinos da psicoterapia, em comparação a seus equivalentes brancos não-latinos (Sue, 1977), os primeiros contatos com o paciente são cruciais para levar os latinos a se comprometerem com o tratamento. Na clínica cognitivo-comportamental de depressão, os pacientes são convidados a participar de uma sessão de orientação antes do tratamento, na qual eles conhecem a equipe e os terapeutas latinos bilíngües e biculturais e aprendem sobre a estrutura e o processo de terapia em grupo, enquanto tomam café e comem biscoitos. Esse tipo de "preparação de papel" é altamente recomendado para reduzir a taxa de desistência em minorias étnicas (Acosta, Yamamoto e Evans, 1982) de baixa renda (Orlinsky e Howard, 1986) e pacientes latinos (Delgado, 1983).

O envolvimento é aumentado mais adiante durante a primeira sessão de terapia em grupo ao incorporar o valor latino visível de *personalismo* em um protocolo de relacionamento culturalmente sensível. O personalismo refere-se à valorização e responsividade à dimensão pessoal dos relacionamentos, incluindo aqueles profissionais orientados para a tarefa como a psicoterapia. Como tal, a prática comum de focalizar imediatamente o problema apresentado em terapia pode ser vista como impessoal por pacientes latinos, especialmente se for às custas da lubrificação social necessária para construir a *confianza* (Roll, Millen e Martinez, 1980).

É importante não confundir personalismo com informalidade. Ou seja, seria um erro aproximar-se muito casualmente ou amigável demais. Como descrito por Roll e cols. (1980), a tarefa do psicoterapeuta culturalmente sensível é encontrar o equilíbrio entre a formalidade orientada para a tarefa e a atenção personalizada ao paciente. Para alcançar tal equilíbrio, é necessário que o terapeuta se envolva em conversação amena suficiente, ou *plática*, que inclua uma abertura pessoal consciente.

Conseqüentemente, durante a primeira sessão, o tempo é dividido para *presentaciones* nas quais terapeutas e pacientes compartilham informações pessoais sobre o lugar de origem, suas famílias, seu trabalho, interesses pessoais e assim por diante. A importância de todos se conhecerem um pouco antes de lidar com os problemas é enfatizada nessa sessão. As semelhanças entre pacientes em termos de países de origem, trabalho, interesses e assim por diante evoca naturalmente perguntas e conversa amena. Após as apresentações, os terapeutas ensinam os pacientes sobre o diagnóstico de depressão e o modelo da TCC. Finalmente, os pacientes são solicitados a compartilhar sua experiência de depressão, com ênfase especial no modo pelo qual ela afeta suas atividades, relacionamentos interpessoais e pensamentos.

Como uma avaliação preliminar do pensamento depressivo, os pacientes são solicitados a especular as causas da depressão. Uma mulher centro-americana de meia idade, por exemplo, atribuiu sua extrema depressão à morte de seu filho, que tinha sido morto há 12 anos na Nicarágua, onde os homens jovens eram freqüentemente alvos das forças de guerrilha ou do governo durante a guerra civil no país. A mulher relembrou, com lágrimas nos olhos, o trauma de ter de identificar o corpo baleado do filho no necrotério. É interessante que, quando perguntada se a causa de sua depressão era a morte do filho, ela disse que a culpa era dela, pois eles haviam discutido naquela manhã e, com raiva, ele saiu de maneira tempestuosa de casa para ir de encontro a seu destino desgraçado. Esse caso é exemplar para ilustrar a diferença entre perda normal e lamentação orientada pela culpa que exacerba a perda e pode resultar em depressão maior. Também ilustra os tipos de sofrimentos que refugiados centro-americanos, às vezes, trazem à terapia.

No caso acima, era imperativo contestar sua crença de que ela era responsável por forças acima de seu controle. Ela finalmente aprendeu a pensar que *"Sim, é verdade que meu filho e eu discutimos e que ele saiu de casa com raiva no dia de sua morte, mas isso não significa que foi minha culpa"*. Também a levamos a lembrar de que a vida dele incluía muito mais que sua morte trágica e lhe pedimos que se lembrasse dos momentos agradáveis com ele. Ela acabou contando que seu filho era muito brincalhão e lembrou de algumas de suas brincadeiras que a fizeram rir pela primeira vez em anos.

## Abordagem de Temas Problemáticos Comuns entre Pacientes Latinos

Felizmente, a maioria dos temas problemáticos que surge em terapia com pacientes latinos não é tão dramático quanto o exemplo acima. Na revisão de 28 relatórios publicados sobre terapia em grupo com latinos, Delgado e Humm-Delgado (1984) informaram que os temas problemáticos mais comuns giravam em torno de conflitos interpessoais no casamento e na família. Comas-Díaz (1985) conduziu uma análise de conteúdo dos temas problemáticos em seu trabalho em grupo de TCC com mulheres porto-riquenhas deprimidas e descobriu que o tempo de terapia era ocupado com problemas em relacionamentos interpessoais, filhos, cônjuges/amantes, choque cultural e sintomas de angústia psicológica. Acosta (1982) categorizou os problemas em seu trabalho de grupo com latinos em ruptura familiar, estresse por aculturação e discriminação.

Embora não se saiba se os latinos trazem mais problemas interpessoais e familiares à terapia do que seus equivalentes brancos não-latinos, muitos especialistas em saúde mental de latinos (por exemplo, Szapocznik, Santisteban, Kurtines, Perez-Vidal e Hervis, 1986) especulam que o estresse da imigração e da aculturação exacerba os problemas familiares normais. Os problemas de choque de gerações entre pais e filhos, por exemplo, podem ser exacerbados pelos problemas de choque de aculturação, nos quais os pais criticam seus filhos por serem americanizados demais, ao passo que os filhos criticam seus pais por serem muito "antiquados". Da mesma forma, os problemas de casais podem ser exacerbados pelo estresse gerado pelas mudanças nos papéis tradicionais dos sexos, nas quais as mulheres precisam sair para trabalhar em nome da sobrevivência econômica.

Como os pacientes latinos são predominantemente mulheres, os terapeutas precisam estar cientes dos papéis tradicionais dos sexos que prescrevem que as mulheres devem ser submissas, se sacrificar e suportar o sofrimento infligido pelos homens (Comas-Díaz, 1985). Como observado por Comas-Díaz (1985) e Torres-Matrullo (1982) em trabalho com mulheres porto-riquenhas com depressão, o pensamento depressivo parecia estar relacionado a expectativas irreais de papel, enfrentadas por essas mulheres, com respeito à proibição da expressão de raiva, permanecer casada apesar da qualidade do casamento e a expectativa de dar ajuda, mas não pedi-la. Os temas problemáticos e questões relativas aos sexos mencionadas acima fornecem aos terapeutas objetivos consistentes de intervenção ao trabalhar com latinos.

## Programação de Atividades

A programação de atividades e os contratos de comportamento para aumentar as atividades de reforço são utilizados para romper o ciclo vicioso da depressão que conduz a níveis baixos de atividade, os quais, por sua vez, mantêm a depressão. Também descobri que a programação de atividades é útil para combater a agorafobia relacionada ao transtorno de pânico em meus pacientes (Organista, 1995).

Ao aplicar técnicas cognitivo-comportamentais, os terapeutas devem estar atentos para o pressuposto cultural americano subjacente. Hays (1995) observou que a TCC baseia-se em vários valores do grupo dominante, tomados como universais, mas que nem sempre são prioridades universais (por exemplo, mudança, assertividade, habilidade verbal e independência pessoal). Um pressuposto implícito que esteja na programação de atividades, por exemplo, enfatiza a necessidade de "ter um tempo só seu", com base no valor de que é preciso cuidar de si mesmo antes de cuidar dos outros. Embora tal pressuposto seja, sem dúvida alguma, adaptativo na sociedade norte-americana orientada para o indivíduo, ele pode ir de encontro à ênfase na cultura latina, especialmente para as mulheres, de colocar as necessidades de outros membros da família à frente de seus próprios. Essa contradição cultural complica-se ainda mais pelo fato de que, embora as expectativas latinas tradicionais do papel das mulheres possam ser mais realistas dentro da família e sistemas da comunidade intactos (com seus muitos recursos de compensação), tais expectativas tornam-se irreais nos Estados Unidos, onde as famílias ficaram mais nucleares com menos recursos tradicionais.

Considere, por exemplo, o excesso de uma paciente que era responsável pelo serviço de casa e pela criação dos filhos na família, além de trabalhar o dia todo fora de casa. Para piorar as coisas, ela tinha poucos familiares ou amigos morando nas proximidades. Para essa paciente, era importante balancear suas muitas responsabilidades com algum tempo para relaxar. Mas como? Também era importante ensinar-lhe a estabelecer limites para seu marido e outros membros da família quanto ao serviço doméstico e a cuidar dos filhos.

Os pacientes latinos podem ser persuadidos a fazer atividades agradáveis com membros da família. A mulher no exemplo acima começou a aumentar as atividades agradáveis, levando os filhos para o parque depois do trabalho e visitando uma colega que também tinha filhos. As duas mulheres conversavam sobre o trabalho tomando café, enquanto os filhos brincavam juntos.

Nossos pacientes também nos ensinaram no decorrer dos anos que estão dispostos a aumentar atividades prazerosas a fim de *distraerse*, ou distrair-se da preocupação, do conflito e dos problemas. Essa percepção comum das atividades agradáveis, como um modo de escapar temporariamente dos problemas, fornece aos profissionais uma abertura para incentivar essa estratégia de intervenção eficaz. Aquela mulher considerou visitar a colega de trabalho uma distração agradável de suas tarefas diárias e do estresse.

Além disso, como os pacientes latinos são desproporcionalmente pobres, é preciso tomar cuidado para gerar discussões e listas de atividades locais que custem pouco ou nada (por exemplo, entrada grátis em museus e jardim zoológico na primeira quarta-feira do mês, fazer crochê ou preparar o prato favorito). As pessoas no grupo participam entusiasticamente do exercício de gerar tais listas, e uma delas pode ficar encarregada de escrever a lista, que pode ser copiada e distribuída entre os participantes quando estiver terminada. Em seguida, são abordados os obstáculos para realizar tais atividades (por exemplo, *falta de ganas*, ou seja, falta de vontade para fazer atividades por causa de depressão). Como os latinos são fãs de ditados, discutimos alguns como "*Você pode levar um cavalo até a água, mas não pode fazê-lo beber*", um modo de aumentar a motivação.

Finalmente, outro modo útil de reduzir os obstáculos para a realização de atividades é ensiná-los a estabelecer limites às exigências excessivas dos membros da família de maneira assertiva. A mulher acima, por exemplo, praticou como pedir ao marido para passar mais tempo com os filhos depois da escola, enquanto ela fazia compras para a família. Entretanto, para conseguir que uma latina faça tais solicitações assertivas requer uma abordagem culturalmente sensível ao treinamento de assertividade.

## Treinamento Assertivo

Na cultura latina tradicional, a comunicação e o comportamento são fortemente governados por instituições tradicionais, como família, comunidade e igreja, e também por valores em deferência àqueles com *status* mais elevado, como idade, sexo e posição social. Assim sendo, a comunicação assertiva pode vir de encontro à ênfase cultural na comunicação, que é cortês, sem confrontos, respeitosa e até mesmo propositadamente indireta (por exemplo, pedir a um parente para falar com outro em seu favor). Tal comunicação é especialmente verdade para mulheres, que são ensinadas a respeitar e obedecer aos homens e subordinar suas necessidades a eles (Comas-Díaz, 1985). Infelizmente, um sistema tão tradicional de comunicação está sujeito ao colapso na sociedade moderna, na qual as funções mediadoras das instituições tradicionais estão se deteriorando rapidamente. Assim, a necessidade dos membros da sociedade norte-americana de transmitir assertivamente suas necessidades e desejos é imperativa para a adaptação ideal.

Apesar do dilema sociocultural de ensinar um estilo moderno, ocidental e particularmente americano de comunicação a indivíduos tradicionalmente orientados (Rakos, 1991), o argumento para assim fazer com pacientes latinos é convincente. Soto e Shaver (1982), por exemplo, estudaram uma amostra de 287 mulheres porto-riquenhas e descobriram que aquelas mais fortemente imbuídas no tradicionalismo de papéis dos sexos eram as menos assertivas e as mais psicologicamente angustiadas. Assim, a pergunta que fica é como conduzir o treinamento de assertividade de maneira culturalmente sensível. Há descrições animadoras do treinamento de assertividade com latinos (Acosta, 1982; Boulette, 1976; Herrera e Sanchez, 1976; Torres-Matrullo, 1982), assim como diretrizes culturalmente sensíveis para conduzir o treinamento de assertividade com minorias étnicas em geral (Wood e Mallinckrodt, 1990) e, particularmente, com latinas (Comas-Díaz e Duncan, 1985).

Os modelos cognitivo-comportamentais de treinamento de assertividade (por exemplo, Lange e Jakubowski, 1977) enfatizam o conceito de "direitos pessoais" como um modo de motivar a assertividade; mas esse conceito pode ser estranho para os sistemas de amizade e de família não democráticos e que não pressupõe a igualdade dos pacientes latinos. Assim, em nossa clínica, nos desviamos sensivelmente da cultura latina tradicional, incentivando os pacientes a ampliarem a capacidade bicultural, adicionando a comunicação assertiva ao estilo tradicional de comunicação. Ou seja, tornamos os pacientes biculturais ao descrever a assertividade como uma habilidade de comunicação eficaz na sociedade americana em áreas, como trabalho, escola, ambientes de influência e relacionamentos interpessoais. A ênfase na biculturação baseia-se em um modelo "viciado" de terapia, no qual a tarefa é acrescentar habilidades de comunicação ao repertório atual do paciente sem desvalorizar os estilos de comunicação tradicionais.

Toma-se cuidado para enfatizar os aspectos culturalmente compatíveis de assertividade, como a ênfase na comunicação que não somente é direta, mas também honesta, respeitosa, um modo de cultivar relacionamentos familiares e uma boa maneira de ensinar os filhos a serem interpessoalmente eficazes na sociedade.

Com base nas diretrizes de Comas-Díaz e Duncan (1985), os fatores culturais latinos que mitigam contra o desenvolvimento da assertividade são discutidos em grupo, assim como as estratégias para lidar com reações negativas previsíveis dos cônjuges e outros indivíduos de *status* mais alto. Comas-Díaz e Duncan ensinaram mulheres porto-riquenhas, por exemplo, a prefaciar expressões assertivas com frases como *con todo respeto* (com todo respeito) e *me permite expresar mis sentimientos?* (posso expressar meus sentimentos?). Além disso, os pacientes são instruídos a responder às reações negativas a sua assertividade com explicações como "*Expressar meus sentimentos me deixa menos chateada e mais capaz de lidar com as coisas*".

Uma mulher aparentemente passiva em nosso grupo, por exemplo, aprendeu a responder mais assertivamente às críticas excessivas e à atitude dominadora da mãe. Em uma determinada ocasião, a paciente estava muito magoada porque, quando falou para sua mãe sobre a possibilidade de conseguir um emprego para o qual havia se candidatado, a mãe respondeu dizendo: "*E como você pretende trabalhar se nem sabe falar inglês?*". Quando perguntamos por que ela não expressou sua mágoa para sua mãe, ela respondeu que não queria desrespeitá-la. Esse último ponto é digno de nota, pois, embora a probabilidade de os latinos serem passivos seja igual a de qualquer outra pessoa, o motivo para a paciente suportar a insensibilidade da mãe tinha origem na prática, baseada na cultura de comportamento respeitoso para com os pais e não na passividade em si.

Com a ajuda do modelo dado pelos terapeutas e a dramatização, ela pôde finalmente dizer à mãe: "*Com o devido respeito, mamãe, você poderia, por favor, me apoiar mais em meus esforços para conseguir um emprego? Fico magoada quando você me critica e me desanima*". Com um misto de surpresa e raiva, a mãe criticou sua filha por "responder" e a chamou de malcriada. Mas a dramatização e a discussão em grupo tinha preparado essa paciente para essa reação, a qual ela respondeu: "*Posso dizer uma coisa sobre isso?"*. A mãe não pôde dizer não e a paciente continuou: *"Se você não me deixar expressar meus sentimentos, vou me sentir mal e ficar ressentida com você e eu não quero isso"*. Nesse caso, a discussão em grupo foi extremamente útil para diferenciar uma comunicação assertiva respeitosa e honesta das expressões rudes, desrespeitosas e agressivas de uma pessoa malcriada.

Outro modo excelente de motivar os pacientes latinos a considerar a assertividade é lhes perguntar o que acontece quando guardam os sentimentos negativos para si. Quase sem exceção, eles descrevem a exacerbação da existência de doença física, como pressão alta, diabetes, doença do coração, gastrintestinal e outros sintomas somáticos. Uma mulher que sobreviveu a um ataque do coração, por exemplo, ficou muito motivada em se tornar assertiva, como uma maneira de diminuir a probabilidade de um segundo ataque por não guardar a raiva, e o ressentimento que tinha por seu marido que se tornava ofensivo e negligente quando bebia demais.

A abordagem acima é importante porque os pacientes latinos cujos relatos da tendência de guardar a raiva em vez de expressá-la a cônjuges, membros da família e outros com quem eles ficam aborrecidos. A tendência de guardar para si pode ser vista como parte de um estilo mais abrangente, baseado na cultura e conhecido como se controlar, ou seja, ter autocontrole disciplinado dos pensamentos e sentimentos negativos que conduzem à resignação ou aos esforços para superar o sofrimento (Cohen, 1985).

## Reestruturação Cognitiva

Na revisão da literatura sobre o processo e o resultado psicoterapêuticos, Orlinsky e Howard (1986) concluíram que os fatores do terapeuta, como exploração de problemas, interpretação e confrontação ativa, eram mais eficazes do que apoio, aconselhamento e abertura pessoal do terapeuta. A reestruturação cognitiva necessita confrontar os pacientes sobre seus pensamentos não saudáveis e suas crenças centrais. Como mencionado anteriormente, a empatia é a chave para essa intervenção em combinação com a modificação dos métodos tradicionais de reestruturação cognitiva.

Durante anos, os terapeutas em nossa clínica tentaram usar o método A-B-C-D (Terapia Racional Emotiva) de Albert Ellis, como uma maneira simples de ensinar os pacientes a identificar e mudar o modo problemático de pensar (Ellis e Grieger, 1977). Entretanto, não somente o acrônimo

A-B-C-D não se traduz bem em espanhol, mas raramente nossos pacientes conseguem mapear o A – *Activating event* (evento ativador); B – *Beliefs about the activating event* (crenças sobre o evento ativador); C – *emotional Consequences of beliefs* (as conseqüências emocionais das crenças); e D – *how to Dispute irrational beliefs related to negative emotional consequences* (como combater as crenças irracionais, relacionadas a conseqüências emocionais negativas).

Em vista desse problema, ensino aos pacientes latinos a diferença entre pensamentos "úteis" que ajudam a reduzir sintomas e iniciar comportamentos adaptativos, e pensamentos "inúteis" que fazem o oposto. Além disso, dou forma à reestruturação cognitiva, ensinando o que eu chamo de técnica do "sim, mas...", na qual explico que muito dos pensamentos problemáticos remontam a "meias verdades" sobre os problemas que precisam se tornar "verdades inteiras". Em lugar de provocar a atitude defensiva ao rotular as crenças do paciente, como irracionais ou distorcidas, os terapeutas fazem com que os pacientes se sintam compreendidos quando comunicam que seus pensamentos são compreensíveis devido às circunstâncias.

Um exemplo é uma paciente que tratamos, uma mulher centro-americana de meia-idade, brilhante, que sobreviveu 12 anos de abuso do marido e cuja depressão originou-se da crença central de que "*Se não tivesse permanecido nesse casamento por tanto tempo, meus filhos não teriam ficado emocionalmente prejudicados*". A culpa imputada a si mesma, relacionada à depressão, nessa crença assim como a omissão das realizações significativas da paciente, foram abordadas pedindo para a paciente completar a seguinte meia verdade: "*Sim, é triste que eu tenha permanecido em um casamento abusivo por tanto tempo e que meus filhos ficaram expostos a essa situação, mas...*", a qual ela acabou respondendo: "*Mas eu finalmente o deixei e criei bem meus dois filhos aqui nos Estados Unidos sozinha!*". Os outros participantes do grupo pediram-lhe que descrevesse seus filhos, agora adultos, ao que o terapeuta perguntou se eles pareciam indivíduos emocionalmente prejudicados.

Outro problema comum é que muitos de nossos pacientes de meia-idade freqüentemente têm de parar de trabalhar e limitar suas responsabilidades em função de problemas médicos crônicos, incapacidade e depressão. Em uma amostra de 176 de nossos pacientes clínicos com depressão, por exemplo, 52% apresentavam condições médicas crônicas (Organista, Muñoz e González, 1994). Infelizmente, uma conclusão comum a que tanto homens como mulheres latinos chegam é que "*no sirvo para nada*", pois sua noção de valor pessoal está excessivamente investida de fornecer formas tangíveis de sustentar a família. Novamente, ensinamos a reestruturação cognitiva, pedindo aos pacientes para completar declarações como "*Sim, meus problemas de saúde limitam o que posso fazer, mas...*", ao qual os pacientes respondem com algo como "*Mas isso não significa que sou inútil*" ou "*Ainda existem algumas coisas que posso fazer pela minha família*".

Como a maioria de nossos pacientes é católica praticante, consideramos a religião um campo cognitivo-comportamental no qual os terapeutas precisam trabalhar com pacientes latinos religiosos e tradicionais. Damos valor ao fato de ir à igreja e rezar como atividades comportamentais e cognitivas, respectivamente, que os ajuda a lidar com o estresse e os estados negativos de humor. Mas também aprendemos a explorar e contestar as formas de rezar que parecem minorar a probabilidade de resolver problemas ativamente. Quando os pacientes dizem que "acabaram de rezar", como uma maneira de enfrentar seus problemas, por exemplo, pedimos que compartilhem suas orações em grupo. Eles freqüentemente respondem que simplesmente pediram a Deus para aliviar seu sofrimento ou resolver os problemas pessoais. Em casos assim, os ajudamos a mudar as orações em uma direção mais ativa, usando técnicas como discutir o ditado "Deus ajuda a quem se ajuda". Por intermédio disso, damos um modelo a eles e pedimos para dizerem orações pedindo a Deus para lhes dar apoio ao tentar novos comportamentos (por exemplo, "*Deus, por favor, me dê forças para aumentar minhas atividades diárias, aprender a ser assertivo e assim por diante*").

Em um tom mais sério, encontramos pacientes que não seguiam a dieta e não tomavam corretamente os medicamentos para os problemas médicos por terem escolhido colocar seu destino nas mãos de Deus. Um idoso originário do México que decidiu não seguir a dieta e não tomar a medicação para diabetes, por exemplo, afirmou que, se era vontade de Deus que ele morresse, então ele morreria. Rapidamente o informamos que ele estava "testando" a vontade de Deus e perguntamos ao grupo "*Quem somos nós para fazer isso?*". Eu disse ao homem que seria o mesmo que colocar uma bala no revólver, girar o tambor, colocar a arma na cabeça e dizer "*Vamos ver se Deus quer que eu viva ou morra*". Além disso, digo a esse tipo de paciente que se eles realmente querem saber a vontade de Deus, eles precisam utilizar todos os recursos que Deus nos deu e depois ver o que acontece.

Em tom humorístico, muitas vezes, conto a história da mulher de meia-idade cuja cidade está inundando, mas que se recusa a entrar no carro de resgate por ter fé que Deus a salvará. Com o nível de água ainda subindo, a mulher se recusa a subir a bordo de um barco de resgate e depois de um helicóptero. Sentada no telhado da casa, ainda insiste que Deus a salvará porque ela sempre foi uma católica praticante fervorosa. Terminamos a história informando que a pobre mulher se afogou, foi para o céu e exigiu saber por que Deus não a salvou, uma mulher de tanta fé. Deus respondeu que tentou várias vezes; primeiro enviando um carro de resgate, depois um barco de resgate e finalmente um helicóptero!

## RESUMO

Infelizmente, foram conduzidas pouquíssimas pesquisas de resultados sobre a eficácia da TCC com latinos e outras minorias étnicas (Casas, 1988). Em minha revisão da literatura sobre os resultados da TCC na depressão, por exemplo, encontrei apenas um estudo controlado de resultados com pacientes escolhidos aleatoriamente em latinos. Nesse estudo, Comas-Díaz (1981) investigou a eficácia da terapia cognitiva em grupo e da terapia comportamental em uma pequena amostra de 26 mães solteiras porto-riquenhas, falantes de espanhol, deprimidas com um histórico socioeconômico de baixa renda. Os resultados mostraram reduções significativas e comparáveis na depressão tanto no tratamento cognitivo como no comportamental, em comparação ao grupo de controle na fila de espera.

Em um estudo preliminar de resultado da TCC em grupo com 175 de nossos pacientes do Hospital Geral de São Francisco, quase a metade dos quais eram latinos falantes de espanhol, descobrimos reduções significativas antes e depois do tratamento na depressão (Organista e cols., 1994). Entretanto, tais reduções na depressão eram de sintomatologia de severa a moderada, ao passo que os estudos de resultado da TCC, normalmente, relatam reduções de sintomas de leves a moderadas (Nietzel, Russell, Hemmings e Gretter, 1987). Tal diferença não é de surpreender, considerando que os participantes das pesquisas na literatura de resultados da TCC estão altamente motivados para o tratamento e são quase exclusivamente pessoas brancas não-hispânicas e de classe média, selecionadas para os tipos de problemas que caracterizam nossos pacientes (por exemplo, condições médicas, abuso de substâncias e transtornos de ansiedade concomitantes).

Nossa equipe de pesquisa clínica acaba de concluir um relatório auspicioso sobre um experimento com pacientes escolhidos aleatoriamente, que comparou a TCC em grupo com e sem tratamento de caso clínico

(J. Miranda, Azocar, Organista, Dwyer e Arean, 2000). Os serviços de tratamento de caso clínico foram observados como uma maneira de intensificar a TCC em grupo e abordar as várias necessidades de nossos pacientes de minorias étnicas e baixa renda. Além de fornecer serviços tradicionais de assistência social de tratamento de caso, os responsáveis pelos casos também funcionam como co-terapeutas na TCC em grupo e, portanto, podem reforçar o trabalho clínico então durante as sessões individuais de tratamento de caso (para uma descrição completa, consulte Organista e Valdes Dwyer, 1996). Havia 199 participantes (77 latinos falantes de espanhol e 122 americanos predominantemente brancos e africanos não-latinos falantes de inglês). Os resultados revelaram menor taxa de desistência na TCC em grupo mais tratamento de caso clínico, em comparação com a TCC em grupo sozinha. O primeiro também foi mais eficaz na redução da depressão e melhora do funcionamento, mas somente para os pacientes latinos falantes de espanhol. Esta última descoberta é consistente com a pesquisa anterior de Sue e cols. (1991) que demonstrou que a combinação lingüística e étnica na terapia melhorava a continuação e o resultado para pacientes latinos e asiáticos com baixa aculturação, mas não para anglo-americanos ou negros americanos. Miranda e cols. (2000) concluíram que os pacientes latinos eram mais responsivos à TCC em grupo mais tratamento de caso clínico devido a suas necessidades especiais relacionadas à aculturação lingüística.

Dada a escassez de pesquisas com informações sobre a eficácia das aplicações culturalmente sensíveis da TCC dependemos da experiência, criatividade e flexibilidade dos clínicos que conduzem TCC com latinos e outros grupos, para compartilhar o que eles acreditam ser eficaz. Assim sendo, os relatórios descritivos na literatura são consistentes na discussão da melhor adequação entre a terapia em grupo em geral, e a TCC em particular com a cultura e experiência latinas nos Estados Unidos. Além de incorporar os valores latinos visíveis na TCC para aumentar sua atração, os terapeutas também podem ensinar aos pacientes latinos as habilidades americanas no intuito de torná-los mais eficazes biculturalmente. A terapia em grupo é uma modalidade ideal para conduzir a TCC com latinos, em função dos temas problemáticos notavelmente semelhantes desses pacientes tradicionalmente orientados.

Além das pesquisas básicas de resultados da TCC com latinos, as direções futuras nessa área também precisam incluir a teorização sobre a interação entre os valores latinos tradicionais e estabelecimento de papéis, as circunstâncias sociais características (por exemplo, pobreza) e os problemas de saúde mental. As desvantagens do papel tradicional dos sexos para as latinas com depressão, por exemplo, poderiam ser explicadas e examinadas com esses pacientes de maneira análoga à abordagem, focada no esquema de Young (1994, p. 13), na qual ele delineou os primeiros esquemas mal adaptativos que guiam os problemas interpessoais (por exemplo, "Subjugação/Falta de individuação – o sacrifício voluntário ou involuntário das necessidades pessoais para satisfazer as necessidades de outros, geralmente fracassando em reconhecer as próprias necessidades"). O respeito à autoridade é outro exemplo (isto é, "é falta de respeito discordar ou expressar raiva a autoridades, como idosos, profissionais, chefes, etc."). Embora possam ser mais funcionais em ambientes tradicionais, esses valores culturais podem ser excessivos e limitadores nos Estados Unidos, onde a experiência dos latinos é mais moderna e bicultural.

Além disso, o estresse da aculturação precisa ser estudado por seu papel na ativação de atribuições inúteis e culturalmente baseadas nas áreas de problemas pessoais e interpessoais. No trabalho com famílias cubanas, por exemplo, Szapocznik descobriu que os pais freqüentemente culpam os filhos americanizados demais pelos problemas familiares e seus filhos, por sua vez, culpam os pais por serem tão antiquados. Em seu Treinamento de Eficácia Bicultural, Szapocznik e cols. (1986) ensinaram todos os membros da família a "culpar" o processo de aculturação e os desafiaram a se ajudarem na adaptação à sociedade americana (por exemplo, como os pais podem ajudar seus filhos a adaptarem-se à sociedade americana sem deixarem de terem respeito e responsabilidade em relação à família?).

## REFERÊNCIAS BIBLIOGRÁFICAS

Acosta, F. X. (1979). Barriers between mental health services and Mexican Americans: An examination of a paradox. American Journal of Community Psychology, 7, 503-520.

Acosta, F. X. (1982). Group psychotherapy with Spanish-speaking patients. In R. M. Becerra, M. Karno, & J. I. Escobar (Eds.), Mental illness and hispanic Americans: Clinical perspectives (pp. 183-197). New York: Grune & Stratton.

Acosta, F. X., Yamamoto, J., & Evans, L. A. (1982). Effective psychotherapy for low-income and minority patients. New York: Plenum Press.

American Psychiatric Association. (1994). Diagnostic and statistical manual of mental disorders (4th ed.). Washington, DC: Author.

Angel, R., & Guarnaccia, P. J. (1989). Mind, body, and culture: Somatization among Hispanics. Social Science Medicine, 28, 1229-1238.

Arredondo, P. (1991). Counseling Latinas. In C. C. Lee & B. L. Richardson (Eds.), Multicultural issues in counseling: New approaches to diversity (pp. 143-156). Alexandria, VA: American Association for Counseling and Development.

Barrera, M., Jr. (1978). Mexican-American mental health service utilization: A critical examination of some proposed variables. Community Mental Health Journal, 14, 35-45.

Boulette, T. R. (1976). Assertion training with low income Mexican American women. In M. R. Miranda (Ed.), Psychotherapy with the Spanish-speaking: Issues in research and service delivery (Monograph No. 3, pp. 16-71). Los Angeles: University of California, Los Angeles, Spanish-Speaking Mental Health Research Center.

Bruce, M. L., Takeuchi, D. T., & Leaf, P. J. (1991). Poverty and psychiatric status. Longitudinal evidence from the New Haven Epidemiologic Catchment Area Study. Archives of General Psychiatry, 48, 470-474.

Burns, D. D., & Nolen-Hoeksema, S. (1992). Therapeutic empathy and recovery from depression in cognitive-behavioral therapy: A structural equation model. Journal of Consulting and Clinical Psychology, 60, 441-449.

Casas, J. M. (1988). Cognitive-behavioral approaches: A minority perspective. The Counseling Psychologist, 16, 106-110.

Cervantes, R. C., Salgado de Snyder, V. N., & Padilla, A. M. (1989). Post traumatic stress disorder among immigrants from Central America and Mexico. Hospital and Commurtity Psychiatry, 40, 615-619.

Cohen, L. M. (1985). Controlarse and the problems of life among Latino immigrants. In W. A. Vega & M. R. Miranda (Eds.), Stress and Hispanic mental health: Relating research to service delivery (DHHS Pub. No. ADM 85-1410, pp. 202-218). Rockville, MD: U.S. Department of Health and Human Services.

Comas-Díaz, L. (1981). Effects of cognitive and behavioral group treatment on the depressive symptomatology of Puerto Rican women. Journal of Consulting anti Clinical Psychology, 49, 627-632.

Comas-Díaz, L. (1985). Cognitive and behavioral group therapy with Puerto Rican women: A comparison of content themes. Hispanic Journal of Behavioral Sciences, 7, 273-283.

Comas-Díaz, L., & Duncan, J. W. (1985). The cultural context: A factor in assertiveness training with mainland Puerto Rican women. Psychology of Women Quarterly, 9, 463-476.

Delgado, M. (1983). Hispanics and psychotherapeutic groups. International Journal of Group Psychotherapy, 33, 507-520.

Delgado, M., & Humm-Delgado, D. (1984). Hispanics and group work: A review of the literature. Ethnicity in Group Work Practice, 7(3), 85-96.

Ellis, A., & Grieger, R. (1977). Handbook of rational emotive therapy. New York: Holt, Rinehart & Winston.

Escobar, J. I., Golding, J. M., Hough, R. L., Karno, M., Burnam, M. A., & Wells, K. B. (1987). Somatization in the community: Relationship to disability and use of services. American Journal of Public Health, 77, 837-840.

Franklin, G. S., & Kaufman, K. S. (1982). Group psychotherapy for elderly female Hispanic outpatients. Hospital & Community Psychiatry, 33(5), 385-387.

Goldstein, A. P. (1971). Psychotherapeutic attraction. New York: Pergamon.

Hays, P. A. (1995). Multicultural applications of cognitive-behavior therapy. Professional Psychology: Research and Practice, 26, 309-315.

Healey, J. F. (1995). Hispanic Americans: Colonization, immigration, and ethnic enclaves. In J. F. Healey (Ed.), Race, ethnicity, gender, and class: The sociology of group conflict and change (pp. 341-401). Thousand Oaks, CA: Pine Forge Press.

Herrera, A. E., & Sanchez, V. C. (1976). Behaviorally oriented group therapy. A successful application in the treatment of low income Spanish-speaking clients. In M. R. Miranda (Ed.), Psychotherapy with the Sparlish-speaking: Issues ill research and service delivery (Monograph No. 3, pp. 73-84). Los Angeles: University of Californian Spanish-Speaking Mental Health Research Center.

Hollon, S., & Shaw, B. (1979). Group cognitive therapy for depressed patients. In A. Beck, A. Rush, B. Shaw, & G. Emery (Eds.), Cognitive therapy of depression (pp. 328-353). New York: Guilford Press.

Hynes, K., & Warbin, J. (1977). Group psychotherapy for Spanish-speaking women. Psychiatric Annals, 7, 52-63.

Karno, M., & Edgerton, R. B. (1969). Perceptions of mental illness in a Mexican American community. Archives of General Psychiatry, 20, 233-238.

Karno, M., Ross, R. N., & Caper, R. A. (1969). Mental health roles of physicians in a Mexican American community. Community Mental Health Journal, 5, 6269.

Kessler, R. C., McGonagle, K. A., Zhao, S., Nelson, C. B., Hughes, M., Eshleman, S., Wittchen, H., & Kendler, K. S. ( 1994). Lifetime and 12-month prevalence of DSM-III-R psychiatric disorders in the United States. Archives of General Psychiatry, 51, 8-19.

Kolody, B., Vega, W., Meinhardt, K., & Bensussen, G. (1986). The correspondence of health complaints and depressive symptoms among Anglos and Mexican Americans. Journal of Nervous anti Mental Disease, 174, 221-228.

Lange, A. J., & Jakubowski, P. (1977). Responsible assertive behavior: Cognitive/behavioral procedures for trainers. Champaign, IL: Research Press.

Lewinsohn, P. M., Munoz, R. F., Youngren, M. A., & Zeiss, A. M. (1986). Control your depression (Rev. ed.). New York- Prentice Hall.

McKinley, V. (1987). Group therapy as a treatment modality of special value for Hispanic patients. International Journal of Group Psychotherapy, 37, 255-268.

Miranda, M. R. (Ed.). (1976). Psychotherapy with the Spanish-speaking: Issues in research and service delivery (Monograph No. 3). Los Angeles: University of California, Los Angeles, Spanish-Speaking Mental Health Research Center.

Miranda, J., Azocar, F., Organista, K. C., Dwyer, E., & Arean, P. (2000). Treatment of depression in disadvantaged medical patients. Unpublished manuscript, Georgetown University Medical Center, Washington, DC.

Muñoz, R. F. (1995). Toward combined prevention and treatment services for major depression. In C. Telles & M. Karno (Ed.), Latino mental health: Current research anti policy perspectives (pp. 183-200). Los Angeles: University of California, Los Angeles, Neuropsychiatric Institute.

Muñoz, R. F., Aguilar-Gaxiola, S., & Guzman, J. ( 1986). Manual de terapia de grupo para el tratamiento cognitivo-conductual de depresion [Group therapy manual for cognitive-behavioral treatment of depression]. Unpublished manual, San Francisco General Hospital Depression Clinic, San Francisco.

Muñoz, R. F., & Miranda, J. (1986). Group therapy manual for cognitive-behavioral treatment of depression. Unpublished manual, San Francisco General Hospital, Depression Clinic, San Francisco.

Muñoz, R. F., & Ying, Y. W. (1993). The prevenıion of depression: Research anti practice. Baltimore: John Hopkins University Press.

Nietzel, M. T., Russell, R. L., Hemmings, K. A., & Gretter, M. L. (1987). Clinical s ignificance of psychotherapy for unipolar depression: A metal analytic approach to social comparison. Journal of Consulting and Clinical Psychology, 55, 156-161.

Organista, K. C. (1995). Cognitive-behavioral treatment of depression and panic disorder in a Latina patient: Culturally sensitive case formulation. In Session: Psychotherapy in Practice, 1, 53-64.

Organista, K. C., Muñoz, R. F., & Gonzalez, G. (1994). Cognitive-behavioral therapy for depression in low-income and minority medical outpatients: Description of a program and exploratory analyses. Cognitive Therapy and Research, 18, 241-259.

Organista, K. C. & Valdes Dwyer, E. (1996). Clinical case management and cognitive-behavorial therapy: Integrated psychosocial services for depressed Latino primary care patients. In P. Manoleas (Ed.), The cross-cultural practice of clinical case management in mental health (pp. 119-143). New York: The Halworth Press.

Orlinsky, D. E., & Howard, K. I. (1986). Process and outcome in psychotherapy. In S. L. Garfield & A. E. Bergin (Eds.), Handbook of psychotherapy and behavior change (3rd ed., pp. 311-381). New York: Wiley.

Padilla, A. M., Carlos, M. L., & Keefe, S. E. (1976). Mental health service utilization by Mexican Americans. In M. R. Miranda (Ed.), Psychotherapy with the Spanish-speaking: Issues in research and service delivery (Monograph No. 3). Los Angeles: University of California, Los Angeles, Spanish-Speaking Mental Health Research Center.

Padilla, A. M., & Ruiz, R. A. (1973). Latino mental health: A review of the literature. Washington, DC: U.S. Government Printing Office.

Parron, D. L. (1982). An overview of minority group mental health needs and issues as presented to the President's Commission on Mental Health. In F. V. Munoz & R. Endo (Eds.), Perspectives on minority group mental health (pp. 322). Washington, DC: University Press of America.

Plante, T. G., Manuel, G. M., Menendez, A. V., & Marcotte, D. (1995). Coping with stress among Salvadoran immigrants. Hispanic Journal of Behavioral Sciences, 17, 471-479.

Rakos, R. F. (1991). Assertive behavior: Theory, research, and training. New York: Routledge.

Rogler, L. H., Malgady, R. G., Costantino, G., & Blumenthal, R. (1987). What do culturally sensitive mental health services mean? American Psychologist, 42, 565-570.

Roll, S., Millen, L., & Martinez, R. (1980). Common errors in psychotherapy with Chicanos: Extrapolations from research and clinical experience. Psychotherapy: Theory, Research anti Practice, 17, 158-168.

Rose, S., Tolman, R. M., & Tallant, S. (1985). Group process in cognitive-behavioral therapy. Behavior Therapist, 8, 71 -83.

Salgado de Snyder, V. N., Cervantes, R. C., & Padilla, A. M. (1990). Gender and ethnic differences in psychosocial stress and generalized distress among Hispanics. Sex Roles, 22, 441-453.

Satterfield, J. M. (1994). Integrating group dynamics and cognitive-behavioral groups: A hybrid model. Clinical Psychology: Science and Practice, 1, 185-195.

Shrout, P. E., Canino, G. J., Bird, H. R., Rubio-Stipec, M., Bravos, M., & Burnam, M. A. (1992). Mental health status among Puerto Ricans, Mexican Americans, and non-Hispanic whites. American Journal of Community Psychology, 20, 729-752.

Snowden, L. R. (Ed.). (1982). Reaching the underserved: Mental health needs of neglected populations. Beverly Hills, CA: Sage.

Soto, E., & Shaver, P. (1982). Sex-role traditionalism, assertiveness, and symptoms of Puerto Rican women living in the United States. Hispanic Journal of Behavioral Sciences, 4, 1-19.

Sue, S. (1977). Community mental health services to minority groups: Some optimism, some pessimism. American Psychologist, 32, 616-624.

Sue, S., Fujino, D. C., Hu, L., Takeuchi, D. T., & Zane, N. W. S. (1991). Community mental health services for ethnic minority groups: A test of the cultural responsiveness hypothesis. Journal of Consulting and Clinical Psychology, 59, 533-540.

Szapocznik, J., Santisteban, D., Kurtines, W., Perez-Vidal, A., & Hervis, O. (1986). Bicultural effectiveness training: A treatment intervention for enhancing intercultural adjustment in Cuban American families. Hispanic Journal of Behavioral Sciences, 6, 317-344.

Torres-Matrullo, C. (1982). Cognitive therapy of depressive disorders in the Puerto Rican female. In R. M. Becerra, M. Karno, & J. I. Escobar (Eds.), Mental health and Hispanic Americans (pp. 101-113). New York: Grune & Stratton.

U.S. Bureau of the Census. (1994, March). Hispanic Population the United States, 1993. Current Population Reports (Series P20-475). Washington, DC: U.S. Government Printing Office.

U.S. Department of Commerce. (1993). 1990 Census of Population: Social and Economic Characteristics of California (1990 CP-2-6). Washington, DC: U.S. Government Printing Office.

Wood, P. S., & Mallinckrodt, B. (1990). Culturally sensitive assertiveness training for ethnic minority clients. Professional Psychology: Research and Practices 21, 5-11.

Young, J. (1994). Cognitive therapy for personality disorders: A schema-focused approach (2nd ed.). Sarasota, FL: Professional Resource Press.

# 12

# Sexualidade da Mulher

Susan Walen
Janet L. Wolfe

Os grupos pré-orgásmicos e de intensificação sexual só de mulheres de tempo limitado têm trazido demonstrações contundentes de como pode ser feita uma terapia sexual de maneira eficiente e eficaz quando são fornecidas condições adequadas de aprendizado. Em alguns dos primeiros estudos (por exemplo, Barbach, 1974; Heinrich, 1976), a maioria das participantes dos grupos aprenderam como ter um orgasmo na masturbação e, com o tempo, muitas foram capazes de generalizar suas habilidades sexuais a situações com parceiros. Outros resultados freqüentemente relatados incluíram redução de ansiedade sexual, redução de inibições sexuais, maior aceitação pessoal, maior aceitação do próprio corpo, maior confiança na capacidade de se sentir sensual e maior desejo por sexo (Barbach, 1980; Walen e Wolfe, 1983).

Um elemento terapêutico importante identificado na terapia em grupo é o alívio da culpa infligida a si mesma e da ansiedade que surgem da descoberta do sofrimento compartilhado por outros participantes do grupo e a aceitação pelos outros apesar dos defeitos (Yalom, 1985). Grupos custam menos do que a terapia individual ou conjunta, a qual também requer um parceiro cooperativo. Mais importante de tudo, os grupos de mulheres parecem fornecer um contexto idealmente adequado, para lhes conferir fortes experiências emocionais corretivas e um ambiente de aprendizado altamente facilitador. Um ingrediente principal é a maior liberdade de comunicação que o grupo composto de pessoas do mesmo sexo parece oferecer. Meador, Solomon e Bowen (1972, p.338) descobriram que *"as mulheres juntas falam de maneira diferente daquela quando estão na presença de homens. O condicionamento cultural assimilado pela maioria das mulheres aflora se um homem estiver presente"*.

Uma influência importante nas dificuldades das mulheres em relação ao prazer sexual é seu *script* do papel do sexo, no qual elas devem ser passivas e dependentes, valorizarem-se e a seus corpos, muito com base em sua habilidade de seduzir e segurar os homens e confiar que um homem virá e acenderá seu fogo orgásmico. O grupo de sexualidade só de mulheres fornece um lugar onde uma mulher pode vir, deixando as influências psicossociais do passado do lado de fora, encontrar apoio e proteção e discutir, aprender e praticar uma série inteiramente diferente de atitudes em relação a si mesmas e sua sexualidade. No clima de calor humano, apoio, brincadeira e carinho que rapidamente se estabelece, a mulher pode experimentar seu próprio poder como pessoa, desenvolver um relacionamento mais positivo consigo mesma e com seu corpo, e se responsabilizar por seu próprio prazer sexual e seus próprios orgasmos.

Entre as sessões, quando ela está fazendo a lição de casa da masturbação, a participante do grupo é confortada pelo pensamento de que há pelo menos mais seis outras mulheres fazendo a mesma coisa. De volta ao grupo, ela está abastecida com um conjunto de contingências de reforço que são, geralmente, o reverso daquelas no "mundo exterior". Em oposição à impaciência ou culpa que pode ter recebido do marido ou amante, ela recebe abraços e aplausos das outras participantes pela primeira fisgada que conseguiu em seu clitóris ou suas primeiras tentativas desajeitadas de ser assertiva. Uma mulher sem parceiros, com aparência de dor na faixa dos 50 anos de idade – que geralmente não é vista como uma pessoa sensual por fora (pelos outros e por si mesma) –, experimenta a si mesma pela primeira vez como uma "máquina de fazer sexo" invejada, sendo elogiada por seu novo "brilho" quando relata ao grupo sua experimentação sexual com massageadores de água e novas posições de masturbação. As participantes do grupo recebem reforço e apoio em um novo sistema de crenças, o qual é a base da autodeterminação sexual: de que elas têm o direito de terem suas próprias vontades (sexuais ou não) satisfeitas, em vez de meramente tomar conta dos outros, e elas estão no comando de suas próprias vidas e sexualidade. E, finalmente, em um grupo em que todas as participantes têm os mesmos tipos de órgãos genitais e essencialmente o mesmo congelamento prolongado em relação à discussão sexual, elas recebem a prática muito necessária de compartilhar os sentimentos sexuais e falar sobre sexo, o que se tornará uma ponte para comunicarem mais confortavelmente esses sentimentos a seus parceiros.

## UM MODELO COGNITIVO-COMPORTAMENTAL DE GRUPO

É nossa intenção neste capítulo descrever detalhadamente como conduzimos nossos grupos de mulheres e descrever os procedimentos para lidar com os tipos típicos de problemas. Como um ingrediente importante é lidar com problemas de maneira individualizada e flexível, recomenda-se que o capítulo seja usado não como um plano rígido de como *se deve* administrar o grupo, mas como um conjunto de sugestões de procedimentos e questões que surgiram nos grupos que conduzimos. Embora ainda não tenha sido feita nenhuma pesquisa para identificar os componentes eficazes do tratamento, acreditamos que a principal diferença entre nossos grupos e aqueles conduzidos por outros profissionais é nosso grande foco não meramente na mudança de comportamento ou aquisição de habilidades por meio do uso de técnicas de terapia sexual, mas no aprendizado de um conjunto mais amplo de habilidades para reestruturar as atitudes e cognições vistas como disfunção sexual subjacente e angústia emocional. É esse ensino de uma abordagem geral de auto-ajuda cognitiva para o combate do incômodo que é responsável pelo que parece ser uma eliminação tipicamente rápida de muitos problemas em questão (por exemplo, mais de 90% das mulheres em nossos grupos aprendem a ter orgasmo em apenas seis sessões de duas horas) e pela generalização mais ampla a outras áreas da vida das mulheres (Wolfe, 1976).

Os objetivos do grupo abrangem uma variedade de mudanças cognitivas e comportamentais:

1. Sentir-se mais confortável ao falar sobre sexualidade com os outros.
2. Trazer à tona e desbancar mitos sexuais e programação de papel sexual errôneos que interferem na autonomia e autodeterminação em áreas sexuais e não-sexuais.

3. Aumentar o conhecimento de anatomia e fisiologia da sexualidade feminina e saúde sexual.
4. Aprender mais sobre o próprio corpo e sentir-se mais confortável com ele por meio da auto-exploração e masturbação dirigida.
5. Dar permissão para aumentar o prazer sexual e o divertimento; dar informações para expandir o repertório sexual.
6. Superar os bloqueios emocionais à liberdade sexual (culpa, ansiedade, autodesvalorização e raiva), contestando as cognições disfuncionais.
7. Melhorar a habilidade de ser assertiva consigo mesma e comunicar suas preferências sexuais ao parceiro.
8. Desenvolver planos para continuar a intensificação sexual quando o grupo terminar.

## COMPOSIÇÃO E SELEÇÃO DO GRUPO

Em geral, descobrimos que o tamanho ideal de grupo é entre seis e nove mulheres. Embora a presença de co-terapeutas do sexo feminino tenda a facilitar o grupo (e especialmente na construção e resolução de problemas de lição de casa), também é possível para um terapeuta do sexo masculino, altamente experiente em terapia sexual e condução de grupos, liderar um grupo de sexualidade. Como a existência de um modelo com uma semelhança percebível com as participantes do grupo parece ser um fator importante no sucesso do grupo (Yalom, 1985), um terapeuta do sexo feminino, em vez de um homem, é visto como obrigatório. A participação só de mulheres também reforça a idéia importante de que elas são as maiores autoridades em sua própria sexualidade.

Nos ambientes em que trabalhamos (atendimento particular ou em clínica com pacientes externos), as participantes do grupo são indicadas por si mesmas ou por colegas. Embora a pré-seleção pareça ser um requisito absoluto de tais grupos, o fato é que em vários anos de condução de grupos não encontramos ninguém que não fosse capaz de participar de maneira eficaz. Aquelas que nunca participaram de grupos de terapia, mulheres com dificuldade de se relacionar em grupos com ambos os sexos e até mesmo pacientes *borderline* têm sido capazes, extraordinariamente, na atmosfera de apoio do grupo, de abrir-se prontamente e participar ativamente, favorecidas por um formato "em roda" que permite a cada mulher falar pelo menos duas ou três vezes durante cada sessão.

Embora nossos grupos sejam geralmente pré-orgásmicos ou de intensificação sexual, sua composição não é rigidamente restrita a mulheres com o mesmo problema. Normalmente, haverá duas ou três mulheres no grupo pré-orgásmico que se definem como "anorgásmicas", seja porque têm orgasmos, mas não os rotulem assim ou porque têm orgasmos na masturbação, mas não na relação sexual. Também haverá duas ou três mulheres anorgásmicas no grupo de intensificação sexual. Não só não encontramos qualquer dificuldade real em conduzir grupos com problemas mistos, mas, ao contrário, essa mistura tem sido benéfica, já que as participantes, geralmente, encontram incentivo na presença de modelos de enfrentamento. Não raramente, uma participante do grupo pré-orgásmico, por exemplo, incentivará outra dizendo "*Eu costumava estar onde você está, e agora consigo fazer isso. Aqui está uma coisa que funcionou para mim e que talvez você queira tentar*". A participante já orgásmica em um grupo pré-orgásmico também ilustra a importante lição de que a habilidade orgásmica não é uma panacéia – ser capaz de atingir o orgasmo não é garantia de uma vida sexual livre de problemas.

As idades no grupo geralmente variam de 20 e poucos anos até os 60 anos. Embora não seja obrigatório ter cada faixa etária representada é, em geral e quando possível, útil ter uma combinação aproximada para evitar um sentimento de ser "a diferente". Assim, ter duas mulheres na faixa dos 50 aos 70 anos, ou duas mulheres de religião ortodoxa, pode intensificar o sentimento de pertencer e de apoio, oferecendo melhores oportunidades para o aprendizado indireto. Em nossa experiência, ter pelo menos duas mulheres na mesma faixa etária ou mesmo histórico acontece naturalmente, sem qualquer necessidade de recrutamento adicional. Em última análise, porém, a consciência cada vez maior de que existem mais coisas em comum do que diferentes entre as participantes do grupo, apesar das idades e históricos disparatados, supera a alienação.

## RETRATO DE UM GRUPO TÍPICO

Ao observar uma mulher na faixa dos 60 anos de idade e casada há 40 anos, uma outra de 30 e poucos anos que "descobriu" ser homossexual recentemente, uma terceira mais jovem que vive sozinha e tem poucos amigos e uma quarta que é uma pessoa ativa e quente com dois amantes, pode-se ficar imaginando, a princípio, o que elas podem ter em comum e como irão identificar-se. Os elementos em comum logo ficam evidentes, conforme elas se apresentam e discutem o que acham que "deveriam" estar fazendo em termos sexuais. O que se segue é uma amostra dos problemas apresentados em alguns dos grupos de intensificação sexual mais recentes:

- A minha vida sexual e de meu marido tornou-se chata e rotineira; eu sei que deveria estar gostando de fazer sexo com ele e dar mais a ele.
- Eu deveria conseguir fazer sexo sem fantasias.
- Quase nunca me sinto excitada. Eu poderia simplesmente desistir do sexo.
- Tenho orgasmos somente com um vibrador. Se eu fosse realmente saudável, conseguiria gozar fazendo sexo.
- A única maneira de gozar é quando estou de bruços.
- Meu namorado diz que eu deveria ter orgasmos durante a relação sexual e que estou lhe negando o prazer de me dar um orgasmo.
- Não tenho certeza se tenho orgasmos. Ouvi dizer que se você não tem certeza, então você não teve.
- Eu sei que deveria conseguir expressar minhas necessidades, mas me sinto desconfortável. Além disso, se eu lhe disser agora – depois de sete anos fingindo –, ele vai ficar realmente magoado.
- Sempre tenho de começar se quiser fazer sexo. Se não faço isso, meu marido simplesmente deita na cama e fica com o controle remoto passando por todos os canais de televisão.
- Fico sempre com medo que meu parceiro perca o tesão por causa das minhas marcas de estrias. Não consigo nem ficar em frente ao espelho e me olhar.

O que fica mais rapidamente visível – mesmo entre as participantes com maior nível de educação – é a grande dose de ignorância sexual e expectativas inadequadas. A participante típica tem sentimentos de vergonha e desgosto em relação a seus genitais e basicamente não gostam do próprio corpo. Ela pode estar esperando que a terra se mova para "gozar" durante a relação sexual ou sem ter que informar seu parceiro sobre suas necessidades. Ela não confia em sua própria experiência e não se acha uma "verdadeira" mulher. Ela se rotulou como frígida, assim como fez seu parceiro (às vezes) e seu médico, já que não tem orgasmos durante a relação. Ela pode se achar incapaz de ter um bom relacionamento de sexo/amor. Conseqüentemente, ela se tornou mais rígida, achando mais difícil do que nunca relaxar, e, portanto, antecipando o sexo com temor e sentindo um estímulo de medo. Ela pode dissociar ou distanciar-se da experiência sexual. Há pelo menos uma prática sexual (fantasiar, usar um vibrador, querer estimulação oral) que ela estabeleceu como uma condição *sine qua non* da saúde sexual e pela qual ela se condena – por fazer, por não fazer ou ambos.

Quase invariavelmente, observamos as expressões faciais das participantes mudarem de divertimento ansioso para emoção e alívio à medida que ouvem as outras, que fornecem uma descrição de uma série de problemas sobrepondo-se notavelmente aos seus próprios. Ela expressa verdadeira surpresa ao se conscientizar que todas as suas companheiras equilibradas e com aparência "normal" não são as criaturas perfeitas e emocionalmente integradas que elas imaginavam em outros ambientes –, mas na verdade muito parecidas com elas mesmas. Ela assim experimenta um alívio tremendo nas primeiras horas do grupo ao descobrir que não é uma "louca" sexual terrivelmente inadequada como imaginava. Ela deu e recebeu mensagens positivas sobre a sexualidade e obteve alguns bons modelos. O grupo lhe fornece informações corretivas, lhe ajuda a redefinir seus problemas sem o castigo cognitivo que costuma impor a si mesma e lhe ajuda a substituir as atitudes e sentimentos negativos por outros mais positivos em um clima de apoio e permissão.

## FORMATO DO TRATAMENTO E PAPEL DO LÍDER

Tanto o grupo de intensificação sexual como o pré-orgásmico são conduzidos em tempo limitado e focado em tópicos (um outro formato que, às vezes, utilizamos é dedicar quatro sessões de um grupo de mulheres em andamento geral, para o tópico da intensificação sexual.). O limite de tempo para tais grupos, como mostrado na literatura, varia de 6 a 12 semanas, com encontros uma ou duas vezes por semana, durante uma hora e meia a duas horas. Embora nossos grupos sejam conduzidos por seis semanas, com encontros uma vez por semana durante duas horas, recomendamos que os terapeutas não muito experientes no trabalho com grupos ou na área de sexualidade feminina programem um grupo mais longo (8 a 12 semanas). Conforme se torna mais experiente, a terapeuta pode conduzir o trabalho mais eficientemente. Descobrimos que no formato de seis sessões, a pressão do tempo limitado incentiva as pacientes a realizarem o trabalho de terapia mais direta e eficientemente. A maior eficiência da terapia quando as pacientes sabem que o tempo é limitado foi demonstrada por Muench (1964) e Paul (1966). Em nossos grupos, a biblioterapia e a lição de casa comportamental, assim como o incentivo para continuar a compartilhar histórias e descobertas com as amigas fora do grupo, ajuda a estender o tempo de terapia que as participantes estão conseguindo além das 12 horas passadas no grupo.

As sessões iniciais dos grupos são mais estruturadas do que as finais. Principalmente nos primeiros dois encontros, os terapeutas contribuem mais com os itens da agenda, de modo a:

(a) definir os problemas de cada paciente e socializá-las com o grupo e com o foco cognitivo da terapia;
(b) fornecer experiências que incentivem as participantes a avaliar atitudes específicas; e
(c) dar informações precisas sobre a sexualidade.

Durante toda a sessão, entretanto – e principalmente a partir da terceira sessão (depois do trabalho didático) –, as participantes são incentivadas a apresentar e trabalhar seus próprios problemas sexuais individuais. Durante todo o tempo do grupo, os terapeutas utilizam vários estilos de apresentação, incluindo palestras curtas, exercícios de experiência, discussão em grupo, foco nos problemas individuais, apostilas, equipamento audiovisual e realização e revisão da lição de casa (os exemplos de tais técnicas estão descritos mais adiante). Variar o formato dessa maneira mantém o interesse do grupo em um nível bastante alto, maximizando assim o aprendizado e a permanência.

O papel da terapeuta é difícil, mas desafiador. Depende dela criar um clima de apoio e incentivo ao mesmo tempo em que confronta a resistência. Ela estará dando permissão para pressionar e tentar coisas novas ou não tentar tão intensamente – para diminuir o ritmo e relaxar. Ela serve como um modelo de participante. E ainda precisa manter o grupo indo em frente, deter-se em questões do processo de grupo e amarrar temas e participantes com problemas semelhantes. Se a terapeuta for clinicamente bem treinada, ela será capaz de identificar as questões subjacentes e trabalhar com problemas, como depressão clínica, baixa auto-estima, angústia nos relacionamentos e comunicação entre casais. Para maximizar seu valor como educadora, ela precisa ser informada e atualizada sobre a sexualidade feminina, controle de natalidade e outros aspectos de saúde sexual.

Uma das primeiras tarefas da líder é deixar claro o tema que será reiterado repetidamente no decorrer do grupo: que o sexo é uma função natural que foi inibida nas mulheres por bloqueios psicológicos e que o objetivo do grupo é ajudá-las a apagar as velhas informações imprecisas e as atitudes e sentimentos destrutivos, para reclamar e retomar o controle da sexualidade. Isso é facilitado desde o início ao ajudá-las a nomear precisamente seus problemas. "Comunicação ruim", por exemplo, pode significar muitas coisas diferentes, entre elas, o medo da mulher de ser assertiva, sua falta de habilidade ou vocabulário para ser assertiva ou nem mesmo saber o que quer em termos de amor ou sexo. A terapeuta precisa esclarecer e corrigir o diagnóstico feito por elas mesmas.

## TEMAS GERAIS

Descrevemos vários temas gerais e recorrentes nas sessões para dar uma idéia ao leitor da série de *workshops*.

### 1. Uso de um Modelo "Transbordante"

Desde os primeiros momentos da primeira sessão, as terapeutas se põem a incentivar ativa e diretamente discussões francas e abertas sobre a sexualidade. Por meio do modelo dado pelas terapeutas, utiliza-se um modelo transbordante em vez de uma dessensibilização. A mensagem cognitiva transmitida por esse modelo é que o sexo não é nem um tabu nem amedrontador e que as participantes não são crianças frágeis que precisam abordar um tópico "perigoso". A dessensibilização é incentivada depois ao pedir que as mulheres discutam uma lista de tópicos repetidamente com, pelo menos, uma amiga de fora e lendo o máximo possível sobre sexualidade.

### 2. Uso de Linguagem Informal e "Lasciva"

Um exame da linguagem da sexualidade mostra-se muito reveladora. Em inglês, há uma escassez relativa de termos de muitos aspectos do funcionamento da sexualidade. Não há, por exemplo, sinônimos diretos para clitóris, o órgão sexual feminino. Tal fato sugere que a desvalorização cultural da sexualidade da mulher pode, em parte, ser responsável pela dificuldade que muitas mulheres têm de falar sobre sexo. Da mesma forma, a maioria dos coloquialismos usados para masturbação é descritivo apenas da masturbação masculina (por exemplo, "bater punheta"). Um outro problema da linguagem da sexualidade feminina é que os termos são usados vagamente e com referentes imprecisos. Como relatou Hite (1976), mesmo quando as mulheres descrevem uma atividade pela qual elas têm sentimentos positivos (por exemplo, sexo oral), tendem a descrevê-la em uma linguagem "sigilosa, restrita, reservada e sem entusiasmo".

Se for enfatizado às participantes que, se um marco do bom relacionamento sexual é a boa comunicação – a habilidade de expressar as preferências sexuais de maneira clara, direta e confortável –, então desenvolver e praticar um novo vocabulário referente ao sexo é muito importante. Quando as pessoas pensam em sua própria genitália e nos atos sexuais com os quais se envolve, elas não pensam em terminologia técnica ou médica. Acreditamos realmente que é melhor as terapeutas estarem preparadas para aceitar esse fato e modelar livremente tal vocabulário. Quando as terapeutas utilizam a linguagem sexual informal e lasciva confortavelmente, podem ilustrar de maneira significativa uma atitude diferente em relação à sexualidade – a atitude leve e desmistificada que desejamos desenvolver. Além disso, como muitas mulheres possuem um vocabulário sexual apenas passivo, o modelo dado pela terapeuta pode ajudar as pacientes a passar de um vocabulário passivo para um ativo e a descobrir e compartilhar maneiras confortáveis de se expressarem.

## 3. Foco nas Mensagens de Socialização do Papel do Sexo

Um tema importante em nossos *workshops* é a conscientização da posição desigual das mulheres na sociedade americana. Ressaltamos que é improvável que as mulheres consigam igualdade sexual se não estiverem trabalhando para a igualdade humana. Muitas mulheres crescem com a noção cultural de que boa parte de seu valor como pessoas depende de sua "sedução feminina". Elas são incentivadas a usar sua sexualidade indiretamente para conseguirem o que querem dos homens, mas não se espera que iniciem realmente o sexo ou que sejam muito ativas ou lascivas. Também damos algumas das figuras perturbadoras sobre o abuso sexual de mulheres, como um meio de realçar uma tendência de uma sociedade difusa em relação a desmerecer as mulheres e vê-las principalmente como um meio de servir às necessidades sexuais, entre outras, dos homens. Sempre que relevante, ressaltamos a importância das mensagens de socialização que podem continuar a interferir no prazer sexual das mulheres e na auto-realização geral, incentivando as participantes (especialmente aquelas sem prévia exposição à literatura feminista) a ler alguns livros recomendados sobre os efeitos da socialização do papel sexual feminino tradicional (consulte alguns itens com asteriscos nas Referências Bibliográficas).

## 4. Foco na Auto-aceitação

Se as participantes desejam ou não mudar suas atitudes ou aprender novas habilidades, acreditamos que o primeiro passo importante seja aceitar o agora. Com isso, queremos dizer a aceitação de si mesmo, a aceitação do parceiro e a aceitação da realidade. Muito comumente, as participantes podem estar se culpando muito ou a seus parceiros por não fazerem o que eles querem que elas façam. As emoções resultantes – raiva, ansiedade ou depressão – são incompatíveis com o bom desempenho sexual. Portanto, as incentivamos a focalizar primeiro em se sentirem melhor em relação ao sexo que estão fazendo, em vez de meramente em fazer sexo melhor. Uma vez aceita essa filosofia não exigente, elas podem ir mais adiante de maneira mais eficiente.

## 5. Foco na Mudança das Cognições

As participantes são auxiliadas consistentemente na identificação e contestação de pensamentos disfuncionais que resultam em bloqueios emocionais para o bom funcionamento e prazer sexual. São ajudadas a examinar suas percepções e avaliações de seu próprio desempenho sexual, do comportamento do parceiro e dos eventos ambientais. O foco cognitivo é ensinado por mini-palestras, sobre as técnicas de terapia cognitiva e a terapia racional emotiva (TRE), as quais são demonstradas sobre problemas individuais à medida que estes são trazidos pelas participantes do grupo. É recomendável dar uma lista de livros sobre terapia cognitiva em geral e a TRE e de material de auto-ajuda.

## 6. Foco na Mudança de Comportamento

Um modo de se sentir melhor, mudar atitudes ou reforçar a mudança de atitudes é agir de maneira diferente. Essa mensagem é apresentada repetidamente em todas as sessões. As participantes são incentivadas a praticar novos comportamentos e a contestar a si mesmas com novos riscos comportamentais, tanto nas sessões em grupo (por exemplo, pedindo esclarecimento ou ajuda com um problema) como na lição de casa. Tais novos comportamentos podem ter natureza sexual ou não-sexual.

## 7. Foco no Hedonismo

Muitas das lições de casa, comportamentais e cognitivas, usadas no grupo destinam-se a incentivar e fortalecer uma filosofia hedonista geral. As lições de casa não são, portanto, meramente sexuais, mas sim mais amplamente autoprazerosas. Destinam-se a combater a mensagem de socialização do papel do sexo de que "é egotismo buscar seu próprio prazer". Até que uma mulher aceite completamente seu direito de dar prazer a si mesma, ela muitas vezes terá grande dificuldade de permitir ter prazer na sexualidade.

A dificuldade em satisfazer as próprias necessidades é especialmente grande em mulheres com criação religiosa rigorosa ou naquelas cujo papel de esposa e mãe está profundamente arraigado. Ao definir seu papel como o de cuidadora de outras pessoas, essas mulheres já negligenciaram completamente o hábito de fazer coisas agradáveis para si mesmas. Lições de casa, como tomar um banho de espuma ou comprar flores para si mesma, podem servir para combater a culpa ou pensamentos de "egoísmo" e para incentivar uma aceitação geral mais hedonista do autoprazer.

## 8. Uso do Humor

O humor é uma outra maneira pela qual a filosofia hedonista é afirmada. Tentamos, quando apropriado, manter uma atitude jocosa e leve, repleta de espirituosidade e trocadilhos. O humor é outra maneira de ensinar as mulheres que é adequado e saudável se divertir e que ajuda a dessensibilizar a ansiedade. Não só é bom se divertir, mas também caçoar das coisas. Obviamente, as participantes do grupo nunca são o máximo da brincadeira, embora suas distorções cognitivas possam ser. De acordo com nossa experiência, uma maneira eficiente de detonar os mitos e atacar os tabus é ajudar as pacientes a perceber o absurdo de algumas dessas noções.

## 9. Foco na Saúde das Mulheres

Devido à ignorância quanto ao corpo e o que acontece com ele, é sempre preciso dispensar algum tempo para informar as mulheres sobre a questão da saúde sexual, como os riscos relativos de métodos alternativos de controle de natalidade, como detectar alguns dos "problemas femininos comuns" (como infecções vaginais) e maneiras apropriadas de tratá-los. Elas recebem informações sobre o papel da boa nutrição e outras práticas relacionadas à saúde, para ajudar o corpo e a mente a funcionarem idealmente. Também recebem informações sobre medicações que podem bloquear o desejo ou desempenho sexual, assim como aquelas que podem intensificá-lo (como os antidepressivos). Muitas vezes, esse material evoca a desmistificação do papel dos "médicos como doutores em sexo", conforme as mulheres se conscientizam do tratamento inadequado que quase todas já receberam em algum momento e aprendem a lidar com os médicos mais assertivamente no futuro de modo a receber um tratamento melhor. O *The New Our Bodies, Ourselves* (Boston Women's Health Collective, 1992) é altamente recomendado como um guia para o desempenho saudável do corpo. O volume que o acompanha, *Ourselves, Growing Older* (Doress, Siegal e Midlife and Older Women Book Project, 1987) também é bastante recomendável.

## 10. Líderes como Participantes

As co-terapeutas em nossos grupos funcionam muito bem como modelos de participantes em vez de especialistas distantes. Como líderes, revelamos bastante da nossa própria sexualidade, assim como as maneiras pelas quais aprendemos a lidar com a "ansiedade do desempenho" e desenvolvemos a auto-aceitação. Em quase todos os exercícios nos quais as participantes devem fazer revelações íntimas (por exemplo, dar detalhes sobre como se masturbar), as líderes participam e demonstram uma revelação livre e um modelo de enfrentamento (ou "enfrentado" com sucesso). Como apontado por Yalom (1985), uma terapeuta que faz auto-revelações; que dá o modelo de uma comunicação aberta, direta e desinibida e que tenha tido problemas semelhantes, mas que os tenha superado aumenta muito a força terapêutica do grupo.

### 11. Participantes como Líderes

Um dos temas mais significativos do grupo é que as outras mulheres são, muitas vezes, a melhor fonte de informações sobre a sexualidade feminina – e não psicólogos, médicos ou outros "especialistas em sexo". Uma mensagem cognitiva importante dada ao grupo é que não há um "jeito certo" de fazer sexo; pelo contrário, depende de cada mulher definir sua sexualidade e preferências sexuais. Tanto dentro como fora do grupo, as participantes são incentivadas a descobrir como as outras mulheres pensam e sentem sobre a sexualidade e como elas lidam com ela. Elas aprendem a adquirir a capacidade de abstrair as informações pessoalmente relevantes e as dicas úteis, mesmo quando o foco de atenção não está diretamente nelas. Elas trocam apoio e permissão substanciais para ser sexual por meio de práticas dentro do grupo de correr riscos, comunicar sentimentos e compartilhar as práticas sexuais específicas. Isso ajuda muito na construção de maior facilidade de falar e lidar com seus parceiros fora do grupo. Embora o *Relatório Hite* (Hite, 1976) tenha sido compilado há mais de 20 anos, ainda é recomendado porque, por ser uma compilação das respostas de questionário de mais de 3.000 mulheres, serve para ampliar o tema de mulheres como especialistas. Ao ler sobre a experiência de outras mulheres, as participantes do grupo sentem-se menos como "pacientes" e mais como indivíduos que buscam aumentar seu conhecimento sobre as opções sexuais, sua tranqüilidade em discutir assuntos sexuais e sua autodeterminação sexual.

## FORMATO DE SESSÃO A SESSÃO: UM MODELO DE AMOSTRA

O formato a seguir é usado tanto nos grupos pré-orgásmicos como nos de intensificação sexual. A principal diferença entre os dois tipos é que a quantidade de tempo gasto em resolver os problemas da lição de casa de masturbação, é compreensivelmente encurtado nos grupos de intensificação.

### Sessão 1

Uma vez reunido o grupo, a terapeuta abre o primeiro encontro parabenizando as mulheres por virem e por contestarem seu estereótipo sexual:

que o sexo deve ser naturalmente perfeito. Pedíamos às participantes para dizer seus nomes e estabelecer a regra de absoluta confidencialidade, explicando sua importância ao permitir que as mulheres se expressem o mais livremente possível. Cada participante deve, então, contar alguma coisa sobre si mesma ao grupo, incluindo as seguintes informações: qual é a sua preocupação em termos sexuais? Você tem orgasmos? Você está atualmente envolvida em um relacionamento ou não e quais são seus sentimentos em relação a isso? Como seu parceiro se sente por você estar aqui? Cada mulher tipicamente fala por 5 a 10 minutos. Se as perguntas não forem respondidas ou se a paciente divagar ou falar por muito tempo, as terapeutas as conduzem de volta à tarefa. Vamos apresentar três mulheres de um de nossos grupos, descrevendo como elas apresentaram suas queixas.

> *Margaret era uma dona de casa de 53 anos de idade em seu segundo casamento, cuja queixa era conseguir ter orgasmos somente ocasionalmente e apenas quando usava o vibrador. Ela se repreendia por seu "progresso lento, apesar de toda a leitura" que tinha feito. Também expressava raiva de seu marido por mostrar pouco interesse sexual por ela e disse que sua vida era "chata".*
>
> *Laura era uma secretária de 25 anos de idade, filha de pai e mãe alcoólatras. Ela estava em um relacionamento de sexo/amor problemático com uma mulher. Ela muitas vezes sentia-se inadequada e alternava entre ser excessivamente respeitosa e terminar o relacionamento.*
>
> *Patrícia era uma professora de 31 anos de idade cujos pais lhe disseram que era tão feia que nunca encontraria ninguém, que se sentisse atraído por ela. Tímida e sem confiança, ela se descreveu como "assexuada". Ela nunca tinha tido orgasmos durante a masturbação, mas achava que tinha chegado ao orgasmo com um parceiro uma vez. Ela tinha pouca experiência com namorados e nenhum contato com namorados e nenhum contato sexual nos últimos dois anos.*

A próxima fase do encontro é dedicada a ilustrar alguns dos estereótipos sexuais prejudiciais que as mulheres enfrentavam. Um exercício que descobrimos ser especialmente útil é pedir às mulheres para dizer palavras ou frases que vierem à mente para cada uma das seguintes categorias:

(a) mulheres sexualmente ativas;
(b) mulheres que preferem não ser sexualmente ativas;
(c) homens sexualmente ativos;
(d) homens que preferem não ser sexualmente ativos;
(e) mulheres assertivas; e
(f) homens assertivos.

As respostas são escritas em colunas em uma lousa e perguntam-se às mulheres quais as tendências elas percebem nas respostas. O que claramente surge nesse exercício de "nomes obscenos" é que os homens sexualmente ativos são premiados (por exemplo, chamados de machos ou garanhões), ao passo que as mulheres sexualmente ativas são condenadas (por exemplo, chamadas de prostitutas, promiscuas ou fáceis). As mulheres inativas são castigadas (por exemplo, frígidas ou reprimidas), ao passo que os homens inativos são menosprezados ao associá-los a mulheres (por exemplo, filhinho da mamãe, bicha). Finalmente, as mulheres assertivas são vistas como ousadas ou agressivas e destruidoras da intrepidez masculina (por exemplo, a mulher castradora), ao passo que existem poucos, se algum, nomes pejorativos para homens assertivos. Esse exercício – um conscientizador poderoso – é seguido por uma discussão sobre a falta de modelos adequados para a sexualidade saudável em mulheres, incluindo uma revisão de algumas estatísticas sobre a opressão sexual das mulheres.

O objetivo nessa seção do *workshop* é fornecer às mulheres uma compreensão válida de seus problemas ao lidar com a sexualidade. A mensagem é de que elas não são deficientes, mas que foram criadas em uma cultura na qual existem diferentes padrões para homens e para mulheres. Alguns breves fatos são apresentados sobre a violência contra as mulheres e a opressão econômica e social, com contribuições ativas das participantes do grupo que, pelo menos 50% delas, geralmente foram estupradas ou sexualmente molestadas em algum momento; que trabalham tanto e por tanto tempo quanto os homens, mas por menos dinheiro; ou são tratadas como objetos sexuais ou com condescendência são tratadas como objetos sexuais ou com condescendência ("*não esquente essa sua cabecinha linda*" com coisas mecânicas ou financeiras). Lentamente, as mulheres começam a ver que, embora elas certamente possam, às vezes, ter colaborado na perpetuação de seu desamparo ou dependência, os fatos de poder e respeito reduzidos em uma sociedade dominada pelos homens infelizmente requerem que elas trabalhem mais e por mais tempo para opor-se às forças internas e externas se quiserem reivindicar sua totalidade, força e autonomia.

Durante a segunda hora da primeira sessão, é fornecida instrução básica sobre a anatomia e fisiologia do sexo, por meio de apostilas e discussão. Durante a aula sobre anatomia, as terapeutas continuam a enfatizar o papel do clitóris ao referir-se a ele como "clitóris, *o seu órgão sexual*". A mensagem passada na cultura, e muitas vezes reforçada pelo parceiro, é de que a vagina está "onde está". O termo "fazer sexo" é usado por uma vasta maioria de homens e mulheres como sinônimo de relação sexual. Nas aulas de educação sexual, as meninas ainda aprendem, na maioria das vezes, que elas têm dois ovários, um útero e uma vagina. As participantes do grupo freqüentemente relatam que não tinham se masturbado ou ouvido falar do clitóris até os 20 ou 30 anos de idade, ou até mais tarde. Os meninos, por outro lado, geralmente aprendem sobre seus órgãos sexuais e sobre a masturbação nas aulas de educação sexual.

Uma imagem que muitas participantes relatam como forte e corretiva é ver a relação sexual como masturbação masculina (isto é, esfregar seu órgão sexual contra as paredes do órgão reprodutivo delas), tornando assim uma pequena surpresa o fato de a mulher muitas vezes achar tal estimulação insuficiente para induzir o orgasmo. Enfatiza-se sempre que o orgasmo é uma resposta aprendida e que o fracasso em tê-lo não é um sinal de neurose, mas de um aprendizado inicial falho ou inadequado e que em uma cultura na qual milhões de homens e mulheres dificilmente reconhecem as mulheres ou seus orgasmos, não é surpresa que as mulheres não aprenderam a atingir o orgasmo. No final das contas, o fracasso de atingir aquele objetivo brilhante estabelecido pelos homens do orgasmo feminino na relação sexual não é, como Hite (1976) apontou, uma deficiência, mas uma *resposta normal* à estimulação insuficiente, uma vez que apenas um terço das mulheres relatam ter orgasmos regulares por intermédio da relação sexual.

A seguir, revisamos a fisiologia do ciclo da resposta sexual. Nesse segmento, enfatizamos especialmente o fato de que a lubrificação vaginal é um sinal bastante inicial do estímulo sexual e não significa que a mulher está perto de ter um orgasmo. Essa informação pode ser corretiva para seu parceiro que, em muitos casos, testa sua disposição para a relação sexual, inserindo o dedo em sua vagina para ver se está molhada. Nesta, como em todas as fases do grupo, evitamos o uso de linguagem técnica. Assim, em vez de usar uma linguagem clínica, simplesmente descrevemos o estímulo genital e os outros estágios com termos como "o sangue flui para a vagina e incha os tecidos, do mesmo jeito que o sangue flui para o pênis do homem e o faz inchar".

Finalmente, exploramos as atitudes e os sentimentos das participantes em relação ao próprio corpo, seguindo o formato "em roda" que permite que todas as mulheres falem pelo menos duas ou três vezes, a partir da primeira sessão. Pode-se pedir a elas que se imaginem nuas em frente ao espelho e depois digam ao grupo se seus sentimentos foram positivos ou negativos, até que ponto esses sentimentos influenciam o modo pelo qual se sentem sobre si mesmas como uma pessoa sexual e até que ponto elas sentem que são valorizadas (ou desvalorizadas) pelos outros por seu corpo. Elas são incentivadas a trabalhar na aceitação de si mesmas e em dar-se o direito de serem pessoas sexuais, tenham corpos perfeitos ou não. Concluímos a primeira sessão incentivando-as a "*fazer qualquer pergunta boba que sempre quiseram fazer, mas não tinham coragem de perguntar*", acrescentando ainda que "*pode até ser uma pergunta inteligente!*". Realizamos assim várias tarefas ao mesmo tempo:

(a) amarrar qualquer ponta solta;
(b) permitir às participantes que assumam a responsabilidade por sua própria educação sexual e, portanto, sua própria sexualidade;
(c) fornecer a prática em comunicar verbalmente suas necessidades sexuais;
(d) reforçar a mensagem de que não tem problema parecer "boba", cometer erros e mostrar que são imperfeitas.

Depois desse período de perguntas e respostas, damos a primeira lição de casa.

## *Lição de Casa para a 1ª Sessão*[1]

A lição de casa para a primeira sessão é uma série rica e complexa de exercícios, muitos extraídos do trabalho de Lonnie Barbach (1975, pp.38-115). As participantes devem esforçar-se vigorosamente em seu trabalho de exploração das atitudes sexuais, por exemplo, escolhendo uma amiga de fora do grupo com quem discutir uma série de perguntas. As perguntas começam fáceis ("*Como era a atitude de seus pais em relação ao sexo?*") e progridem para outras mais difíceis ("*você se lembra de algum trauma sexual, como um contato entre adulto e criança, estupro ou outras experiências sexuais amedrontadoras?*"). A próxima parte da folha de lição de casa revisa a anatomia e fornece um guia para exploração da anatomia genital,

---

[1] Extraído de *For Yourself: The Fulfillment of Female Sexuality*, de Lonnie G Barbach, 1975, New York: Doubleday.

incentivando a mulher a repetir o exercício diariamente até se sentir confortável. O terceiro segmento da lição de casa consiste em uma apostila chamada *Por que se masturbar?*, a qual enfatiza a mensagem de que a masturbação é uma metáfora para assumir o comando da própria sexualidade, e uma apostila de instruções para começar a masturbação.

Mesmo na primeira sessão, a lição de casa pode ser de certa forma planejada especificamente para abordar preocupações individuais das participantes. Por exemplo:

> *Margaret, que estava com raiva de si mesma e do marido, foi incentivada a dar-se a mensagem de que "ficar frustrada é altamente inconveniente, mas não terrível; só porque não estou tendo muito prazer com o sexo agora não significa que nunca terei".*
>
> *Laura, que foi intimidada por seus pais e era talvez excessivamente sensível com sua parceira, Hilary, foi incentivada a praticar e aceitar o amor de Hilary sem sentir-se indigna ou culpada. Sua lição de casa era combater a crença irracional de que ela era um "bem avariado".*
>
> *Patrícia, a professora tímida, deveria contestar a crença de que "como meus pais acham que sou sem graça, eu devo ser mesmo". Ela também foi incentivada a trabalhar na mensagem de que "eu tenho o direito e a capacidade de ter prazer sexual".*

## Sessões 2 e 3

Iniciamos a sessão perguntando às participantes suas reações à primeira sessão. Se sentiram alguma angústia, as ajudamos a identificar e contestar seus pensamentos automáticos disfuncionais. Depois revisamos as lições de casa, conhecendo assim mais sobre cada participante, e ajudando aquelas que tiveram dificuldades para fazê-la a identificar seus bloqueios emocionais e outras resistências. Não raro, várias participantes justificarão dizendo que estavam "muito ocupadas" ou "muito cansadas" para fazer os exercícios ou que os filhos estavam no caminho. A baixa tolerância à frustração (evitando a ansiedade que acompanha as situações difíceis e desconfortáveis) e a falta de crença no direito a ter um tempo e espaço só delas são apontados pelas líderes como contribuindo para tais resistências, sugerindo lições de casa cognitivas e comportamentais apropriadas, juntamente ao aconselhamento prático (como pedir emprestado o apartamento vazio de uma amiga).

Patrícia nos contou que, quando discutia histórias sexuais com duas amigas, ela aprendeu que elas não conheciam alguns fatos sexuais comuns. Ela sentiu-se bastante aliviada ao descobrir que não estava tão "para trás" como pensava. Além disso, depois de três sessões de auto-exploração, ela relatou sentir-se "mais livre do que nunca para passar um tempo tocando o corpo". Entretanto, ainda tinha dúvidas sobre seu potencial para o orgasmo.

O foco dessa sessão é na masturbação e no aumento do conforto das mulheres com o próprio corpo. Perguntamos às participantes sobre seus sentimentos em relação a tocar o próprio corpo e a serem suas próprias parceiras sexuais. Muito da discussão que se segue acarreta contestações cognitivas aos sentimentos de culpa, ansiedade ou reviravolta. O argumento de que o sexo é "muito melhor com um parceiro" do que sozinha é rebatido com a explicação de que 95% das mulheres que se masturbam têm orgasmos a maior parte do tempo – uma porcentagem maior do que ocorre com um parceiro e, portanto, um modo mais confiável de atingir o orgasmo. Outras vantagens dadas são a liberdade de não ser observada e a ansiedade implicada nisso; o fato de que não é preciso ter um parceiro disponível para ter prazer sexual; e que as mulheres tendem a ter dificuldade para se verem como pessoas que têm sentimentos e desejos diferentes daqueles resultantes da iniciação masculina. Finalmente, explicamos que se elas puderem aprender de maneira confortável e confiável a atingir o orgasmo consigo mesmas, provavelmente terão mais prazer com o sexo com um parceiro colaborador.

Durante o segmento final dessa sessão nos grupos de intensificação sexual, cada uma descreve detalhadamente as várias maneiras de se masturbar. Todas as participantes são incentivadas a fazer todas as perguntas que quiserem diretamente às outras. Para maioria das mulheres, esse exercício pode ser a primeira vez que elas falam com alguém sobre masturbação e quase sempre é a primeira vez que verbalizam explicitamente os procedimentos da masturbação. As participantes geralmente decidem dar a si mesmas a lição de casa de tentar o método de outra mulher, somente para se divertir, dando assim àquela que deu origem ao método talvez a primeira experiência estimulante de ser uma professora em sexualidade.

Esse exercício também nos permite identificar qualquer estilo potencialmente problemático de masturbação. Uma mulher, por exemplo, tinha se treinado desde criança a atingir o orgasmo somente em uma posição fetal, o que claramente tornava o sexo com um parceiro bastante difícil. Além disso, podemos fornecer correções cognitivas sobre a masturbação (por exemplo, "*Provavelmente sou a única pessoa que se masturba – ou não se masturba*" ou "*Tenho certeza que estou fazendo do jeito errado*"). Finalmente, podemos ajudá-las a identificar e a corrigir os bloqueios cognitivos ao orgasmo.

As mulheres são solicitadas a dividir com o grupo a descrição da "experiência mais sensual que já tiveram *consigo mesma*". Como em todos os exercícios tão reveladores, as líderes contam uma experiência delas mesmas. Pergunta-se a elas, então, o que as impedem de fazer mais do que aquilo por elas mesmas. Novamente, a redução da culpa é o típico foco terapêutico. Como muitas das experiências mais sensuais das mulheres tendem a ser as mais incomuns (por exemplo, masturbar-se em uma ilha isolada ou com um pepino), as participantes do grupo (falando talvez pela primeira vez sobre seus "segredos obscuros") recebem prática em ver que as coisas "loucas" que elas fizeram sexualmente não eram, na verdade, tão anormais ou vergonhosas no final das contas. Isso tende a abrir o caminho para aumentar o nível de auto-revelação. Na sessão seguinte, por exemplo, uma mulher pode compartilhar a informação de que ela está tendo um caso e sentido-se muito ansiosa e culpada sobre isso.

Também iniciamos uma discussão sobre as fantasias sexuais, enfatizando o valor positivo delas, distinguindo entre fantasia e realidade (por exemplo, gostar de uma determinada fantasia – como fazer sexo com todo o coro da igreja – sem ter de se preocupar em realmente fazer isso). Incentivamos as mulheres a desenvolver e ampliar suas fantasias, recomendando livros que elas tendem a achar eróticos, como *Meu Jardim Secreto*, de Friday (1975).

O foco dessa última parte da sessão é no esclarecimento do papel das técnicas de TRE para superar os bloqueios emocionais da sexualidade. A teoria da TRE é descrita e, então, aplicada aos problemas trazidos pelas participantes do grupo, de modo que possam aprender tanto direta como indiretamente a aplicar esses métodos a seus problemas de raiva, ansiedade, culpa, depressão e, especialmente, baixa tolerância à frustração. Uma maneira que acreditamos ser especialmente eficaz ao ajudar as participantes a identificar suas principais cognições disfuncionais é dar-lhes várias apostilas e fazer uma amostra do exercício "A-B-C" na lousa para ilustrar o Modelo TRE. Cada uma deve identificar duas das crenças irracionais com as quais elas planejam trabalhar na semana seguinte, combatendo-as em um formato de auto-ajuda. Elas são incentivadas pelas líderes a reforçar suas novas contramensagens racionais "de hora em hora", se possível. A sessão termina com lições de casa individualizadas, o que inclui tarefas comportamentais, como acariciar-se ou assumir alguns novos riscos. Uma mulher, por exemplo, deu a si mesma a tarefa de dizer a seu parceiro que ela queria que ele "descesse" nela. Outra, deu-se a lição de casa de instalar uma tranca em seu quarto e informar aos filhos que ela queria que eles batessem se quisessem entrar. Uma mulher que não tinha nenhum relacionamento naquele momento resolveu que sua lição de casa seria fazer uma massagem e falar com um colega de trabalho difícil. As participantes também definiram tarefas cognitivas: uma mulher, por exemplo, concordou em trabalhar em sua culpa, combatendo a idéia de que seria terrível se precisasse de 15 minutos de estimulação clitoriana pelo parceiro para gozar.

*Margaret, ao final da 2ª e 3ª sessões, havia feito três sessões de masturbação em casa e relatou que esteve próxima ao orgasmo duas vezes, mas ficou com medo de "continuar... perder o controle". Suas lições de casa eram cognitivas (contestar a crença de que "alguma coisa horrível vai acontecer se eu tiver um orgasmo") e comportamentais (dramatizar um orgasmo cataclismo, fazendo ruídos malucos e debatendo-se; fazer essa tarefa de ataque à vergonha várias vezes para dessensibilizar-se ao medo de parecer louca ou fora de controle).*

*Laura estava trabalhando em mostrar à parceira, Hilary, as maneiras específicas que ela gostava de ser estimulada guiando com sua mão. Ao mesmo tempo, estava trabalhando na crença irracional de que "eu tenho que ter um orgasmo toda vez que fizermos sexo – mesmo se eu não estiver com vontade". Ela praticou não tentar o orgasmo enquanto não se sentisse com raiva ou ruim de cama. Não obstante, ela ficou ansiosa com a possibilidade de ser rejeitada pela amante, que ela reconhecia ter contribuído para sua perturbação durante o sexo. Sua lição de casa era combater a crença de que "se minha amante me rejeitar, isso prova que sou ruim de cama e nunca terei um relacionamento de sexo/amor bem-sucedido". Além disso, ela se comprometeu a telefonar para pelo menos duas amigas por semana de modo que todos os seus "ovos do relacionamento" não ficassem em uma única cesta!*

*Patrícia estava trabalhando em proceder em seu "próprio ritmo sexual" e estava testando com a leitura de Meu Jardim*

*Secreto (Friday, 1975) para ajudá-la a manter o foco erótico. No entanto, ela continuava a relatar que "Acho que sou a única pessoa do grupo que não vai conseguir". Discutindo mais, ela descobriu que quando estava chegando perto do orgasmo, ficava com medo "de perder o controle... ou perder a consciência..., talvez até mesmo morrer". Outra participante se ofereceu como voluntária para, antes de começar a sessão de masturbação, Pat telefonar para ela e pedir que telefonasse novamente em uma hora e meia para verificar se ela (Pat) estava bem.*

## Sessão 4

Iniciamos essa sessão pedindo os "relatórios de campo". Essa estrutura aberta permite mais oportunidades para as participantes do grupo usarem a sessão para trazer seus problemas individuais para intervenção terapêutica. A maior parte da sessão é gasta resolvendo problemas individuais, com as participantes servindo de "terapeutas auxiliares" para ajudar as outras que, por sua vez, ajudam sua própria habilidade em usar a TRE nelas mesmas.

O item principal da agenda que apresentamos na última parte da segunda hora é como levar o que elas estão aprendendo sobre sua própria sexualidade para seus relacionamentos com o parceiro ou parceiros, agora ou no futuro. Um ponto importante que é enfatizado é que, embora se aceitar como criaturas sexuais ativas seja certamente uma mudança positiva, muitos homens podem se sentir ameaçados pela nova assertividade. Definimos comportamento assertivo e discutimos os fatores responsáveis pelos problemas especialmente grandes das mulheres nessa área, focalizando na mensagem de socialização do papel dos sexos (por exemplo, "seja doce", "não exploda", "cuide dos outros", "não mostre raiva – isso não é feminino"). Parte de assumir a responsabilidade pela própria sexualidade, enfatiza-se, envolve contestar a velha noção de que depende do homem satisfazer a mulher, de que ele fará isso se realmente amar sem ser guiado e de que se ela disser a ele o que ela quer, ela vai magoá-lo ou ser uma "mulher castradora". Dá-se especial atenção a lidar com as iniciações e recusas sexuais e "pedir ao parceiro o que você quer".

Os tópicos relacionados, muitas vezes levantados pelas mulheres, incluem lidar com a resistência de um parceiro em envolver no tipo de estimulação que ela quer ou ter um vibrador com eles na cama; expressar sentimentos negativos sobre o comportamento do parceiro em áreas não-sexuais; pedir mais carinho ou afago; e expressar sentimentos positivos. Um sistema de crenças que sustenta o comportamento assertivo é desenvolvido com as participantes do grupo e normalmente inclui os seguintes conceitos: "*Tenho muitas opções de como me sinto em relação ao meu parceiro*"; "*Sou capaz de fazer escolhas adequadas sobre o modo pelo qual me relaciono com meu parceiro*"; e "*Sou uma pessoa forte e centrada, com o direito de ser tratada com respeito, ter meus desejos considerados e meu tempo levado a sério*". A dramatização e *feedback* são usados para ajudar as participantes a ganhar prática na comunicação de seus pensamentos e sentimentos de modos mais úteis, além da modelação pela terapeuta ou outras participantes, quando apropriado. Durante essa sessão, as terapeutas elaboram a lista evolutiva de mitos comuns sobre o sexo, juntamente a informações corretivas (Wolfe, 1993). Crenças, como "o sexo deveria acontecer espontaneamente – não ser programado" ou "os casais normais fazem sexo várias vezes por semana", são combatidas com informações corretivas. Passa-se algum tempo também discutindo a preocupação da sociedade com o sexo e o aumento resultante dos padrões de desempenho e dos sentimentos de inadequação quando não consegue atingi-los. Muitas vezes, se lê um excerto de Ehrenreich e English (1978):

> *"A necessidade humana de sexo existe para suportar o fardo de toda a nossa ânsia por contato e sensação, toda a nossa ânsia criativa, toda nossa necessidade de contato social e até mesmo nossa necessidade de encontrar um significado para a vida" (p. 319).*

Em sintonia com esse tema, discute-se maneiras pelas quais as mulheres que não têm um parceiro sexual podem satisfazer suas necessidades de "fome da pele". Enfatiza-se que há muitas maneiras de ter contato físico – com animais de estimação, filhos e amigos platônicos. Também é enfatizado que as mulheres, atualmente, estão descobrindo novas maneiras de "reescrever" o *script* tradicional dos relacionamentos. Essas opções ampliadas podem incluir a escolha de não estar em um relacionamento de sexo/amor, estar em um relacionamento de amor consigo mesma, amar uma outra mulher ou um outro homem ou uma série de outras mulheres e/ou outros homens ou até ter um filho sozinha se não tiver encontrado um parceiro. Nessa sessão, a lição de casa é normalmente dada pelas próprias mulheres, com a ajuda das outras participantes do grupo e com a líder amarrando as pontas soltas ou fazendo mais sugestões. Esse processo sublinha a capacidade das participantes de criar suas próprias soluções e enfraquece mais um pouco da confiança nas "figuras de autoridade". Como uma tarefa extra, cada participante deve pensar sobre as seguintes questões: o que você quer que façam para você? O que, se tiver alguma coisa, você quer fazer para seu parceiro? Elas devem pensar especialmente em coisas que nunca tentaram antes e depois tentar uma delas durante a semana, incorporando assim as tarefas de correr riscos e de assertividade em uma só.

Vamos dar uma olhada nas três mulheres que estamos acompanhando:

*Margaret havia tido seu primeiro orgasmo na masturbação manual. Infelizmente, ela disse a seu marido de uma forma um tanto agressiva que estava claro que era ele quem tinha um problema sexual e era melhor ele se cuidar; ele então se afastou mais ainda. O grupo ressaltou que a raiva esfria o sexo e fez várias sugestões de coisas novas que o casal podia tentar. Ela concordou em contestar a idéia de que "Meu marido tem de ser perfeitamente sexualmente cooperativo imediatamente, será horrível se ele não for". Margaret também decidiu fazer uma lição de casa comportamental de fazer um "contrato de troca sensual" com seu marido, no qual cada um poderia oferecer carinhos não-genitais, assim não tornando o orgasmo o objetivo.*

*Laura e Hilary tinham uma briga não resolvida; Laura sentiu-se tão ansiosa com isso durante três dias que se atrapalhou em um importante compromisso de trabalho. Ela estava convencida de que tudo era sua culpa, que ela estragava tudo e era incapaz de ter um bom relacionamento. Na discussão, Laura percebeu que algumas de suas crenças centrais vinham da vida que teve com seus pais alcoólatras. Ela decidiu combater três dessas crenças: "deve ser minha culpa e eu tenho que consertar", "sou responsável pela felicidade de minha amante e devo deixar de lado meus próprios desejos" e "às vezes minha parceira fica brava comigo e isso significa que sou uma pessoa ruim e ela uma idiota total". Laura também decidiu comprar uma fita de relaxamento para ajudar a reduzir sua ansiedade e a tensão que sentia na cabeça e pescoço e praticar com ela durante três sessões de 20 minutos.*

*Patrícia sentia-se muito mais relaxada durante a masturbação, então não sentiu a necessidade de telefonar para a colega de grupo, mas relatou estar "bastante segura de saber que tinha alguém que poderia ajudá-la se precisasse". Ela chegou muito perto do orgasmo, ficou com medo, forçou-se por mais um ou dois minutos e depois permitiu-se parar. O grupo deu várias sugestões para ajudar Pat a distrair-se da "observação" (por exemplo, incorporando imagens mentais eróticas e focalizando nas sensações eróticas). Ela decidiu tentar duas novas técnicas de masturbação, seja das sugestões do grupo ou do Relatório Hite (Hite, 1976).*

## Sessão 5

Essa sessão começa com o costumeiro acompanhamento da lição de casa. As participantes têm seus esforços positivamente reforçados e os sentimentos e cognições disfuncionais são identificados e trabalhados. A maior parte do restante da sessão é basicamente não-estruturado, assim permitindo às participantes a maior oportunidade de trazer seus itens da agenda. Geralmente, surgem dois tópicos: lidar com a raiva do parceiro pelo comportamento sexual ou não-sexual desatencioso e lidar com as dificuldades com o foco direto ao objetivo do sexo (orgasmo) do parceiro, em vez da intimidade, de beijar, afagar, acariciar e outras atividades que adoram (quase invariavelmente, o grupo suspira em uníssono ao se pedir que entrem em contato com seus sentimentos sobre afagar por meio de um exercício experimental, muitas vezes, apresentado nesse ponto). O problema de incentivar os parceiros a sair do foco na relação sexual é contornado pela introdução de "massagens informativas" e outros procedimentos de foco sensitivo. As participantes recebem uma apostila com instruções para vários exercícios assim (Wolfe, 1993), tomando-se cuidado para não avançar se houver um problema significativo de relacionamento ou um parceiro que se recusa terminantemente a participar do sexo sem orgasmo. Nessas situações, recomendamos o aconselhamento de casais.

As participantes são incentivadas a trazer situações que envolvam raiva do parceiro (ou outras pessoas próximas a elas) e examinamos como combater as cognições de raiva. Isso é seguido de dramatização e *feedback* do grupo.

*O marido de Margaret tinha concordado em fazer a troca sensual, mas depois não a iniciou na noite marcada. Margaret afastou-se e ficou amuada e deprimida com a possibilidade de nunca ter um bom sexo com ele. O grupo apontou sua exigência de que ele mudasse imediatamente e a lembrou que a raiva de sua parte tende a evocar mais afastamento dele. Margaret praticou contestar sua cognição de raiva: "Quando sou assertiva, ele tem de reagir positivamente todas as vezes". Ela decidiu reiniciar o contrato da troca sensual e seguir com ele mesmo se seu marido não fizesse a iniciação. Além disso, ela tentaria expressar seus sentimentos para seu marido sem atacá-lo.*

*Laura estava se sentindo bem menos ansiosa quanto a seu relacionamento com Hilary, mas se desprezava por ter se deixado distrair durante várias semanas do trabalho em seu manuscrito. Ela disse que temia estar se iludindo com o fato de ter qualquer talento para escrever. A lição de casa cognitiva de Laura era lembrar-se de que "O que escrevo não tem de ser brilhante e não reflete meu valor como ser humano". Ela também tinha de trabalhar na aceitação de si mesma, mesmo quando não fazia todas as tarefas que tinha estabelecido para si. Ela se deu a lição de casa comportamental de passar três períodos de 45 minutos por semana escrevendo e recompensar-se "não importando se o manuscrito fosse ruim".*

*Patrícia relatou sentir as pernas tensas, seguido de um sentimento relaxado, mas não tinha certeza se foi um orgasmo. O grupo aplaudiu e garantiu que quase certamente era, e que isso ficaria cada vez mais claro à medida que praticasse. Ela continuaria a se masturbar e tentar usar o vibrador de maneira "provocante", enquanto continuava a usar suas fantasias preferidas. Pat também trouxe à tona o tópico dos medos que tinha de encontrar homens e ser rejeitada por eles. Ela concordou em combater a idéia de que era "terrível ser rejeitada" ou de se sentir desconfortável em situações sociais. O grupo sugeriu várias maneiras de encontrar homens e Pat concordou em ir a um evento social, abordar dois homens e conversar com eles.*

Ao se aproximar do final da sessão, as terapeutas começam a discutir como as mulheres podem continuar o trabalho depois de o grupo acabar. Cada participante deve responder às seguintes perguntas: Como você vai tentar se certificar de não ter uma recaída? O que você planeja fazer por si mesma no próximo mês? Quais são seus objetivos futuros para si mesma nas áreas não-sexuais? Na área de sexualidade e sensualidade? As participantes e líderes também podem sugerir exercícios adicionais de correr riscos e outras tarefas suplementares. A sexta sessão (e final) é então programada em aproximadamente 3 a 4 semanas.

## Sessão 6

Essa sessão de acompanhamento é conduzida em uma atmosfera bastante relaxada, freqüentemente com um lanche fornecido pelas líderes e participantes do grupo. O primeiro item da agenda é uma revisão do progresso de cada mulher, verificando se houve recaídas ou novos problemas. Não raro, ocorreram mudanças significativas na vida das mulheres (por exemplo, perda de um parceiro, mudança de emprego) e o impacto dessas mudanças sobre a sexualidade é avaliado. Como resultado, o encontro de acompanhamento gira, freqüentemente, em torno das mudanças de vida em geral e do desenvolvimento de estratégias de enfrentamento para lidar com elas. Em tais casos, o sexo pode ser a ponta do iceberg. Se houver problemas emocionais relativos a questões como de saúde, finanças ou crises de relacionamento, geralmente é melhor lidar com elas primeiro, podendo-se recomendar uma terapia individual.

*Margaret relatou que seu marido cooperou lindamente na troca sensual. Ela iniciou o sexo uma outra vez; ambos gostaram e, embora não tivesse tido um orgasmo, estava confiante que conseguiria com o tempo. Ela descreveu melhor comunicação com o marido, com menos ataque de sua parte e mais participação ativa dele. A tarefa cognitiva bastante variada de Margaret era continuar a "des-horrorizar" em relação a nem sempre conseguir a reação sexual e não-sexual desejada do marido. Ela devia trabalhar na aceitação do fato de ela talvez ser a principal iniciadora e até mesmo preferir o sexo mais que seu marido, sem concluir que tem um casamento ruim ou não ser atraente. Também deveria trabalhar no reforço positivo a seu marido para comportamentos assertivos e iniciações sexuais, e juntar-se a um grupo de assertividade para melhorar as habilidades de comunicação pessoal e vocacional.*

*Laura havia completado apenas duas sessões de escrita, mas estava satisfeita por ter voltado a se envolver nisso e não estava se desprezando por não ter feito mais. Ela também fez uma massagem e percebeu que podia desfrutar de um tempo pura-*

*mente sensual com Hilary sem nenhuma estimulação genital. Ela prometeu continuar a combater duas crenças centrais: "por vir de um lar disfuncional, estou fadada a uma vida de insegurança e infelicidade" e "quando há uma crítica ou diferença de opinião, estou errada e a outra pessoa está certa". Ela também queria continuar a desenvolver sua habilidade e prazer em escrever, assim como tirar algum tempo toda semana para "cheirar as flores" e cultivar outras amizades.*

*Patrícia estava tendo orgasmos mais claramente articulados. Ela sentia-se pronta para abordar o sexo com um parceiro, dizendo que por intermédio do grupo ela tinha "ido de assexuada para realmente excitada – penso em sexo no trabalho e mal posso esperar para chegar em casa e tentar!". Para preparar-se para correr o risco tanto não-sexual como sexual, ela foi incentivada a ler The Assertive Woman (Phelps e Austin, 1997) e aumentar amplamente seus comportamentos assertivos: fazer e receber elogios, pedir favores e fazer comentários espontâneos no trabalho e em situações sociais.*

Outro foco comum da sexta sessão é fornecer o que forma um curso avançado de sexualidade. Desde o começo do grupo, muitas das mulheres terão corrido novos riscos, tentado novas experiências sexuais e lido muito sobre o tópico da sexualidade – todas as quais podem abrir novas áreas de perguntas. Portanto, pedimos às participantes em algum momento do encontro para escolher um item, de preferência um que sempre tenha sido especialmente difícil ou embaraçoso para elas discutir, e jogar para as outras para ver a reação. Em um grupo de acompanhamento recente, por exemplo, perguntas como as seguintes foram levantadas: "*Você engole o fluido de seu parceiro?*", "*Como você se protege de doenças venéreas ou AIDS se você achar que seu amante pode estar dormindo com outras mulheres?*" e "*O sexo anal é ruim para você?*".

Durante esse último encontro, é comum as participantes – já bastante envolvidas na vida das outras – expressarem tristeza pelo término do grupo. As terapeutas podem sugerir que elas troquem telefones e, se quiserem, podem programar reuniões periódicas, com ou sem as líderes. Essa sugestão normalmente leva o grupo a eleger uma secretária informal para ficar responsável pela organização de reuniões e verificação dos horários das líderes.

# CONCLUSÃO

Os grupos de sexualidade só de mulheres podem ser uma maneira poderosa de ajudar as mulheres a redefinir a própria sexualidade e determinar a forma de expressão sexual. Em um importante trabalho sobre a sexualidade das mulheres (Childs, Sachnoff e Stocker, 1975), foram resumidas as características da mulher sexualmente auto-afirmadas. A mulher auto-afirmada:

> *"É uma mulher que: (1) pode gostar do próprio corpo independentemente dos outros ("Tenho, antes de mais nada, um relacionamento sexual comigo mesma"); (2) pode ter experiências sexuais por suas próprias razões; (3) pode experimentar e vivenciar; (4) tem seus próprios padrões e se utiliza como a medida de sua própria experiência. A mulher auto-afirmada entende as questões interpessoais encontradas freqüentemente em relacionamentos sexuais. Ela conhece modos de negociar, lutar, estabelecer e perdoar. Ela sabe quando terminar relacionamentos que têm um custo alto (Childs e cols., 1975, p. 3).*

Embora esses objetivos sejam raramente atingidos com perfeição, observamos que os grupos de intensificação sexual cognitivo-comportamentalmente orientados, como os descritos neste capítulo, fornecem experiências emocionais corretivas e realizam resultados impressionante em um período relativamente curto. A reeducação sexual, um clima de sinceridade e apoio e o ensino de habilidades (especialmente o treinamento de assertividade) são ingredientes importantes nesse processo. É o foco cognitivo, porém – o aprendizado de filosofias gerais de combate à ansiedade, raiva e depressão – que é visto como especialmente responsável por ajudar as mulheres a desenvolver uma série de habilidades para definir e buscar mais claramente seus objetivos sexuais e não-sexuais.

# REFERÊNCIAS BIBLIOGRÁFICAS

*As leituras marcadas com um asterisco estão na lista de leituras para os membros do grupo.*

Barbach, L. G. (1974). Group treatment of preorgasmic women. Journal of Sex and Marital Therapy, 1, 139-145.

*Barbach, L. G. (1975). Far yourself: The fulfillment of female sexuality. New York: Doubleday.

Barbach, L. G. ( 1980). Women discover orgasm: A therapist's guide to a new treatment approach. New York: Free Press/Macmillan.
*Barbach, L., & Levine, L. (1981). Shared intimacies: Women's sexual experiences. New York: Bantam Books.
*Borcherdt, B. (1996). Head over heart in love. Sarasota, FL: Professional Resource Press.
*Boston Women's Health Collective. (1992). The new our bodies, ourselves. New York: Simon & Schuster.
*Cash, T. (1995). What do you see when you look in the mirror? Helping yourself to a positive body image. New York: Bantam Books.
Childs, E., Sachnoff, E., & Stocker, E., with a Committee of the Whole of Association for Women in Psychology. (1975, March-April). Women's sexuality: A feminist view. AWP Newsletter, 1-4. Godson, B. (1992). Sex for one: The joys of selfloving. New York: Crown.
*Doress, P. B., Siegal, D. L., & the Midlife and Older Women Book Project. (1987). Ourselves, growing older. New York: Simon & Schuster.
*Ehrenreich, B., & English, D. (1978). For her own good: 150 years of the experts' advice to women. New York: Anchor/Doubleday.
*Ellis, A., & Harper, R. (1997). A guide to rational living. North Hollywood, CA: Wilshire Books.
*Ellis, A., & Tafrate, R. C. (1997). How to control your anger before it controls you. Secaucus, NJ: Carol Publishing Group.
*Friday, N. (1975). My secret garden. New York: Pocket Books.
*Gottman, J., Notarius, C., Gonso, J., & Markman, H. (1976). A couples' guide to communication. Champaign, IL: Research Press.
Heinrich, A. (1976). The effect of group and self-directed behavior-education treatment on primary orgasmic dysfunction in females treated without their partners. Unpublished doctoral dissertation, University of Minnesota.
Kite, S. (1976). The Hite report. New York: Macmillan.
Meador, B., Solomon, E., & Bowen, M. (1972). Encounter groups for women only. In N. Solomon & B. Beerzon (Eds.), New perspectives on encounter groups (pp. 335-348). San Francisco: Jossey-Bass.
Muench, G. (1964, April). The comparative effectiveness of long-term, short-term, and interrupted psychotherapy. Paper presented at Western Psychological Association, Portland, OR.
Paul, G. (1966). Insight vs. desensitization in psychotherapy. Stanford, CA: Stanford University Press. Whelps, S., & Austin, N. (1997). The assertive woman. San Luis Obispo, CA: Impact.
*Reynolds, M. (Ed.). (1990). Erotica: Women's writing from Sappho to Margaret Atwood. New York: Fawcett Books.
*Russianoff, P. (1985). Why do I think I am nothing without a man? New York: Bantam Books.
Walen, S. R., & Wolfe, J. L. (1983). Sexual enhancement groups in women. In A. Freeman (Ed.), Cognitive therapy with couples and groups. New York: Plenum.
*Wolfe, J. (1976). How to be sexually assertive [Pamphlet]. New York: Institute for Rational Living.
*Wolfe, J. (1993). What to do when he has a headache: Renewing desire and intimacy in your relationship. New York: Penguin Books.
Yalom, I. (1985). The theory and practice of group psychotherapy (3rd. ed.). New York: Basic Books.

# 13

# Treinamento de Pais

Jonathan Stern*

Este capítulo descreve um grupo de treinamento de pais diferente daqueles cognitivo-comportamentais tradicionais no sentido de que o foco não é primordialmente no ensino de habilidades específicas de criação de filhos, como tempos de ausência e reforço positivo e negativo. Embora tais habilidades sejam modeladas no decorrer do grupo, o principal foco do grupo descrito aqui é aumentar a motivação dos pais para mudar ao ajudá-los a abandonar certos comportamentos negativos na criação dos filhos, fortemente ligados a sua imagem pessoal e ao modo pelo quais foram criados. Isso envolve uma atenção concentrada aos efeitos estabelecidos em muito tempo de vergonha, raiva e autopiedade, que podem es-

* Gostaria de agradecer a Richard Wessler, Sheenah Hankin Wessler e Mildred Borras pela inspiração e colaboração no desenvolvimento da terapia de avaliação cognitiva no treinamento de pais. Gostaria de agradecer também a Anne Hamel pela valiosa ajuda, colaboração e inserções substanciais na organização e início "desses grupos, assim como Beverly Grunfeld, Ronnie Gambardella e Jeremy Robinson pela oportunidade de conduzir os grupos com diferentes populações e, desse modo, melhorar a eficácia de tais grupos (assim como a minha própria)".

tar atrapalhando os pais em seus esforços para melhorar a forma de criar seus filhos.

Antes de descrever esse grupo de treinamento de pais de 12 sessões em detalhes, apresento primeiro o raciocínio teórico para o grupo e reviso as características das abordagens mais tradicionais. Depois descrevo a terapia de avaliação cognitiva (Wessler, 1987; Wessler e Hankin Wessler, 1986, 1997), uma forma de terapia da qual meu grupo de treinamento de pais foi adaptado.

## POR QUE ALGUNS PAIS NÃO MUDAM NOS GRUPOS DE PAIS

Como terapeutas, todos nós já tivemos pacientes que diziam querer mudar, mas faziam de tudo para manter o *status quo*. Muitos de nós tivemos pacientes que diziam *saber* que o que estavam pensando era ilógico ou incorreto, mas ainda sentiam que era verdadeiro (por exemplo, "*Sei que não sou burro – até tenho evidências concretas de que sou esperto –, mas ainda assim me sinto como um idiota*"). Essas duas situações neles e deles mitigam contra o trabalho com os pacientes de uma perspectiva unicamente cognitivo-comportamental.

Da mesma forma, ao fazer o treinamento de pais, descobri que os pais dividem-se em dois grupos básicos: aqueles que dizem querer usar ferramentas comportamentais e fazem isso de maneira eficaz e aqueles que dizem querer usar tais ferramentas e depois usam uma variedade de estratégias para minimizar sua eficácia (J. Stern, 1996). O segundo grupo parece tão sério quanto o primeiro quando afirmam querer melhorar o espaço dos filhos em suas vidas, assim como seu próprio espaço como pais. Muitas vezes, eles parecem estar receptivos, às vezes até entusiasmados, a experimentar as várias estratégias comportamentais que sugiro a eles. Entretanto, semana após semana, depois de muitas modificações e sessões de resolução de problemas, esses pais ainda não são capazes de seguir as tarefas prescritas. Ao invés disso, eles preferem me contar as táticas ainda mais terroristas e horrendas usadas pelo filho de 5 anos de idade; me dizer que não entendem o quão obstinado e assustador o filho deles pode ser; chegar a muitas razões criativas do porquê são incapazes de implementar as estratégias comportamentais que discutimos; ou reclamar amargamente que sempre foram eles os únicos responsáveis pelo cuidado com as crianças, enquanto todos ao redor (inclusive eu) fazem exigências irreais, desprezando-os. Entretanto, muitos desses mesmos pais vivem voltando à terapia (me lembro que, como um residente de psicologia ingênuo e excessivamente zeloso que administrava grupos comportamentais de pais, costumava pensar: "*Dei a vocês tudo o que precisam saber para mudar seu comportamento. Droga, por que vocês não estão usando?*").

Dessas experiências, percebi que as intervenções comportamentais podem ser eficazes ao tratar os *sintomas* comportamentais tanto de filhos como de pais, mas elas não abordam as características subjacentes da *personalidade* dos pais que podem muitas vezes sabotar sua disposição para cumprir as tarefas comportamentais. Também descobri que contestar pensamentos ilógicos, como um terapeuta racional emotivo faria, não é suficiente para ajudar alguns pais a mudar, pois seus sentimentos há muito instalados dominam sua lógica. Por meio do modo pelo qual foram criados e como se vêem em relação ao mundo ao redor, alguns pais (aqueles a quem Yalom, 1985, chamou de queixosos que rejeitam ajuda) parecem mais comprometidos em manter o papel de pais oprimidos, vitimizados, não apreciados e ineficazes do que em mudar esses papéis. Outros preferem manter o papel de salvadores de seus filhos "incompetentes", já que veladamente incentivam seus filhos a não mudar. Outros ainda optam por serem cuidados por seus filhos, em vez de abordar seus comportamentos problemáticos resultantes (por exemplo, fobia da escola, resistência para dormir longe dos pais e sintomas psicossomáticos).

Em vez de questionar a genuinidade da motivação do paciente para mudar, achei mais útil considerar sua motivação de outra forma, que foi articulada por Wessler e Hankin Wessler (1997). Em consonância com o trabalho de Bowlby (1969) sobre apego, Wessler e Hankin Wessler enfatizaram que as pessoas são motivadas e predispostas a buscar o afeto familiar e evitar outros estados sentimentais novos (e, portanto, desconfortáveis). Tal afirmação é compatível com a descoberta de Daniel Stern (1985) de que a noção que a criança tem de quem ela é e do que é o mundo desenvolve-se a partir de sentimentos pré-verbais evocados e definidos da relação entre pais e filhos. Os pensamentos e comportamentos surgem em torno desses sentimentos, mas são os sentimentos centrais, baseados no apego, os menos mutáveis. Portanto, na idade adulta, se o comportamento ou crença de uma pessoa não evocar afeto familiar, então ela deve mudar o que ela pensa, faz e pensa para reacender esse afeto. Se um paciente sente-se predominantemente bravo e envergonhado, por exemplo, ele não será motivado a agir ou pensar de modo a abandonar tais sentimentos (os quais estão ligados psicologicamente aos pais e, inicialmente, à sobrevivência).

Entender os pais a partir dessa perspectiva me ajudou a ver que minhas intervenções cognitivo-comportamentais poderiam ser altamente ameaçadoras aos pais, pois precisavam abandonar alguns aspectos afetivamente carregados de sua imagem pessoal – aspectos esses que os pais, provavelmente, acreditavam ser imutáveis. Essa imagem pessoal, baseada no apego, requer que os pais experimentem novamente certas emoções (por exemplo, raiva, vergonha e autopiedade), enquanto criam seus filhos para estarem em uma base familiar e assim sentirem-se seguros. Sem abordar esses afetos nos grupos, os pais não conseguem fazer uso das intervenções cognitivo-comportamentais, como mostra o exemplo a seguir:

> *Joe, um pai de três filhas adolescentes aos 46 anos de idade, sentia-se vitimizado e desamparado em sua família. Segundo Joe, sua esposa subestimava qualquer decisão que ele tomasse, criticava-o duramente na frente das filhas e elas, então, faziam o mesmo que a mãe (que as mima), criticando-o e ignorando-o. Joe percebeu como isso era parecido com o relacionamento altamente crítico que teve com sua mãe que, muitas vezes, o levava a fracassar e depois o repreendia. Joe rebelou-se com uma agressão passiva contra sua mãe, e depois contra sua esposa, bebendo e tendo casos amorosos, o que por sua vez levava a mais críticas e desaprovação, bem como ao ódio por si mesmo. No grupo de pais, Joe percebeu esse padrão recorrente e como ele hoje se fazia de vítima. O grupo, então, gerou algumas formas úteis para que ele se desvitimizasse, às quais ignorou. O grupo ficou bravo e frustrado com Joe, típico do padrão interpessoal do queixoso que rejeita ajuda (Yalom, 1985), e ele então sentiu-se vítima mais uma vez. Somente quando começou a focalizar e a entender o afeto (raiva, vergonha e autopiedade) inerente em sua postura de vítima e o modo pelo qual usa os outros para intensificar esses sentimentos, e somente quando aprendeu a diminui-los por meio de estratégias experimentais e cognitivas, Joe começou a comportar-se de maneira diferente e a ver a si mesmo e aos outros por outro prisma.*

Neste capítulo, descrevo uma abordagem para trabalhar com esses pais em grupos de treinamento de pais, que é uma adaptação da terapia de avaliação cognitiva de Wessler e Hankin Wessler (1986). Primeiro, faço uma revisão de algumas abordagens tradicionais ao treinamento de pais e depois descrevo como um grupo de pais, baseado na terapia de avaliação cognitiva, pode abordar algumas de suas limitações. Em seguida, descrevo um protocolo para um programa de treinamento de pais de 12 sessões, baseado nos princípios da terapia de avaliação cognitiva.

## ABORDAGENS TRADICIONAIS AOS GRUPOS DE TREINAMENTO DE PAIS: PONTOS FORTES E PONTOS FRACOS

Schaefer e Briesmeister (1989) ressaltaram que as abordagens ao treinamento de pais podem ser categorizadas naquelas que focalizam no ensino de novas habilidades e naquelas que trabalham para melhorar o relacionamento entre pais e filhos. O primeiro adere, principalmente, a um protocolo que descreve os princípios comportamentais e de desenvolvimento e depois ajuda os pais a implementá-los quando criam seus filhos (por exemplo, Anastopoulos e Barkley, 1989; Douglas, 1989). O segundo, muitas vezes, observa a interação entre pais e filhos e depois dá sugestões, seja com o terapeuta dando o modelo de uma interação recomendada com o filho ou com o pai testando uma nova maneira de interagir com o filho no ambiente terapêutico (por exemplo, Jernberg, 1989; Trad, 1992). As duas abordagens são essencialmente comportamentais, no sentido de que focalizam em um modo diferente do pai agir, e cognitivas, no sentido de que tentam alterar a percepção e a base de conhecimento do pai sobre aquilo que o comportamento do filho significa e comunica.

Descobriu-se que os grupos de treinamento de pais têm um formato com boa relação custo-benefício, para ajudar os pacientes a mudar os estilos de criação de filhos e a diminuir os comportamentos problemáticos de seus filhos por até 4,5 anos após o tratamento (Christiansen, Johnson, Phillips e Glasgow, 1980; Johan e Forehand, 1984). Entretanto, algumas pesquisas indicam que as questões parentais podem bloquear o uso de ferramentas comportamentais. Griest e Forehand (1982) revisaram estudos, concluindo que as variáveis familiares (por exemplo, angústia conjugal e depressão pós-parto) podem impedir o uso produtivo do treinamento de pais. Horne e Patterson (1980) observaram que 50% dos participantes no programa de treinamento de pais não foram capazes de implementar as habilidades requisitadas, precisando de até um ano de tratamento subseqüente para trabalhar os conflitos que interferiam e melhorar suas habilidades de negociação.

O papel que as emoções dos pais têm no não-cumprimento do treinamento de pais ainda é especulativo; entretanto, alguns estudos sugerem que a criação de filhos pode ser melhorada, ajudando os pais suavizarem a interferência dos sentimentos negativos. Joyce (1995) descobriu que os problemas no comportamento dos filhos reduziam-se significativamente e estavam associados às mudanças nas crenças irracionais dos pais sobre seu próprio valor e capacidade de reduzir o estresse 10 meses depois de os pais participarem em um grupo de educação racional emotiva. Nixon e Singer (1993) descobriram uma melhora significativa na criação de filhos com incapacidades severas ao ensinar os pais a diminuir a culpa, a acusação de si mesmos, as atribuições negativas internas e a depressão, usando técnicas cognitivo-comportamentais em um formato de grupo.

## O Ressurgimento da Culpa no Grupo de Pais: Não Existe Lugar Melhor do que Nosso Lar

Descobri que os pais que participam, mas não aproveitam o programa comportamental ou cognitivo-comportamental de pais, estão muitas vezes crivados pela vergonha, o sentimento de que *"Sou uma pessoa/pai com defeitos, errada e não mereço ser amado(a)"* (Nathanson, 1992; Tangney, 1991; Wessler e Hankin Wessler, 1997). Portanto, um grupo de treinamento de pais será uma experiência contraterapêutica para esses pais se os sentimentos de vergonha forem intensificados. Além disso, se foram preparados por anos de pensamentos e comportamentos que buscam a vergonha para reinvocar os sentimentos de vergonha, eles muitas vezes usarão a terapia para fazer isso. Assim, inerente em um "protocolo" cognitivo-comportamental ou comportamental, é a possibilidade de que o fracasso em cumprir ou ter sucesso em um programa indique que não se é bom o suficiente, se é incapaz, estúpido, e assim por diante. Acredito que os pais que buscam a vergonha participam desses programas para (totalmente inconscientemente) falhar. Eles então podem ficar bravos com eles próprios, com os participantes do grupo ou com o terapeuta, lamentarem por si mesmos e, por fim, sentirem-se um fracasso, repetindo assim sentimentos e padrões interpessoais muito familiares.

## Oferecer Simpatia em vez de Empatia no Grupo de Pais: a Criança Interior Sobrepõe-se ao Adulto Interior

Alguns grupos de pais que são mais humanísticos por natureza tendem a oferecer "apoio" aos pais. Naturalmente, a validação e o apoio podem ser elementos importantes da terapia em grupo (Yalom, 1985), mas podem muitas vezes ser confundidos com simpatia (solidarizar-se com o outro), em vez de estarem associados somente à empatia (entender como o outro se sente). Embora seja importante para reconhecer como é duro criar filhos e como pode ser difícil mudar efetivamente o comportamento de um filho, um terapeuta de grupo não deve focalizar nisso em detrimento de fazer com que os pais assumam a responsabilidade de mudar seu estilo de criação.

Os pais propensos a sentir vergonha deles mesmos e atrair a simpatia dos outros tentarão fazer o mesmo no grupo de pais. Se tal grupo tender nessa direção, os participantes podem ser incentivados a sentir pena desses pais freqüentemente e a lamentação se tornará uma norma no grupo. Se a norma do grupo for especialmente "de apoio", a raiva dos outros participantes pode surgir agressivamente passiva ou, em última análise, na forma de confrontação ressentida e irritada. A autopiedade e a raiva (a voz da "criança interior") podem reinar supremas. Em vez disso, deve-se oferecer empatia (um comportamento adulto) àqueles pais em vez de simpatia, desencorajando ou ignorando a autopiedade.

## TERAPIA DE AVALIAÇÃO COGNITIVA

A terapia de avaliação cognitiva foi criada por Richard Wessler e Sheenah Hankin Wessler (Wessler, 1987; Wessler e Hankin Wessler, 1986, 1997) para trabalhar com pacientes difíceis, muitas vezes com transtornos de personalidade. Em suma, a terapia de avaliação cognitiva postula que as pessoas inconscientemente recriam sentimentos há muito instalados, derivados dos primeiros apegos, para sentir a segurança da familiaridade. As pessoas são, portanto, motivadas não para buscar o prazer ou para evitar a dor, mas sim para reacender os sentimentos familiares e evitar o novo (Wessler, 1993a; Wessler e Hankin Wessler, 1997). Os sentimentos há muito tempo instalados e baseados no apego, os quais a terapia de avaliação cognitiva denomina de *afeto personotípico*, podem ser negativos ou positivos, dependendo dos sentimentos dominantes nos relacionamentos de uma pessoa com seus pais.

Wessler e Hankin Wessler (1997) descobriram que a vergonha, a autopiedade e a raiva são os três afetos personotípicos que seus pacientes tentam reacender inconscientemente, seja agindo de maneira a resultar em tais sentimentos (chamados de *manobras de busca de segurança*), seja possuindo crenças que os explicam ou os reforçam (chamadas *cognições de justificativa*). Assim, o paciente que não adere não está realmente sendo "resistente", mas sim usando a terapia para recriar a dinâmica interpessoal e o afeto personotípico familiares.

Ao fazer a terapia de avaliação cognitiva, entendi que os pais que não aderem aos protocolos comportamentais e cognitivo-comportamentais estão fazendo isso para intensificar o afeto personotípico. "*Meu filho é difícil demais para responder às intervenções comportamentais*", reforça os sentimentos vitimizados de autopiedade e talvez de raiva. "*Não sou capaz de usar essas estratégias comportamentais*", reforça a vergonha arraigada do pai. E "*Você, senhor ou senhora terapeuta, não está sendo solidário(a) à dificuldade que é minha situação com meu filho me dando todas essas coisas comportamentais para fazer*", reacende a raiva e a autopiedade. A menos que o afeto personotípico de um pai que não adere seja apontado de forma não-vergonhosa, e a não-adesão seja reestruturada como parte do padrão de busca de segurança, as intervenções comportamentais e cognitivo-comportamentais não terão sucesso.

## PREPARAÇÃO PARA O GRUPO DE TERAPIA DE AVALIAÇÃO COGNITIVA DE TREINAMENTO DE PAIS

O grupo de terapia de avaliação cognitiva de pais tem 12 sessões e ajuda os pais a entenderem e diminuírem a força dos sentimentos negativos há muito instalados e que não os deixam aproveitar as ferramentas comportamentais e o conhecimento do desenvolvimento do filho. Como tal, o grupo integra as informações didáticas a respeito das estratégias comportamentais na criação dos filhos e do desenvolvimento da criança com intervenções experimentais para acessar o afeto personotípico e cognições de justificativa e com estratégias cognitivas para ajudar os pais a suavizarem o afeto e, em seu lugar, acessarem pensamentos úteis e lógicos. Deve-se observar que, embora eu descreva as informações comportamentais e de desenvolvimento apresentadas aos pais, essa parte do grupo pode ser deixada à preferência pessoal do terapeuta. É a natureza integradora, a filosofia e as intervenções orientadas para o afeto do grupo que tornam a terapia de avaliação cognitiva singular, podendo ser integrada com a abordagem comportamental e de desenvolvimento do próprio terapeuta.

## Estruturação e Seleção

O grupo ideal de terapia de avaliação cognitiva de pais consiste em sessões semanais de 90 minutos, durante 12 semanas, com 6 a 10 participantes. Prefiro misturar pais de crianças de idades diferentes de modo que os pais de filhos mais velhos possam ajudar a antecipar (Trad, 1993) aos pais de filhos mais jovens o que podem esperar no futuro. Às vezes, a confiança dos pais de filhos mais velhos foi abalada por sua experiência. Muitos pais de filhos mais jovens, por exemplo, reagem ao que é chamado de "os terríveis dois anos", com sentimentos de raiva e rejeição. O bebê doce, carinhoso e relativamente obediente é agora uma criança que, às vezes, os empurra e simplesmente não aceita um não como resposta. Essa mudança pode, muitas vezes, reforçar o afeto personotípico, baseado na vergonha e os pais, em vez disso, precisam entender que a independência adquirida nesse estágio é vital para o desenvolvimento da autoconfiança, independência e autonomia da criança (Trad, 1993). Pensamentos do tipo *"Meu filho me odeia. O que fiz de errado?"* ou *"Meu filho está virando um monstrinho"* podem dar passagem a outros do tipo *"Como posso dar liberdade ao meu filho ao mesmo tempo em que estabeleço limites e manter uma relação positiva com ele?"*.

Descobri não ser essencial garantir que haja pelo menos dois pais de filhos de idades semelhantes no grupo, embora seja certamente um bônus quando isso ocorre. É o tom empático e não julgador do grupo, juntamente à discussão dos estágios de desenvolvimento, que inclui todos os pais, que faz com que o pai de um filho de idade diferente daqueles dos outros pais ainda sentirem-se bem-vindos no grupo.

Os participantes potenciais devem ser selecionados para o grupo de 12 sessões. Deve-se explicar que se espera que os pais participem de todas as 12 sessões, que cheguem no horário e que nenhuma desculpa será aceita, se quiserem ter algum benefício com o grupo. A entrevista de seleção contém muitas perguntas que eu faria em qualquer entrevista, mas algumas outras são acrescentadas para eu ter uma avaliação inicial do afeto personotípico, cognições de justificativas e manobras de busca de segurança daquele pai, assim como uma noção de como foi sua própria criação (consulte o Quadro 13.1 para uma lista dessas perguntas). Perguntas, como *"Durante um determinado conflito* (faça o pai pensar em um conflito recente típico entre pai e filho), *como você se sentiu depois de acontecer?"*, quando comparadas com *"Como os pais daquele pai o fazia sentir-se"* começa a evocar o afeto personotípico. Perguntas como *"Quais as mudanças que precisam ocorrer em sua família para resolver o problema?"* dão uma esti-

QUADRO **13.1.** Perguntas da entrevista de seleção utilizadas para avaliar o afeto personotípico, cognições de justificativa e manobras de busca de segurança

Estilo de criação de filhos: Afeto

1. Durante um determinado conflito (ter um pai que pense em um conflito típico entre pai e filho), como você se sentiu quando estava acontecendo? Certo depois do ocorrido?
2. Que pensamentos você teve com esses sentimentos?
3. O que você acha que seu filho estava sentindo e pensando durante o mau comportamento? Depois ele foi disciplinado por você?

Estilo de pai: Comportamento/Disciplina

1. O que você tentou até agora para disciplinar seu filho? Como funcionou? O que acontece? (Se o pai realiza que não houve sucesso, como o pai explica isso? Onde está localizada a dificuldade?).
2. Onde você aprendeu sua estratégia de disciplina? Essa é a forma como seu pai ou sua mãe teriam respondido em uma situação similar? Por que ou por que não?
3. Repita essas perguntas para o parceiro. Também: onde você e seu parceiro concordam ou discordam em termos de disciplina? Como você negocia os desacordos?

Pais dos pais

1. Como os seus pais respondem ao seu filho? A sua forma de disciplina? Que tipo de relacionamento você teve com eles? Como é diferente agora?
2. Como os seus pais fazem você se sentir?
3. Faça as mesmas perguntas para os parceiros dos pais.

Motivação dos pais

1. O que você quer fora estar nesse grupo?
2. Que mudanças são necessárias na sua família a fim de resolver o problema? Quem precisa mudar em sua família a fim de melhorar as coisas? Como eles precisam mudar? Como isso acontecerá? Como o grupo pode ajudar isso a acontecer?

mativa da responsabilidade que o pai assume pelo problema. Perguntar ao pai o que o filho pode estar sentindo durante o conflito, não apenas evoca o grau de empatia e perspectiva que o pai tem atualmente (Newberger, 1985), mas também produzem algumas cognições de justificativa (por exemplo, *"Meu filho está pensando que isso realmente vai me pegar"* ou *"Minha filha só está pensando nela mesma; ela sempre se importa somente com seus próprios sentimentos"*). Finalmente, uma vez que os problemas do pai tenham sido descritos, o terapeuta pode dar uma indicação de como o grupo de terapia de avaliação cognitiva pode ajudar a resolvê-los, como uma maneira de formar uma aliança com o pai.

Como o grupo foi formado para trabalhar com pais difíceis de mudar e de lidar, não são muitos os pais rejeitados para o grupo, com base na entrevista de seleção. Mais freqüentemente, são os pais que se auto-selecionam com base na entrevista de seleção. Supostamente, aqueles que não querem participar de todas as 12 sessões, não querem chegar na hora e não querem fazer todo o trabalho descrito para eles durante a seleção e preferem não participar do grupo ao serem contatados posteriormente. Certifico-me de que todos os participantes sabem que o grupo requer um alto grau de dedicação e comprometimento, de modo a excluir algum pai que não esteja pronto para nenhuma tarefa, pelo menos inicialmente.

Os pais que, por ordem da justiça, devem participar de um grupo de pais são aceitos pelo grupo terapia de avaliação cognitiva. Entretanto, deixo claro que se eles estão meramente marcando o ponto para cumprir com suas obrigações e não participarem completamente, entrarei em contato com a agência de encaminhamento e darei minha opinião de que ainda não estão prontos para assumir as responsabilidades de um pai.

Ocasionalmente, entrevisto um pai na seleção inicial que revela abusar de substâncias atualmente ou abusar fisicamente de uma criança. Rejeito esses pais, pois eles precisam melhorar tais problemas antes de poderem se beneficiar com a terapia de avaliação cognitiva, e notifico a agência ou clínico de encaminhamento sobre os problemas, bem como o departamento de serviços sociais no caso de abuso infantil.

Finalmente, a entrevista de seleção indica o nível de percepção e responsabilidade que um pai está disposto ou pronto a assumir no momento. Assim sendo, se eu puder formar mais de um grupo de terapia de avaliação cognitiva de uma vez, devido ao volume de encaminhamentos, procuro fazer um grupo de pais com maior grau de percepção, sofisticação cognitiva e inclinação para assumir a responsabilidade pelas suas ações e outro daqueles com um grau mais baixo nessas dimensões. Descobri que, em um grupo misto, os pais com um grau mais alto de percepção e sofisticação cognitiva tendem a sentir que estão em um ritmo lento e, finalmente, raiva daqueles que estão lutando para dominar alguns dos conceitos mais básicos do grupo. Estes podem sentir-se intimidados e finalmente embaraçados mediante os primeiros. Fazer essa divisão me permite modificar minha apresentação e expectativa com o grupo, em vez de ter de ficar no vaivém entre intervenções mais ou menos sofisticadas.

## Criação de um Ambiente Terapêutico Livre de Vergonha

Como a terapia de avaliação cognitiva acredita que aqueles pais inconscientemente motivados a permanecer, os mesmos que são muitas vezes conduzidos por sentimentos baseados na vergonha, o terapeuta do grupo deve fazer todo o possível para tornar a participação em uma experiência livre de vergonha. Isso gera uma situação que Safran e Segal (1990) chamaram de não conformidade experimental do padrão interpessoal cognitivo típico de uma pessoa, já que o paciente interage com os outros sem sentir vergonha, talvez pela primeira vez em suas vidas.

Wessler (1993b) revisou quatro maneiras pelas quais os participantes da terapia em grupo lidam com a vergonha: evitando e se afastando; negando-a, sendo ativo em focalizar os sentimentos dos outros; usando o humor para evitar revelar sentimentos mais arriscados ou anulando-se de maneira bem-humorada para antecipar as possíveis críticas dos outros; e "raiva defendida pela vergonha", ou transformando os sentimentos de vergonha subjacentes em raiva para manter os outros a uma distância segura. Embora o terapeuta do grupo de pais possa, no decorrer do grupo, apontar essas defesas relacionadas à vergonha, conforme representam na dinâmica do grupo, assim como na vida dos pais, o grupo deve ser estruturado para antecipar o aparecimento da vergonha tanto quanto possível. Assim sendo, dizem aos participantes do grupo durante a primeira sessão para serem empáticos, compartilharem experiências similares e imaginar como se sentiriam no lugar de outros pais, mas não devem dar conselhos, fazer críticas ou dizer ao outro o que está pensando ou sentindo. O terapeuta não deixa os participantes fazerem este último e aproveita a oportunidade para modelar as respostas mais apropriadas (Wessler, 1993b). O formato altamente estruturado do grupo e a apresentação de informações também servem para diminuir a representação de comportamentos baseados na vergonha.

A vergonha também pode ser reduzida com a auto-revelação do terapeuta (Wessler, 1993b; Wessler e Hankin Wessler, 1986). O terapeuta pode tomar a frente do grupo ao revelar sentimentos e experiências problemáticos em sua própria criação de filhos ou, se o terapeuta não for pai, com um parceiro, um pai, um colega de trabalho e assim por diante. Todo terapeuta já sentiu vergonha, raiva, autopiedade e se achou incompetente, não amado ou ineficaz. Dividir esses sentimentos, pensamentos e comportamentos semelhantes tornam o terapeuta um colega bem informado, em vez de colocar os pais na posição vergonhosa de revelar as deficiências embaraçosas a um *expert* distante.

Eu, muitas vezes, divido com os participantes do grupo um problema que tive educando meu filho de menos de dois anos de idade, o que tento fazer com bom humor para passar a mensagem de que "não é grande coisa aqui falar de deficiências pessoais". Além disso, ao ligar meus problemas como pai com a forma com que fui criado, preparo o terreno para os pais fazerem o mesmo mais tarde.

> *Minha mãe, embora bem intencionada, entra em pânico quando acredita que alguma coisa não é segura, seja para ela mesma, para mim ou, agora, para meu filho –, e ela acredita que muitos objetos, comportamentos e situações não são seguros. Ela era a mais nova de três filhos de uma família pobre de uma mãe solteira que trabalhava 20 horas por dia, durante a Depressão americana. Ela se descreve como uma criança um tanto solitária, medrosa e "trancada". Assim, não é difícil imaginar como ela deve ter crescido sentido-se sozinha, com medo do mundo e desejando que seus medos fossem amenizados por alguém. Entretanto, enquanto crescia, eu costumava me ressentir de seus muitos medos, às vezes contando comigo para tomar conta deles e valorizando a segurança mais que tudo. Jurei para mim mesmo que nunca me excederia em minhas preocupações como ela, e não as imporia às outras pessoas. Bem, quando meu filho tinha 9 meses de idade tirou meus óculos da minha cabeça, o que vez ou outra ele fazia para se divertir. Dessa vez, porém, me pareceu que ele tinha enfiado uma das hastes em seu olho. Eu gritei, gelei e não fiz absolutamente nada que fosse de muita ajuda – como minha mãe, paralisada pela impotência cheia de medo, teria feito. Passei meu filho para minha esposa, supondo que ela estava mais bem preparada para lidar com a situação. Depois de perceber que na verdade meu filho não tinha se machucado (embora estivesse chorando, certamente por causa do meu grito), minha mulher olhou para mim com aquela cara de quem diz "E você chama a si mesmo de psicólogo de crianças". Naquele momento, percebi que havia internalizado*

> *não somente as crenças de medo de minha mãe (sua cognições de justificativa), mas, mais centralmente, sua crença subjacente reveladora da vergonha de que eu, como um pai incompetente, sou incapaz de afastar o perigo de meu próprio filho (e somente minha mulher muito mais competente, de quem dependo, é digna de cuidar dele). Bem, aquela foi a última vez que reagi daquela maneira, embora não tenha sido a primeira vez. Ainda me sinto embaraçado e exposto ao contar essa estória e ainda fico na dúvida (mas não incompetente) quando me deparo com meu filho machucado, embora tente fazer a coisa apropriada.*

Finalmente, não culpar pode emergir da exploração de como os *pais* dos pais influenciaram seus estilos atuais de criar os filhos. Os sentimentos e pensamentos em relação à criança podem ser equiparados àqueles revelados pelos pais dos pais ou modelados por eles. O afeto personotípico e as cognições de justificativa *não* podem então ser atribuídas ao pai, mas à maneira como foi criado. Quando os pais começam a perceber que seu estilo revelador de vergonha de criar os filhos foi aprendido na infância – quando a criança não tem outra escolha se não aceitar e se esforçar no tipo de apego oferecido pelos pais –, a culpa imputada a si mesmo e raiva pela criança começa a diminuir. Além disso, os participantes do grupo tendem a ser extremamente empáticos em relação às batalhas atuais, quando ouvem as infâncias difíceis de muitos dos outros participantes. A raiva por um participante do grupo que grita e ameaça fisicamente seus filhos transforma-se em empatia (mas não perdão, espera-se) quando os outros ouvem como seus pais batiam nele e ele era humilhado repetidamente, por exemplo.

## GRUPO DE TERAPIA DE AVALIAÇÃO COGNITIVA DE PAIS

Considero um grupo bem-sucedido se os pais forem capazes de focalizar naquilo que estavam sentindo antes, durante e depois de uma interação problemática com seus filhos; se puderem ligar pelo menos alguns desses sentimentos ao afeto personotípico e assumir a responsabilidade pelos sentimentos (*"Meu filho não me* faz *sentir desse jeito.* Eu *faço"*); e se os pais aprenderem a administrar o afeto, enquanto criam seus filhos, permitindo-lhes usar as ferramentas cognitivas adequadamente e despersonalizar os comportamentos ruins dos filhos, utilizando o conhecimento básico sobre o desenvolvimento da criança.

## Sessões 1 e 2: Metas, Sentimentos e Coesão

Plutchik (1981, p.142) mantém que compartilhar emoções é essencial para a coesão do grupo, mais do que as lições didáticas ensinadas pelo terapeuta: *"que o elemento crucial é compartilhar emoções, e não a troca de informações, fica evidente pelo fato de que as pessoas que simplesmente comparecem a uma palestra não se tornam coesos por isso"*. Os grupos de pais que contam somente com a instrução didática e no treinamento de habilidades na criação dos filhos talvez tenham menos necessidade de construir a coesão. O programa de terapia de avaliação cognitiva de pais, com seu foco adicional na administração do afeto, requer que o terapeuta preste muita atenção à facilitação do grupo e evocação de comentários empáticos dos participantes.

Para tal fim, as duas primeiras sessões focalizam abertamente que os participantes compartilhem suas histórias do porquê estão participando do grupo e formulem metas para mudar os comportamentos de seus filhos ou seu relacionamento com eles. Implicitamente, o terapeuta utiliza essas duas sessões para fazer com que os participantes reconheçam a dificuldade da situação de cada um e comecem a fazer uma lista de como se sentem ao criar seus filhos.

Os participantes devem descrever o porquê de estarem participando do grupo e o terapeuta deve certificar-se de que todos têm tempo igual para falar. As reações livres de críticas (por exemplo, discutir dificuldades semelhantes, verbalizar observações empáticas) são bem-vindas. À medida que os pacientes contam suas histórias, o terapeuta pergunta como eles se sentem ao criar seus filhos e faz uma lista na lousa. Os sentimentos típicos são raiva, impotência, frustração, ansiedade, culpa e desamparo. O terapeuta também aproveita a oportunidade para ajudar os pais a serem mais específicos na descrição de seus sentimentos. Aquele que responde "me senti mal" ou "senti que queria fugir", por exemplo, é solicitado a substituir por um sentimento mais específico nessa descrição. Se não conseguir fazer isso, os outros participantes são solicitados a "preencher a lacuna" a partir de suas próprias experiências. O terapeuta também é incentivado a compartilhar um problema que tenha tido com o filho e os sentimentos relacionados, como uma maneira de modelar a auto-revelação e ligar os pensamentos e comportamentos aos sentimentos. Nesse ponto, nada mais é feito com essa lista de sentimentos dos pais. Esse exercício é feito simplesmente para torná-lo uma norma do grupo para discutir sentimentos em um ambiente livre de críticas.

A seguir, as metas dos pais para si mesmos no grupo são listadas na lousa. Aquelas normalmente estabelecidas incluem:

- *"Quero me comunicar melhor com meu filho".*
- *"Quero que meu filho me obedeça, mas sem muita luta o tempo todo".*
- *"Quero me sentir melhor comigo mesmo como um pai".*
- *"Quero entender melhor porque minha filha faz o que faz".*
- *"Tenho medo de bater no meu filho quando ele não me escuta. Preciso de mais alternativas para agir como um pai".*

Muitos pais começam a terapia acreditando que não são eles que precisam mudar, mas sim seus filhos. Nesses casos, o terapeuta pode ainda incentivá-los a formular metas que focalizam seus sentimentos sobre si mesmos e seus filhos de maneira diferente. Um pai pode estabelecer a meta, por exemplo, de que "*Quero sentir que criar os filhos não é uma batalha tão grande*" ou "*Quero ser mais respeitado como pai*". Espera-se que esses pais acabaram percebendo que, mesmo se não quiserem mudar seu estilo de criação dos filhos, podem atingir metas ao mudar a percepção que têm de seus filhos e de si mesmos. Isso acontece lentamente, conforme as sessões passam.

Os pais, então, fazem uma lista de suas esperanças e medos para o grupo, o que é novamente feito para incentivar que compartilhem abertamente seus sentimentos de modo a facilitar a coesão e auto-revelação. O terapeuta começa falando de sua maior esperança e maior medo para o grupo. Às vezes, digo que minha maior esperança é que os pais descobrirão que o grupo vale a pena e que os ajudará a atingir as mudanças que desejam para si mesmos e suas famílias. Meu maior medo é, muitas vezes, que os pais pensarão que o grupo é uma perda de tempo e que "eu sou um idiota" (faço esse último comentário não para antecipar uma crítica, mas para abrir a possibilidade de tais revelações dos pais).

O que os pais normalmente esperam é "que vou perceber que outros pais passa por batalhas e problemas semelhantes", "que vou aprender mais como criar meus filhos" e "que outros pais percebam que sou inteligente e tenho algo a oferecer". Os medos típicos são "de falar na frente dos outros", "que os outros pais irão pensar que não sou bom pai" e "de passar por bobo para os outros".

Já no final da sessão, o terapeuta descreve as metas gerais de todo o grupo de terapia de avaliação cognitiva: cuidado emocional pessoal. Ele passa algum tempo discutindo com os pais como os sentimentos podem ficar no caminho de fazer a "coisa certa" para seus filhos, ter sentimentos positivos sobre si mesmos como pais e "sintonizar" com o que seus filhos estão vivenciando. Enfatiza, então, que até o final do grupo os pais serão capazes de deixar de lado sentimentos inúteis e dolorosos para possibilitar que criem seus filhos de maneira mais eficaz.

Durante a segunda sessão, o terapeuta escreve na lousa uma versão mais detalhada focalizada nos sentimentos do modelo de comportamento infantil A-B-C (Baker, Brightman, Heifez e Murphy, 1976 – consulte a Tabela 13.1). A discussão que se segue, a qual muitas vezes continua na terceira sessão, focaliza detalhadamente o modo pelo qual os pais se sentem durante uma altercação típica com seus filhos e como esses sentimentos podem influenciar uma resposta comportamental deles. Uma mãe, por exemplo, disse que se sente enraivecida quando sua filha não a escuta e pensa: "*Ela me trata como lixo*" (B). Acreditando que o único jeito de ser respeitada era batendo em sua filha, assim como sua mãe fazia com ela, e sentindo-se impotente para mudá-la (C), a mãe prefere fechar-se em seu quarto, evitar a situação, se lamentar e ficar "deprimida".

Os pais também devem imaginar o que o filho está sentindo durante essa interação. Mais freqüentemente, no início do grupo, muitos pais nunca haviam pensado nisso ou projetam pensamentos e sentimentos no filho que justificam suas próprias reações. Uma mãe de uma menina de cinco anos de idade que chora toda vez que a mãe a manda guardar sua criação com Lego, que está no meio da sala de um apartamento pequeno disse que acredita que a filha chora "*Só para me irritar. Ela tem de fazer as coisas do jeito dela*" (E). Ela então costuma gritar com a filha de maneira bastante crítica. Os pais, assim como os outros participantes do grupo, são solicitados a se colocarem no lugar da menina e imaginar como

Tabela 13.1. Quadro de sentimentos durante uma típica interação entre pais e filhos

| Sentimentos | Situação antes do comportamento | Comportamento do filho | Sua reação |
|---|---|---|---|
| Seus sentimentos | A | B | C |
| Sentimentos do filho | D | E | F |

eles sentiriam se fizessem isso com eles. O terapeuta pode dizer para eles fecharem os olhos, se quiserem, e visualizarem a situação para acessar seus sentimentos. Ele disse à mãe da menina que imaginasse que tinha criado uma obra-prima da qual ela tinha muito orgulho (D) e que tinha que ser destruída. A mãe relatou que sentiria "raiva, frustração e desrespeito" (F). Ela então concluiu que talvez deveria reagir mais "delicadamente" e tentar mudar a criação de Lego, com a ajuda da filha, para outro lugar do apartamento.

É importante difundir qualquer sentimento vergonhoso que os pais possam ter durante as sessões, normalizando as situações: diariamente, os pais têm suas próprias rotinas e agendas que devem seguir e nem sempre podem levar em consideração as necessidades e experiências de seus filhos. Em vez de se sentirem derrotados posteriormente, é mais útil corrigir-se e continuar tentando no futuro sem se recriminar.

## Sessões 3 e 4: Ferramentas Comportamentais

Os pais naturalmente chegam ao grupo com variados graus de conhecimento sobre o desenvolvimento das crianças e as estratégias comportamentais de criação dos filhos. Primeiro, tento colocar todos os pais no mesmo patamar nessas áreas. Além disso, Dubey, O'Leary e Kaufman (1983) descobriram que os pais que participam de grupos para abordar suas dificuldades com o comportamento dos filhos mais provavelmente comparecerão às sessões e as acharão relevantes se a ênfase inicial for na administração do comportamento.

Assim sendo, essas sessões apresentam as intervenções básicas que todo pai deveria conhecer e ser capaz de usar, seguidas pela aplicação delas nos comportamentos problemáticos. O terapeuta pode ensinar qualquer programa comportamental que prefira, desde que inclua conceitos, como conseqüências naturais, conseqüências lógicas, quando premiar e quando punir, suspensões, como modificar os programas comportamentais para se adequar à idade da criança e os erros que podem cometer ao implementar estratégias comportamentais (por exemplo, premiar comportamentos negativos e ignorar as mudanças positivas). Ensino as intervenções comportamentais básicas do *SOS! Help for Parents* de Clark (1985) porque esse livro se aplica a uma variedade de problemas de comportamento e é escrito em um estilo claro e fácil. Não o dou como uma lição de casa, mas o recomendo.

As três primeiras parte das sessões 3 e 4 até a metade são didáticas por natureza, seguido por discussão em grupo. Começo apontando que muitos comportamentos problemáticos podem ser evitados elogiando comportamentos positivos, conquistas e comportamentos obedientes, mesmo se pequenos, e estabelecendo as conseqüências negativas específicas antecipadamente e reforçando-as consistentemente. Enfatizo que tirar um privilégio é minha conseqüência favorita para a maioria dos comportamentos negativos, já que os comportamentos positivos (fazer suas tarefas, estudar muito na escola e seguir regras) são o que se espera de todos nós e, portanto, não devem ser premiados.

A isto se segue uma discussão de bater como castigo. Discuto estudos que demonstraram que os pais que batem têm filhos mais agressivos, já que aprendem o modelo de seus pais de que bater é a maneira de expressar sentimentos e resolver problemas. Essas crianças também aprendem a valorizar a força e o poder nos relacionamentos, em vez de expressar-se e compartilhar verbalmente. Trabalhei com muitos pais que castigam seus filhos por baterem em outra pessoa batendo neles, sem perceberem a ligação. Digo aos pais que, se eles batem em seus filhos e eles então batem em outros, eles deveriam ficar envaidecidos, já que a criança está usando perfeitamente o modelo dos pais.

Dou-lhes então apostilas de Clark (1985), a primeira das quais traz uma lista das conseqüências naturais (por exemplo, pegar um gato de mal jeito e ser arranhado; não pentear o cabelo e ouvir gozações de outras crianças) e a segunda traz uma lista das conseqüências lógicas (por exemplo, tirar a bicicleta de uma criança por uma semana se ela andar na rua; ficar proibida de usar o telefone por dois dias se quebrar as regras de uso do telefone). É revisada então uma lista de métodos de castigo (bronca e desaprovação, faltas de comportamento e conseqüências lógicas), com atenção especial para o uso de suspensões quando a criança está se comportando agressivamente ou tendo um acesso de raiva. Também se discute ignorar os acessos de raiva não-violentos e comportamentos provocadores de raiva na criança.

Essa apresentação quase sempre leva a uma discussão acalorada pelos pais sobre as intervenções comportamentais que já tentaram, seus sucessos e fracassos e como poderiam alterar essas estratégias no futuro. Durante essa discussão, escrevo três colunas na lousa: comportamentos que você está tentando mudar em seus filhos, o que você já tentou e o que você pode tentar no futuro. Cada pai deve gerar novas maneiras de lidar com a situação em termos comportamentais. Se um pai está com dificuldades para gerar novas soluções, pergunto se outros pais poderiam ajudá-lo a aplicar as ferramentas comportamentais já discutidas. Normalmente, os pais não ficam constrangidos em receber sugestões, já que o exercício se refere mais à resolução de problemas, em vez de ter um tom confessional.

Finalmente, praticamos como implementar as estratégias comportamentais com os filhos de cada pai pela dramatização de situações difíceis. O pai assume o papel do filho, tanto porque o pai o conhece melhor como para evitar que ele novamente não seja capaz de reagir adequadamente e depois se sinta envergonhado e constrangido. Em uma atmosfera de brincadeira, outros pais formam um "time" e entram no papel de pai conforme testam novas intervenções comportamentais na "criança". O terapeuta os orienta no modo de estabelecer regras com a criança e depois as implementar claramente, simplesmente e eficazmente. Finalmente, o pai pode entrar no papel de pai e usar algumas das estratégias que os outros pais já testaram.

Nesse ponto do grupo, os pais *não* são incentivados a implementar novas estratégias de comportamento em casa. Ao invés disso, o terapeuta joga água fria, garantindo que tais intervenções comportamentais não funcionarão em casa, a menos que os pais melhorem a maneira de administrar os sentimentos que interferem. Alguns pais preferem ver isso como uma intervenção paradoxal (Haley, 1976), embora não seja a intenção, e eles independentemente implementam um programa comportamental em casa.

## Sessão 5: Uma Nova Estrutura de Desenvolvimento

Esta sessão é dedicada à revisão dos estágios de desenvolvimento, novamente focalizando em como os pais podem tipicamente se sentir perante os comportamentos ruins dos filhos em cada estágio. O objetivo adicional do terapeuta é ajudar os pais a reestruturar alguns dos comportamentos ruins dos filhos, de maneira adequada a seu desenvolvimento, diminuindo assim a possibilidade de os pais tomarem tais comportamentos pessoalmente e usando-os para apoiar seu afeto personotípico e cognições de justificativa. Se muitos (mas certamente nem todos) desses comportamentos ruins são vistos como parte do desenvolvimento normal, os pais podem então enxergar suas reações, como oportunidades para ajudar seus filhos a negociarem a tarefa de desenvolvimento à mão. Isso não quer dizer que os pais devem perdoar e minimizar os comportamentos inadequados do desenvolvimento; eles ainda podem precisar estabelecer conseqüências negativas e limites que serão úteis para a criança. Nem devem os pais, obviamente,

TABELA 13.2. Estágios de desenvolvimento da criança (quadro usado no grupo de terapia de avaliação cognitiva)

| | Idade (em anos) | | | |
|---|---|---|---|---|
| **Facetas do desenvolvimento** | **0 a 1** | **2 a 4** | **5 a 12** | **13 a 18** |
| O que estão aprendendo | Apego. Sentimento de pertencer. Confiança. | Autonomia (*"Não! Eu sou gente! Vou fazer do meu jeito"*). | Modelos de papéis (*"Quais são as regras de como me comportar?"*). | Independência Autonomia (*"Não sou como você. Quero minha própria identidade"*). |
| Como se comportam mal | Busca de atenção (*"Eu pertenço apenas quando sou notado"*). | Acessos de raiva e mau-humor. Quebrar regras. Desafiar os pais (*"Não! Quem manda sou eu!"*). | Quebrar regras sociais. Imitar os pais. | Afirmar a independência (*"Sou eu quem manda!"*). Mau-humor. |
| Como os pais geralmente se sentem | Incomodados. Confusos. Sobrecarregados. Amedrontados. Necessitados. | Com raiva (*"Perdi meu poder e autoridade"*). Sem esperanças. Rejeitados. | Magoados. Com raiva. Sem esperanças. Envaidecidos. | Enraivecidos (*"Minha autoridade é desafiada"*). Rejeitados. |
| O que fazer para ajudar os filhos a aprenderem | Incentivar. Ignorar o mau comportamento. | Estabelecer escolhas e conseqüências antecipadamente. Seguir planos. Retirar-se da luta de forças com opções. | Evitar tomar como um ataque pessoal. Parar de criticar. Ser um bom modelo. | Estabelecer conseqüências. Escolhas. Retirar-se do conflito. |

Adaptado de Forehand, R.L. e MacMahon, R.J. (1981).

tornar uma regra que os comportamentos ruins são reações aos estressores ambientais ou aos comportamentos dos pais.

O quadro de desenvolvimento apresentado durante a sessão está na Tabela 13.2. Ele foi adaptado do trabalho de diversos manuais de treinamento de pais (Forehand e McMahon, 1981; Patterson, 1976) e alterado para adequar-se aos propósitos da terapia de avaliação cognitiva. Depois de revisar esse quadro, cada pai é incentivado a selecionar um exemplo do comportamento ruim de seu filho, descrevê-lo e reestruturá-lo em termos do estágio de desenvolvimento da criança. Pergunta-se aos pais então se, tendo reestruturado, eles se sentiriam de maneira diferente sobre o comportamento do filho e se reagiriam diferentemente (alguns pais podem preferir sentir e reagir da mesma forma, que em muitos casos seria perfeitamente adequado).

Uma breve discussão sobre temperamento, muitas vezes, é inserida aqui, já que os pais podem também usar a predisposição de temperamento dos filhos para alimentar o afeto personotípico e as cognições de justificativa. Utilizo o modelo de Kagan (1989) da criança inibida (tímida e facilmente superestimulada) e desinibida (facilmente engajada, curiosa) e não facilmente superestimulada, já que essa diferença é relativamente fácil de entender para os pais. Uma mãe, por exemplo, estava preocupada porque seu filho de 12 anos nunca tinha discutido muito com ela. Ela disse que isso a fazia sentir-se "rejeitada" por ele e que, às vezes, gritava com ele por frustração. Após decidir que ele reagia a qualquer coisa que ela fazia e descobrir que sempre agia dessa forma com todos, pude ajudá-la a reestruturar seu filho como inibido em temperamento e carente de aceitação e de incentivo gentil, paciente e alegre para sair de sua concha (Greenspan, 1992). Essa mãe então percebeu que não podia tomar o silêncio de seu filho tão pessoalmente e que precisava abrandar sua raiva e frustração em vez disso.

## Sessões 6 e 7: Identificação de Como a Vergonha, Raiva e Autopiedade Podem Conduzir a Criação dos Filhos

Os grupos cognitivo-comportamentais tradicionais ensinam os pais a identificar pensamentos automáticos e inúteis na criação dos filhos (Beck, Rush, Shaw e Emery, 1979; Evans e McAdam, 1988). O programa de terapia de avaliação cognitiva dá um passo à frente ao evocar os sentimentos que acompanham os pensamentos automáticos e reestruturar e agrupar tais sentimentos em três categorias: raiva, vergonha e autopiedade.

Ao fazer um trabalho individual com os pais, muitas vezes uso a linguagem emocional do paciente. Um paciente, por exemplo, pode se sentir envergonhado, mas me diz "sinto-me inadequado", "sinto-me indigno", "sinto-me não amado" ou "sinto-me como um trapo". Por serem palavras emocionalmente salientes para aquele indivíduo, eu as uso no lugar da palavra *vergonha*, que pode ter pouca validade para o paciente. Entretanto, como o grupo de terapia de avaliação cognitiva é didático, de curto prazo e envolve os participantes falando uma linguagem em comum, agrupo os sentimentos dos pais sob os títulos de *vergonha, raiva* e *autopiedade* nesse ponto. Descobri que é fácil fazer isso sem ter de forçar sentimentos em categorias artificiais. Sentimentos como constrangimento, falta de esperança e impotência são facetas ou sinônimos para vergonha (Tangney, Wagner, Fletcher e Gramzow, 1992). Se o terapeuta instigar outros sentimentos, como culpa, medo ou preocupação, as questões de vergonha quase sempre emergem. Uma mãe, por exemplo, que disse se sentir culpada ao pensar "o que fiz de errado?" foi questionada sobre "o que significa fazer algo de errado na criação de filhos?". Ela respondeu: "que não sou uma boa mãe", expondo assim uma cognição de justificativa relacionada à vergonha. Uma mãe que disse sentir medo que "alguma coisa está muito errada com meu filho" ao criá-lo revela então que isso queria dizer que ela é um fracasso como mãe, novamente indicando que seu medo é, em última análise, de sentir-se envergonhada de si mesma. Finalmente, uma mãe que se sente impotente, pensando que "não posso mudar nada", disse que se sente incompetente para mudar qualquer coisa em sua vida, novamente sugerindo vergonha com o uso da palavra *incompetente*.

O mesmo pode ser feito com a raiva e a autopiedade. Ressentido, incomodado e até mesmo ansioso podem ser agrupados sob raiva. Com respeito à raiva, Wessler e Hankin Wessler (1997) descobriram que se os sentimentos que coincidem com ansiedade relatada são instigados, a raiva é muitas vezes predominante. Uma discussão típica na terapia de avaliação cognitiva disso poderia ser a seguinte:

*Paciente:* Eu estava me sentindo ansiosa.
*Terapeuta:* Ansiosa com o quê?
*Paciente:* Que eu não conseguiria fazer do meu jeito.
*Terapeuta:* E como você se sentiria se não conseguisse fazer do seu jeito?
*Paciente:* Bem, ansiosa.
*Terapeuta:* Você sentiria mais alguma coisa além de ansiedade?
*Paciente:* Bem, aborrecida por não conseguir fazer o que eu quero.

*Terapeuta:* Que pensamentos você teria quando estivesse aborrecida?
*Paciente:* Droga, me dê o que eu quero pelo menos uma vez na vida!
*Terapeuta:* Que tom de voz você estava usando?
*Paciente:* De raiva. Era um tom de raiva. Acho que estaria sentindo raiva quando pensasse isso.

Sentimentos como dor, protecionismo e ressentimento podem levar a uma discussão de autopiedade. Um pai disse recentemente que se sentia "protetor" ao disciplinar a filha quando pensava que "o mundo já é duro o bastante para ela". Ele então revelou que presumiu (falsamente) isso porque acreditava que o mundo não o tratou bem. Uma mãe que disse se sentir "ressentida" e pensou "opa, outro problema para se lidar" revelou outro pensamento (uma cognição de justificativa): "*Sempre tenho de lidar com as besteiras de todo mundo. Por que eles não resolvem seus próprios problemas e me deixam em paz?*". Embora há certamente alguma raiva nessa afirmação (a qual está par a par com a autopiedade), a exploração dessa crença levou a um sentimento de "pobre de mim".

Uma vez agrupados os sentimentos, o terapeuta pode explicar que essas emoções são bastante normais nos pais às vezes e não há nada para se envergonhar ou ficar constrangido; entretanto, elas são *inúteis* para seus filhos, assim como para eles próprios. Além disso, o terapeuta discute aqui a teoria de motivação da terapia de avaliação cognitiva: todos os pais são inconscientemente guiados para repetir sentimentos familiares há muito instalados, apesar de quererem conscientemente fazer a "coisa certa" para seus filhos. Solicita-se aos pais, então, que observem seus pensamentos e sentimentos ao criar os filhos e pensar em outras situações na vida durante as quais eles tiveram pensamentos e sentimentos semelhantes. Quase sempre, os participantes do grupo começam a fazer ligações: eles sentem-se da mesma forma no trabalho, com o marido/esposa ou com seus pais. A idéia de manobras de busca de segurança é então introduzida (sem usar o termo em si), conforme o terapeuta sugere que todos os indivíduos têm padrões de comportamentos arraigados que criamos inconscientemente para mexer com os sentimentos familiares, mas inúteis.

Finalmente, o terapeuta liga os sentimentos arraigados ao modo pelo qual os pais foram criados: "*Como crianças inocentes, sempre seguimos nossos pais no que se refere ao modo pelo qual nos sentimos sobre nós mesmos e sobre os outros. Era tudo o que conhecíamos, e foi isso que definiu que éramos e quem somos agora*".

Uma vez que os participantes tenham entendido como sua forma de criar os filhos é influenciada pela forma que foram criados, o terapeuta apresenta a idéia de estilos de criação de filhos. É distribuída uma apostila de estilos de criação de filhos que Richard Wessler (comunicação pessoal, 5 de agosto de 1996) tirou da experiência clínica (veja Tabela 13.3). Cada estilo é discutido no contexto de identificação dos estilos dominantes de seus próprios pais e como eles os afetaram como indivíduos e como pais. Esta é normalmente uma das partes mais acaloradas do grupo. Os participantes ajudam-se a fazer ligações entre o modo pelo qual foram criados e o modo pelo qual estão criando seus filhos. Além disso, o modo pelo qual foram criados está ligado àquilo que os pais, muitas vezes, sentem (afeto personotípico) ao disciplinar seus filhos. O estilo de criação de filhos dos pais de cada pai é escrito na lousa (com o título *Como seus Pais o Criaram*), seguido do afeto personotípico (*O que você Geralmente Sente ao Criar seus Filhos*) e cognições de justificativa (*O Que Você Pensa ao Criar seus Filhos*).

## Sessões 8 a 11: Aprender a Administrar os Sentimentos de Maneira Lógica ao Criar seus Filhos

A sessão seguinte começa com uma revisão do quadro de criação de filhos mostrado no Quadro 13.2, que integra todos os componentes vistos até aqui. O primeiro passo do quadro incorpora algumas das estratégias comportamentais discutidas e praticadas na terceira e quarta sessões: que os

**Tabela 13.3.** Grade de estilos de criação de filhos e seu impacto nos filhos (Wessler, 1996)

| Estilo dos pais | Sentimentos dos filhos | Reações dos filhos | Crianças que se tornam adultos |
|---|---|---|---|
| Gritar e abusar | Intimidação, ressentimento | Obedecer por medo | Passivos, dependentes, não-assertivos |
| Choramingar e reclamar | Pena dos pais | Obedecer por culpa | Chorões, queixosos<br>Querem agradar as pessoas |
| Submeter-se à vontade da criança | Sentir-se no direito | Nada a obedecer – as crianças têm o poder | Egoístas, anti-sociais, inclinados ao vício |
| Gentil, mas dominante | Incompetente | Obedecer sem questionar | Dependente, imaturo, medroso |
| Respeitar, incentivar | Seguro | Cooperativo | Autônomos, embora leais à família |

Nota: De R. Wessler, 5 de agosto de 1996, comunicação pessoal. Reproduzido com permissão.

Quadro 13.2. Quadro de criação de filhos

| Passo | Tarefa dos pais |
|---|---|
| 1 | Mesmo antes de qualquer comportamento ruim acontecer, estabelecer regras e conseqüências lógicas razoáveis para os comportamentos ruins de seu filho. Dizer a ele antecipadamente o que acontecerá caso se comporte mal. |
| 2 | Quando o comportamento ruim ocorrer, tenha consciência de seus sentimentos. Velhos sentimentos familiares são bandeiras vermelhas: *aviso – trabalho à frente!* |
| 3 | Coloque os sentimentos no bolso de trás por um bom tempo. |
| 4 | Qual é a mensagem (positiva) do mau comportamento de seu filho? Por exemplo, ele está tentando lhe dizer "*eu preciso me sentir independente*", "*eu preciso me sentir forte*" ou "*eu preciso conhecer os limites de suas regras*"?. |
| 5 | Como você reagirá? Qual é a conseqüência predeterminada para esse mau comportamento (veja passo 1)? Qual é a melhor mensagem para você dar a seu filho de modo a aprender melhor e com menos conflito (e menos trabalho para você)? |

pais devem antecipar os problemas comportamentais e estabelecer conseqüências comportamentais claras e adequadas antes deles acontecerem e que devem comunicar essas conseqüências claramente à criança. O segundo passo envolve o que o grupo discutiu na sexta e sétima sessões: entender e identificar o afeto personotípico e cognições de justificativa, relacionadas durante a criação dos filhos. Esse passo enfatiza que estes são sinais para os pais de que esses sentimentos devem ser administrados terapeuticamente se quiserem reagir eficazmente a seus filhos.

O quarto passo incorpora as reestruturações de desenvolvimento que os pais aprenderam na quinta sessão. Isso ajuda a evitar interpretações errôneas dos comportamentos ruins dos filhos, a fim de alimentar e reacender o afeto personotípico. Em vez disso, os pais podem enxergar os comportamentos difíceis dos filhos como uma parte normal do crescimento ou uma extensão normal de seu temperamento específico. O quinto passo é o resultado final de abrandar o afeto personotípico e reestruturar os comportamentos ruins dos filhos mais empaticamente: como os pais podem reagir ao comportamento dos filhos de maneira eficaz, com o menor conflito entre pai e filho, e de modo a ajudar a criança a aprender o que é mais útil em termos de desenvolvimento?

A ênfase das sessões seguintes, diz-se aos pais, estará no terceiro passo: colocar seus sentimentos no "bolso de trás" quando interagir e disciplinar seus filhos. Wessler e Hankin Wessler (1997) definiram o cuidado emocional pessoal como "*abrandar seus sentimentos, reduzindo sua intensi-*

*dade e se reafirmando"* (p.183). No grupo de terapia de avaliação cognitiva, isso consiste em romper as amarras emocionais a seus pais, aprender a abrandar o afeto personotípico e fortalecer a influência dos pensamentos lógicos sobre o afeto personotípico e as cognições de justificativa.

## *Romper as Amarras Emocionais a seus Pais*

Os participantes do grupo praticam identificar os sentimentos e pensamentos familiares da infância que emergem durante a criação dos filhos. Eles geram declarações que podem dizer a eles mesmos para combater tais pensamentos e sentimentos. A dramatização (Greenberg, Rice e Elliott, 1993), muitas vezes, facilita a descoberta de declarações poderosas e úteis que repele o afeto personotípico. Posso pedir a um pai para representar seu pai dizendo alguma coisa que gera o afeto personotípico. Depois, peço ao pai para reagir a isso de maneira lógica e madura. O paciente pode ter de mover-se entre fazer o papel de seu pai e de si mesmo até que sejam geradas várias declarações úteis. Os clientes podem reagir ao pai representado, por exemplo, com um "deixe-me em paz", "você não me ajuda" ou "estou cansada de suas críticas". Eles então dão forma a essas reações com declarações que podem fazer a si mesmos e ensaiá-las.

## *Abrandar o Afeto Personotípico*

Os pacientes devem então pensar em declarações que abrandarão a vergonha, a raiva e a autopiedade enquanto criam seus filhos. Peço para fecharem os olhos (somente se quiserem) e pensar em alguém em suas vidas que conseguiu acalmá-los quando tinham tais sentimentos – imaginar o que disseram e como disseram. Às vezes, os pais dizem que nunca tiveram ninguém que os acalmassem, então digo para imaginar o que eles *gostariam* que alguém dissesse a eles e manter essa fantasia por um tempo. Peço que façam com que essa pessoa imaginada diga outras coisas para acalmá-los e praticar dizer tais coisas. Depois os pais comentam suas imagens e declarações.

> *Bob, um pai de 28 anos de idade, disse que sua mãe era envolvida demais consigo mesma, e seu pai dependente demais dele para notar ou acalmar seus sentimentos. Bob percebeu que*

*não queria imaginar nenhum dos dois abrandando seus sentimentos, já que ainda se sentia bravo com eles, mas queria invocar um personal trainer que podia servir de treinador, mentor e torcedor para ele. Uma vez que Bob conseguiu imaginar esse treinador, foi fácil gerar uma série de declarações e idéias que ele poderia dizer a si mesmo para administrar seus sentimentos de raiva e de medo.*

É preciso notar que esse processo é diferente de outros grupos cognitivo-comportamentais que ressaltam os "pensamentos racionais e de enfrentamento" para combater os pensamentos automáticos que emanam dos sentimentos. Evans e McAdam (1988, p. 230), por exemplo, fizeram pais reagirem ao pensamento automático de "Por que não consigo controlar meu filho?", com a autodeclaração "*Posso controlá-lo bastante tempo*". Entretanto, em minha experiência, um pai não conseguirá fazer isso quando seus sentimentos estão fluindo com toda força. Os sentimentos devem ser abordados antes de os pensamentos poderem ser discutidos logicamente. Por essa razão, Taffel (1991) reconheceu que pais com raiva podem precisar se retirar do calor do conflito com seu filho, se acalmar e voltar à situação mais tarde (essencialmente dar-se um tempo) se não conseguirem acalmar seus sentimentos no momento.

## Trancar a "Criança Interior" no Armário

Os pais então praticam gerar respostas lógicas e maduras às cognições de justificativa entremeadas com o afeto personotípico, como faz várias abordagens cognitivo-comportamentais para lidar com os sentimentos negativos (por exemplo, Evans e McAdam, 1988; Joyce, 1995; Nixon e Singer, 1993). Os pais devem se dividir naquilo que chamamos de *parte do sentimento* (afeto personotípico e cognições de justificativa) e *parte lógica*. Depois de as duas partes se descreverem, a parte lógica responde à parte do sentimento com declarações maduras que estabelecem limites e questionam as declarações infantis da parte do sentimento. Esse processo, muitas vezes, lembra as técnicas experimentais, como as separações e o diálogo das duas cadeiras descritas por Greenberg e cols. (1993) e Greenberg e Safran (1987), mas em vez de usar essas técnicas para intensificar o afeto, aqui o afeto é abrandado, enquanto a cognição é fortalecida. Um diálogo típico entre as partes lógica e do sentimento poderia ser assim:

| | |
|---|---|
| *Parte do Sentimento (PS):* | Estou tão cansado de tentar disciplinar meu filho sem resultados. |
| *Parte Lógica (PL):* | Não sacrifique o desenvolvimento de seu filho por causa de seus sentimentos. |
| *PS:* | Eu não ligo! |
| *PL:* | Você está agindo como uma criança mimada. Você sabe que se continuar tentando vai conseguir alguns resultados. Simplesmente não dá para esperar resultados imediatos, como uma criancinha. Seja paciente! |
| *PS:* | Acho que não vou conseguir. |
| *PL:* | Você só está supondo isso para sentir pena de você mesmo. Você não sabe se conseguirá ou não. Agüente firme – funcionou com você no passado. Agora, vamos à luta! |
| *PS:* | Mas eu não quero! |
| *PL:* | Então não espere que alguma coisa mude. E não reclame. |

Não existe uma "receita" pronta pela qual os pais podem acalmar o afeto personotípico e substituí-lo por pensamentos lógicos. Assim, como as crianças são diferentes no modo pelo qual podem ser efetivamente acalmadas, os pais também são diferentes naquilo que cessa a expressão do afeto personotípico. Alguns pais acham útil acessar a voz de alguém que possa ou poderia acalmá-los quando estão aborrecidos (um amigo, parente, professor ou treinador). Outros pais precisam gritar com eles mesmos ("pare com isso!") para diminuir o afeto personotípico. Outros ainda acessam uma imagem útil, como um quadro deles mesmos tendo um ataque de raiva, o qual os tira do sentimento do afeto personotípico. Outros usam de humor para saírem de sentimentos melodramáticos de raiva, vergonha e autopiedade, ao passo que outros se fazem sentir culpados por se permitirem ter tais sentimentos inúteis. Finalmente, às vezes outros acham útil dizer a si mesmos: *"Estou parecendo minha mãe/meu pai. Isso é a última coisa que quero!"*, para usar a dissonância cognitiva para chocar a si mesmos e tirálos do afeto personotípico.

Outros pais praticaram diversas estratégias para acalmar o afeto personotípico e acessar os pensamentos lógicos, eles então consultam novamente o quadro de criação de filhos (Quadro 13.2) e o aplicam a várias situações problemáticas com seus filhos. Os pais devem descrever uma interação entre pai e filho difícil típica, revisar como lidaram com aquela situação e aplicar o quadro, se aplicável, e as novas estratégias comportamentais que aprenderam.

*Loida descreveu como, quando sua filha de 14 anos de idade grita com ela e se recusa a fazer o que ela diz (uma tarefa, lição de casa, etc.), seu primeiro impulso é bater nela, como faziam seus pais quando ela era criança. Ao invés disso, Loida vai para seu quarto, bate a porta e fica "deprimida" até seu marido chegar e encontrar a situação. Loide disse que quer conseguir lidar com a situação sozinha – aprender outras alternativas e também ensinar sua filha que nem sempre ela pode fazer do jeito que quiser.*

*Durante a nona sessão, e usando o quadro e o que aprendeu durante os encontros anteriores, Loida estabeleceu essas conseqüências lógicas para sua filha: se a filha não fizer uma tarefa e pelo menos uma hora de lição de casa toda noite, ela não assistirá televisão nem telefonará para os amigos naquela noite. Se a filha "levantar o dedo" para isso, ela não sairá na sexta-feira à noite (passo 1).*

*No grupo, Loida imaginou como ela se sentiria quando sua filha não aceitasse as conseqüências e começasse a ter um ataque de adolescente. Loida disse que se sentiria enraivecida ("Como se atreve a me desobedecer"), mas também com medo de sua raiva e sem esperanças ("Quero bater nela, mas não posso. Não vou fazer nada"). Ela então praticou dizer a si mesma "Espere um minuto, isso significa que eu tenho que ir devagar e trabalhar meus sentimentos. Não vá para o quarto e faça nada!" (passo 2).*

*Ela decidiu que na verdade iria para seu quarto, mas só por alguns minutos para se acalmar. Ela praticou o cuidado emocional pessoal (passo 3). Ela disse a si mesma (voz lógica) "Você não precisa bater na sua filha como seus pais fizeram com você. Você não é sua mãe; você não é seu pai". Loida decidiu então que acessaria a voz suavizadora de sua avó, o único adulto que cuidava dela como uma criança. A voz de sua avó lhe diria "você consegue, você não precisa se esconder no seu quarto. Acredito em você, Loida. Você pode ser forte, pode sim. Vá lá e seja uma boa mãe. Sei que você pode fazer isso". Com a ajuda do terapeuta, Loida acessou sua parte do sentimento e respondeu "Mas eu pos-*

*so estragar tudo, vovó. No quarto é mais seguro". A voz da avó então disse "Mas você não vai ajudar sua filha desse jeito. Esteja lá ao lado dela como eu estive do seu lado. Se você estragar tudo, sempre vai poder tentar de novo. Você nunca bateu nela, então você não vai começar agora. Vá, vá". Loida praticou variações para essa conversa quatro ou cinco vezes no grupo.*

*Ela também lembrou a si mesma que a oposição de sua filha é uma tentativa de se libertar do controle dos pais normal em seu desenvolvimento, a fim de começar a estabelecer sua própria identidade e autonomia durante a adolescência (passo 4). Ela reconheceu que as duas estavam extremamente próximas, o que tornou esse processo de desenvolvimento mais doloroso para ela. Uma outra pessoa no grupo ressaltou que o afastamento dramático da filha era uma prova de como ela amava Loida: "Se ela não ligasse para você, ela não precisaria afastá-la tão durante". Loida disse que lembraria disso quando se sentisse rejeitada por sua filha.*

*Finalmente, Loida praticou lembrar sua filha das conseqüências preestabelecidas por seu comportamento, e disse isso em um tom de voz firme, mas não enraivecido ou magoado (passo 5). Ela também praticou dizer à filha "Sei que você é uma adolescente que precisa de seu espaço e quer fazer as coisas do seu jeito. Acho isso ótimo, mas você ainda faz parte dessa casa e precisa ir para a escola e assumir suas responsabilidades. Seja você mesma e também seja responsável".*

Ao final desse exercício, Loida havia passado por todo o quadro de criação de filhos três ou quatro vezes, enquanto praticava suas estratégias. Os participantes do grupo elogiaram-na durante e depois do exercício.

Depois de passar todo o quadro verbalmente, cada pai orienta um outro participante no modo de representar seu filho (a essa altura, os participantes já conhecem os filhos uns dos outros) e então representa a si mesmo, aplicando o quadro à situação. Se necessário, os pais repetem essa dramatização várias vezes para consolidá-la.

Além disso, os pais são incentivados a testar o que dramatizaram entre as sessões e relatar ao grupo. Eles provavelmente não terão sucesso na primeira vez, pois é difícil romper antigos hábitos, especialmente na situação real com seu filho. Quando relatam que não foram bem-sucedidos, o grupo colabora na resolução do problema (sem julgar) e o pai tenta novamente.

## Sessão 12: O Passado e o Futuro

A última sessão é uma oportunidade para os pais revisarem não somente o que aprenderam, mas também avaliarem se seus objetivos pessoais foram atingidos. Os participantes são então incentivados a formular metas para si mesmos como pais, para trabalhar no futuro e tentam formular como farão para atingi-las. O terapeuta, muitas vezes, se oferece para continuar trabalhando individualmente com os pais quando necessário à medida que implementam o que praticaram no grupo.

O terapeuta também pede *feedback* quanto aos pontos fortes e fracos do grupo – o que os ajudou mais e o que os ajudou menos. Muitas das melhores inovações do grupo, como o quadro de criação de filhos, vieram de sugestões dos pais.

# RESUMO

Este capítulo revisou como a terapia de avaliação cognitiva (Wessler, 1987; Wessler e Hankin Wessler, 1986, 1997) pode ser usada em um formato de grupo, para ajudar os pais normalmente "resistentes" à mudança de seus estilos de criar os filhos (mas que, no entanto, muitas vezes se juntam a grupos, aparentemente para mudar). Os grupos cognitivo-comportamentais tradicionais de pais, geralmente, correm o risco de intensificar a vergonha, raiva e autopiedade desses pais por apresentá-las como uma oportunidade de não conseguir seguir os protocolos do grupo. Os grupos humanísticos "de apoio aos pais", geralmente, intensificam a autopiedade dos pais por fornecer simpatia infantil em vez de empatia e firmeza.

Uma exploração dos sentimentos desses pais no grupo, muitas vezes, produz a informação de que eles usam inconscientemente o relacionamento entre pai e filho para espelharem outros relacionamentos em suas vidas e para reacender o afeto negativo arraigado (especialmente vergonha, raiva e autopiedade), associados a esses relacionamentos. A terapia de avaliação cognitiva serve como um modelo que integra um foco no afeto arraigado e cuidado emocional pessoal com abordagens comportamentais e cognitivas mais tradicionais na criação de filhos. Foi discutido neste capítulo que, para alguns pais, a menos que aprendam a identificar e administrar o afeto negativo arraigado que mexe com a interação entre pais e filhos (e a ver como eles inconscientemente manobram essa interação para intensificar esses sentimentos), eles não conseguirão fazer uso das estratégias de criação de filhos.

Foi descrito um grupo de criação de pais de 12 semanas, com o uso dos princípios gerais da terapia de avaliação cognitiva de criar um ambiente terapêutico livre de vergonha ao mesmo tempo em que focaliza na vergonha, na raiva e na autopiedade. Aproximadamente a primeira metade do grupo fornece um modelo pelo qual os pais podem aprender a identificar seus sentimentos negativos ao mesmo tempo em que implementam princípios de criação de filhos comportamentais e de desenvolvimento, que também são apresentados aos participantes do grupo. A segunda metade do grupo usa a dramatização, assim como as intervenções cognitivas e experimentais para ajudar os pais a praticar o cuidado emocional pessoal, o qual consiste em romper as amarras emocionais aos próprios pais, abrandar os sentimentos negativos há muito instalados, reduzir sua intensidade e reafirmar e encorajar a si mesmo. Todas as facetas do grupo são finalmente integradas, à medida que os pais praticam o cuidado emocional pessoal e reestruturam os comportamentos ruins de seus filhos dentro de uma estrutura de desenvolvimento, enquanto implementam estratégias comportamentais apropriadas.

## REFERÊNCIAS BIBLIOGRÁFICAS


Anastopoulos, A. D., & Barkley, R. A. (1989). A training program for parents of children with attention deficit-hyperactivity disorder. In C. E. Schaefer & J. M. Briesmseister (Eds.), Handbook of parent training: Parents as co-therapists for children's behavior problems (pp. 83-104). New York: Wiley.

Baker, B. L., Brightman, A. J., Heifetz, L. J., & Murphy, D. M. (1976). Behavior problems. Champaign, IL: Research Press.

Beck, A. T., Rush, A. J., Shaw, B. F., & Emery, G. (1979). Cognitive therapy of depression. New York: Guilford Press.

Bowlby, J. (1969). Attachment. New York: Basic Books.

Christiansen, A., Johnson, S. M., Phillips, S., & Glasgow, R. E. (1980). Cost efficiency in family behavior therapy. Behavior Therapy, 11, 208-226.

Clark, L. (1985). SOS! Help for parents. Bowling Green, KY: Parents Press.

Douglas, J. (1989). Training parents to manage their child's sleep problem. In C. E. Schaefer & J. M. Briesmseister (Eds.), Hardbook of parent training: Parents as co-terapists for children's behavior problems (pp. 13-37). New York: Wiley.

Dubey, D. R., O'Leary, S. G., & Kaufman, K. F. (1983). Training parents of hy peractive children in child management: A comparative outcome study. Journal of Abnormal Child Psychology, 11, 229-246.

Evans, E. H., & McAdam, E. (1988). Training parents to be effective. In W. Dryden & P. Trower (Eds.), Developments in cognitive psychotherapy (pp. 218-238). London: Sage.

Forehand, R. L., & McMahon, R. J. (1981). Helping the noncompliant child. New York: Guilford Press.

Greenberg, L. S., Rice, L. N., & Elliott, R. (1993). Facilitating emotional change: The moment-by-moment Process. New York. Guilford Press.

Greenberg, L. S., & Safran, J. D. (1987). Emotion in psychotherapy: Affect, cognition, and the process of charge. New York: Guilford Press.

Greenspan, S. I. (1992). Infancy and early childhood: The practice of clinical assessment and intervention with emotional and developmental challenges. Madison, CT: Intemational Universities Press.

Griest, D. L., & Forehand, R. (1982). How can I get any parent training done with all these other problems going on?: The role of family variables in child behavior therapy. Child and Family Behavior Therapy, 41, 73-80.

Haley, J. (1976). Problem-solving therapy. San Francisco: Jossey-Bass.

Horne, A. M., & Patterson, G. R. (1980). Working with parents of aggressive children. In R. R. Abidin (Ed.), Parent education and intervention handbook (pp. 159-184). Springfield, IL: Charles C Thomas.

Jernberg, A. M. (1989). Training parents of failure-to-attach children. In C. E. Schaefer & J. M. Briesmseister (Eds.), Handbook of parent training: Parents as co-therapists for children's behavior problems (pp. 392-413). New York: Wiley.

Joyce, M. R. (1995). Emotional relief for parents: Is rational-emotive parent education effective? Journal of Rational-Emotive and Cognitive Behavior Therapy, 13, 55-75.

Kagan, J. (1989). Unstable ideas. Cambridge, MA: Harvard University Press.

McMahon, R. J., & Forehand, R. (1984). Parent training for the noncompliant child Treatment outcome, generalization, and adjunctive therapy procedures. In R. F. Dangel & R. A. Polster (Eds.), Parent traınirlg: Foundations of research and practice (pp. 298-328). New York: Guilford Press.

Nathanson, D. L. (1992). Shame and pride: Affect, sex, and the birth of the self. New York: Norton.

Newberger, C. M. (1985). Parents and practitioners as developmental theorists. In E. H. Newberger & R. Boume (Eds.), Unhappy families (pp. 131-144). Littleton, MA: PSG Publishing.

Nixon, C. D., & Singer, G. H. (1993). Group cognitive-behavioural treatment for excessive parental self-blame and guilt. American Journal of Mental Retardation, 97, 665-672.

Patterson, G. R. (1976). Living with children: New methods for parents and teachers. Champaign, IL: Research Press.

Plutchik, R. (1981). Group cohesion in psychoevolutionary context. In H. Kellerman (Ed.), Group cohesion. Baltimore: Grunne and Stratton.

Safran,J. D., &Segal, Z. V. (1990). Interpersonal process incognitive therapy. New York: Basic Books.

Schaefer, C. E., & Briesmseister, J. M. (1989). Handbook of parent training: Parents as co-therapists for children's behavior problems. New York: Wiley.

Stem, D. N. (1985). The interpersonal world of the infant. New York: Basic Books.

Stern, J. (1996). A cognitive appraisal approach to parent training with affect-driven parents. Psychotherapy, 33, 77-84.

Taffel, R. (1991). Parenting by heart. Reading, MA: Addison-Wesley.

Tangney, J. P. (1991). Moral affect: The good, the bad, and the ugly. Journal of Personality and Social Psychology, 61, 598-607.

Tangney, J. P., Wagner, P., Fletcher, C., & Gramzow, R. (1992). Shamed into anger? The relation of shame and guilt to anger and self-reported aggression. Journal of Personality and Social Psychology, 62, 669-675.

Trad, P. V. (1992). Interventions with infants and parents: The theory and practice of previewing. New York. Wiley.

Trad, P. V. (1993). Short-term parent-infant psychotherapy. New York: Basic Books.

Wessler, R. L. (1987). Listening to oneself: Cognitive appraisal therapy. In W. Dryden (Ed.), Key cases in psychotherapy (pp. 176-212). London: Croom-Holm.
Wessler, R. L. (1993a). Cognitive appraisal therapy and disorders of personality. In K. T. Kuehlwein & H. Rosen (Eds.), Cognitive therapies in action: Evolving innovative practice (pp. 240-267). San Francisco: Jossey-Bass.
Wessler, R. L. (1993b). Groups. In G. Stricker & J. R. Gold (Eds.), Comprehensive handbook of psychotherapy integration (pp. 453-464). New York: Plenum.
Wessler, R. L., & Hankin Wessler, S. W. R. (1986). Cognitive appraisal therapy (CAT). In W. Dryden & W. L. Golden (Eds.), Cognitive-behavioural approaches to psychotherapy. London: Harper & Row.
Wessler, R. L., & Hankin Wessler, S. (1997). Counseling and society. In J. S. Palmer & V. Varma (Eds.), The future of counselling and psychotherapy (pp. 167-190). London: Sage.
Yalom, I. D. ( 1985). The theory and practice of group psychotherapy. New York: Basic.

# 14

# Pacientes em Ambientes de Hospitalização Parcial

Amy S. Witt-Browder

Este capítulo originalmente começou quando me pediram que (uma terapeuta que trabalha em um programa hospitalar parcial tradicional e que está completamente convencida dos benefícios superiores da terapia cognitivo-comportamental) pesquisasse o uso da terapia cognitiva em um ambiente de grupo e fornecesse um modelo para seu uso em um programa hospitalar parcial. Os resultados da pesquisa apontaram a eficácia de um meio cognitivo abrangente na hospitalização parcial. Fui então solicitada a desenvolver um protocolo para esse programa abrangente. Este capítulo baseia-se naquela proposta e não é um exemplo de um programa completamente implementado. Os exemplos clínicos das técnicas cognitivas e as conversas de pacientes baseiam-se em interações reais dentro de um programa hospitalar parcial que utiliza a terapia cognitiva, mas não representa estritamente um meio cognitivo abrangente.

Neste capítulo, discuto o fundamento lógico para o desenvolvimento de um meio cognitivo abrangente, dentro de um ambiente hospitalar parcial. O capítulo aborda brevemente os benefícios do meio abrangente em comparação com um modelo de agregação. São discutidos os passos necessários para o desenvolvimento e implementação de um programa assim, incluindo as especificações e treinamento da equipe, seleção e orientação de pacientes e planejamento e programação de tratamento. São fornecidos um exemplo de programa para um hospital-dia parcial típico e exemplos do uso da terapia cognitiva na programação.

## USO DA TERAPIA COGNITIVA NA HOSPITALIZAÇÃO PARCIAL

A maioria das pesquisas e trabalhos relativos à terapia cognitiva em grupo trata da prática da terapia em grupos com pacientes externos. Entretanto, a terapia cognitiva em grupo também tem sido utilizada em programas de tratamento com pacientes internados (Freeman, Schrodt, Gilson e Ludgate, 1993) e em programas de hospitalização psiquiátrica parcial (Loring e Fraboni, 1990). O programa de hospitalização parcial é um programa de tratamento intensivo com tempo limitado e com pacientes externos, que oferece serviços clínicos terapeuticamente intensivos, coordenados e estruturados dentro de um meio terapêutico estável. Ele fornece um mínimo de 20 horas de programação por semana, na qual os pacientes participam em uma variedade de atividades terapêuticas interligadas, a maioria das quais acontecendo em um ambiente de grupo. Ele fornece aos pacientes a segurança e estrutura de um programa com pacientes internados durante o dia, ao mesmo tempo em que permite que voltem para casa à noite. O objetivo da hospitalização parcial é estabilizar os pacientes com a intenção de evitar ou encurtar a estada no hospital (Block e Lefkovitz, 1994; Dibella, Weitz, Poynter-Berg e Yurmak, 1982).

Os pacientes admitidos nos programas de hospitalização parcial têm sintomas psiquiátricos severos o suficiente para causar prejuízo significativo nas atividades sociais, vocacionais, educacionais e de cuidado pessoal diárias. Tais pacientes, normalmente, já provaram ser incapazes de apresentar ganhos clínicos suficientes em um ambiente de paciente externo ou a severidade dos sintomas apresentados levanta dúvidas sobre a adequação para o sucesso da terapia com pacientes externos tradicional. A indicação para o programa de hospitalização parcial, em vez de total, é normalmente feita quando são satisfeitos os seguintes critérios:

(a) o paciente pode apresentar controle comportamental adequado de tal modo que não represente um perigo para os outros ou para si mesmo;
(b) o paciente é capaz de estar fisicamente presente e participar ativamente da programação diária; e
(c) tem uma situação de vida que ajuda na manutenção de funcionamento mínimo dentro do ambiente menos restritivo (Block e Lefkovitz, 1994).

Há dois modelos básicos para os programas de hospitalização parcial. Alguns programas oferecem serviços clínicos mais amplos para pacientes de alto risco ou seriamente prejudicados com problemas emocionais e comportamentais persistentes (isto é, transtornos psicóticos severos, diagnósticos múltiplos e casos extremos de transtorno de personalidade). Em tais casos, o programa de hospitalização parcial pode servir como uma alternativa para a institucionalização em longo prazo. Outros programas focalizam-se em um modelo de cuidado agudo que dá ênfase à estabilização da crise, para evitar a hospitalização ou ajudar a transição dos pacientes da hospitalização para a vida na comunidade. O foco agudo tende a criar um ambiente no qual os pacientes possuem uma variedade de diagnósticos e podem também variar muito em termos de nível de funcionamento (Block e Lefkovitz, 1994; Dibella e cols., 1982). Para acomodar tal diversidade, alguns programas de hospitalização parcial podem oferecer características de programação diferentes, como grupos especiais para idosos, pacientes com abuso de substâncias e diagnósticos duplos ou aqueles com funcionamento mais alto ou mais baixo em termos de capacidade verbal, concentração e habilidades intelectuais. Às vezes, os pacientes com diferentes características podem se juntar em grupos maiores para atividades específicas. Apesar das muitas diferenças entre os pacientes de hospitalização parcial, Loring e Fraboni (1990) observaram que a maioria deles em um programa compartilha sintomas em comum de depressão, baixa auto-estima, ansiedade, problemas interpessoais e dificuldade de lidar com estressores.

A natureza econômica, de tempo limitado, e orientada para os sintomas da terapia cognitiva faz com que seja a escolha lógica para a prática dentro do ambiente de hospitalização parcial de cuidado agudo. Wright,

Thase, Ludgate e Beck (1993) identificaram modelos para a prática da terapia cognitiva em grupo em ambientes de internação, o qual poderia ser aplicado no ambiente de hospitalização parcial. O primeiro é um modelo "de agregação" no qual o grupo de terapia cognitiva é usado para suplementar o tratamento em um meio existente (Wright e cols., 1993). O paciente hospitalizado parcialmente, por exemplo, poderia passar uma ou duas horas do programa-dia em um grupo de terapia cognitiva e o resto do tempo em uma terapia em grupo mais psicodinâmica, terapia com artes, terapia de movimento ou terapia recreacional. Loring e Fraboni (1990) discutiram a aplicação de tais grupos em um ambiente de hospitalização parcial. Eles inicialmente usaram um formato de terapia cognitiva em um grupo aberto de manejo do estresse heterogêneo, e o segundo em um grupo de esquizofrênicos de funcionamento mais alto com foco nas habilidades de interação. Em ambos, os pacientes de funcionamento mais alto tendem a entender conceitos, fazer lições de casa e se beneficiar com a terapia cognitiva, ao passo que aqueles com funcionamento mais baixo acham os conceitos da terapia cognitiva incompreensíveis. Loring e Fraboni (1990), mais tarde, obtiveram resultados terapêuticos mais eficazes com grupos fechados menores (cinco pacientes por grupo), que se reuniam por um período predeterminado de 12 sessões de duas horas. Os pacientes nesses grupos foram selecionados com base na solicitação de terapia cognitiva e na disposição para fazer as lições de casa regularmente. Tais resultados indicam que a terapia cognitiva pode não ser adequada para pacientes com funcionamento mais baixo ou aqueles de hospitalização parcial mais severamente prejudicados, mas pode ser eficaz para aqueles de funcionamento mais alto.

Loring e Fraboni (1990) também reportaram que ao usar um modelo de agregação, a participação de outros grupos não-cognitivos tendia a deixar indistinta a ênfase nos conceitos cognitivos e na lição de casa. Problemas semelhantes no uso de grupos de agregação existem em ambientes internados. Wright e cols. (1993) observaram que se outros terapeutas ou membros da equipe não concordarem com o modelo cognitivo, os pacientes podem ficar confusos e pode ser necessário ter terapeutas cognitivos para passar tempo terapêutico excessivo defendendo o modelo. Eles sustentam que o modelo de agregação limita o sucesso potencial da terapia cognitiva e que uma terapia de meio cognitivo abrangente é mais benéfica. Tal modelo foi implementado em vários centros de pacientes internados (Wright e cols., 1993). Entretanto, ainda não se relatou a utilização da terapia de meio cognitivo abrangente em um programa de hospitalização parcial. Não obstante, tal modelo parece realmente adaptar-se ao formato de hospitalização parcial.

## DESENVOLVIMENTO DE UM PROGRAMA COGNITIVO DE HOSPITALIZAÇÃO PARCIAL ABRANGENTE

Os passos necessários para desenvolver um programa cognitivo de hospitalização parcial abrangente são quase idênticos àqueles listados por Wright e cols. (1993) para o desenvolvimento de uma unidade de pacientes internados de terapia cognitiva abrangente. O primeiro passo é descrever o fundamento lógico para o estabelecimento de tal programa e o segundo passo é estabelecer metas para o programa. Ao revisar as metas fundamentais da hospitalização parcial aguda e aquelas da terapia cognitiva, o fundamento lógico para uma combinação dos dois parece óbvio. Por definição, os programas de hospitalização parcial buscam fornecer serviços clínicos estruturados, ativos e intensivos dentro de uma estrutura de tempo limitado. A terapia cognitiva foi desenvolvida para ser intensiva, ativa, estruturada e com limite de tempo e provou ser eficaz. O modelo cognitivo também fornece uma excelente estrutura para a apresentação de informações educativas e pode ser usado para conferir estrutura dentro do ambiente de grupo (Yost, Beutler, Corbishley e Allender, 1986). O estabelecimento de um ambiente estruturado e apresentação de informações educativas são considerados aspectos fundamentais da hospitalização parcial (Dibella e cols., 1982). O modelo de terapia cognitiva abrangente também se focaliza na conceituação de caso e formulação de um plano de tratamento abrangente. Igualmente, os programas de hospitalização parcial aguda colocam bastante ênfase no desenvolvimento de um plano de tratamento abrangente e na adesão a ele (Block e Lefkovitz, 1994). Além disso, os terapeutas nos programas de hospitalização parcial, como os terapeutas cognitivos, tentam estabelecer um relacionamento colaborativo com os pacientes e envolvê-los ativamente na formulação de seus planos de tratamento, assim como em outros aspectos do tratamento.

O estabelecimento de um meio cognitivo abrangente não significa que uma versão purista da terapia cognitiva seja praticada em todos os aspectos do programa de tratamento. Entretanto, no meio cognitivo, todos os membros da equipe compartilham uma filosofia de tratamento em comum. Os psicoterapeutas focalizam na teoria e nas técnicas cognitivas a base do tratamento, ao passo que a equipe auxiliar (terapeutas recreacionais, ocupacionais, de artes, enfermeiros, etc.) fornece atividades terapêuticas que reforçam o aprendizado de princípios cognitivos (Wright e cols., 1993).

## Especificações e Treinamento de Equipe

O desenvolvimento de um meio cognitivo abrangente necessita de treinamento extensivo e desenvolvimento de toda a equipe, incluindo psiquiatras, psicólogos, assistentes sociais, enfermeiras e outros auxiliares, como terapeutas ocupacionais, de artes e de atividades. Toda a equipe deve ser versada nos princípios e metas da terapia cognitiva e técnicas cognitivo-comportamental, e ser especificamente adepta na aplicação da terapia cognitivo-comportamental dentro de um ambiente de grupo. As equipes dos programas de hospitalização parcial são formadas primordialmente por profissionais com mestrado ou bacharelado que podem ter tido pouco ou nenhum treinamento nos princípios da terapia cognitiva, necessitando de mais treinamento extensivo, mas também pode ser considerado benéfico no sentido de que a equipe não entra no processo de treinamento com noções mal concebidas ou errôneas quanto à técnica cognitiva. Em sua discussão do desenvolvimento de um meio cognitivo de pacientes internados abrangente, Padesky (1993) observou que o treinamento na terapia cognitiva pode ser fornecido por terapeutas cognitivos já envolvidos com um programa ou instituição, por consultores de terapia cognitiva ou por meio do envio de membros da equipe a sessões de treinamento conduzidas por profissionais em outros centros. O treinamento, geralmente, inclui participação em *workshops* ou aulas de especialização, leitura, assistir e discutir fitas de vídeo e supervisão local. Padesky (1993) ressaltou que especialização e supervisão constantes são essenciais para manter serviços de qualidade, especialmente no primeiro ano de um programa. O treinamento extensivo exigido de todos os membros da equipe, antes da implementação de um programa, e o treinamento continuado de qualquer membro novo na equipe podem consumir muito tempo e ser caros. Portanto, a criação de tal programa cognitivo de hospitalização parcial abrangente pode ser difícil, a menos que se afilie a uma unidade de terapia cognitiva com pacientes internados já existente ou talvez uma clínica de pacientes externos especializada em terapia cognitiva.

A continuidade da equipe é um aspecto importante de qualquer programa de hospitalização parcial, mas torna-se uma questão ainda maior quando se tenta estabelecer um meio cognitivo abrangente. Idealmente, todos os membros da equipe trabalham no ambiente de hospitalização parcial em regime de período integral, mas muitas vezes pode não ser financeiramente viável. Os programas de hospitalização parcial são, muitas vezes, forçados a contratar certos serviços de meio período ou dividir a equipe com programas de pacientes externos ou internos dentro do mesmo centro. Entretanto, é essencial que pelo menos alguns membros-chave da equipe estejam presentes em tempo integral para dar consistência e continuidade diariamente. Os membros de tempo integral da equipe familiarizam-se com as questões e esquemas específicos dos pacientes, assim como seus pensamentos automáticos e distorções cognitivas mais freqüentes, permitindo que a equipe realize experimentos e tarefas graduadas de lição de casa, acompanhando os resultados. Eles podem passar essas informações aos membros de meio período para coordenar as metas do tratamento. Estes podem se ver entrando em um meio cognitivo, depois de passar várias horas envolvidos na programação com um foco mais psicodinâmico, comportamental rígido ou interpessoal, o que pode resultar em dificuldade na transição para um meio cognitivo. Entretanto, o planejamento de tratamento diário e as reuniões de supervisão do grupo podem ajudar a promover uma abordagem de equipe ao tratamento na qual ela se sente confortável para perguntar e receber auxílio e *feedback* dos outros.

## Seleção e Orientação de Pacientes

Hollon e Shaw (1979) ressaltaram a importância da avaliação de admissão na seleção de pacientes adequados para a terapia cognitiva em grupo. Aqueles considerados inadequados devido a psicose severa ou prejuízo orgânico devem ser encaminhados para programas comportamentais ou baseados em atividades alternativos. Hollon e Shaw também discutiram a necessidade de usar a avaliação de admissão para orientar os pacientes para os princípios e metas da terapia cognitiva. Isso se torna especialmente importante em um ambiente de hospitalização parcial aguda no qual os pacientes tipicamente começam e deixam o tratamento em momentos variáveis, forçando os grupos a aderir a um formato aberto. Fornecer informações sobre a terapia cognitiva aos pacientes antes de entrarem no grupo pode ajudar a prevenir a revisão excessiva ou a duplicação de informações dentro do grupo em andamento. Os pacientes devem receber informações de orientação sobre a terapia cognitiva e serem informados sobre os procedimentos básicos do programa em termos simples. A seguir, um exemplo de uma explicação do terapeuta, utilizada de maneira eficaz com os pacientes de níveis diversos de funcionamento:

> *O objetivo desse programa é ajudar as pessoas a atingir suas metas de sentirem-se e funcionarem melhor. Sabemos que os pen-*

*samentos, emoções, comportamentos e processos biológicos afetam uns aos outros (esse conceito é muitas vezes melhor explicado por meio de um quadro ou desenhando na lousa). Digamos, por exemplo, que você esteja deprimido. Normalmente, quando está deprimido, você se sente emocionalmente triste e tem pensamentos negativos de que tudo é terrível e nunca vai melhorar. Você também se sente fisicamente mal, cansado o tempo todo, tem problemas para dormir e de apetite e, muitas vezes, não consegue fazer suas atividades regulares. É assim mesmo? Está bem, digamos que alguma coisa o deixe aborrecido. Você queima o jantar e começa a ter pensamentos negativos sobre isso. Tais pensamentos o fazem sentir ainda pior emocionalmente, o que pode fazê-lo sentir-se pior fisicamente e até mesmo provocar mudanças químicas em seu corpo. Então, em virtude dos pensamentos, emoções e biologia, você tem dificuldades para ter os comportamentos necessários. Isso o faz ter pensamentos mais negativos e sentir-se mais triste, até que você acaba em uma espiral descendente e tudo parecer sem esperanças. O mesmo tipo de espiral descendente pode ocorrer com outras emoções como a ansiedade. Ela apresenta um jogo de quem nasceu primeiro, o ovo ou a galinha. Ou seja, os pensamentos, emoções, biologia e comportamento afetam uns aos outros, mas muitas vezes ninguém sabe onde o processo começa ou quais problemas vêm primeiro. O processo pode realmente começar em diferentes lugares para diferentes pessoas. Entretanto, a questão importante é que precisamos a intervir e parar o processo em algum ponto. Seu psiquiatra prescreve medicação com o propósito de mudar a parte biológica desse processo. Em terapia, tentamos pará-lo mudando os pensamentos e os comportamentos. Enquanto estiver aqui, você vai falar bastante sobre seus processos de pensamento e fazer atividades que focalizam a mudança de pensamentos e emoções. Queremos que você aprenda maneiras de poder mudar esse processo por si mesmo fora da terapia.*

## Planejamento do Tratamento

O planejamento do tratamento é uma parte essencial do programa de hospitalização parcial. No processo de planejamento do tratamento, os membros da equipe cooperam para traduzir a avaliação clínica e a conceituação do caso em um conjunto específico de metas e métodos para ocasionar a mudança comportamental. O *Standards and Guidelines of Partial Hospitalization: Adult Programs* (Block e Lefkovitz, 1994) especifica que um plano de tratamento deve ser formalizado e documentado em cinco dias de tratamento, do início do paciente em um programa de hospitalização parcial. Os pacientes adquirem uma sensação de controle e envolvimento no tratamento pela participação na formulação de seu plano de tratamento. Uma maneira de envolver os pacientes é pedir-lhes para fazer uma lista ou uma folha de exercícios com suas próprias idéias sobre os problemas e metas atuais para tratamento. Embora uma série de pacientes com diagnósticos variados possa entrar no mesmo programa de hospitalização parcial, muitos incluem em suas listas problemas como depressão, baixa auto-estima, dificuldades de relacionamento e ansiedade. Essa lista pode ser usada para ajudar a formular um plano de tratamento oficial. Quando os membros da equipe concluem o plano de tratamento, ele é revisado individualmente com o paciente e todos os aspectos são explicados em termos que o paciente pode entender. O paciente pode então fazer perguntas e dar sugestões quanto a qualquer mudança ou acréscimo que deveria ser feita no plano de tratamento, alterações que podem ser negociadas. Um exemplo de um plano de tratamento possível está demonstrado no Quadro 14.1.

Existem vários formatos aceitáveis para desenvolvimento de planos de tratamento para o paciente, mas o formato selecionado deve incluir certos elementos. O plano de tratamento deve listar os problemas a serem abordados. Em virtude da estrutura de tempo limitado do modelo de hospitalização parcial aguda, é normalmente útil limitar o plano de tratamento para não mais que quatro problemas-alvo. Isso permite à equipe e ao paciente focalizar o tratamento, estabelecer metas razoáveis e identificar as questões a serem abordadas no cuidado de acompanhamento. Os problemas-alvo devem ser definidos em termos comportamentais específicos que possibilitem identificar:

(a) metas de resultados claras em termos de mudança comportamental;
(b) objetivos comportamentais, cognitivos e afetivos de curto prazo que formam os passos em direção à satisfação da meta de resultados geral; e
(c) as estratégias e técnicas cognitivo-comportamentais que serão implementadas para auxiliar os pacientes a atingir suas metas.

QUADRO **14.1.** Amostra de um plano de tratamento

Nome: Pat S. Data: 12/06/96 Avaliação Global de Funcionamento (AGF): 45

**Problema 1:** Depressão maior, evidenciada por humor depressivo, perda de interesse, pouca concentração, fadiga, ideação suicida e problemas para fazer a higiene pessoal. Sintomas presentes nos últimos dois meses.

Objetivos do tratamento:
1. Pat fará um contrato para o suicídio.
2. Pat discutirá em grupo questões pessoais e ambientais relacionadas à depressão.
3. Pat concluirá a lição de casa.
4. Pat praticará identificar os padrões de pensamentos disfuncionais.
5. Pat trabalhará para desenvolver padrões de pensamento mais saudáveis e estratégias de enfrentamento.

Intervenções:
1. Consultas com psiquiatra para monitoração de medicação.
2. Recreação terapêutica para aumentar a interação social e atividade física.
3. Educação psicológica quanto à depressão para focalizar nos sintomas de depressão, pensamentos automáticos e distorções cognitivas.
4. Terapia em grupo para examinar as questões específicas relacionadas à depressão.
5. Lição de casa: programação de atividades, Registro Diário de Pensamentos Disfuncionais.

Metas de resultados:
1. Reduzir os sintomas depressivos (evidenciado pela redução na classificação do Inventário de Depressão de Beck).
2. Aumentar a capacidade de monitorar e mudar os padrões de pensamento automático (evidenciado pela lição de casa, observação da participação em grupo e auto-relatório).

**Problema 2:** Padrão de envolvimento repetido em relacionamentos fisicamente e emocionalmente abusivos.

Objetivos do tratamento:
1. Pat aprenderá a identificar o comportamento que leva ao abuso.
2. Pat desenvolverá uma lista de habilidades apropriadas de enfrentamento para evitar o abuso.
3. Pat praticará estabelecer limites com os outros no grupo.

QUADRO **14.1.** *(Cont.)* Amostra de um plano de tratamento

Intervenções:
1. Educação psicológica quanto à auto-estima.
2. Educação psicológica quanto ao treinamento de assertividade.
3. Terapia em grupo para examinar
   (a) a atração da paciente a parceiros abusivos;
   (b) cognições relacionadas ao abuso;
   (c) fatores que fazem a paciente escolher permanecer no relacionamento.
4. Lição de casa: fazer uma lista de comportamentos escalating que ocorrem antes do abuso, estratégias alternativas para lidar com o abuso, concluir as folhas de exercícios de auto-estima

Metas de resultados:
1. Aprender a identificar os padrões na escala de comportamentos que levam ao abuso e desenvolver estratégias para evitar o abuso.
2. Fazer mudanças nos padrões que levam ao envolvimento repetido em relacionamentos abusivos.

O formato do plano de tratamento deve permitir aos terapeutas definir metas sob medida às necessidades e problemas específicos do paciente, sejam eles problemas psiquiátricos específicos ou dificuldades mais interpessoais. O plano também deve ser escrito em termos que o paciente possa entender e ser revisado diariamente pela equipe a fim de coordenar o cuidado. As metas do tratamento e o progresso também devem ser revisados com o paciente regularmente. No exemplo fornecido no Quadro 14.1, os *Objetivos do Tratamento* traz uma lista do que se espera do paciente, ao passo que na *Intervenções* tem-se um formato para a equipe realizar o tratamento. É útil para a equipe listar as estratégias de intervenção para todos os aspectos da programação, incluindo terapia recreacional, de artes e educação psicológica.

## O Programa Diário

Como dito anteriormente, os programas de hospitalização parcial requerem fornecer pelo menos 20 horas de programação por semana, embora alguns podem fornecer até 30 horas ou mais. Alguns programas oferecem características de tratamento diferentes por período mais longo ou mais curto e colocam os pacientes de acordo com suas necessidades e nível de funcionamento. Outros programas fornecem o dia inteiro de tratamento durante cinco dias por semana, mas permitem que alguns pacientes participem em tempo parcial. Na tentativa de estabelecer um meio abrangente, os terapeutas descobrem que não parece benéfico misturar grupos de paciente de período integral com os de meio período. Manter os pacientes juntos, continuamente, fornece uma sensação de continuidade no tratamento e promove a afiliação. Apresento um programa possível para o hospital-dia parcial, com base em uma programação de seis horas por dia na Tabela 14.1.

O dia para a equipe de hospitalização parcial começa com uma reunião de equipe às oito horas da manhã, antes dos pacientes chegarem. Eles revisam o progresso de cada indivíduo no programa, examinam os planos e metas de tratamento individuais para aquele dia e coordenam a programação específica para garantir que as necessidades atuais individuais e do grupo sejam satisfeitas. Para os programas de hospitalização parcial aguda, na qual a composição de pacientes muda freqüentemente, é especialmente importante revisar as agendas de programação para garantir que as atividades diárias estejam satisfazendo as necessidades da população. A reunião diária da equipe também pode servir como um momento para solicitar ajuda com problemas previstos.

## *Reunião da Comunidade*

O dia para os pacientes começa à nove horas da manhã com uma reunião da comunidade na qual os participantes do grupo cuidam dos "negócios

TABELA **14.1.** Possível programação para o programa de hospitalização parcial

| Hora | Segunda-feira | Terça-feira | Quarta-feira | Quinta-feira | Sexta-feira |
|---|---|---|---|---|---|
| 9:00-9:30 | Encontro com a comunidade. | Encontro com a comunidade. | Encontro com a comunidade. | Encontro com a comunidade. | Encontro com a comunidade. |
| 9:30-10:00 | Educação psicológica. | Educação psicológica. | Educação psicológica. | Educação psicológica. | Educação psicológica. |
| 10:00-12:00 | Grupo | Grupo | Grupo | Grupo | Grupo |
| 12:00-13:00 | Almoço | Almoço | Almoço | Almoço | Almoço |
| 13:00-14:00 | Recreação terapêutica. | Recreação terapêutica. | Recreação terapêutica. | Recreação terapêutica. | Recreação terapêutica. |
| 14:00-15:00 | Registrar em diário. | Educação sobre medicação. | Registrar em diário. | Educação sobre medicação. | Registrar em diário. |
| 14:45-15:00 | Fechamento | Fechamento | Fechamento | Fechamento | Fechamento |

para o dia". Essa reunião geralmente envolve tarefas como a distribuição de tarefas (isto é, fazer café, limpar o local onde acontece o grupo), pedir o almoço e discutir as ausências futuras. Também é quando eles revisam as regras básicas e os programas diários. Essa reunião também pode trazer a oportunidade para os pacientes completarem os formulários de auto-relatório da terapia cognitiva usados para tratamento, pesquisa e controle de qualidade. Ferramentas como o Inventário de Depressão de Beck e o Inventário de Ansiedade de Beck podem monitorar o progresso e demonstrar mudanças positivas dos pacientes, reforçando assim sua participação nas atividades terapêuticas. Os pacientes também podem ser solicitados a predizer se gostarão das atividades do dia. Essas informações podem ser comparadas com os resultados relatados no final do dia.

## *Educação Psicológica*

A educação psicológica é essencial no desenvolvimento de um meio cognitivo abrangente. Por meio dela, os pacientes obtêm informações que formam a base para entender experiências e intervenções que ocorrem durante o hospital-dia parcial. Tais informações possibilitam que os pacientes forneçam *feedback* adequado e eficaz aos outros participantes, geralmente aumentando a força do *feedback* e da coesão do meio. O componente da educação psicológica do hospital-dia parcial é semelhante àquele do grupo de terapia cognitiva educacional, discutido por Free, Oei e Sanders (1991). Entretanto, como esse programa permite aos pacientes passar mais tempo envolvidos em terapia do que o tratamento com pacientes externos, ou mesmo uma estada com paciente internado, podem surgir muitas diferenças. Pode-se, por exemplo, abranger mais tópicos, focalizar mais o trabalho nos esquemas e fazer exercícios comportamentais e escritos dentro do grupo para aumentar as palestras educacionais.

A lista de tópicos de educação psicológica potenciais é quase inesgotável e, virtualmente, qualquer assunto que possa ser abordado a partir de uma perspectiva cognitivo-comportamental é uma possibilidade. Como a natureza do ambiente de hospital parcial agudo leva à variação periódica no tipo de população tratada, é útil criar vários módulos básicos educativos que podem ser incorporados no currículo de hospital parcial, de acordo com as necessidades do grupo. Independentemente dos diagnósticos variados dentro do grupo, a maioria dos pacientes pode ver uma relação e aprender com os módulos educativos que focalizam tópicos, como depressão, ansiedade, questões de controle e auto-estima. Embora alguns pacientes talvez achem que um tópico é mais aplicável à situação deles que outro, todos podem se beneficiar com a visão de como os pensamentos afetam o comportamento e como as técnicas cognitivo-comportamentais podem ser usadas para influenciar sentimentos e ações. Uma estratégia útil é ter temas educativos semanalmente. Os pacientes parecem reter mais informações quando são revisados todos os dias da semana, mas às vezes perdem o interesse se um determinado tópico for o foco por um longo período. Os módulos educativos normalmente consistem em breves palestras que fornecem informações sobre a teoria cognitivo-comportamental, as técnicas ou ambas. Essas palestras são seguidas por atividades estruturadas que dão oportunidades para maior aprendizado, discussão e aplicação. Tais atividades podem envolver folhas de exercícios escritos, dramatização, projetos de artes e exercícios comportamentais, entre outros. O uso de tais técnicas e a confiança na participação do grupo nas discussões podem fazer com que os grupos educativos dentro do ambiente de hospital parcial pareçam menos estruturados ou menos puramente cognitivos do que os grupos educativos cognitivo-comportamentais tradicionais.

Os seguintes excertos de um módulo de educação psicológica com foco na auto-estima são bons exemplos de técnicas que podem ser usadas na programação. No estágio inicial, o terapeuta dá uma palestra brevemente interativa ao grupo, usando uma grande lousa para ilustração. O terapeuta faz as seguintes perguntas ao grupo: "*O que é auto-estima?*", "*O que queremos dizer quando falamos em auto-estima?*" e "*Alguém pode dar uma definição?*". Isso normalmente gera uma longa lista de respostas. O terapeuta conduz os pacientes às respostas apropriadas e as escreve na lousa. A lista geralmente inclui "como você se sente sobre si mesmo", "idéias sobre seu valor como pessoa" e "como você se vê em comparação com os outros". O terapeuta explica que os indivíduos com auto-estima positiva ou alta têm a capacidade de sentir que têm valor independentemente das situações, ao passo que as pessoas com auto-estima negativa ou baixa, muitas vezes, sentem-se inferiores apesar dos sucessos externos. O terapeuta então pergunta ao grupo: "*Quais são as características das pessoas com auto-estima alta?*", o que deve gerar uma lista de descrições, como "eles conseguem se sentir seguros sobre si mesmos apesar das críticas", "eles têm suas próprias opiniões e valores", eles conseguem admitir e aceitar as falhas sem se sentirem fracassados", "eles não têm medo de tentar coisas novas" e "eles não se comparam com os outros e não são excessivamente competitivos". O terapeuta conduz o grupo em uma discussão sobre a pergunta: *"A auto-estima depende mais das qualidades reais ou da atitude da pessoa?"*. Tal pergunta normalmente resulta em um grupo envolvido na discussão com o terapeuta buscando ir ao ponto em que a auto-estima depende da atitude da pessoa. O grupo pode também receber uma apostila sobre "fracassos bem-sucedidos", com exemplos como o de Abraham Lincoln e Harry Truman, para facilitar a discussão.

Durante a próxima sessão, o foco da palestra muda para as atuais barreiras à auto-estima, especialmente as distorções cognitivas que a influenciam. Cada paciente recebe uma lista de distorções cognitivas comuns, explicando de que forma tem a ver com a noção de auto-estima (ver Quadro 14.2). A lista das distorções cognitivas baseia-se no trabalho de McKay, Davis e Fanning (1987), sobre a intervenção do estresse cognitivo. Os pacientes se revezam na leitura das definições ao grupo e discutem cada uma delas para assegurar que entenderam a definição e o processo. Eles então recebem uma folha de exercícios de auto-estima (ver Quadro 14.3). É dito ao grupo que pode haver várias respostas corretas para cada problema e que os problemas serão discutidos em grupo. Depois de os pacientes completarem a folha de exercícios e familiarizados com os princípios discutidos, o terapeuta pede que criem seu próprio exemplo de afirmação que inclui distorções cognitivas, os quais são recolhidos e misturados. Cada paciente desenha e tenta identificar as distorções cognitivas exemplificadas. As respostas são discutidas dentro do grupo.

Os princípios aprendidos nas discussões e palestras anteriores devem ser revisados no início das sessões de educação psicológica. As apostilas das informações discutidas podem ser de grande ajuda para pacientes e adicionadas a um caderno de educação psicológica, que os pacientes levam com eles no final do tratamento. Uma discussão futura no módulo pode focalizar na pergunta: *"O que eu faria de diferente se tivesse mais auto-estima e o que me impede de me comportar dessa maneira?"*. Essa é, geralmente, uma boa maneira de gerar tópicos de dramatização para o grupo ou de lições de casa graduadas. Outra sessão pode abordar a questão de "preparar-se para fracassar". Nessa sessão educativa, o terapeuta ajuda os pacientes a gerarem uma lista das maneiras pelas quais eles sabotam a si mesmos. Tal lista inclui problemas como estabelecer metas irreais, ser perfeccionista, recusar-se a pedir ajuda, assumir uma postura passiva, assumir o papel de mártir e ser masoquista. Os processos e esquemas de pensamento por trás da sabotagem a si mesmo podem ser então examinados.

Outras atividades durante a semana destinam-se a evocar os padrões de pensamento automático e gerar discussão sobre as distorções cognitivas. Pode-se pedir aos pacientes, por exemplo, para fazerem duas listas: "como me

QUADRO 14.2. Distorções cognitivas que afetam a auto-estima

1. **Personalização:** pensar que tudo que alguém faz é uma reação a você. Também envolve comparar-se com outros, para determinar quem é mais inteligente, mais bonito, etc. Pessoas com auto-estima baixa constantemente se comparam com outras.
2. **Pensamento Polarizado:** as coisas são brancas ou pretas, boas ou más. Se você não for perfeito, você é um fracasso.
3. **Generalização Excessiva:** chegar a uma conclusão geral sobre si mesmo com base em um único incidente. Se você cometer um erro, com certeza ele vai se repetir constantemente.
4. **Leitura Consciente:** sem que digam nada, você sabe o que as pessoas estão pensando de você e como eles se sentem em relação a você. Você se preocupa com o que eles vão pensar se você se comportar de determinada maneira.
5. **Catastrofização:** você espera um desastre e se preocupa com as piores conseqüências possíveis. *"E se eu não conseguir?"*.
6. **Falhas de Controle:** as pessoas controladas externamente se vêem como vítimas desamparadas do destino. Os indivíduos internamente controlados podem, às vezes, assumir muita responsabilidade e presumir que devem conseguir controlar tudo e todos.
7. **Raciocínio Emocional:** você acredita que o que você sente deve ser verdade. Se você se sentir burro e chato, então você é burro e chato. Se você se sentir um fracassado, então você é um fracassado.
8. **O Que se Deveria:** você tem uma lista de regras rígidas sobre como você (e os outros) deveria agir. Você deveria parecer assim. Você deveria ser assim. Você deveria realizar isso. Você se sente culpado e inútil quando não consegue conviver com esses padrões.
9. **Estar Certo:** você está continuamente testando para provar que está certo. Estar errado é inconcebível e você fará qualquer coisa para demonstrar que está certo.
10. **A Fraude da Recompensa:** você espera que seu sacrifício e autonegação sejam recompensados como se tivesse alguém tomando nota. Você se sente amargurado quando a recompensa não vem e presume que não é digno dela ou que os outros se importem com você.

vejo" e "como meu melhor amigo me vê". As diferenças entre as listas são discutidas e as distorções cognitivas são apontadas e contestadas. O exercício de "passar o prato" é, muitas vezes, extremamente eficaz quando o grupo dá apoio e as pessoas conhecem umas às outras muito bem. Os pacientes recebem um prato de papel, onde devem escrever três qualidades que acreditam descrever a si mesmos no verso do prato. Os pratos são então passados para o

**QUADRO 14.3.** Folha de exercícios de auto-estima

As seguintes informações são exemplos de pensamento distorcido. Leia cada uma das afirmações e identifique as distorções cognitivas que estão sendo usadas.

1. Eu disse "oi" a meu chefe essa manhã e ele passou por mim sem me olhar ou dizer qualquer coisa. Eu sei que ele está bravo comigo e insatisfeito com meu trabalho. Ele provavelmente está pronto para me demitir.
   Distorção cognitiva: ______________________________

2. Minha mãe acha que sou um fracasso porque não arrumei o emprego que ela acha que eu devo ter. Ela nunca me disse realmente que estava decepcionada, mas eu sei que ela está. Ela provavelmente diz para a amiga que está muito decepcionada comigo.
   Distorção cognitiva: ______________________________

3. Não acredito que não sei onde deixei as chaves de novo. Sempre faço isso! Eu perco tudo. Eu sou tão burro.
   Distorção cognitiva: ______________________________

4. Outro dia eu disse ao meu marido que "seria legal fazer um piquenique qualquer hora dessas". Ele disse "sim, vamos ver". Eu sei que nunca iremos. Ele não gosta mais de ficar comigo. Não vou nem perguntar de novo, pois eu só vou deixá-lo bravo.
   Distorção cognitiva: ______________________________

5. Semana passada, enquanto jogava *softball*, fiz uma besteira e meu time perdeu. Fiquei muito envergonhado. Eu costumava ser um bom jogador, mas simplesmente não sou mais. Acho que eu deveria sair do time.
   Distorção cognitiva: ______________________________

6. Não consigo mais assistir televisão porque odeio ver todas aquelas modelos lindas. Me faz sentir tão feia... ninguém poderia me achar atraente. Se eu me parecesse com a Cindy Crawford, me sentiria bem comigo mesma.
   Distorção cognitiva: ______________________________

7. Não consigo ficar com meu marido. Quando discordo dele, ele grita comigo e eu me sinto burra. É culpa dele que eu tenho todos esses problemas. Ele me coloca para baixo o tempo todo e me faz sentir sem valor nenhum. Não posso fazer nada a esse respeito.
   Distorção cognitiva:______________________________

8. Meus filhos não me respeitam. Trabalho duro para dar as coisas para eles, mas eles não reconhecem. Se eles se importassem comigo, eles fariam suas tarefas sem que eu tivesse que ficar no pé deles. Devo ter falhado como mãe por ter criado filhos tão ingratos.
   Distorção cognitiva: ______________________________

*Continua*

Quadro **14.3.** *(Cont.)* Folha de exercícios de auto-estima

9. Minha namorada e eu estávamos vendo um filme de Velho Oeste e começamos a discutir sobre a história americana. Eu lhe disse que ela estava completamente enganada. Mais tarde, procurei na enciclopédia e descobri que ela estava certa. Não posso dizer a ela que eu estava errado porque vou me sentir muito envergonhado. Ela sempre acha que é mais inteligente que eu, isso só vai botar mais lenha na fogueira.
   Distorção cognitiva: ______________________________

10. Meus amigos querem que eu vá esquiar na água com eles, mas não vou de jeito nenhum. Eu não sei esquiar! E se eu cair e fizer papel de bobo? Eu não vou conseguir e todos vão rir de mim.
    Distorção cognitiva: ______________________________

resto do grupo para que cada um tenha a oportunidade de escrever uma qualidade para descrever o dono do prato. Os resultados e as diferenças são comparados e cada paciente tem a chance de pedir explicações para os outros sobre o que eles quiseram dizer com os comentários. O *feedback* coletivo do grupo (que é geralmente positivo), colocado por escrito, pode ser uma ferramenta poderosa no combate de cognições negativas. Esse exercício normalmente leva a uma discussão sobre como é para as pessoas aceitar elogios (ou em alguns casos receber críticas). Eles são incentivados a guardar o prato e examiná-lo freqüentemente. As atividades criativas e expressivas não tradicionalmente usadas também ajudam a envolver os pacientes no processo do grupo e reforçar os princípios da terapia cognitiva. Eles, muitas vezes, gostam e se beneficiam do uso de uma das últimas sessões de educação psicológica em um módulo para criar um desenho ou colagem, ilustrando coisas que os ajudam a se sentirem bem a respeito de si mesmos e maneiras de melhorar a auto-estima, as quais são discutidas e processadas dentro do grupo e depois levadas para casa para servir de lembrete visual dos princípios e estratégias aprendidas nas sessões de educação psicológica.

## *Terapia em Grupo*

A maior parte do hospital-dia parcial é dedicada à terapia em grupo cognitivo-comportamental mais tradicional. Esse "tempo do grupo" é geralmente o período mais longo da hospitalização parcial porque é aqui que os pacientes têm a maior oportunidade de discutir suas questões individuais. O tempo do grupo desenvolve-se sobre os princípios aprendidos nas sessões de educação psicológica e pode ser utilizado para discutir questões que surjam em outros segmentos do hospital-dia parcial. Enquanto o componente de educação psicológica do dia é um momento em que o terapeuta desempenha o papel de professor e estrutura os pacientes na conclusão de atividades específicas, o tempo do grupo é menos estruturado e permite que os pacientes tragam as questões pessoais que desejam discutir. Durante esse tempo, o terapeuta age mais como um facilitador e incentiva a maior participação dos outros e discussão em grupo de tais questões.

O tempo do grupo começa com a definição da agenda. O terapeuta certifica-se de alocar tempo adequado aos pacientes que têm questões a discutir e de revisar as lições de casa individuais. Ele pode colocar na agenda um tempo para falar a um determinado paciente que permanece consistentemente reticente e abordar o processo por trás da relutância em participar no grupo. Além disso, deve tentar garantir que uma pessoa não monopolize consistentemente a discussão. Embora o tempo do grupo freqüentemente focalize em questões da vida fora do programa dos pacientes, os pensamentos e sentimentos quanto ao processo e interações do grupo dentro do meio são vistos como tópicos válidos para discussão. A seguir, um exemplo de uma discussão no tempo do grupo:

*Terapeuta:* Bem, hoje Ron quer falar sobre seu fim-de-semana, Susan quer falar do telefonema de sua mãe e Bill quer discutir a volta ao trabalho. Também precisamos nos certificar de reservar algum tempo para a lição de casa de Nancy. Quem quer começar?

*Ron:* Eu começo, se estiver tudo bem.

*Terapeuta:* Tudo bem para o grupo? Continue, Ron.

*Ron:* Bem, esse fim-de-semana era o aniversário de nove anos de meu filho. Minha ex-mulher fez uma festa no sábado e fui até lá para dar um cartão para meu filho. Não tinha dinheiro para comprar um presente, já que não tenho conseguido trabalhar nos últimos seis meses e não sei onde buscar a pensão por incapacidade. De qualquer forma, os avós e a tia dele do lado da mãe estavam lá quando eu entrei. Eu disse "oi", eles sorriram e meu ex-sogro me perguntou como eu estava. Eu disse que estava bem, mas tentei sair de lá o mais rápido possível.

*Susan:* Porque você achou que tinha de fugir?

*Terapeuta:* Que pensamentos passavam na sua cabeça naquele momento?

*Ron:* Comecei a me sentir com vontade de me suicidar só por estar lá.

*Terapeuta:* Ron, como você estava se sentindo antes de chegar na casa de sua ex-esposa?

*Ron:* Bem. Quer dizer, estava um pouco nervoso por ir e meio triste por não ter um presente para ele, mas eu realmente queria vê-lo.

*Terapeuta:* Então você passou de estar se sentindo bastante bem para um sentimento suicida em mais ou menos uma hora. Isso é muito sério. Você pensou em como você foi de um ponto a outro?

*Ron:* Senti que todos olhavam para mim e pensando como sou um fracassado, pois eles sabem que fui para o hospital novamente e que não estava trabalhando. Além disso, meu filho ganhou todos aqueles presentes e me senti humilhado entrando sem nenhum. Tenho certeza de que estavam pensando: "que tipo de pai você é?". E meu filho veio, me segurou e começou a dizer "papai, papai, olhe o que a mamãe me deu, olhe o que fulano e sicrano me deram". Sei que ele é só uma criança e tentei fingir que estava feliz enquanto ele me mostrava suas coisas, mas eu simplesmente tinha que sair de lá. Saí assim que ele se distraiu. No caminho de casa, comecei a ter sentimentos suicidas e todos aqueles pensamentos começaram a voltar. Tive de mudar de caminho, pois tinha medo de pular quando estivesse atravessando a ponte.

*Terry:* Ele está lendo a mente de novo.

*Terapeuta:* Terry, você pode dizer isso diretamente para ele.

*Terry:* Ron, você está lendo a mente de novo, como você faz conosco no grupo. Você presume que você sabe o que seus parentes e todos os outros estão pensando de você. Você disse para si mesmo que eles estavam sendo educados com você. Talvez eles estivessem pensando isso, e talvez não. Você não sabe.

*Susan:* Terry está certa. Além disso, porque você se importa com o que eles pensam? Quer dizer, eles são ex-parentes seus, não é mesmo? Com que freqüência você os vê? E porque o que eles pensam de você importa?

*Ron:* Acho que não importa mesmo. Quer dizer, na maior parte do tempo eu não me importo com o que eles pensam de mim, mas me importo com o que as pessoas pensam de mim como pai.

*Terapeuta:* Ron, parece que não ter um presente para seu filho mexeu com muitos sentimentos sobre seu valor e capacidade como pai. Parece que você está projetando seus próprios pensamentos e sentimentos para seus parentes.

*Ron:* É, acho que sim.

*Terapeuta:* Você sabe quais pensamentos e crenças estavam passando por sua cabeça quando você entrou sem um presente?

*Bill:* Eu sei que sempre senti como se tivesse de dar coisas para meus filhos para ser um bom pai. Minha família me ensinou que isso é o papel do pai. Sei como ele se sente. Houve alguns períodos ruins quando estava desempregado e meus filhos ficaram sem um monte de coisas. Sentia-me um fracassado.

*Ron:* É, eu sinto que se não der coisas para meu filho, não estou cumprindo meu papel, como se eu fosse um pai semimorto. Eu não deveria estar deprimido, eu deveria estar trabalhando. Meu filho merece um pai que possa ser normal e dar as coisas para ele. Às vezes penso que ele estaria melhor sem mim.

*Denise:* Mas esta não é a única parte, ou a parte mais importante, de ser um pai. Ron, você nos falou como você ama seu filho e como você passa tempo com ele. Como você acha que seu filho se sentiria se você se matasse?

*Susan:* Você está de novo usando muitos "deveria".

*Terapeuta:* Parece mesmo que você está indo aos extremos ao presumir que, porque você se sente mal por não ter condições de comprar um presente, você é um fracasso como pai. Este é seu único papel como pai?

Conforme a discussão em grupo continua, o terapeuta incentiva Ron a contestar seus pensamentos negativos, examinando os aspectos positivos de seu relacionamento com o filho. O exemplo ilustra o importante papel do grupo para fornecer aos outros uma noção de universalidade, ajudando-os a reconhecer os padrões cognitivos disfuncionais e dando evidências para ajudar a combater os pensamentos automáticos negativos. Além disso, os participantes do grupo muitas vezes relatam que aprenderam como suas próprias distorções não são razoáveis quando ouvem os outros relatando os mesmos pensamentos sobre as situações.

Embora a discussão anterior forneça um exemplo de interações entre pacientes não-psicóticos, aqueles psicóticos com funcionamento alto são, muitas vezes, capazes de participar efetivamente e se beneficiar muito com a terapia cognitiva em grupo dentro do ambiente de hospitalização parcial, como evidenciado pelo trabalho de Loring e Fabroni (1990). Embora alguns desses indivíduos possam ter mais dificuldade para assimilar as noções básicas da terapia cognitiva, a reafirmação dos princípios por meio de todos os aspectos de um meio abrangente contribui para seu aprendizado, compreensão e capacidade de implementar princípios cognitivos. Os indivíduos com paranóia que são estáveis o bastante para aceitar que suas crenças ilusórias são o resultado de doença mental muitas vezes acham que ajuda muito examinar suas ilusões paranóicas em termos de distorções cognitivas (personalização, leitura da mente, etc.). Eles são muitas vezes capazes de praticar o uso das técnicas cognitivas para auxiliar no teste da realidade. Até mesmo algumas pessoas com esquizofrenia que experimentam alucinações auditivas "de fundo" persistentes (as quais nunca são solucionadas apesar de todo o esforço da farmacoterapia) conseguem fazer isso para combater algumas das mensagens perturbadoras que eles ouvem dessas vozes. Eles podem aprender a usar tais técnicas para melhorar sua capacidade de manter essas vozes no "fundo" e focalizar na realidade externa. A seguir, um exemplo do uso das técnicas cognitivas com um paciente esquizofrênico paranóico com funcionamento alto que se estabilizou com medicação:

*Terapeuta:* Todd, acho que você pediu um tempo do grupo.

*Todd:* Sim, quero falar sobre o que aconteceu um pouco antes de ir para o hospital. É difícil para eu falar sobre isso.

*Terapeuta:* Tente começar e nós o ajudaremos fazendo perguntas se você se sentir bloqueado.

*Todd:* Tenho problemas para estar perto das pessoas. Sempre parece que onde quer que eu vá, as pessoas não gostam de mim. Quando fico realmente deprimido, parece que posso ouvi-las falando mal de mim pelas minhas costas. Por isso evito as pessoas e fico em casa. Tem sido difícil para eu vir a esse grupo, mas está começando a melhorar. Gosto de conversar com muitas pessoas daqui.

*Terapeuta:* Todd, o que você acha que as pessoas aqui no grupo estão pensando de você agora?

*Todd:* Não sei.

*Terapeuta:* Você tem alguma idéia?

*Todd:* Antes de entrar, quando estávamos fazendo uma parada, Karen e Kim estavam dizendo alguma coisa e rindo. Pensei que elas estavam rindo de mim.

*Terapeuta:* Porque você não pergunta e verifica?

*Todd:* *(bastante hesitante)* Vocês estavam rindo de mim?

*Kim:* Não, Todd. Não estávamos rindo de você. Eu estava contando para Karen sobre um programa engraçado que vi na TV. Não tinha nada a ver com você. Acho que devemos ser amigos no grupo e eu diria a verdade a você se estivéssemos falando de você.

*Karen:* É verdade, Todd, ela estava falando de um programa de TV. Outras pessoas do grupo estavam lá também. Elas podem dizer que não estávamos falando de você.

*Terapeuta:* O que você acha do que Kim e Karen lhe disseram, você acredita nelas?

*Todd:* Sim, mas estou constrangido por ter falado. Eu não deveria ter dito nada.

*Terapeuta:* Pode parecer constrangedor, mas como você se sentiria se não tivesse falado nada?

*Todd:* Acho que ainda estaria pensando que elas estavam falando de mim.

*Terapeuta:* Isso seria melhor do que se sentir constrangido?

*Todd:* Não, porque então teria ficado magoado e não iria querer mais estar perto delas. Acho que falar foi melhor.

*Kim:* O que ele está fazendo não é uma daquelas distorções cognitivas que aprendemos?

*Terapeuta:* Sim. Todd, você sabe de qual distorção cognitiva você nos deu um exemplo agora?

*Todd:* *(Depois de consultar uma apostila que recebeu no início do tratamento)*. Acho que é personalização. Faço isso o tempo todo. Quando vimos isso aqui *(a folha de exercícios),* realmente fez sentido para mim. Meus pais sempre me dizem que eu levo tudo para o lado pessoal, mas eu achava que eles não entendiam. Isso me ajuda a ver que existe um nome para isso e que outras pessoas fazem isso também.

Esse exemplo atesta a importância da coesão do grupo e do estabelecimento da sensação de pertencer discutida por Yalom (1985). Foi somente depois de participar de um programa tempo suficiente para estabelecer a confiança que Todd foi capaz de correr o risco necessário para testar a realidade de seus pensamentos com o grupo e aceitar *feedback*. Participar em um grupo com pacientes não-psicóticos muitas vezes também contribui para a qualidade do *feedback* recebido por pacientes psicóticos.

## *Terapia Recreacional*

Muitos pacientes novos ficam hesitantes de participar da terapia recreacional, afirmando que eles não têm vontade ou que eles não vêm à terapia para brincar. Em tais casos, os terapeutas explicam que quando as pessoas estão sofrendo de uma doença mental ou dificuldades emocionais, especialmente depressão, elas freqüentemente tendem a evitar o exercício físico, a interação social e as atividades prazerosas. Um aspecto importante da recuperação pode ser mudar o comportamento e participar de atividades mesmo sem vontade. Fazer tais mudanças comportamentais pode acabar levando às mudanças cognitivas, emocionais e biológicas. As queixas devem ser vistas como pensamentos automáticos negativos que podem ser processados com o paciente por intermédio do questionamento socrático. Perguntas relativas à razão pela qual a pessoa está hesitante, o que está pensando ou sentindo e o que poderia acontecer se elas participassem da atividade são utilizadas para revelar as atitudes disfuncionais. Participar da terapia recreacional pode ser o equivalente a concluir lições de casa comportamentais e um dos primeiros passos de uma intervenção de lição de casa graduada. A terapia recreacional permite aos pacientes praticar novos comportamentos em um ambiente seguro antes de tentar atividades sociais ou recreativas fora do grupo.

Várias atividades recreacionais podem ser usadas em um meio cognitivo. Todas as atividades deveriam, porém, ser estruturadas de modo que todos os pacientes, incluindo idosos ou deficientes físicos, possam participar. Se isso não for possível, como no caso de indivíduos severamente incapacitados, deve-se fornecer uma programação alternativa. As atividades recreacionais podem ser competitivas ou não, individuais ou em equipes, mas em qualquer caso devem destinar-se a promover experiências de sucesso. Os terapeutas dão incentivo à participação e ao reforço positivo para a demonstração de esforço. As atividades recreacionais, muitas vezes, servem a uma função diagnóstica ao permitir que os terapeutas observem a coordenação, nível de energia, motivação, resposta de alegria e habilidade de se envolver em atividades cooperativas dos pacientes. Os jogos que requerem que os indivíduos se revezem ou que façam alguma coisa, enquanto os outros olham, podem ser utilizados para avaliar e discutir como é ser o foco de atenção. Os jogos em equipes podem ser utilizados para avaliar e discutir os pressupostos que os pacientes fazem sobre como os outros estão avaliando seu desempenho e o que as pessoas pensam delas se cometerem um erro e "prejudicar o time". Algumas atividades para as quais os pacientes respondem bem incluem voleibol (usando uma bola leve e maior), voleibol sentado (no qual as pessoas sentam em banquetas e jogam uma bola de plástico sobre uma rede baixa), acampamento em grupo (que envolve passar várias bolas entre os pacientes, seguindo um determinado padrão), pistas de obstáculos e boliche, para mencionar apenas algumas.

É importante reservar um tempo para o processamento no final da terapia recreacional. Este é um tempo para perguntar àqueles indivíduos quem teve expectativas negativas ao entrar no jogo para comparar suas expectativas com a experiência real e observar as diferenças ou como as expectativas influenciaram os resultados. Os pacientes são incentivados a examinar suas percepções de que os outros podem ter pensado sobre eles e receber *feedback* do grupo. Eles normalmente aprendem que suas próprias críticas são sempre mais negativas que a do grupo. Por meio da recreação terapêutica, alguns pacientes podem começar a mudar o esquema negativo há muito instalado com respeito a suas habilidades físicas e sociais. Muitos pacientes ressaltam ter desistido de participar de esportes ou jogos ativos há muito tempo porque eles sempre eram escolhidos por último ou provocados quando cometiam erros. Pela recreação terapêutica, eles aprendem que podem se divertir com os jogos mesmo se não forem perfeitos.

## *Registro em Diário do Grupo e Fechamento*

Os pacientes muitas vezes acham útil manter um registro detalhado em diário de suas experiências dentro do programa de hospitalização parcial. Embora alguns pacientes relatem que não conseguem fazê-lo, todos são incentivados a manter algum tipo de registro de seu tempo no programa. O tempo de registro em diário pode ser usado pelos pacientes para refletir e sintetizar os eventos da hospitalização parcial e aqueles em casa. Eles também podem fazer anotações de informações que aprenderam no programa e registrar pensamentos, sentimentos ou auto-revelações. Podem ainda ser incentivados a incorporar a "técnica das três colunas" no registro em diário, para descrever um evento dividindo-o em descrições distintas de seus pensamentos/cognições, emoções e comportamentos. Os indivíduos têm a opção de compartilhar seus registros com o grupo e pedir *feedback* e comentários. Um papel importante do registro em diário é fornecer um registro das mudanças cognitivas e emocionais que ocorreram durante o decorrer do tratamento. Os pacientes muitas vezes ficam surpresos em ver as diferenças dos registros no diário que ocorreram com o tempo. Tais diferenças também podem atestar a eficácia das técnicas cognitivas. Depois de concluir o tratamento, os pacientes freqüentemente se beneficiam ao rever seus diários, como um lembrete do que realizaram e aprenderam no grupo. O diário também pode ser usado para acessar a presença do apoio do grupo.

### *Educação sobre a Medicação*

O grupo de educação sobre a medicação é geralmente facilitado por um membro treinado da equipe médica, como psiquiatra, enfermeira ou residente de psiquiatria. Esse tempo pode consistir em uma breve palestra sobre um tópico, como o uso de antidepressivos ou outras medicações psiquiátricas, a importância de tomá-las ou o perigo de misturá-las com álcool ou drogas. O tempo pode ainda ser usado como uma sessão de perguntas e respostas. Os pacientes muitas vezes têm muitas perguntas sobre a medicação que tomam, principalmente quanto aos efeitos colaterais, e têm maior probabilidade de obedecer ao regime de medicação quando possuem informações mais apropriadas. Ao discutir tais questões com o grupo, os membros da equipe podem monitorar mais de perto a obediência, assim como a eficácia de determinados regimes.

### *Outros Componentes Potenciais de um Meio Cognitivo Abrangente*

O programa de hospitalização parcial discutido aqui representa uma possibilidade em uma variedade de formatos terapêuticos possíveis. Outras terapias auxiliares, como a terapia de artes, do movimento, ocupacional e de música, também podem ter papeis importantes no meio cognitivo abrangente. A terapia ocupacional em especial pode dar excelentes oportunidades para tarefas graduadas e experiências de ensaio *in vivo* que auxiliam no aumento das habilidades de enfrentamento e desenvolvimento da auto-estima (Wright e cols., 1993). Pode-se pedir aos pacientes que temem não ser capazes de funcionar efetivamente ao retornar ao trabalho ou reassumir as responsabilidades domésticas, para realizarem tarefas dentro de um ambiente de terapia ocupacional e processar os pensamentos negativos e autodestrutivos, os quais podem atrapalhar o desempenho da tarefa, conforme ocorrerem. As atribuições da terapia de artes podem ser usadas para ajudar os pacientes a se conscientizarem das atitudes negativas subjacentes sobre suas habilidades criativas ou dificuldade de correr riscos ao se expressarem por medo de serem criticados ou julgados. A terapia do movimento pode ser usada para observar os pensamentos e sentimentos, além de examinar as cognições negativas ou distorcidas quanto ao próprio corpo.

## RESUMO

A maior parte da literatura sobre a terapia cognitiva em grupo concentra-se nos grupos de pacientes externos; entretanto, ela é praticada também em ambientes de pacientes internados e de hospitalização parcial. É bastante adequada para a implementação em um ambiente de hospitalização parcial aguda, por ter limite de tempo, ser orientada para os sintomas e econômica. A terapia cognitiva pode ser implementada naquele ambiente, como um segmento diferenciado da programação do dia que é acrescentada de programação psicodinâmica e de atividades mais tradicional. As pesquisas sobre o uso de um modelo "de agregação" em ambientes de pacientes internados sugerem que esse modelo pode não ser tão eficaz como o estabelecimento de um meio cognitivo abrangente. O desenvolvimento de um meio cognitivo abrangente, dentro de um ambiente de hospitalização parcial, requer treinamento e desenvolvimento extensivos de todos os membros da equipe, assim como a seleção adequada e orientação dos pacientes em potencial. Tal programa aplica princípios e técnicas cognitivo-comportamentais não somente à terapia em grupo tradicional e aos grupos educativos, mas também às terapias auxiliares. Um protocolo possível para o meio cognitivo abrangente dentro de um programa de hospitalização parcial é apresentado e as questões do tratamento discutidas neste capítulo.

## REFERÊNCIAS BIBLIOGRÁFICAS

Block, M. A., & Lefkovitz, P. M. (1994). Standards and guidelines for partial hospitalization: Adult programs (2nd ed.). Alexandria, VA: American Association for Partial Hospitalization.

Dibella, G. A. W., Weitz, G. W., Poynter-Berg, D., & Yurmark, J. L. (1982). Handbook of partial hospitalization. New York: Brunner/Mazel.

Free, M. L., Oei, T. P. S., & Sanders, M. R. (1991). Treatment outcome of a group cognitive therapy program for depression. International Journal of Group Psychotherapy, 41, 533-547.

Freeman, A., Schrodt, G. R., Gilson, M., & Ludgate, J. W. (1993). Group cognitive therapy with inpatients. In J. H. Wright, M. E. Thase, A. T. Beck, & J. W. Ludgate (Eds.), Cognitive therapy with inpatients (pp. 121-153). New York: Guilford Press.

Hollon, S. D., & Shaw, B. F. (1979). Cognitive group therapy for depressed patients. In A. T. Beck, A. J. Rush, B. F. Shaw, & G. Emery (1979). Cognitive therapy depression (pp. 328-353). New York: Plenum.

Loring, M. J., & Fraboni, E. (1990). The use of cognitive therapy in groups. International Journal of Partial Hospitalization, 6, 173-179.

McKay, M., Davis, M., & Fanning, P. (1987). Thoughts and feelings: The art of cognitive stress intervention. Oakland, CA: New Harbinger.

Padesky, C. A. (1993). Staff and patient education. In J. H. Wright, M. E. Thase, A. T. Beck, & J. W. Ludgate (Eds.), Cognitive therapy with inpatients (pp. 393-413). New York: Guilford Press.

Wright, J. H., Thase, M. E., Ludgate, J. W., & Beck, A. T. (1993). The cognitive milieu: Structure and process. In J. H. Wright, M. E. Thase, A. T. Beck, & J. W. Ludgate (Eds.), Cognitive therapy with inpatients (pp. 61-87). New York: Guilford Press.

Yalom, I. D. (1985). The theory and practice of group psychotherapy (3rd ed.). New York: Basic Books.

Yost, E. B., Beutler, L. E., Corbishley, M. A., & Allender, J. R. (1986). Cognitive group therapy: A treatment approach for depressed older adults. New York: Pergamon Press.

# Índice de Autores

# C



# D



# E

## K



## L



## M

## N



## O



## P



## Q



## R

# Índice Remissivo

## A

# Q



# R